Arte em interação

Arte – Ensino Médio

Volume Único

Hugo B. Bozzano
Licenciado em Educação Musical pela Universidade Estadual Paulista (Unesp). Especialização em Atendimento Escolar Hospitalar pela Universidade Federal de São Paulo (Unifesp). É professor de Música, músico e compositor. Também atua em projetos artísticos interdisciplinares.

Perla Frenda
Licenciada em Educação Artística com habilitação em Artes Cênicas pela Universidade Estadual Paulista (Unesp). Atriz formada pelo Teatro-Escola Célia Helena. Atua como arte-educadora, atriz e produtora de teatro.

Tatiane Gusmão
Bacharel em Artes Plásticas pela Universidade Estadual Paulista (Unesp). Arte-educadora em museus e espaços culturais na cidade de São Paulo, com atuação na elaboração de materiais educativos e de formação de professores.

2ª edição
São Paulo, 2017

Arte em interação
Arte – Volume Único
© IBEP, 2017

Diretor superintendente	Jorge Yunes
Diretora editorial	Célia de Assis
Gerente editorial	Maria Rocha Rodrigues
Supervisora editorial de conteúdos e metodologias	Márcia Cristina Hipólide
Coordenadora editorial	Simone Silva
Coordenadora de área	Maria Helena Webster
Editores	Célia de Assis, Augusto Nascimento
Assistente editorial	Diego Ruiz
Revisão	Beatriz Hrycylo, Cristiane Mansor, Denise Santos, Luiz Gustavo Bazana, Leonilda Pereira Simões, Mariana Góis, Renata Tavares, Rosani Andreani, Salvine Maciel, Thiago Passos
Secretaria editorial e produção gráfica	Fredson Sampaio
Assistente de secretaria editorial	Mayara Silva
Assistente de produção gráfica	Marcelo Ribeiro
Coordenadora de arte	Karina Monteiro
Editora de arte	Marilia Vilela
Assistentes de arte	Aline Benitez, Gustavo Prado Ramos, Thaynara Macário
Iconografia	Bruna Ishihara, Victoria Lopes, Wilson de Castilho
Processos editoriais e tecnologia	Elza Mizue Hata Fujihara
Projeto gráfico e capa	Departamento de Arte – IBEP
Imagem da capa	Fernando Rosa
Diagramação	Departamento de Arte – IBEP

CIP-BRASIL. CATALOGAÇÃO NA PUBLICAÇÃO
SINDICATO NACIONAL DOS EDITORES DE LIVROS, RJ

B786a
2. ed.

    Bozzano, Hugo B.
      Arte em interação / Hugo B. Bozzano, Perla Frenda, Tatiane Gusmão ; [coordenação Maria Helena Webster]. - 2. ed. - São Paulo : IBEP, 2017.
      512 p. : il. ; 28 cm.

    Acompanhado de CD
    ISBN 978-85-342-4567-8 (estudante)
    ISBN 978-85-342-4568-5 (professor)

    1. Arte - Estudo e ensino. 2. Educação artística - Estudo e ensino (Ensino médio). I. Frenda, Perla. II. Gusmão, Tatiane. III. Webster, Maria Helena. IV. Título.

17-46007   CDD: 707
                               CDU: 7(07)

10/11/2017   16/11/2017

2ª edição – São Paulo – 2017
Todos os direitos reservados

Avenida Doutor Antônio João Abdalla, 260 – Bloco 400, Área D, Sala W1
Bairro Empresarial Colina – Cajamar – SP – 07750-020 – Brasil
Tel.: (11) 2799-7799
www.editoraibep.com.br   editoras@ibep-nacional.com.br
Impressão e acabamento: Gráfica Cipola - Dez/2017

Apresentação

Caro estudante,

Escrevemos estas linhas para você como quem escreve uma carta ao futuro. Nós, aqui no nosso tempo presente, já passado para você, e você no seu presente, o futuro, do nosso ponto de vista. Enquanto escrevemos, pensamos: O que estará acontecendo no mundo no exato momento em que você abre este livro? Vídeos, textos e imagens nos jornais, na televisão e na internet mostram diversos acontecimentos no Brasil e no mundo: descobertas científicas, guerras, inventos tecnológicos, o lançamento de novas músicas, e muitos outros; que certamente estão nos influenciando no que pensamos, na forma como agimos e nas escolhas que fazemos. Será que algum desses fatos entrou para a História ou influenciou sua vida?

E talvez você esteja se perguntando: O que tudo isso tem a ver com arte?

Este livro baseia-se na ideia de que a arte não está só nos museus, nos teatros, nas apresentações musicais, mas faz parte da vida das pessoas constantemente, dos mais variados lugares, em todas as épocas e culturas. A arte pode estar na rua, na casa das pessoas, nas festas, na escola.

A arte faz parte da cultura de diferentes povos e suas manifestações se ligam a como cada artista e cada povo vê e se relaciona com o mundo e com as outras pessoas. Cada artista escolhido neste livro também interagiu com seu tempo e teve suas manifestações influenciadas por essa interação. Cada obra deixou algo a dizer para o futuro. E, dessa forma, interage com outros tempos, gerando inúmeras possibilidades de percepção.

Os capítulos deste livro têm diferentes temas, procurando abordar as várias faces que a arte assume em suas relações com a vida e as culturas humanas. As propostas que fizemos foram pensadas para que você e seus colegas aprendam arte juntos, sempre dialogando e contando com a orientação do professor. Acreditamos que as pessoas aprendem de diferentes formas e procuramos fazer propostas para que você conheça mais sobre arte observando, ouvindo, refletindo, jogando, criando, conversando, enfim, explorando as várias possibilidades que a arte oferece.

Esperamos que, com este livro, você possa conhecer e colocar em prática as diferentes formas de arte, entrando em contato com as obras de artistas do Brasil e do mundo. Esperamos também que você descubra novas formas de se expressar e pensar artisticamente e perceba como a arte está presente em sua vida, em diversos lugares e momentos.

Construímos este livro para que você se relacione com ele, em um ciclo constante de interações.

Um abraço!

Os autores

Conheça seu livro

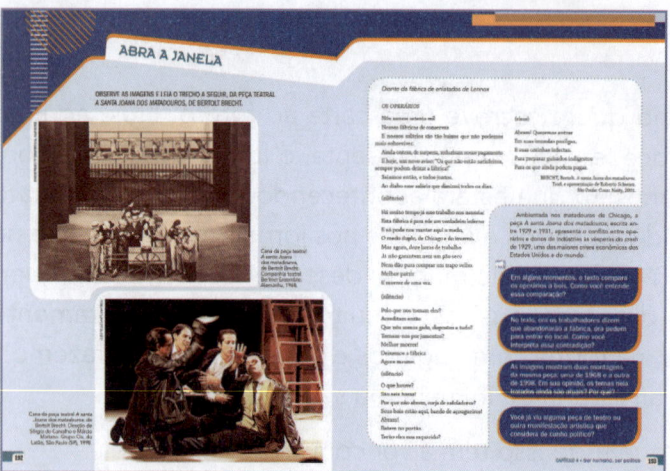

ABRA A JANELA
Esta seção abre cada capítulo e traz imagens e questões para provocar sua reflexão. Ela é um convite à interação com os temas e os conteúdos das manifestações artísticas apresentadas no capítulo.

CAIXA DE FERRAMENTAS
Nesta seção, você relacionará conteúdos e temas abordados nos capítulos com o mundo do trabalho nas áreas artística e cultural.

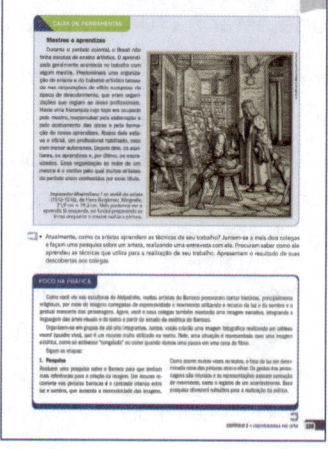

FOCO NA PRÁTICA
Com foco no fazer artístico, propõe práticas das linguagens artísticas: artes visuais, dança, música e teatro que você desenvolverá individualmente ou em interação com seus colegas.

ENQUANTO ISSO...
É o momento em que você relacionará determinadas manifestações artísticas apresentadas no capítulo a outras da mesma época, mas em diferentes lugares.

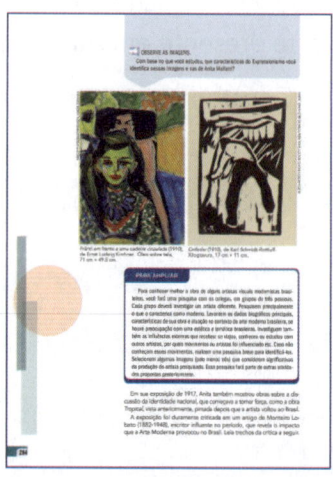

PARA AMPLIAR
Esta seção propõe a investigação, a pesquisa e o registro de aspectos sobre as manifestações artísticas relacionados à sua realidade social e cultural.

E VOCÊ?
Esta seção solicita que você conecte sua realidade ao conteúdo artístico e ao contexto social e cultural abordado no capítulo.

CONEXÃO
Nesta seção, você encontrará conteúdos que relacionam uma obra ou movimento artístico a outros como pontes estéticas ou temáticas entre diferentes tempos e culturas.

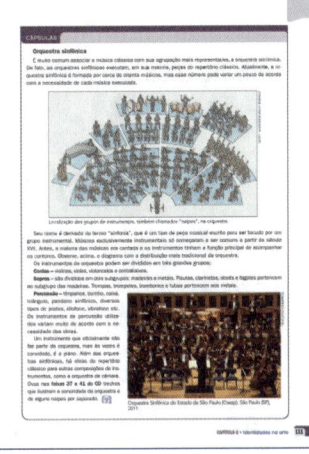

CÁPSULAS
São informações complementares, comentários e curiosidades sobre aspectos do tema abordado no capítulo.

TANTAS HISTÓRIAS
Aborda o contexto histórico com a finalidade de revelar para você o modo de fazer e expressar arte em diferentes tempos.

PRÁTICA FINAL
É o momento da síntese do capítulo e de você criar o produto da sua aprendizagem por meio da integração das linguagens artísticas.

IDEIAS EM FLUXO
Você e seus colegas farão a avaliação final e conjunta do que foi vivenciado e aprendido desde o início do capítulo. O objetivo é que estudantes e professor possam expressar e refletir sobre seus processos de aprendizagem e ensino.

ÍCONES
Em todos os capítulos ícones sinalizam ações que você deve ter diante de propostas.

 ATIVIDADE ORAL

 ATIVIDADE ESCRITA

 AUDIÇÃO DE FAIXAS DO CD DE MÚSICA

CD DE MÚSICA
No fim do livro estão listadas as faixas de música do CD de áudio que acompanha este livro.

SUGESTÕES COMPLEMENTARES
No fim do livro você encontra sugestões de *sites*, leituras complementares, filmes e espaços para visitação. Todos selecionados para que você amplie seus conhecimentos e experiências nas diversas linguagens e manifestações artísticas.

Sumário

CAPÍTULO 1

AS MUITAS FACES DA ARTE 8
ABRA A JANELA 10
A MULTIPLICIDADE DA ARTE 12
Origens das manifestações artísticas 15
AS LINGUAGENS DA ARTE 23
Teatro 23
Dança 31
Música 36
Artes visuais 44
NOVAS IDEIAS, NOVAS AÇÕES 50
Proposição e participação 52
Apropriação 56
Diluindo as fronteiras 64
PRÁTICA FINAL 69
IDEIAS EM FLUXO 69

CAPÍTULO 2

IDENTIDADES NA ARTE 70
ABRA A JANELA 72
MANIFESTAÇÕES DE IDENTIDADE 74
Expressões indígenas 74
A cerâmica em outros momentos 82
Africanidades 84
IMPOSIÇÃO E RESISTÊNCIA 100
Arte europeia brasileira 101
Arte africana brasileira 115
INFLUÊNCIAS E TRANSFORMAÇÕES 119
Moderno ancestral 119
Ancestral contemporâneo 129
PRÁTICA FINAL 133
IDEIAS EM FLUXO 133

CAPÍTULO 3

LINGUAGENS DO CORPO 134
ABRA A JANELA 136
CORPO TRANSGRESSOR 138
Corpo: expressão de liberdade 138
Os limites do corpo 146
VISÕES SOBRE O CORPO 154
ARTES DO CORPO 168
Corpo cênico 168
Dança-imagem 176
O corpo musical 180
PRÁTICA FINAL 189
IDEIAS EM FLUXO 189

CAPÍTULO 4

SER HUMANO, SER POLÍTICO 190

ABRA A JANELA 192
ATITUDE POLÍTICA 194
Palco social 194
Palco clássico 202
PODER E CONFLITO 215
Olhares para a violência........................ 215
Nada a fazer... 229
RESISTÊNCIA E LIBERDADE 234
A gente vai contra a corrente 235
Vamos caminhando 244
América Latina..................................... 246
PRÁTICA FINAL 251
IDEIAS EM FLUXO 253

CAPÍTULO 5

MANIFESTAÇÕES ANTROPOFÁGICAS 254

ABRA A JANELA 256
DIVERSOS BRASIS 258
Mistura singular 258
Realidades plurais 262
TEMPOS MODERNOS 274
Lentas transformações..........................283
Antropofagia 293
GELEIA GERAL 304
PRÁTICA FINAL 319
IDEIAS EM FLUXO 319

CAPÍTULO 6

ARTE, TECNOLOGIA E TRANSFORMAÇÃO 320

ABRA A JANELA 322
TUDO SE TRANSFORMA 324
A reprodução dos sons 324
Do gramofone ao *streaming* pela internet 332
A reprodução de imagens 338
Novas tecnologias, novos olhares...........354
TRADIÇÃO E TRANSFORMAÇÃO 363
CULTURA: RECEPÇÃO E INTERAÇÃO 382
Cultura *pop*..382
Cultura independente...........................389
PRÁTICA FINAL 392
IDEIAS EM FLUXO 394

FAIXAS DO CD 395
ALGUNS MUSEUS E INSTITUIÇÕES CULTURAIS PELO PAÍS 396
SUGESTÕES COMPLEMENTARES 397
REFERÊNCIAS BIBLIOGRÁFICAS 398

AS MUITAS FACES DA ARTE

CAPÍTULO 7

ABRA A JANELA

ARTE

Quais expressões artísticas você conhece? Ao redor da palavra ARTE, com desenhos, colagens ou textos, expresse as ideias, memórias e sensações que a arte lhe provoca.

A arte está presente em seu cotidiano? Em que situações? Quando você diz que um objeto, uma cena, um movimento ou um som é arte?

Você realiza alguma prática artística? Se sim, o que lhe interessa mais nela?

A MULTIPLICIDADE DA ARTE

Ao responder às perguntas anteriores, é possível que diferentes manifestações tenham surgido. Isso reflete as múltiplas possibilidades da arte e as várias formas de nos relacionarmos com ela.

OBSERVE A IMAGEM.

1. O que ela mostra? Que elementos a compõem? É parecida com algo que você conhece?

2. Na obra *Babel*, de Cildo Meireles, rádios de vários modelos e épocas empilhados formam uma torre e ficam ligados em diferentes estações, com transmissões em vários idiomas. Observe suas dimensões. Imagine-se observando essa obra pessoalmente. Que impressões ela lhe causa? Que sentidos você atribui a ela?

3. O título da obra, *Babel*, refere-se a uma passagem bíblica. Ela conta que os homens falavam todos a mesma língua e decidiram construir uma torre para eternizar seus nomes, tão alta a ponto de alcançar o céu. Por sua arrogância e soberba, receberam um castigo divino, que fez com que falassem línguas diferentes, não se entendendo mais e espalhando-se pela Terra. Como esse mito se relaciona com a obra de Cildo?

Babel (2001-2006), de Cildo Meireles. Instalação. Estrutura metálica formada por rádios, 500 cm × 200 cm. Museu Vale, Vila Velha (ES).

Observe as imagens a seguir.

Modelo de rádio toca-fitas da década de 1980.

Modelo de rádio da década de 1950.

Modelo de rádio da década de 1970.

- Você considera que esses rádios são arte? O que os difere de *Babel*? O que torna algo arte?

A obra *Babel*, de Cildo Meireles, é uma instalação, um tipo de manifestação artística com diferentes materiais e objetos, organizados em um espaço e tempo determinados. Geralmente, o público entra em uma instalação ou circula por ela, interagindo de diversos modos.

A instalação como uma forma artística surgiu há poucas décadas (você irá estudar mais sobre isso em outro momento deste capítulo), e é reconhecida como arte pela sociedade atual. Contudo, em outras épocas, provavelmente seria vista com desconfiança e estranhamento. Haveria até quem duvidasse se tratar de arte.

Assim como não existe um único jeito de se compreender e se relacionar com a vida e o mundo, também não existe só uma forma de se fazer arte.

Cada sociedade, nas diferentes épocas e lugares, elabora seus padrões artísticos e percebe a arte a seu modo. Às vezes, inclusive, consideramos arte uma manifestação de outra época ou cultura que pode não ter sido feita com essa intenção.

PARA AMPLIAR

Agora, você realizará uma investigação fora da sala de aula, compartilhando os resultados com seus colegas e o professor em seu próximo encontro. Realize as seguintes propostas:

1. Entreviste pessoas que você conhece e questione-as:
   - Como a arte está presente em sua vida?
   - Dê um exemplo de uma obra ou manifestação artística que seja significativa para você.

2. Em seu cotidiano, observe em que momentos você entrou em contato com a arte. Registre suas descobertas. Você pode anotar uma breve descrição desses momentos ou ainda fotografá-los, filmá-los ou gravá-los em áudio.

3. No dia da apresentação do resultado da pesquisa, leve um registro de uma obra ou manifestação artística que você já conhecia e que desperte seu interesse. Pode ser uma imagem, um texto, um vídeo ou um áudio.

4. Forme uma roda com sua turma para apresentar os resultados e realizar uma conversa a respeito, sob a orientação de seu professor. Ao final, reflitam:
   - Há diversidade nas manifestações que escolheram para mostrar aos colegas?
   - Há manifestações artísticas que tenham se destacado?
   - Entre as respostas ao item 1, quais consideram mais interessantes? Por quê?
   - Vocês já haviam prestado atenção à presença da arte em seu cotidiano?
   - Em que lugares entraram em contato com a arte? Consideram que há pouca ou bastante presença de arte em sua vida? Como ela os afeta?

CAPÍTULO 1 • As muitas faces da arte

Em sua diversidade, a arte pode contar histórias, emocionar, educar e provocar reflexão; pode representar a realidade ou criticá-la; ser manifestação dos sentimentos do artista, do sonho, da imaginação; pode ser feita para pura contemplação ou para fazer parte do cotidiano das pessoas. Além disso, quando uma obra de arte entra em contato com o público, gera percepções muito diferentes – inclusive das imaginadas pelo artista. Contudo, pode-se dizer que, de forma geral, as manifestações artísticas têm em comum um caráter estético.

E VOCÊ?

Você conhece a palavra "estética"? O que ela significa e como se relaciona às manifestações artísticas?

Para a arte, a palavra "estética" possui um significado muito amplo. Costuma-se dizer que a arte provoca uma experiência estética em quem entra em contato com ela. Essa palavra vem do grego *aisthésis* e se refere à percepção sensorial, àquilo que nos chega pelos sentidos (visão, audição, olfato, paladar, tato). A percepção pelos sentidos pode gerar reações diversas, o que faz com que a experiência estética envolva as emoções, as memórias, a imaginação e as associações com a história de cada pessoa. Desse modo, uma mesma obra de arte pode provocar experiências estéticas muito diferentes nas pessoas.

A estética também é uma área de estudo da filosofia, que busca refletir sobre as experiências relacionadas à arte e à beleza. Para várias culturas e épocas, a arte está relacionada à beleza, por isso essa associação imediata ainda é comum até hoje. Mas o que interessa à arte não é só a beleza, pois aquilo que pode ser considerado feio, grotesco ou desagradável também faz parte da arte e provoca experiências estéticas.

OBSERVE AS IMAGENS.
Que experiências estéticas elas provocam em você? Que sensações despertam? Você percebe nelas relações com o que você considera feio, grotesco ou desagradável? Quais?

Cena da apresentação da peça teatral *No pirex*, do grupo mineiro Armatrux. Direção de Eid Ribeiro. Ipatinga (MG), 2009.

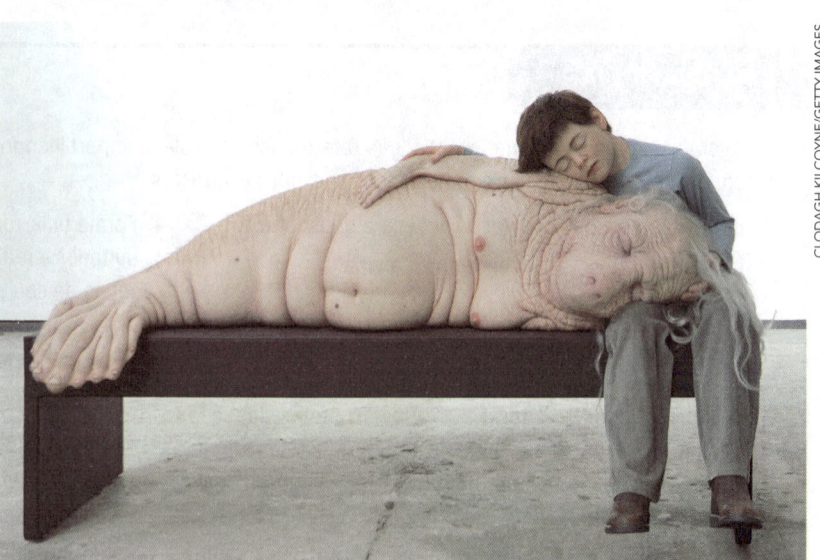

The Long Awaited (2008), de Patricia Piccinini. Escultura em silicone, fibra de vidro, cabelo humano, couro, madeira compensada e roupas, 92 cm × 152 cm × 80 cm.

A primeira imagem é da peça *No pirex*, do grupo de teatro Armatrux, de Belo Horizonte (MG). Na peça, cinco personagens grotescas preparam-se para um jantar e, segundo o grupo, "dão vida a essa história que mais parece um pesadelo cômico". O espetáculo discute temas como a vida, a morte, o amor e as relações de poder.

A segunda imagem é de uma escultura da artista australiana Patricia Piccinini. Em suas esculturas, feitas com materiais diversos como fibra de vidro e silicone, Patricia cria figuras que misturam elementos da anatomia humana, de animais e de plantas. Ela investiga a ideia de modificação genética e de como isso poderia gerar novos seres e afetar as relações humanas.

Origens das manifestações artísticas

Diferentes motivações levam os artistas a fazer arte. Mas como surgiram as expressões artísticas? Por que o ser humano começou a se manifestar artisticamente? Quando aconteceram as primeiras manifestações artísticas?

Não é possível saber com precisão quando se começou a criar o que hoje compreendemos como arte e por quê. Alguns vestígios arqueológicos, como pinturas em cavernas e fragmentos de objetos, no entanto, nos dão pistas de como nossos ancestrais viviam e quais eram suas motivações para criar.

> **vestígio arqueológico:** arqueologia é a ciência que estuda as sociedades e as culturas do passado por meio da análise de vestígios. Assim, os vestígios arqueológicos são marcas, objetos e fragmentos do passado que nos ajudam a compreendê-las.

FOCO NA PRÁTICA

Nesta prática, você trabalhará aspectos da materialidade da arte por meio da criação coletiva de um desenho no qual você e seus colegas explorarão diferentes materiais.

Em grupos de dois a quatro integrantes, você e seus colegas representarão duas situações. Um desenho deve ser sobre o mundo atual, a realidade em que vivem, ou seja, sobre algo que conhecem. O outro desenho deve ser sobre o mundo de nossos primeiros ancestrais, milhares de anos atrás. Para isso, imagine como nossos ancestrais viviam nesse período. Será que a vida nessa época era parecida, em algum aspecto, com a nossa? Em que sentido?

Com relação ao mundo de nossos primeiros ancestrais, vocês devem desenhar o que imaginam, com base no que já conhecem a respeito, procurando representar diferentes aspectos, como tecnologias disponíveis, vestimentas, hábitos alimentares e moradia.

Utilizem papéis grandes, se possível tamanho A1. Para desenhar, usem dois tipos de material: o desenho sobre o mundo atual deve ser feito com lápis grafite; o desenho sobre o mundo de nossos primeiros ancestrais deve ser feito com carvão vegetal, aquele usado em churrasqueiras.

Para os dois desenhos, considerem as seguintes questões e contextos:

- Como é o local onde vivem? Suas características geográficas, a paisagem e o clima?
- Do que depende a sobrevivência das pessoas?
- Quais são as atividades do cotidiano (trabalho, estudo, lazer, manifestações artísticas etc.)?
- Como as pessoas desse grupo se abrigam?
- Como elas se alimentam?
- Usam roupas? Como são?
- Usam ferramentas? Quais?
- Como são as relações entre as pessoas do grupo?
- Como as pessoas se comunicam?
- Qual é a relação das pessoas com os animais e outros seres vivos?

Aproveite as características dos materiais no desenho: enquanto o lápis faz uma linha mais fina e precisa, o carvão forma linhas mais espessas e é mais poroso, permitindo criar esfumaçados com o dedo. Depois de prontos, mostre os desenhos aos colegas dos outros grupos.

Observem cada um dos desenhos e troquem as impressões sobre eles. Os grupos representaram situações parecidas? Quais são as diferenças entre representar algo que vivenciam e algo de imaginação? Comparem os comportamentos atuais representados com os que imaginam que nossos ancestrais tinham. Há algo parecido? Comparem também os resultados com dois materiais diferentes: o carvão e o grafite. Suas características influenciaram o resultado? O que possuem em comum?

OBSERVE A IMAGEM.

1. Como são as figuras representadas na imagem? Você as identifica?
2. Em que superfície foram feitas? Com que material?
3. Você imagina em que circunstâncias foram executadas e por quais motivos?

Pintura rupestre da tradição Nordeste. Serra da Capivara (PI), c. 12 mil a 6 mil anos atrás.

Em todo o mundo existem sítios arqueológicos em que foram encontrados registros visuais e vestígios materiais de grupos humanos que viveram há milhares de anos. Esses registros visuais são chamados de arte rupestre. A palavra "rupestre" faz referência às rochas (paredes das cavernas) onde se encontra grande parte deles. A arte rupestre era feita com materiais naturais como carvão, pedras, pós de origem mineral e sangue de animais.

As mais antigas pinturas rupestres no Brasil, com 12 mil anos de idade, ficam no Parque Nacional da Serra da Capivara, no Piauí. As imagens gravadas nas paredes do lugar representam principalmente seres humanos e animais e, em alguns lugares, grafismos não reconhecíveis.

Além de pinturas, encontram-se também em diversos locais do Brasil e do mundo imagens criadas com outros meios, como relevos entalhados em pedra, caso da Pedra do Ingá, na Paraíba, e esculturas, como os zoólitos encontrados nos sambaquis do litoral brasileiro.

zoólito: escultura de figuras animais, em sua maioria realizada em pedra polida, mas também em outros materiais, como ossos.

sambaqui: depósito de conchas, ossos e artefatos criados por seres humanos. No Brasil, concentram-se principalmente no litoral. Foram realizados por povos que ocuparam essas regiões há milhares de anos e alguns datam de até 8 mil anos.

Zoólito representando pássaros (c. 5 500 anos atrás), 8,7 cm × 9,3 cm × 8,7 cm. Sambaqui do Linguado (SC).

Pedra do Ingá, monumento arqueológico também chamado de *Itacoatiara*. Ingá (PB).

ENQUANTO ISSO... NA FRANÇA

A imagem a seguir mostra a Caverna de Chauvet, localizada no sul da França, que contém as pinturas rupestres mais antigas registradas até hoje, algumas com cerca de 32 mil anos, do período da Pré-História chamado Paleolítico Superior. Os desenhos representam principalmente animais e figuras humanas. Eles nos mostram um avançado domínio técnico e de representação da realidade por parte daqueles que os realizaram.

Antes de ser descoberta, em 1996, a caverna ficou fechada por milhares de anos, em virtude de um desmoronamento em sua entrada original. Esse isolamento preservou as características das pinturas nas paredes praticamente do modo como eram na época em que foram feitas.

A atmosfera dentro da caverna é tóxica para as pessoas. Por isso, os cientistas podem ficar pouco tempo lá dentro e a caverna não é aberta ao público. Além disso, uma grande visitação poderia deteriorar as imagens ao longo dos anos.

Pintura rupestre na Caverna de Chauvet, Vallon-Pont-d'Arc, França, c. 32 mil a 30 mil anos atrás.

CAPÍTULO 1 • As muitas faces da arte

Materialidade e imaterialidade

Por serem **materiais**, ou seja, possuírem existência física concreta, algumas pinturas rupestres se preservaram ao longo de milhares de anos, o que nos permite conhecê-las e, por meio delas, pensar sobre como surgiu a arte e como era a vida de nossos ancestrais. Esse também é o caso das esculturas.

Contudo, há manifestações artísticas que são imateriais, ou seja, possuem um tempo de duração limitado e deixaram, na Pré-História, pouco ou nenhum registro material de seu acontecimento, como a música, a dança e as primeiras formas de representação cênica. Ainda assim, essas manifestações podem deixar registros diversos, como instrumentos musicais e representações em pinturas, objetos e vestes.

> **imaterial:** manifestação de natureza não material, que acontece por um tempo determinado e acaba. A música, a dança e o teatro são imateriais.

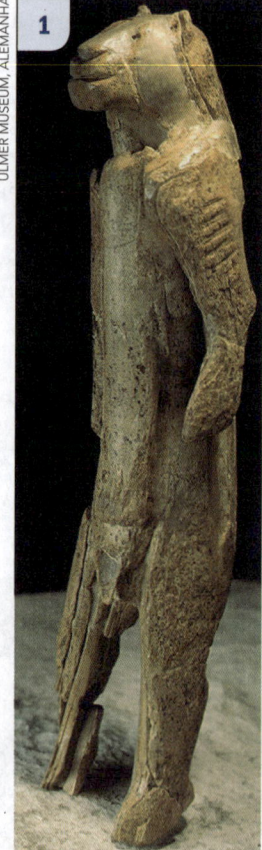

1 Figura zoomorfa, ou seja, que apresenta características humanas (corpo) e animais (cabeça de leão). Entalhe em marfim de mamute, c. 40 mil anos atrás. Essa é uma das esculturas mais antigas conhecidas, encontrada em 1939 em uma caverna na Alemanha. Acredita-se que seja a representação de alguma divindade com atributos de leão. Altura: 31,1 cm.

2 *Vênus de Willendorf*, estatueta feminina esculpida em pedra calcária, c. 24 mil a.C. Diversas pequenas esculturas pré-históricas representam figuras femininas, encontradas em diversas partes do mundo. A maioria possui formas grandes e arredondadas. Acredita-se que representassem divindades relacionadas à fertilidade. Por isso, foram chamadas de "Vênus" pelos estudiosos, em associação à deusa romana da beleza, do amor e da sexualidade.

CÁPSULAS

Carbono

O carbono é um elemento químico presente em mais de 10 milhões de compostos, com características muito distintas, desde o super-resistente diamante até o comum grafite dos lápis. Ele também está no carvão, usado em pinturas rupestres. Outra forma dele, o carbono-14, é responsável por uma das técnicas mais eficazes para a datação arqueológica. É por meio dele que sabemos a idade de objetos tão antigos quanto os mostrados neste capítulo.

Os registros das pinturas rupestres nos dão alguns indícios do surgimento das manifestações imateriais: em várias partes do mundo há imagens pré-históricas que parecem representar pessoas dançando, embora não seja possível saber como eram seus movimentos ou o som de sua música.

Vestígios de uma flauta feita de ossos de um pássaro, encontrados na caverna de Hohle Fels, no sul da Alemanha, indicam a existência da música há pelo menos 35 mil anos. Pesquisadores confeccionaram réplicas dessas flautas. Seus sons são similares aos de alguns tipos de flautas utilizadas ainda hoje. Ouça na **faixa 2 do CD** uma pequena melodia tocada em uma dessas réplicas.

Pintura rupestre mostrando um provável ritual de dança. Parque Nacional da Serra da Capivara (PI), c. 12 a 6 mil anos atrás.

Flauta de osso de c. 35 mil anos atrás, encontrada na Caverna de Hohle Fels, Alemanha.

CÁPSULAS

Patrimônio material e imaterial

Você já ouviu falar em patrimônio cultural?

Para incentivar o conhecimento e garantir a preservação da história e da cultura das comunidades, das nações e da humanidade como um todo, existem órgãos de proteção ao patrimônio cultural. São patrimônios os bens materiais ou imateriais considerados de importância para a formação cultural de um povo ou de toda a humanidade. Os bens materiais podem ser monumentos, edifícios, sítios arqueológicos, pinturas etc. Os bens imateriais são expressões, modos de fazer, conhecimentos e técnicas que não são concretos, ou seja, sua preservação se dá por meio de registros, especialmente com o uso das tecnologias atuais, de modo que não se percam com o tempo. No Brasil, o órgão federal responsável pela preservação do patrimônio é o Instituto do Patrimônio Histórico e Artístico Nacional (Iphan), criado em 1937 e vinculado ao Ministério da Cultura. O patrimônio considerado de interesse mundial é registrado pela Organização das Nações Unidas para a Educação, Ciência e Cultura (Unesco). O patrimônio natural também é muitas vezes protegido por leis. O Parque Nacional da Serra da Capivara, por exemplo, é considerado área de preservação ambiental no Brasil e seus sítios arqueológicos são patrimônio cultural da humanidade.

A participação das comunidades é de fundamental importância para o cuidado e a preservação do patrimônio, mesmo aquele que não é preservado por lei, mas que é importante para a identidade cultural de um grupo. A população também pode impulsionar que um bem seja considerado patrimônio por lei e garantir que os patrimônios estão sendo preservados pelos órgãos públicos.

Acredita-se que, desde a Pré-História, ao tentar entender a vida, a morte, o mundo e os fenômenos da natureza, o ser humano tenha criado mitos e rituais para simbolizar sua existência e sua conexão com tudo o que estava à sua volta. As manifestações que hoje consideramos artísticas teriam se originado desses rituais. Deuses e divindades eram associados aos animais, à flora e aos fenômenos naturais, como a chuva, o sol e o trovão.

Segundo historiadores, alguns desses rituais representavam cultos agrários, de morte e ressurreição. Neles, animais eram sacrificados em homenagem aos deuses e a pele era utilizada como uma espécie de vestimenta em danças nas quais imitava-se o animal, com dizeres aos deuses. Daí teriam surgido as primeiras formas de representação dramática.

Imagens, objetos e instrumentos musicais criados por povos antigos juntamente com registros escritos, a partir da Antiguidade, são indícios das transformações das diferentes formas de manifestações artísticas ao longo da História. E são alguns desses registros que nos indicam que o teatro ocidental, como o conhecemos hoje, teria surgido na Grécia Antiga, a partir de um ritual chamado **ditirambo**, em homenagem a Dionísio, deus do vinho e da fertilidade. Os primeiros registros dessas manifestações datam aproximadamente do século VII a.C. Os praticantes do ditirambo viajavam de cidade em cidade organizando celebrações que foram aos poucos transformadas em dramatizações com textos acompanhados por música.

A imagem a seguir retrata uma máscara teatral do início do século V a.C. Ela é um dos vestígios encontrados sobre as manifestações artísticas na Grécia Antiga.

> **Antiguidade:** corresponde ao período entre o surgimento da escrita (4000-3500 a.C.) e o fim do Império Romano (c. 476 d.C.). Essa divisão de tempo baseia-se na história das civilizações que se desenvolveram no Oriente e ao redor do Mar Mediterrâneo.
>
> **ocidental:** relacionado aos termos "cultura ocidental", "mundo ocidental" ou "Ocidente". Refere-se a todos os países e povos europeus e àqueles com raízes culturais de forte influência europeia, como é o caso dos países colonizados pelos europeus.

Máscara teatral em cerâmica do início do século V a.C., da colônia grega Megara Hyblaea, que existia onde hoje é a Sicília, Itália.

ENQUANTO ISSO... NA ÍNDIA

Natya Shastra

Alguns estudiosos afirmam que a civilização grega herdou muito do contato anterior com culturas orientais. Por isso, é impossível afirmar que a Grécia seja efetivamente a origem geográfica das artes cênicas ou atribuí-las a algum povo especificamente.

O Natya Shastra, por exemplo, é um dos mais antigos escritos sobre as artes na Índia. A data de sua escrita é incerta, mas estaria entre os anos 200 a.C. e 200 d.C. O livro fala da produção de espetáculos dessa época e das formas de representação, que incluíam dança, teatro e música.

OBSERVE AS IMAGENS.
Elas foram realizadas no Egito Antigo.
- Que práticas artísticas você identifica nelas?
- Há semelhanças com o que se faz no presente?

Detalhe de relevo na tumba de Meryre (ou Merine, c. 1550-1292 a.C.). El-Amarna, Egito.

Pintura mural na tumba do faraó Tutmés IV (c. 1400-1390 a.C.). Antigo Egito, Vale dos Reis, Tebas, Egito.

CAPÍTULO 1 • As muitas faces da arte

> **notação musical:** processo de registro gráfico de sons. O sistema mais conhecido é a partitura, inventada pelo italiano Guido de Arezzo (992-1050) e utilizada até hoje, em especial no Ocidente.

Na música, o mais antigo registro escrito de que se tem conhecimento é o *Hino hurrita nº 6*, realizado aproximadamente em 1300 a.C. em uma placa de cerâmica. Ele inclui música, letra e indicação de instrumentos. A placa representa a primeira tentativa conhecida de notação musical.

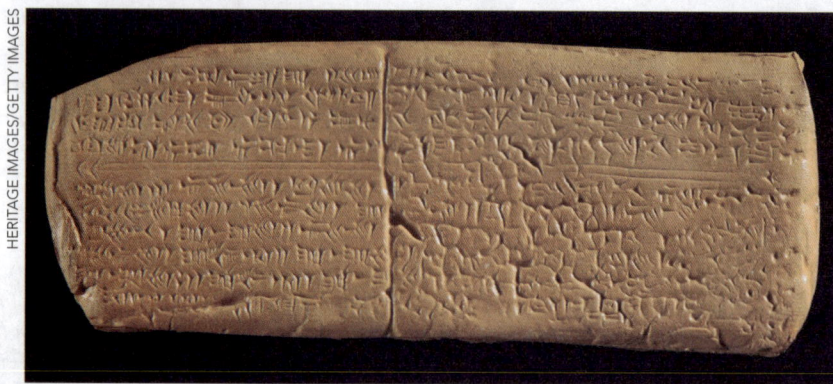

Placa de argila encontrada na cidade perdida de Ugarit, atual Ras Shamra, Síria, onde está escrita a partitura musical do *Hino hurrita nº 6*, do séc. XIII a.C., cultura ugarítica. A placa encontra-se no acervo do Museu do Louvre, em Paris (França).

Uma das interpretações da tabuleta de Ugarit transcrita para uma partitura contemporânea. Presto partituras. São Paulo, 2016.

CAIXA DE FERRAMENTAS

Conservação e restauro

Você sabe como se faz para preservar os objetos históricos e artísticos de diferentes épocas, de modo que novas gerações possam conhecê-los e estudá-los? Você já foi a um museu ou a outro local onde esses objetos estavam protegidos? Já foi a um museu onde era proibido tocar na obra?

Muitas pessoas contribuem para que as manifestações artísticas cheguem ao público. Quando se trata de objetos artísticos materiais, existem profissionais especializados em realizar os cuidados necessários para que eles existam pelo maior tempo possível. São os conservadores e restauradores.

A conservação, como o nome diz, é o trabalho de conservar o objeto nas melhores condições em relação ao seu original. Isso ocorre tanto pela limpeza mais indicada para cada peça como pela sua manutenção em temperatura e umidade adequadas. O público também contribui para a conservação dos objetos. É por isso que, muitas vezes, não

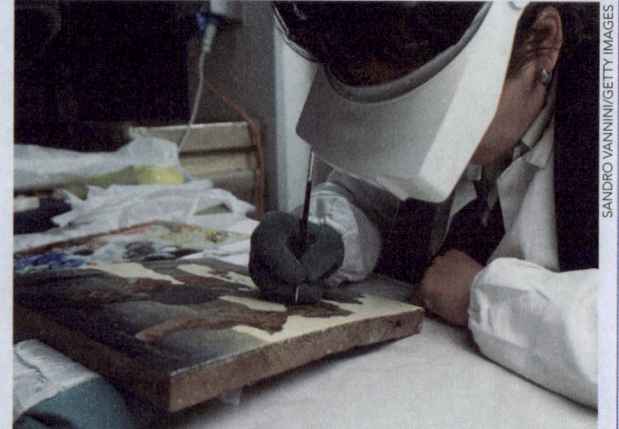

Restauradora utilizando uma lente de aumento especial para trabalhar nos detalhes da obra, Museu Opificio delle Pietre Dure, Florença Itália, [s.d].

é permitido tocar em obras de arte, já que a mão transmite resíduos para a obra que, com o tempo, a danificam. O próprio atrito repetitivo das mãos sobre uma obra pode deteriorá-la.

É por isso também que alguns museus não permitem usar *flashes* ao fotografar as obras. A luz emitida por eles pode alterar a coloração das pinturas.

Já a restauração é feita quando um objeto sofreu algum dano e necessita de reparos. Um exemplo é uma pintura cuja tela rasgou. O restaurador estudará a melhor forma de reparar o dano para que a obra fique o mais próxima possível de sua forma original. Na prática, o trabalho de conservadores e restauradores exige amplo conhecimento de história, arte e química.

PARA AMPLIAR

Em grupos de quatro integrantes, façam uma pesquisa sobre o trabalho de restauro. Procurem imagens que mostrem o antes e o depois de um objeto que passou por esse processo e as apresentem para a turma. Pode ser uma pintura, uma escultura, um edifício, uma partitura de música etc.

- O que mudou na percepção desse objeto depois da restauração?
- Que características ficaram mais evidentes?

AS LINGUAGENS DA ARTE

Há muitas formas de expressão artística e cada uma delas é compreendida de modo diferente de acordo com os costumes, os valores e a história de cada sociedade. Mesmo com tanta diversidade, é possível classificar as obras de arte quanto aos tipos de manifestações e às formas de expressão, que chamamos de **linguagens artísticas**. Tradicionalmente, pode-se falar em quatro linguagens artísticas principais: artes visuais, música, dança e teatro. No entanto, há outras classificações. Por exemplo, dança, teatro e circo, juntos, são considerados artes cênicas. Há também manifestações que são mistas, pois possuem elementos de diferentes linguagens, como o cinema e o vídeo, por exemplo, chamados de audiovisuais.

Teatro

No teatro, o objeto artístico ou obra de arte é o **espetáculo**, que tradicionalmente é apresentado no palco, mas também pode acontecer fora dele.

O espetáculo só existe no momento da apresentação, ou seja, na relação entre artista e espectador. Obviamente, é possível filmar um espetáculo; no entanto, a filmagem não é o próprio objeto artístico, mas seu registro.

Outra característica do teatro é que geralmente a obra é feita por um conjunto de artistas. Alguns deles estão presentes na obra, como os **atores**. Contudo, outros artistas participam da criação da peça, como diretores, cenógrafos, figurinistas, iluminadores, sonoplastas, dramaturgos e preparadores corporais e vocais.

E VOCÊ?

- Você já foi ao teatro assistir a uma peça?
- Já viu alguma encenação que aconteceu fora do teatro?
- Participou ou participa de algum grupo de teatro? Conhece alguém que pratique essa atividade?

O teatro, como qualquer outro campo do conhecimento, é estudado por muitos pesquisadores em seus diferentes tipos de manifestações. Isso gera múltiplas categorias, de acordo com as especificidades de cada forma de teatro. Um espetáculo de teatro tradicional é formado por **cenas**. Cada cena é composta pelos seguintes elementos, em linhas gerais:

- **espaço** – onde a cena acontece;
- **personagens** – quem executa a ação;
- **ação** – o que os personagens fazem na cena.

O conjunto de cenas forma uma narrativa, ou seja, conta uma história ou transmite uma mensagem. As cenas podem ser apresentadas de inúmeras maneiras, inclusive de forma não linear, não precisando seguir a ordem cronológica das ações.

Geralmente, as histórias apresentam um **conflito**, que é o embate entre duas vontades. O conflito pode se dar entre o personagem e algo externo a ele (outro personagem ou alguma situação) ou interno (duas vontades opostas do personagem). Porém, isso não é uma regra. Há peças que não apresentam conflitos.

FOCO NA PRÁTICA

Nesta prática, por meio de uma sequência de jogos teatrais, você trabalhará o elemento espaço. O jogo teatral é uma maneira de trabalhar o teatro de forma coletiva. Como em outros jogos, o jogo teatral possui regras que precisam ser cumpridas para que ele funcione. Cada jogo possui um objetivo, chamado também de foco. O foco do jogo principal desta sequência será mostrar de diferentes maneiras onde (o espaço) cada situação proposta acontece. Para isso, você e seus colegas precisarão do espaço da sala de aula livre e o mais amplo possível. Afastem as carteiras e comecem a caminhar pela sala. Enquanto isso, o professor conduzirá os jogos. As tarefas propostas nos jogos terão um tempo para serem cumpridas. Ao final, conversem sobre a experiência.

Leia a tira a seguir.

Bill Watterson. Calvin & Hobbes. ©1986 Watterson

Nessa tira do cartunista estadunidense Bill Watterson (1958), o personagem Calvin diz que fará uma "grande peça dramática".

- Como você entende a palavra "drama"? Por que você acha que ele associa esse termo com o personagem que vai representar (a cebola)? Você usa a palavra "drama" no cotidiano? Se sim, de que maneira? Você sabe o que a palavra "drama" significa na linguagem do teatro?

A palavra "drama" apresenta vários significados no teatro. Ela é utilizada para se referir a uma encenação ou a algum texto transformado em ação, isto é, dramatizado. Por esse motivo, o teatro também é chamado de **arte dramática** ou **linguagem dramática**. No entanto, drama também é o nome dado a um **gênero teatral**. Você já deve ter lido, em uma resenha de filme ou de peça teatral, observações como "gênero: drama" ou "gênero: comédia".

Gênero, no teatro, é usado para definir uma categoria em que a peça está inserida. No Ocidente, dois gêneros teatrais deram origem aos demais: a tragédia e a comédia.

Isso aconteceu na Grécia Antiga, por volta do século VII a.C. Além desses, ao longo da História, muitos outros gêneros surgiram, como o drama, a farsa e o auto. Eles também podem se misturar, originando gêneros mistos, como a tragicomédia, que traz elementos tanto da tragédia como da comédia.

A tragédia e a comédia

Certamente, você já ouviu o termo "tragédia" e é provável que também o utilize. Ele geralmente é usado para se referir a acontecimentos catastróficos, de grandes proporções ou associados à morte.

E VOCÊ?

Você usa a palavra "tragédia" no cotidiano? De que maneira?

_____

_____

_____

No teatro, também há essa relação de sentido. A **tragédia** é um gênero em que a história tem uma sequência de acontecimentos que resultam em um final associado à morte ou a alguma desgraça inevitável.

É um gênero que preservou, ao longo do tempo, muitas de suas características originais. Por isso, com relação ao gênero tragédia, costuma-se estudar principalmente a tragédia grega.

No século VII a.C., a produção de peças na Grécia foi muito intensa e os textos trágicos foram os mais preservados. Isso favoreceu que suas características se mantivessem ao longo do tempo e que fossem bastante estudadas.

CAPÍTULO 1 • As muitas faces da arte

E VOCÊ?

Você gosta de histórias de super-heróis? Como são os personagens dessas histórias? Que características os super-heróis costumam ter? Que relação você acha que há entre os super-heróis e o teatro grego?

_____

_____

CONEXÃO

Os personagens heroicos estão por toda a parte: no cinema, na literatura, nos quadrinhos, nos desenhos animados... Você sabe a origem da figura do herói na cultura ocidental?

Cena do filme *Batman vs. Superman: a origem da justiça*. Direção de Zack Snyder. EUA, Warner Bros., 2016.

Na mitologia grega, o **herói** é um semideus, ou seja, filho de um deus com um ser humano. Os heróis se diferenciavam dos humanos por serem capazes de façanhas impossíveis. Um exemplo de herói foi Hércules. Conta a mitologia que ele era filho de Júpiter, deus dos deuses, e Alcmena, uma mulher comum. Era dotado de uma força sobrenatural. Hércules sofreu a perseguição de Juno, esposa de Júpiter. Ela tinha ciúme da relação de Júpiter com Alcmena. Como penitência, foi obrigado a realizar doze tarefas, impossíveis para um ser humano comum, que ficaram conhecidas como *Os doze trabalhos de Hércules*.

> **mitologia:** a palavra "mito" vem do grego *mithos*, que significa "fábula", "acontecimento imaginado". A palavra "mitologia" é a junção de "mito" com o termo grego *logos*, que significa "estudo". Assim, mitologia é o estudo dos mitos.

Uma das principais características das peças trágicas é a presença do **herói**. Nas tragédias, ele aparece não como um semideus, como na mitologia, mas como um personagem humano, que desencadeia a história. Na maioria das vezes, ele é o personagem principal. Ele sofre a chamada **falha trágica**, situação em que o personagem faz alguma coisa errada sem saber, inconscientemente, e depois sofre as consequências desse ato. O erro do **herói trágico** não é uma falha de caráter, mas uma falha por engano. O conflito na tragédia se dá entre a vontade do herói e seu destino inevitável.

O público acompanha a trajetória do herói e vive com ele todos os momentos da história, culminando com a **catarse**, do grego *kátharsis*, que pode ser traduzida como "purificação" ou "purgação". É o nome dado à sensação que o desfecho da peça desperta no espectador, uma descarga emocional, decorrente da empatia com o personagem e a história.

Você já se emocionou ao assistir a um filme ou ler um livro? Já teve a sensação de estar dentro da história, vivenciando com o personagem sua tensão? É essa sensação que na tragédia se chama catarse.

Ao longo da História, muitos escritores criaram importantes obras teatrais trágicas, como o inglês William Shakespeare (1564-1616) e o brasileiro Nelson Rodrigues (1912-1980). Eles têm uma extensa produção nesse gênero.

CONEXÃO

Na sociedade grega, os deuses mitológicos eram de extrema importância. A lista de deuses gregos é imensa, bem como a complexidade e o número de histórias ligadas a eles. Contudo, os mitos e seres mitológicos não são exclusividade da cultura grega. Cada cultura tem sua mitologia, diversificada e igualmente rica.

Por exemplo, na mitologia dos povos Iorubá, os deuses são chamados de orixás. Os Iorubá são povos que hoje habitam principalmente os países africanos Nigéria e Benin. Eles influenciaram muito a cultura brasileira, pois durante a colonização muitos Iorubá foram trazidos para cá como escravizados.

Leia a seguir uma matéria sobre a produção de uma animação baseada na mitologia iorubá.

Curta em *stop motion* traz mito da criação do Universo contado por orixás

Produtora baiana reuniu artistas e técnicos especializados para a produção do filme de 12 minutos

Com mais de 25 000 *clicks*, o mito da criação do Universo será contado pela técnica do *stop motion* no curta *Òrum àiyé*.

Produção de uma cena da animação *Òrun àiyé: a criação do mundo*. Direção de Jamile Coelho e Cintia Maria. Brasil, Estandarte Produções, 2016.

O curta traz a trajetória do pai de todos os deuses, Oxalá, para cumprir sua missão junto a outras divindades, em uma envolvente narração de 12 minutos, carregada de simbolismos da cultura afro-brasileira.

A animação é inclusiva e, por meio de recursos como audiodescrição, subtitulação e janela de Libras, estará disponível para o público surdo e cego, além de estar em mais cinco línguas – português, inglês, francês, espanhol e yorubá.

Para as diretoras da obra, as cineastas Jamile Coelho e Cintia Maria, a animação será um instrumento de educação de crianças e jovens sobre o combate ao racismo e à intolerância religiosa. "Esse material paradidático permitirá às crianças e aos jovens a ampliação da noção de cultura negra trazida da África para o Brasil, proporcionando uma educação que reconheça e valorize a diversidade, comprometida com as origens do povo brasileiro", afirma Jamile Coelho. A religiosidade afro-brasileira será abordada a partir da contação de histórias, tendo a figura do historiador Ubiratan Castro de Araújo (1948-2013) como o *griot* – narrador das lendas envolvendo deuses africanos como Olodumaré, Oxalá, Orunmilá, Ododuwa, Nanã e Exu. [...]

CURTA em *stop motion* traz mito da criação do Universo contado por orixás. Portal Geledés, 28 abr. 2016. Disponível em: <www.geledes.org.br/curta-em-stop-motion-traz-mito-da-criacao-do-universo-contado-por-orixas/>. Acesso em: 30 out. 2017.

E VOCÊ?

Como você usa a palavra comédia no seu cotidiano? Qual é o significado dessa palavra para você?

> **stop motion:** técnica de animação que consiste em colocar em sequência uma série de fotografias, gerando impressão de movimento. Para cada segundo de filmagem são necessárias cerca de 24 imagens.

A **comédia** é o gênero teatral que tem o humor como principal característica. Geralmente, as comédias tratam de assuntos cotidianos, como a política, a economia e os temas sociais, de forma humorada. As comédias costumam apresentar personagens caricaturais, exagerados, tanto em suas características (na gestualidade e na forma de falar) como na aparência (roupas, maquiagens e adereços).

Ao contrário da tragédia, na comédia geralmente não há grandes conflitos morais que gerem acontecimentos sem saída ou irreversíveis. Os conflitos se caracterizam por confusões, armações ou enganos, que levam ao riso e costumam acabar em finais felizes ou, no mínimo, divertidos. Na comédia, a estrutura das histórias costuma ser mais aberta. Os atores improvisam, falam diretamente ao público, fazem brincadeiras e sugerem participação.

TANTAS HISTÓRIAS

Na Grécia Antiga, os mitos estavam na base da formação social. Todos os cidadãos, desde cedo, aprendiam sobre os deuses, suas relações com os mortais e todas as decorrências de se enfrentar ou desobedecer às regras divinas. Não eram simples histórias, faziam parte da cultura como uma crença real, ditada por normas e regras que deveriam ser seguidas.

Por meio de histórias que continham essas regras divinas, as peças trágicas serviam para ensinar a moral, pelo exemplo, mostrando ao cidadão grego uma situação com a qual ele poderia se identificar. O teatro era a possibilidade de fazer o público vivenciar a história e, assim, apreendê-la de forma mais completa.

Dada sua importância, a tragédia era muito mais do que uma manifestação teatral: representava uma instituição social, patrocinada pelo Estado e por cidadãos de poder. Patrocinar o teatro era um dever cívico. E a participação da população nas apresentações muitas vezes era obrigatória.

Nas peças trágicas gregas, além dos personagens individuais, um elemento importante era o **coro** – personagem coletivo, formado por muitas pessoas. O coro discordava e comentava o enredo, sem interferir nele.

Ao coro cabiam comentários e reflexões, além de explicações de acontecimentos anteriores à história da peça. O coro representava a voz do cidadão comum e servia para difundir os pontos de vista oficiais, ou seja, passar a mensagem moral dentro da história. A função do coro era contribuir com o objetivo maior das peças trágicas: mostrar como os humanos estavam condicionados à vontade dos deuses e como qualquer deslize, por menos intencional que fosse, levaria o personagem à desgraça inevitável, a situações sem saída.

Enquanto as tragédias gregas cultuavam os deuses e suas regras sociais, as comédias celebravam a vida e os assuntos mundanos. A estrutura das comédias era flexível, os personagens eram inventados livremente, as histórias falavam de zombaria, defeitos, vícios, críticas sociais, sempre de forma divertida e improvisada. Assim, costumava-se dizer que a tragédia era digna dos deuses, e a comédia, digna dos homens.

Atores populares – conhecidos como **mimos** – iam de cidade em cidade levando histórias cômicas. Esses atores, segundo dados históricos, ao longo do tempo foram desenvolvendo uma linguagem gestual, originando o que conhecemos hoje como mímica.

As tragédias gregas continuam sendo montadas por companhias pelo mundo. Ensaio da peça teatral *Hécuba*, do escritor grego Eurípides (480-406 a.C.), dirigida por Gabriel Vilela. Teatro Vivo, São Paulo (SP), 2012. A foto mostra a atriz Walderez de Barros como a personagem principal Hécuba e o coro na tragédia grega.

FOCO NA PRÁTICA

Você já leu alguma peça teatral? Agora você e seus colegas vão ler trechos de duas peças escritas na Grécia Antiga: *Lisístrata*, de Aristófanes, e *Édipo rei*, de Sófocles (c. 496-405 a.C.). Ao final, responda às questões e, se necessário, releia os textos.

Lisístrata

A história de *Lisístrata* se passa em Atenas, na Grécia, em cerca de 411 a.C. Nesse período, acontecia a Guerra do Peloponeso, um grande conflito gerado pela rivalidade econômica entre Atenas e Esparta, duas importantes cidades gregas. Ele envolveu várias outras cidades, que se aliaram a um dos lados. Na peça, a personagem Lisístrata arma um plano para acabar com a guerra. Para isso, convoca as mulheres de todas as cidades gregas para ajudá-la.

Na cena a seguir, Lisístrata expõe seu plano às outras mulheres.

Lampito: Afinal, quem convocou as mulheres pra assembleia?
Lisístrata: Eu!
Lampito: Diga logo qual é sua ideia!
Lisístrata: Antes quero perguntar algumas coisas a vocês. Depois explico meu plano.
Cleonice: Pode falar.
Lisístrata (*com fervor*): Vocês não sentem saudades de seus pais e de seus filhos que estão na guerra? Sei que os maridos de todas estão em combate.
Cleonice (*suspirando*): O meu, por exemplo, está na Trácia. Foi embora há cinco meses, coitado!
Lampito: E o meu não tem descanso! Mal chega de licença, pega no escudo e corre novamente pra luta!
Lisístrata: Não sobra tempo pra transar! Desde que a guerra começou está difícil encontrar algum homem pela cidade! Se continuar assim, deixaremos de ser cortejadas! É por isso que criei um plano! A nossa força de vontade acabará com essa guerra!
Cleonice: Sou capaz de enfrentar qualquer coisa!
Mirrina: Pela paz, estou disposta a tudo, podem até me cortar pelo meio feito um linguado!
Lampito: Pra ter meu homem de volta, se for preciso, escalo as montanhas mais altas!
Lisístrata: Então vamos agir! Caras amigas, só há uma saída: se quisermos recuperar nossos maridos teremos de abrir mão de...
Cleonice: De quê? Diga logo, criatura!
Lisístrata: O plano é este: não fazer sexo em hipótese alguma! (*Decepção geral. Todas ficam chateadas e se afastam de Lisístrata.*)
Lisístrata: Ei, ei! Não adianta fugir! Pra onde estão indo?! Ouçam com calma!
Mirrina: Abrir mão do sexo?! Prefiro ir pra guerra!
Lisístrata: E justo você, "linguado", que há poucos minutos se cortaria ao meio por nossa causa?
Cleonice: Topo qualquer parada, ando até sobre brasas, mas não fico sem "aquilo" de jeito nenhum!
[...]

ARISTÓFANES. *Lisístrata*. Trad. Antonio Medina Rodrigues. São Paulo: Ed. 34, 2002. p. 58-61.

Embora as mulheres reajam negativamente em relação ao plano de Lisístrata, na sequência, entretanto, não vendo outra saída, aceitam o acordo. Depois de muita confusão e artimanhas, finalmente alcançam seu objetivo e conseguem que eles acabem com a guerra e tudo fique em paz. A verdadeira Guerra do Peloponeso durou mais de vinte anos e outras guerras a sucederam.

Aristófanes (c. 450-385 a.C.) foi um escritor muito importante desse período. Escreveu vários textos em que abordava questões sociais, políticas, artísticas e religiosas de Atenas, sua cidade natal.

Édipo rei

Édipo é filho de Laios, rei de Tebas. Antes de Édipo nascer, Laios sofreu uma maldição que dizia que seu primeiro filho se tornaria seu assassino e se casaria com a própria mãe. Tentando escapar à maldição dos deuses, Laios manda matar Édipo logo após seu nascimento. Porém, o bebê é salvo por um servidor, que o entrega a Políbio, rei de Corinto. Sem saber que Políbio não é seu pai verdadeiro, Édipo, já adulto, descobre a maldição e, para que não fosse cumprida, foge para Tebas. No meio do caminho, envolve-se em uma briga e mata alguns mercadores, sem saber que entre eles estava Laios, seu verdadeiro pai. Ao chegar a Tebas, Édipo decifra o enigma da Esfinge e quebra outra maldição que assolava a cidade. Como recompensa, é feito rei e casa-se com a recém-viúva de Laios, Jocasta, sem saber que ela era sua mãe verdadeira.

No meio da história, Édipo resolve investigar quem teria sido o assassino do rei Laios, condição para livrar a cidade de outros males.

Édipo: Tu é que entregaste a criança de quem ele fala?
O Servidor: Fui eu. Quem dera tivesse morrido naquele mesmo dia!
Édipo: Recusa-te a falar e é isso o que te espera.
O Servidor: Se eu falar, minha morte será ainda mais certa.
Édipo: Esse homem parece-me querer ganhar tempo.
O Servidor: Não, eu já disse: fui eu que o entreguei.
Édipo: De quem era essa criança? Tua ou de um outro?
O Servidor: Não era minha. Era de um outro.
Édipo: De quem? De que lar de Tebas ela saía?
O Servidor: Não, mestre, em nome dos deuses, não perguntes mais.
Édipo: Morrerás, se eu tiver que repetir minha pergunta.
O Servidor: Ela nascera na casa de Laios.
Édipo: Escrava? Ou parente do rei?
O Servidor: Ai de mim! Chego ao mais cruel de dizer.
Édipo: E, para mim, de ouvir. No entanto, ouvirei.
O Servidor: Diziam ser filho do rei... Mas tua mulher, no palácio, pode te dizer isso melhor do que ninguém.
Édipo: Foi ela quem te entregou a criança?
O Servidor: Foi ela, senhor.
Édipo: Com que intenção?
O Servidor: Para que eu a matasse.
Édipo: Uma mãe! Mulher desgraçada!
O Servidor: Ela tinha medo de um oráculo dos deuses.
Édipo: O que ele anunciava?
O Servidor: Que essa criança um dia mataria seus pais.
Édipo: Mas por que tu a entregaste a este homem?
O Servidor: Tive piedade dela, mestre. Acreditei que ele a levaria ao país de onde vinha. Ele te salvou a vida, mas para os piores males! Se és realmente aquele de quem ele fala, saibas que nasceste marcado pela infelicidade.
Édipo: Oh! Ai de mim! Então no final tudo seria verdade! Ah! luz do dia, que eu te veja aqui pela última vez, já que hoje me revelo o filho de quem não devia nascer, o esposo de quem não devia ser, o assassino de quem não devia matar!

Ele corre para dentro do palácio.

(Moderado)

O Coro: *Pobres gerações humanas, não vejo em vós senão um nada!*
Qual o homem, qual o homem que obtém mais felicidade do que parecer feliz, para depois, dada essa aparência, desaparecer do horizonte?
Tendo teu destino como exemplo, teu destino, ó desditado Édipo, não posso mais julgar feliz quem quer que seja entre os homens.
Ele visou o mais alto. Tornou-se senhor de uma fortuna e de uma felicidade completas.
Destruiu, ó Zeus, a Esfinge das garras aguçadas. Ergueu-se em nossa cidade como um baluarte contra a morte.
E foi assim, Édipo, que foste proclamado nosso rei, que recebeste as mais altas honrarias, que reinaste sobre a poderosa Tebas.

(Mais forte)

E quem agora poderia ser dito mais infeliz do que tu? Quem sofreu desastres, misérias mais atrozes, numa tal reviravolta?
Ah! Nobre e caro Édipo! Assim o leito nupcial viu o filho após o pai entrar no mesmo porto terrível!
Como pôde, como pôde o campo lavrado por teu pai te suportar por tanto tempo, sem revolta, ó desgraçado?
O tempo, que tudo vê, o descobriu a despeito de ti. Ele condena o himeneu, que nada tem de um himeneu, de onde nasciam ao mesmo tempo e por tantos dias um pai e filhos.
Ah! filho de Laios! quisera jamais, jamais ter-te conhecido! Estou desolado, e gritos enlouquecidos escapam de minha boca. Cumpre dizer a verdade: por ti, outrora, recuperei a vida, e por ti, hoje, fecho os olhos para sempre!

Um escravo sai do palácio.

SÓFOCLES. *Édipo rei*. Trad. Paulo Neves. Porto Alegre: L&PM, 2012. p. 72-77.

Ao descobrir a verdade, Édipo fura os próprios olhos e se autoexila. Jocasta suicida-se. Sófocles foi um dos mais importantes dramaturgos da Grécia Antiga. Escreveu centenas de peças, mas apenas sete chegaram completas até os dias de hoje.

1. Qual é o gênero de cada uma das peças? Justifique sua resposta com características observadas no texto.

_____
_____

2. Qual é a função do coro no trecho lido de *Édipo rei*?

_____
_____

Dança

Observe as imagens a seguir.

Cena do espetáculo de dança *Hot 100 – The Hot One Hundred Choreographers*, com o bailarino e coreógrafo Cristian Duarte. Sala Paissandu, Galeria Ólido, São Paulo (SP), 2011.

Pessoas dançando em uma festa.

A primeira foto é do artista paulistano Cristian Duarte, que em algumas de suas obras aproxima a dança cênica do universo do movimento cotidiano. A segunda é de uma festa, onde a dança é experimentada como diversão.

A dança é uma manifestação presente na humanidade há milhares de anos. Sua matéria-prima é o movimento do corpo. Compor formas e movimentos corporais são funções essenciais de um artista da dança.

E VOCÊ?

1. Você gosta de dançar? O que é dança para você?
2. Quais estilos de dança você conhece?
3. Para você, há diferença entre dançar como forma de arte e para se divertir? Quais diferenças?
4. Observe as pessoas ao seu redor. Elas se movimentam da mesma maneira? Quando ficam paradas, elas assumem posturas semelhantes? E você se movimenta sempre da mesma forma? O que faz com que você mude sua maneira de se movimentar em um dia ou outro ou de um momento para o outro?

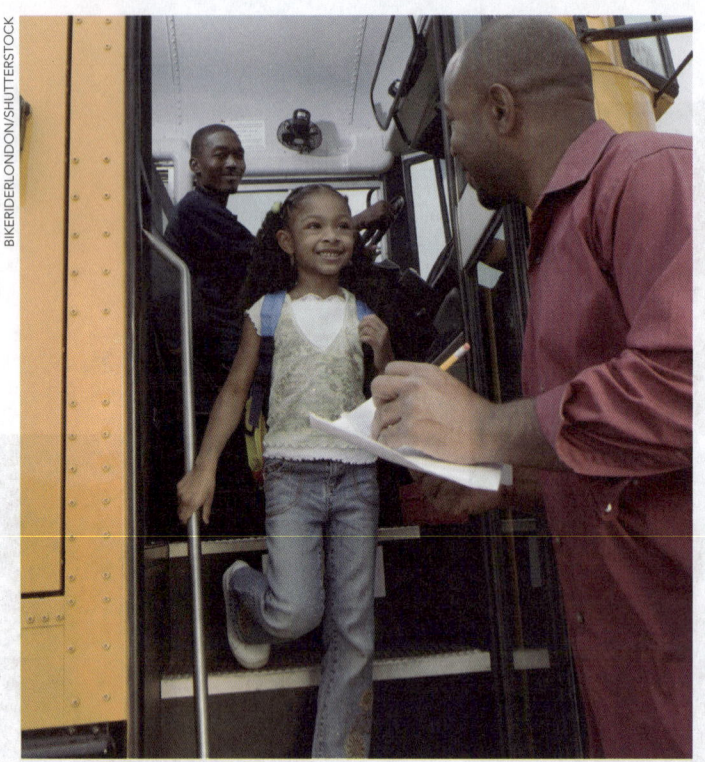

BIKERIDERLONDON/SHUTTERSTOCK

Movimento corporal de uma menina ao descer do ônibus escolar.

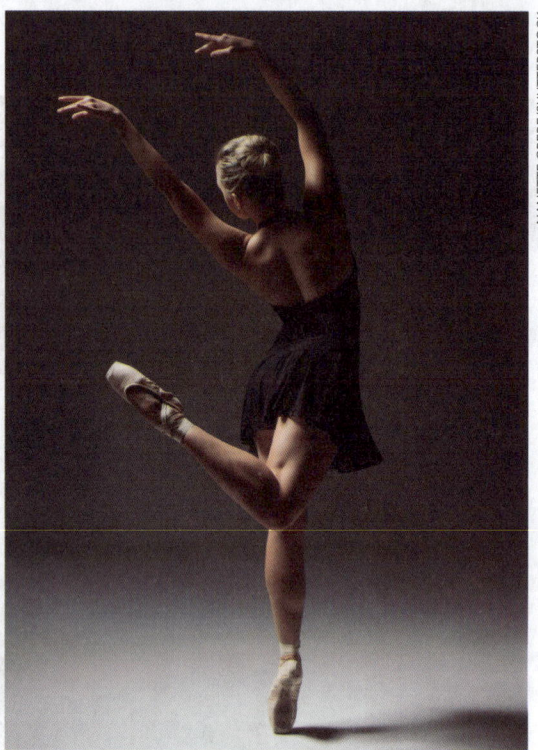

NANETTE GREBE/SHUTTERSTOCK

Movimento corporal de uma bailarina.

OBSERVE AS IMAGENS.

Pense no movimento da menina na primeira imagem e no da mulher na segunda.

- O que eles possuem em comum? O que os diferencia?

No cotidiano e na dança, o movimento do corpo acontece em um espaço específico e em um tempo determinado. Porém, na dança o artista cria certos movimentos no espaço com uma intenção estética. Isso promove alterações no **espaço** e, consequentemente, na percepção do **tempo**. Imagine, por exemplo, que você está atravessando uma rua. Se a rua for estreita, você levará pouco tempo para atravessá-la. Na dança costuma acontecer o mesmo. Um movimento que ocupa um espaço menor tende a ser executado em um tempo curto. No entanto, o artista pode fazer um movimento pequeno que dure muitos minutos, criando novas sensações. Essas escolhas são pautadas por aquilo que o artista quer expressar com sua obra.

O corpo

articulações: são estruturas compostas por uma série de elementos corporais que dão estabilidade e garantem que não haja atrito entre os ossos. O conhecimento aprofundado do corpo é fundamentado em outras áreas do saber, como a biologia, mas é bastante necessário para quem estuda dança.

FOCO NA PRÁTICA

Em dupla com um colega, você fará um exercício de percepção do próprio corpo por meio das suas articulações. Nesta atividade, um de vocês deve ficar de olhos fechados e o outro de olhos abertos. Quem estiver de olhos abertos soprará nas articulações de quem estiver de olhos fechados, que irá reagir dobrando a articulação onde sentiu o sopro. Quem está soprando deverá explorar ao máximo as possibilidades de movimentos dadas pelo dobrar das articulações. Quem está de olhos fechados deverá manter as articulações bem relaxadas e muita atenção no corpo! No final da atividade, converse com o professor e os colegas: O que você descobriu de novo com relação ao seu corpo e movimentos a partir das suas articulações?

O corpo é dividido em três partes principais: cabeça, torso (tórax, cintura e quadris) e membros (pernas e braços). Cada uma dessas partes é composta por numerosos ossos, músculos e articulações que permitem dobrar ou esticar o corpo e sua mobilidade.

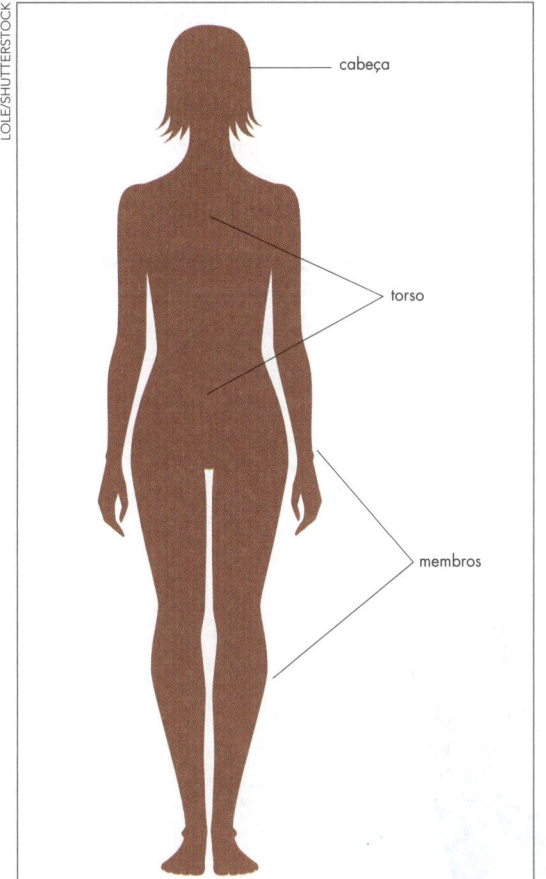
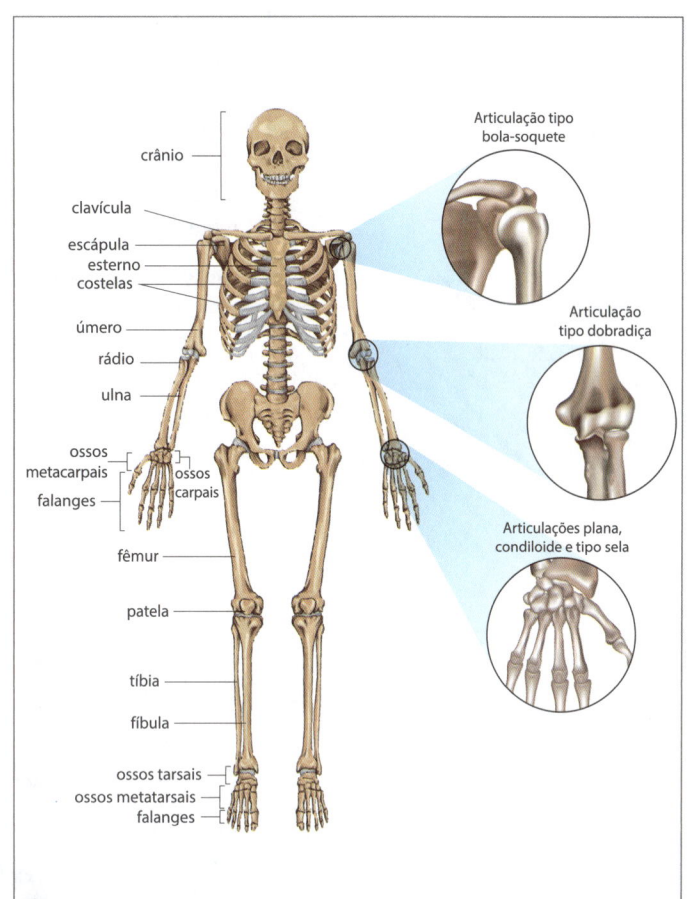

Partes básicas do corpo humano e exemplos de articulações. Imagens fora de escala. Cores-fantasia.

FOCO NA PRÁTICA

Nas práticas a seguir, você e seus colegas, por meio de orientações do seu professor, experimentarão algumas possibilidades de movimento a partir de formas criadas com o corpo. Para começar, afastem as carteiras e distribuam-se ocupando de maneira uniforme o espaço da sala. Na primeira etapa da atividade, vocês criarão formas paradas no espaço, como estátuas. Na segunda etapa, ensinarão uns aos outros as formas de que mais gostaram; e, por fim, trabalharão com movimentos.

Ao final da atividade, conversem sobre ela: Os movimentos foram parecidos ou diferentes? Como o espaço foi ocupado neles? Na última parte houve um deslocamento grande ou pequeno no espaço?

O espaço

Assim como é possível criar movimentos focando no corpo, é possível realizar movimentos focando em aspectos do espaço. Uma dessas formas é a exploração do **espaço pessoal**, aquele que é possível alcançar quando se estica ao máximo as pernas e os braços para todas as direções.

Além do espaço pessoal, também é possível criar movimentos experimentando o **espaço geral**, aquele que se estende para além do espaço pessoal. Essa divisão entre espaço pessoal e geral foi pensada por Rudolf Laban (1879-1958), pesquisador húngaro que fez um estudo minucioso sobre o movimento humano. Laban chamou o espaço pessoal de *kinesfera*.

CAPÍTULO 1 • As muitas faces da arte

FOCO NA PRÁTICA

Imaginem que estão dentro de uma bolha do tamanho do seu espaço pessoal. Com a orientação do professor, vocês tocarão o limite dessa bolha com as diferentes partes do corpo, nas mais diversas direções. O objetivo é explorar seu espaço pessoal.

Ao final, conversem sobre as seguintes questões: Quais são as direções espaciais mais utilizadas no seu dia a dia? Nas suas atividades diárias você utiliza poucas ou muitas direções? Como foi experimentar movimentos diferentes nesta atividade? Quais movimentos novos você descobriu?

Na imagem a seguir, a bailarina explora sua *kinesfera* com movimentos do corpo. A figura geométrica em volta dela é um icosaedro, uma forma tridimensional composta por vinte faces. Laban utilizou essa forma geométrica para facilitar os estudos acerca do espaço pessoal.

Um exemplo da *kinesfera* proposta por Rudolf Laban.

O espaço é um aspecto fundamental da dança. O movimento do corpo cria novas percepções acerca do espaço, na medida em que cria novas formas, novos recortes e novas relações com ele.

Essas relações constroem significados diversos. O mesmo movimento de dança executado no fundo ou na frente de um palco, bem comprimido de um lado ou com o dançarino de costas passa diferentes informações para o público e cria uma estética diferente para a coreografia apresentada. Da mesma forma, o espaço no qual o corpo dança também muda a experiência acerca da dança executada. Se o dançarino se apresenta em uma escada, em um corredor ou em um palco grande, seus movimentos também ganharão novas formas dependendo do local ocupado.

As relações entre corpo e espaço conferem novas percepções acerca do tempo. Assim, ao manipular as três esferas – corpo, espaço e tempo –, o artista da dança ganha inúmeras possibilidades de criação.

Dançarinos de *break dancing* na cidade de Lviv, Ucrânia, 2015.

> **OBSERVE AS IMAGENS.**
>
> 1. Como os dançarinos estão ocupando o próprio espaço pessoal? Estão no máximo de sua extensão? Ocupam quais direções? Ocupam predominantemente a parte inferior ou superior do espaço?
>
> 2. Como os dançarinos estão transformando o espaço geral? Eles parecem estar se deslocando ou fixos no espaço? Na imagem 2, estão perto ou longe dos tambores? No caso da dupla, os indivíduos estão perto ou longe entre si?

Cena do espetáculo de dança *Alma gaúcha*. Na imagem, há uma apresentação de dança de facão, típica da Região Sul do Brasil. Casa Show Savignon, Bento Gonçalves (RS), 2016.

Cena do espetáculo *Estudo para UMA DANÇA*, com Patrícia Werneck e Celso Nascimento. São Paulo (SP), 2008.

FOCO NA PRÁTICA

Nesta prática, você e seus colegas explorarão relações com o espaço geral, atentando para como espaço e tempo se relacionam nos movimentos. A prática será conduzida pelo professor. Para tanto, deverão caminhar pelo espaço voltando sua atenção para pontos diversos (seus colegas e outros elementos do espaço). Ao final, conversem sobre a prática. Como o uso do espaço geral transforma a percepção do tempo? Que novas perspectivas espaço e tempo trazem para a dança?

CAPÍTULO 1 • As muitas faces da arte

Música

Observe as imagens a seguir.

1. Que tipo de música cada imagem representa? Anote em seu caderno as que você reconhece.
2. De quais desses tipos de música você gosta? E de quais tipos você não gosta? Complete o seguinte quadro. Faça duas listas:

GOSTO	NÃO GOSTO

E VOCÊ?

Que instrumentos musicais você conhece? Você costuma ouvir música? Se sim, onde? Se não, por quê? Quantas horas por dia você escuta música? Calcule uma média aproximada de quantas horas você ouve por ano.

- Ouça as faixas 3 a 11 do CD algumas vezes prestando muita atenção. Todos os trechos são musicais? Você reconhece algum? Gosta de todos eles, de alguns ou de nenhum? Por quê?

Arte das musas

A palavra "música" vem do grego *musiké téchne* e significa "arte das musas". As musas eram as divindades responsáveis por inspirar o conhecimento, as ciências e as artes na mitologia grega. Como acontece para todas as outras artes, não há uma definição fechada para música. Há no mundo uma infinidade de produções musicais, cada uma com suas sonoridades. O gosto pessoal também influencia o que alguém considera música ou mero ruído. Para incluir a multiplicidade de músicas existentes, uma definição abrangente pode ser: "música é a arte feita com sons e silêncios".

CÁPSULAS

Na segunda metade do século XX, o artista John Cage (1912-1992) fez pesquisas sobre o silêncio, chegando à conclusão de que ele não existe como ausência total de sons. Ou seja, mesmo no mais "absoluto silêncio", ouvimos pelo menos dois sons: um agudo e um grave, originados, respectivamente, pelo sistema nervoso e pelo sistema circulatório. São chamados sons fundamentais do corpo humano. Assim, o silêncio é um conceito relativo, sendo observado de forma diferente em cada contexto. Por exemplo, em uma sala de aula, podemos ter a intenção de fazer silêncio, mas não temos controle dos sons fora dela, além dos sons fundamentais do corpo humano.

No mundo, não existem ambientes sem nenhum tipo de som. Contudo, foram criados ambientes onde há a menor incidência possível de sons, como as salas anecoicas.

Sala anecoica. As formas nas paredes, no teto e no chão eliminam completamente o eco e a reverberação. As pessoas que entram na sala não conseguem ficar mais do que alguns minutos por causa da sensação desagradável que a falta de sons ambientes cria. Durante suas pesquisas, John Cage entrou em uma dessas salas procurando o silêncio.

Euterpe em uma fonte (1857), de Friedrich Ochs. Palácio de Sanssouci, Alemanha. Na escultura, a musa está segurando um aulos, que é uma flauta dupla. Entre as nove musas, Euterpe é a principal associada à música, ao canto e à poesia.

ruído: som não desejado, geralmente reconhecido como interferência de algo que se quer ouvir. Às vezes, o termo "barulho" é utilizado como sinônimo. Hoje em dia, muitos sons considerados ruído são usados musicalmente.

CAPÍTULO 1 • As muitas faces da arte

Leia o trecho da canção a seguir.

....

Não existiria som
Se não houvesse o silêncio
Não haveria luz
Se não fosse a escuridão
A vida é mesmo assim,
Dia e noite, não e sim
[...]

SANTOS, Lulu. Certas coisas. *Tudo azul*. Rio de Janeiro: WEA, 1984. Disco.

....

- É o começo da canção "Certas coisas", de Lulu Santos. Que relações você percebe entre a definição de música apresentada (música é a arte feita com sons e silêncios) e esse trecho da canção?

FOCO NA PRÁTICA

Você e seus colegas farão uma atividade com o objetivo de praticar a escuta ativa. Quando o professor indicar, no maior silêncio possível, comece a escrever uma lista de todos os sons que consegue ouvir durante 30 segundos. Preste atenção para anotar todos.

1. Em dupla com um colega, compare sua lista com a dele. Realizem a atividade mais uma vez. A lista aumentou?
2. Agora, todos escreverão, no quadro de giz, os sons que ouviram. São muitos sons acontecendo em 30 segundos?

O som

Gráfico que representa um som. Essa visualização mostra alguns detalhes presentes no som tocado como trecho experimental da faixa 7 do CD.

sistema auditivo: conjunto de órgãos encarregados da audição. Esse sistema recebe e processa os sons que vão ao cérebro para serem interpretados.

O som é uma **vibração** (onda mecânica) que se propaga e é percebida pelo sistema auditivo. O som precisa de matéria física (o ar, por exemplo) para se propagar. Por isso, não é possível transmitir sons pelo vácuo. No espaço, fora das regiões com atmosfera, não há sons.

Por se tratar de uma onda mecânica é possível sentir alguns sons pelo tato, na pele, além do sistema auditivo. Isso é explorado, por exemplo, por músicos que criam composições (ou as adaptam) para pessoas surdas ou com diferentes graus de perda de audição.

CÁPSULAS

A velocidade do som muda de acordo com o material, a temperatura e a densidade dos corpos. No ar, no nível do mar e a 20 °C, o som se propaga a aproximadamente 1 240 km/h. Na água, a mais de 5 000 km/h; e, no ferro, a cerca de 20 000 km/h. Já a luz viaja muito mais rapidamente que o som, a uma velocidade de cerca de 1 bilhão km/h. É por isso que, quando há raios, vemos o relâmpago antes de ouvir o trovão.

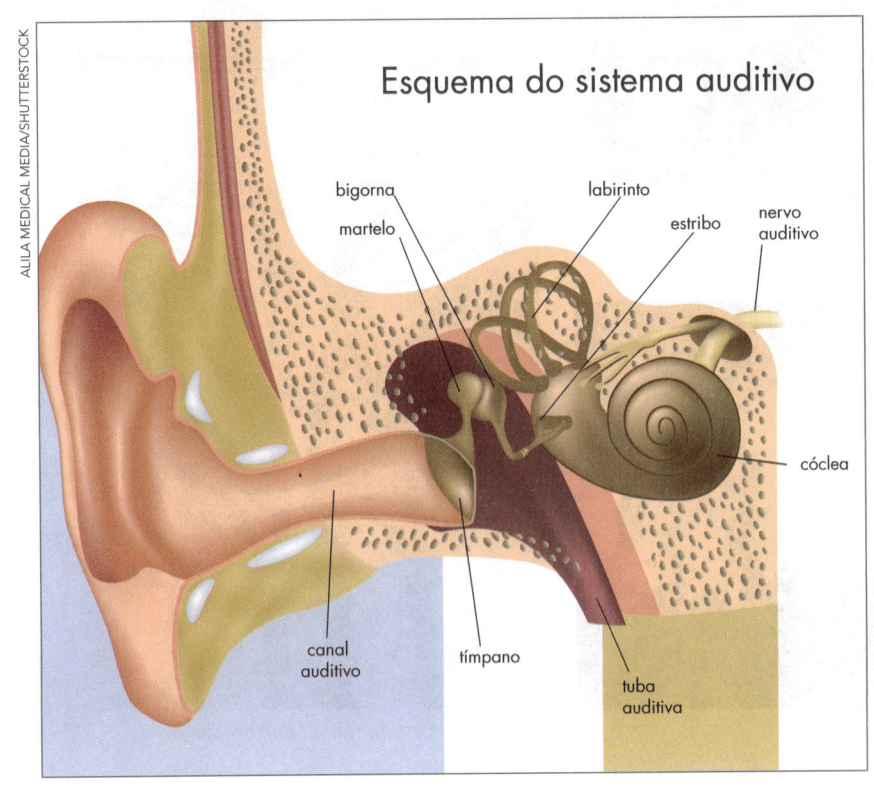

Esquema do sistema auditivo

(bigorna, martelo, labirinto, estribo, nervo auditivo, cóclea, canal auditivo, tímpano, tuba auditiva)

Desde que a onda sonora chega à orelha, entra pelo canal auditivo e faz o tímpano vibrar (como um minúsculo tambor), ele é transferido passando por vários órgãos até virar um sinal transmitido pelo nervo auditivo ao cérebro para ser interpretado. Imagem fora de escala. Cores-fantasia.

Os sons do cotidiano costumam indicar alguma coisa. Por exemplo, os sons no trânsito indicam diversos tipos de veículos, a movimentação e a quantidade deles. O som do apito de uma chaleira no fogo indica que a água está fervendo. O tom de voz indica se as pessoas estão bravas ou calmas. Geralmente, as pessoas não prestam atenção aos sons diretamente, mas àquilo que eles apontam, suas fontes sonoras. Assim, interpretamos o tipo e as qualidades de cada som de acordo com a situação.

Veja o exemplo do som de bater palmas: um mesmo som, várias possibilidades. Ele envolve um movimento particular do corpo, o bater palmas, reconhecido e utilizado em quase todo o mundo.

fonte sonora: objeto ou ação que gera som. Exemplos: pessoas falando, ondas do mar na praia, celulares tocando.

- Quais são as possíveis funções da batida de palmas? Você as consideraria um som musical? As palmas poderiam ser consideradas um som musical em alguma situação? Justifique.

FOCO NA PRÁTICA

Observe as imagens a seguir.

1

Os músicos Fernando Barba e Keith Terry apresentam-se na abertura do 3º Festival Internacional de Música Corporal. São Paulo (SP), 2010.

2

Público durante um *show* musical.

3

Jogadores brasileiros de futebol de areia.

Em sua opinião, qual é a finalidade das palmas em cada uma dessas ações? Em quais dessas situações você já bateu palmas? Em qual delas você reconhece uma intenção musical no uso das palmas? Como você chegou a esta conclusão?

Agora, você e seus colegas realizarão uma atividade conjunta de experimentação sonora só com palmas.

Etapas

1. Como aquecimento, em duplas, experimentem diferentes maneiras de bater palmas, a mão esquerda sobre a direita, utilizando só alguns dedos, uma mão sobre o verso da outra, rápido, lento, fraco, forte etc.

2. Agora a turma toda deve realizar 30 segundos de palmas, com intenção musical. É uma peça coletiva. Antes de começar, é preciso fazer o máximo de silêncio na sala. Sem ensaio, comecem a bater palmas todos ao mesmo tempo, variando o máximo possível os sons produzidos, durante os 30 segundos. Enquanto batem palmas, preste atenção no seu som e, em seguida, no dos colegas. O resultado sonoro é interessante? Pode ser chamado de música? Foi muito ou pouco o tempo para apreciar os diferentes tipos de palmas que os colegas estão realizando?

3. Agora, escolham cinco colegas para liderar a turma. Cada um, na sua vez, irá à frente por um minuto, e os outros farão as palmas do modo que os líderes indicarem. O líder ou condutor pode realizar as indicações por meio de imitação, por exemplo, o líder executa as palmas primeiro e, depois, os outros repetem. O líder também pode explicar cada sequência de palmas ao grupo, combinando um gesto para quando deverá ser executada. Outra opção é o líder dividir a turma em grupos, apontando o

que cada grupo deve fazer. Os líderes têm a liberdade de utilizar todos os sons da atividade anterior e podem explorar os movimentos corporais para realizar as palmas. Eles devem tentar produzir diferentes efeitos sonoros: criar contrastes entre sons fortes e fracos, sequências longas e curtas, rápidas e lentas, com as palmas bem abertas ou em formato de concha etc. Não se esqueçam de utilizar silêncios como parte das sequências. Após essa etapa, reflitam: Mudou alguma coisa? A atividade foi mais organizada? Gostaram mais de alguma das cinco músicas? Por quê? Seria possível repetir exatamente a mesma música?

Desafio

Escolham dois colegas para baterem juntos uma palma por segundo, durante 30 segundos. É fácil, não? Agora, os dois devem fechar os olhos e tentar novamente por mais 30 segundos. Conseguem realizar o exercício em conjunto ainda? Continua fácil? Experimentem com outras duplas.

CÁPSULAS

Música com palmas

Steve Reich é um compositor estadunidense conhecido pelo seu trabalho com música minimalista. A música minimalista se caracteriza por longas repetições de ideias musicais (sequência de sons) com mudanças graduais e sutis na estrutura musical. Uma das peças mais conhecidas do compositor é *Clapping music*. Ela é feita somente com sons de palmas entre duas pessoas ou dois grupos de pessoas. É uma peça com uma ideia simples, mas muito difícil de realizar pelo grau de concentração que exige dos músicos que a executam.

Parâmetros do som

Todo som pode ser analisado com base em **quatro parâmetros**. São eles: **intensidade**, **duração**, **altura** e **timbre**. O controle desses parâmetros permite criar melodias, harmonias e ritmos, que são os elementos principais da música, como você verá no próximo capítulo.

A seguir vamos apresentar cada um desses parâmetros, que serão acompanhados de audição de faixas no CD de áudio. Além de ouvir as faixas para desenvolver a percepção sonora, você fará atividades, propostas pelo seu professor, de reconhecimento dos quatro parâmetros do som.

Intensidade

Pela intensidade, os sons classificam-se como fortes ou fracos (e, às vezes, como altos ou baixos). Outro termo usado em associação à intensidade é "volume". A intensidade se refere à quantidade de energia das ondas de som e é medida em decibéis (dB). É o primeiro parâmetro claramente percebido, porque é ele que permite ouvir os sons. Sem potência suficiente, ou em lugares com muita poluição sonora, alguns sons podem passar despercebidos.

SONS E INTENSIDADE APROXIMADA	
Sussurro	30 dB
Voz normal	65 dB
Trânsito em cidade	90 a 110 dB
Grandes *shows* ao vivo	100 dB
O limite da dor e perda de audição	a partir de 120 dB

- Ouça as faixas 12 e 13 do CD e faça as atividades que serão propostas pelo seu professor.

CÁPSULAS

Você sabe o que é EPI?

O sistema auditivo está entre os mais sensíveis do corpo. É um dos poucos que não se regenera em caso de lesão. Ele inclusive se deteriora por toda a vida, em maior ou menor grau, dependendo dos cuidados pessoais e das características genéticas de cada pessoa. Por isso, as atividades profissionais em que há exposição a grande intensidade de sons exigem a utilização de protetores auriculares e abafadores, que é o EPI (equipamento de proteção individual) para proteção do sistema auditivo. Outros EPIs incluem máscaras, óculos, capacetes, botas etc. O uso de EPI é obrigatório em todos os trabalhos que oferecem risco ao funcionário e deve ser fornecido pela empresa ao profissional gratuitamente.

A percepção da intensidade é relativa. Em um concerto de música ou em uma biblioteca, uma pessoa tossindo ou um celular tocando chama muito a atenção. Já os mesmos sons produzidos em uma rua com tráfego intenso ou em um grande *show* são quase imperceptíveis. Na música, a intensidade atua sobre a dramaticidade das ideias musicais.

Duração

Pela duração, os sons classificam-se em curtos ou longos. A duração se refere ao tempo de percepção de cada som. Ela é medida geralmente em segundos; em casos de sons muito curtos, milissegundos (1 segundo dividido em mil partes). Sons muito longos, quase constantes, são anulados por nossa audição, uma vez que nosso cérebro percebe que eles não se modificam. É o caso do ar-condicionado, da ventoinha de computadores etc. Em muitos casos, as pessoas só percebem esses sons quando os aparelhos são desligados. Em uma composição musical, a duração dos sons e sua periodicidade (de quanto em quanto tempo acontecem) constituem o ritmo, um dos elementos principais da música, que veremos no próximo capítulo.

• Ouça as faixas 14 e 15 do CD e siga as orientações do professor.

Altura

Pela altura, os sons classificam-se em agudos ou graves. Essa percepção se dá pelo que em Física é chamado frequência das ondas sonoras, a qual é medida em hertz (Hz). O ser humano tem o potencial de ouvir em média sons entre 20 Hz e 20 mil Hz ou 20 kHz (kilohertz) de frequência (do grave ao agudo). Por exemplo, a voz de crianças costuma ser mais aguda que a voz dos adultos, em especial a masculina. Uma flauta tem um som mais agudo que um contrabaixo. A altura é o parâmetro que define as notas musicais (dó, ré, mi, fá, sol, lá, si). Quando se afina um instrumento, o que se corrige é a altura.

• Ouça as faixas 16 e 17 do CD e siga as orientações do professor.

> **CÁPSULAS**
>
> ### Piano
>
> O piano foi inventado por volta de 1700. Embora haja divergências sobre seu nome original, ao que se sabe, o primeiro nome que lhe foi atribuído é "pianoforte", devido à sua capacidade de modificar a intensidade do som (*piano* e *forte* em italiano significam, respectivamente, "fraco" e "forte", em português). Isso porque o instrumento de teclado mais comum naquele tempo era o cravo, bastante limitado nessa capacidade. Posteriormente, o nome "pianoforte" foi encurtado para "piano". O teclado extenso, com muitas alturas (notas), a possibilidade de criar nuances de intensidade (pela força do toque) e de modificar a duração dos sons (pela utilização do pedal) o transformaram no instrumento preferido de teclado até o século XX. Ouça a faixa 18 do CD com um trecho da música "O velho castelo", do compositor russo Modest Mussorgsky (1839-1881), escrita para piano em 1874.

Piano de cauda.

Timbre

O timbre diz respeito à qualidade do som, às vezes chamada metaforicamente de "cor do som". É o parâmetro que apresenta maior dificuldade de definição, porque não existe uma maneira exata de medi-lo. Está ligado aos outros parâmetros diretamente. É fundamental para o reconhecimento das fontes sonoras.

O timbre é o que dá um caráter único e particular a cada som. É a característica que nos faz reconhecer a voz de alguém ou o som dos diferentes instrumentos musicais. O som de um violão com cordas de náilon, por exemplo, tem um timbre diferente de quando são usadas cordas de aço, mesmo mantendo os outros três parâmetros iguais.

Normalmente, para se referir ao timbre, as pessoas usam palavras metafóricas, de fora do universo sonoro: um som "brilhante", "doce", "redondo", "escuro", "agitado" etc. Assim, o timbre gera experiências estéticas a partir da qualidade dos sons. Isto é, você pode gostar do som de um instrumento, mesmo que não goste tanto do tipo de música feita com ele.

- Ouça as faixas 19 e 20 do CD e siga as orientações do professor.

> **FOCO NA PRÁTICA**
>
> Agora, você e seus colegas realizarão atividades sobre os parâmetros do som: intensidade, duração, altura e timbre. Cada parâmetro será abordado e trabalhado de maneira diferente para complementar as atividades anteriores realizadas com a audição das faixas do CD de áudio.
>
> Diferentemente das atividades anteriores, agora todos os sons serão produzidos e controlados por vocês. Ao final, conversem sobre a prática. O professor dará mais orientações e precisará da ajuda de alguns voluntários.

Artes visuais

Pinturas rupestres em uma caverna, do estilo Taira (c. 800-400 a.C.). Antofagasta, Chile.

Grafite dos artistas André Morbeck e Decy. Goiânia (GO), 2012.

grafite: pintura realizada em paredes, muros e outras superfícies, geralmente em ambientes externos, onde pode ser vista pelas pessoas que circulam nas ruas. É considerada arte urbana, ou arte de rua, por ocupar espaços coletivos das cidades. Muitos grafiteiros usam tinta em *spray*, mas há os que trabalham com outros materiais e diferentes técnicas de pintura.

OBSERVE AS IMAGENS.

Milhares de anos separam a criação delas. A primeira é uma pintura rupestre, realizada no Chile entre 800 e 400 a.C. A outra é um grafite atual, dos grafiteiros André Morbeck e Decy, de Goiânia (GO).

1. O que chama mais sua atenção em cada uma das imagens? Para você, há alguma relação entre elas? Se sim, quais?
2. Para você, por que os seres humanos criam imagens? Pode haver algo em comum que tenha motivado seres humanos do passado e motive grafiteiros contemporâneos, como Morbeck e Decy?

Como você viu anteriormente, não é possível saber com certeza o que motivava nossos ancestrais a pintar nas cavernas. Sabemos que retratavam, entre tantas figuras, muitos animais com os quais conviviam, alguns até já extintos (na imagem da página anterior, são lhamas, animais típicos da região da Cordilheira dos Andes). Já o grafite é uma forma de arte urbana, ou arte de rua, que se tornou popular nas últimas décadas. As técnicas que os grafiteiros utilizam são bem variadas, assim como as imagens que criam. Uma das motivações dos grafiteiros é se expressar prioritariamente em espaços públicos e não convencionais, levando arte e ideias a lugares acessíveis do cotidiano das pessoas.

Leia a tira a seguir.

Série de tiras *Vi-Venes*, 2013. O cartunista tocantinense Venes Caitano publica seu trabalho diretamente na internet desde 2013 no *site* <www.venes.com.br>.

1. Observe os aspectos visuais e o texto da tirinha. Como você a compreende?

_____

_____

2. Observe cada um dos três primeiros quadrinhos. Eles sugerem a você outras imagens?

_____

_____

As artes visuais, como o próprio nome diz, referem-se às manifestações artísticas que envolvem o sentido da visão. As artes visuais mais conhecidas são a pintura, o desenho, a escultura, a gravura e a fotografia.

A produção visual também aparece em manifestações que misturam mais de uma linguagem, como as audiovisuais (o cinema e o vídeo), ou mesmo os quadrinhos, que trabalham com as linguagens visual e verbal. A vida contemporânea está inundada de imagens: TV, computador, cartazes publicitários e celulares nos apresentam todos os dias imagens criadas para vender produtos, comunicar ideias, registrar momentos, despertar interesse, gerar emoções. Também nas redes sociais, a todo o momento são criadas e compartilhadas imagens.

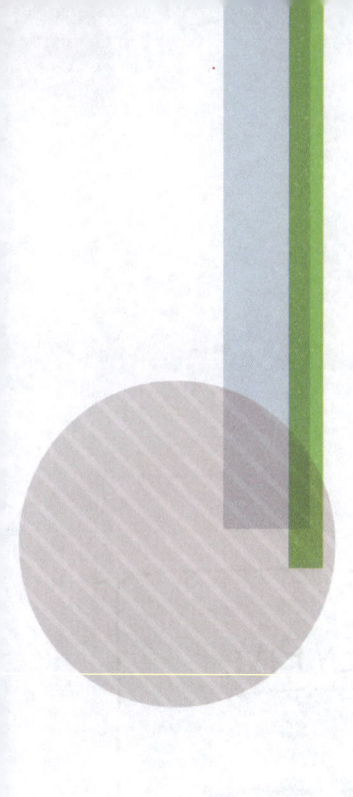

Os elementos visuais

Ao olhar uma imagem com atenção, é possível reconhecer alguns elementos visuais recorrentes nela e outros menos comuns. A relação entre eles compõe as imagens e influencia como elas são percebidas.

Leia e, se possível, ouça a canção a seguir.

Aquarela

Numa folha qualquer eu desenho um sol amarelo
E com cinco ou seis retas é fácil fazer um castelo.
Corro o lápis em torno da mão e me dou uma luva,
E se faço chover, com dois riscos tenho um guarda-chuva.
Se um pinguinho de tinta cai num pedacinho azul do papel,
Num instante imagino uma linda gaivota a voar no céu.

Vai voando, contornando a imensa curva Norte e Sul,
Vou com ela, viajando, Havaí, Pequim ou Istambul.
Pinto um barco a vela branco, navegando, é tanto céu e mar num beijo azul.
Entre as nuvens vem surgindo um lindo avião rosa e grená.
Tudo em volta colorindo, com suas luzes a piscar.
Basta imaginar e ele está partindo, sereno, indo,
E se a gente quiser ele vai pousar.

Numa folha qualquer eu desenho um navio de partida
Com alguns bons amigos bebendo de bem com a vida.
De uma América a outra consigo passar num segundo,
Giro um simples compasso e num círculo eu faço o mundo.
Um menino caminha e caminhando chega no muro
E ali logo em frente, a esperar pela gente, o futuro está.

E o futuro é uma astronave que tentamos pilotar,
Não tem tempo nem piedade, nem tem hora de chegar.
Sem pedir licença muda nossa vida, depois convida a rir ou chorar.
Nessa estrada não nos cabe conhecer ou ver o que virá.
O fim dela ninguém sabe bem ao certo onde vai dar.
Vamos todos numa linda passarela
De uma aquarela que um dia, enfim, descolorirá.

Numa folha qualquer eu desenho um sol amarelo (que descolorirá).
E com cinco ou seis retas é fácil fazer um castelo (que descolorirá).
Giro um simples compasso e num círculo eu faço o mundo (que descolorirá).

TOQUINHO; MORAES, Vinicius de; FABRIZIO, Maurício; MORRA, Guido. *Aquarela*. Rio de Janeiro: Ariola, 1983. Disco.

1. Você conhece essa canção? Ela faz você pensar em quê? Faz você imaginar algo?
2. Que relações é possível fazer entre a música e a tirinha que você viu anteriormente? Selecione um trecho da canção em que se perceba essa relação.

3. A música aborda em diversos momentos uma experiência que a maioria dos seres humanos já vivenciou: dar forma à imaginação. Isso pode acontecer de muitas maneiras. Na canção, isso ocorre pela transformação dos elementos visuais em imagens. Releia a letra e, com base no que ela o faz imaginar, crie imagens usando materiais diversos, como lápis de cor, giz de cera ou colagens.

FOCO NA PRÁTICA

Esta será uma prática coletiva, em que você e seus colegas participarão juntos. Nela, vocês explorarão as possibilidades de imaginação e criação visual a partir de um único elemento: uma linha. Sigam as etapas:

1. Tracem uma longa linha no chão. Para isso, vocês podem usar uma folha de papel em rolo, unir várias folhas grandes com fita adesiva, ou, se for possível, desenhar no próprio chão fora da sala de aula, com giz ou carvão. No chão de terra, podem-se usar gravetos para fazer o desenho. O importante é fazer uma longa linha, de vários metros, de modo que todos possam desenhar ao seu redor.
2. Cada estudante usará essa linha como base para um desenho, ou seja, ela será parte dos desenhos de todos. Quantas imagens diferentes podem surgir de uma só linha?
3. Espalhem-se pelos dois lados da linha e, todos, ao mesmo tempo, desenharão o que imaginarem a partir dela.

Ao final, observem o resultado e conversem sobre a experiência.

Ponto, linha, forma e cor

Você conhece os elementos visuais básicos? O **ponto** é a unidade mínima de uma imagem, o elemento mais simples. Assim que colocamos o lápis no papel, criamos um ponto. Como o pinguinho de tinta na música "Aquarela", o ponto dá origem a todas as outras formas.

O ponto atrai o olhar. Pontos posicionados próximos e alinhados passam a impressão de continuidade, sensação que se torna mais intensa quanto menor for a distância entre eles.

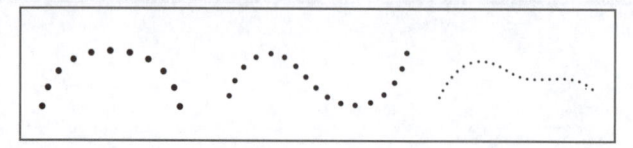

E VOCÊ?

Observe ao seu redor. Preste atenção aos espaços da sala de aula, aos objetos e às pessoas ao seu redor. Você percebe pontos em seu campo de visão?

Quando os pontos estão tão próximos que não podemos mais distingui-los uns dos outros, surge outro elemento visual: a **linha**. A linha é como se fosse o registro do movimento de um ponto.

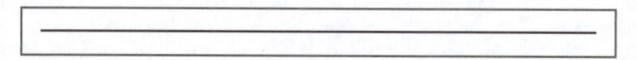

A partir da linha podem-se criar formas, seja na liberdade de um rabisco, seja na rigidez de uma reta. A **forma** é outro dos elementos visuais. Apesar de suas infinitas possibilidades, há três formas básicas, a partir das quais podem ser criadas inúmeras outras:

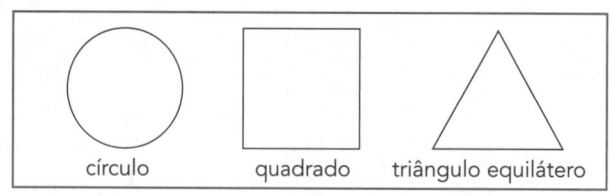

círculo   quadrado   triângulo equilátero

Outro elemento visual muito importante é a **cor**. Você já deve tê-la estudado.

- Sabe quais são as cores primárias? E as secundárias? Por que se chamam assim? Você sabe como são formadas?

Desenhe a seguir formas com as cores primárias e as secundárias, apontando como elas se originam.

Ponto, linha, forma e cor são quatro dos principais elementos visuais, os mais básicos e facilmente perceptíveis. Os elementos visuais podem até ser usados sozinhos, mas costumam se misturar na criação de imagens. Uma cor, por exemplo, sempre estará relacionada a uma forma.

Os elementos visuais se relacionam e se organizam no espaço em composições diversas. Elas podem ser **bidimensionais** ou **tridimensionais**. Imagens bidimensionais são compostas por apenas duas dimensões: altura e largura. Já as tridimensionais, além de altura e largura, têm profundidade. Os desenhos e fotografias, por exemplo, são bidimensionais. A maioria das pinturas também, embora algumas possam ser feitas com uma massa de tinta, formando relevos, o que lhes dá certa tridimensionalidade. Já as esculturas são exemplos de obras de arte com três dimensões. Nós vivemos e nos movimentamos em uma realidade tridimensional. Existem, no entanto, formas de ilusão tridimensional em superfícies bidimensionais. É o que acontece, por exemplo, no cinema 3-D (três dimensões). Também no campo das artes visuais, muitos artistas desenvolveram formas de criar a ilusão de tridimensionalidade em imagens bidimensionais. Observe novamente o grafite de Morbek e Decy e as pinturas rupestres, na página 44. Veja como o uso que os grafiteiros fazem das formas, da luz e da sombra nos corpos das pessoas representadas lhes dá um aspecto tridimensional. Outro elemento é a sobreposição. O rosto da criança é representado parcialmente, como se estivesse atrás do braço da mulher. As diferentes dimensões dos animais da pintura rupestre também passam a sensação de maior ou menor proximidade, criando ilusão de profundidade.

> **composição:** em artes visuais, é o arranjo dos elementos que formam uma imagem, incluindo seu suporte (o papel, a parede, a tela etc.). Na música, o termo refere-se à organização dos sons e das ideias musicais em uma peça musical.
>
> **figurativo:** em arte, refere-se à representação de formas reconhecíveis, como a forma humana, elementos da natureza ou objetos criados pelo ser humano.
>
> **abstrato:** em arte, refere-se a criações em que as formas não representam coisas ou seres reconhecíveis.

FOCO NA PRÁTICA

Nesta prática, você observará como os elementos visuais podem ser percebidos em seu entorno, transformando o que vê em criações bidimensionais e tridimensionais. Olhe ao seu redor. Se possível, caminhe, observe as coisas de diferentes ângulos, saia da sala de aula para ampliar seu campo de visão. Ao olharmos à nossa volta, identificamos formas diversas. É como se linhas imaginárias desenhassem e definissem tudo o que vemos. Movimente-se e observe como as formas mudam de acordo com seu ponto de vista.

Siga as etapas:

1. Escolha uma forma ao seu redor. Você a desenhará em um suporte rígido e amplo (pode ser uma cartolina, papelão, EVA ou outro material, com mais de 30 cm de lado). Você pode desenhar uma forma geométrica ou irregular, uma forma de algo construído pelo ser humano ou uma forma da natureza. Desenhe-a com pelo menos 30 cm de largura ou diâmetro. Essa forma deve ter uma cor. Você pode usar um suporte colorido ou pintá-lo da cor desejada, com o material que tiver disponível. Recorte a forma que desenhou.

2. Depois que cada estudante tiver sua forma recortada, afastem as carteiras ou procurem um espaço amplo fora da sala de aula. Disponham todas as formas pelo chão e comecem a uni-las, sobrepô-las, gerando diferentes composições.

3. Após terem explorado as formas em composições bidimensionais, vocês as transformarão em composições tridimensionais. Pensem em como fazer as formas bidimensionais ocuparem o espaço tridimensionalmente, criando dobras e recortes, ou mesmo dependurando. Vocês também podem fazer recortes nas formas e encaixá-las, por exemplo.

Ao final, conversem sobre os diferentes resultados. Que impressões cada composição causou? Surgiram composições figurativas ou somente abstratas? Isso influenciou como perceberam cada uma?

NOVAS IDEIAS, NOVAS AÇÕES

Anteriormente, você refletiu sobre a diversidade das manifestações artísticas. Aprendeu, também, que suas diferenças se relacionam com o tempo e com a cultura em que estão inseridas, que a arte pode se manifestar em diferentes linguagens e que sua origem remonta às produções dos nossos ancestrais. Mas como é a arte hoje? O que diferencia as produções artísticas atuais das de outras épocas e culturas?

OBSERVE AS IMAGENS.

1. Qual é a diferença da atitude das pessoas em cada uma das imagens? Onde elas estão?
2. Por que você acha que o homem da primeira imagem está assim? O que ele faz se parece com algo que você conhece? Descreva.
3. Você já ouviu falar em arte contemporânea? Saberia identificar quais elementos que a caracterizam?

Nildo da Mangueira, com *Parangolé* (1964), de Hélio Oiticica.

Pessoas observam quadro do artista espanhol Pablo Picasso no Museu de Arte Moderna de Nova York. Nova York (EUA), 2012.

Ao estudar arte, podemos perceber que em diferentes épocas artistas questionaram em seus trabalhos as concepções artísticas do momento em que viviam. Questionar a tradição e propor novas ideias faz parte das transformações culturais e, consequentemente, da arte.

As mentalidades se transformam e, com elas, a relação das pessoas entre si e com o mundo e dos artistas e do público com a arte. Mudanças mais significativas para a arte atual ocorreram principalmente a partir das décadas de 1950 e 1960. Elas deram origem ao que hoje se chama **arte contemporânea**.

A palavra "contemporânea", além de se referir ao que é atual, diz respeito a manifestações que inseriram novas características à arte.

Leia a frase a seguir, de Mário Pedrosa (1900-1981), crítico de arte brasileiro muito influente.

Hoje, o que o artista mais consciente faz é algo inédito na história: o exercício experimental da liberdade.

PEDROSA, Mário. *Mundo, homem, arte em crise.* São Paulo: Perspectiva, 1975.

- O que você entende dela? Para você, o que significa a expressão "exercício experimental da liberdade"?

_____

_____

Observe novamente as imagens anteriores. Em uma delas, as pessoas observam uma pintura. Na outra, um homem usa uma capa colorida, uma proposta artística feita para ser vestida. As duas imagens mostram modos diferentes de fazer e perceber a arte.

A obra de Picasso interage com o público pela contemplação. Já a de Oiticica valoriza também a participação física do público, uma das propostas da arte contemporânea, que questiona o papel do artista, do público, os lugares e a materialidade da arte.

Isso não significa que tudo mudou completamente. A arte contemporânea também pode ser contemplada, por exemplo. Contudo, novas formas de arte passaram a ser pensadas e realizadas, convivendo com manifestações tradicionais.

TANTAS HISTÓRIAS

Transformações na arte e no mundo

As décadas de 1950 e 1960 não foram movimentadas só no cenário das artes. As transformações pelas quais passaram as artes acompanharam diversas mudanças culturais, sociais e políticas em várias partes do mundo, muitas das quais influenciaram definitivamente o modo como vivemos hoje.

Diversos movimentos sociais tomaram força nesse momento, como a luta por direitos dos afrodescendentes e dos homossexuais (principalmente nos EUA), o feminismo, o movimento estudantil (principalmente na França) e as manifestações pacifistas contra guerras, como a do Vietnã, feitas em especial por jovens do movimento *hippie*, cujo lema era "paz e amor".

Ao mesmo tempo, movimentos repressivos como as diversas ditaduras na América Latina criaram um cenário de medo e perseguição, forçando a população a encontrar formas clandestinas de se manifestar e resistir.

É o período da corrida espacial e da chegada do ser humano à Lua, da popularização da televisão e da pílula anticoncepcional. No Brasil, a década de 1950 termina com um otimismo econômico e social, marcado pela ideia de modernização presente na construção de Brasília, que culmina com o golpe militar (1964) e com o Ato Institucional número 5 (AI-5, em 1967), que suspendeu vários direitos constitucionais dos brasileiros e deu poder absoluto ao governo militar.

Proposição e participação

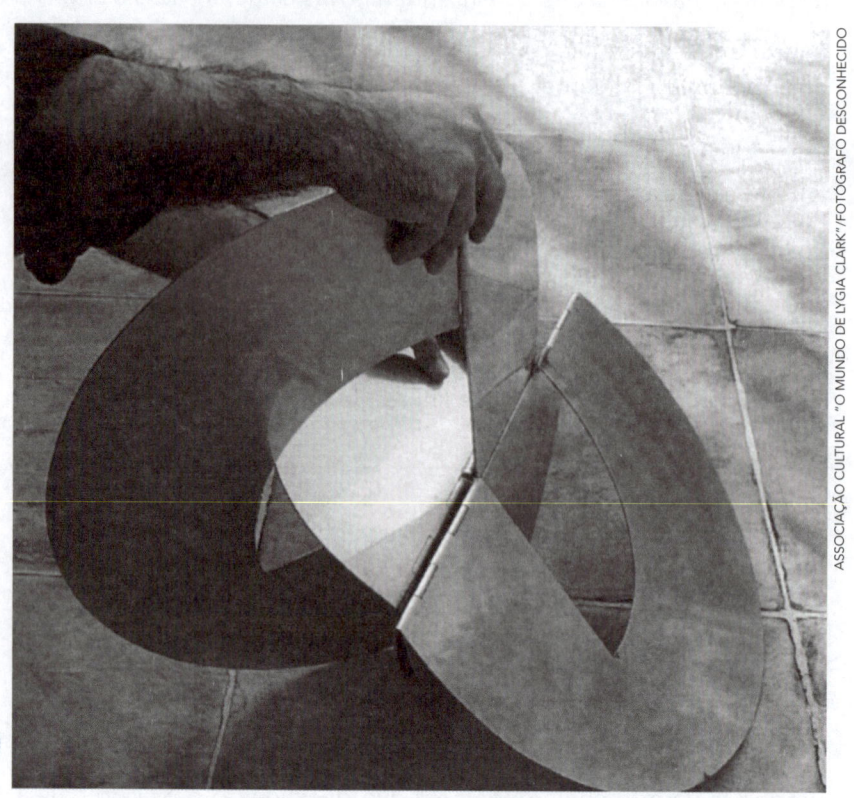

Bichos (1960), de Lygia Clark. Alumínio. Medidas variáveis.

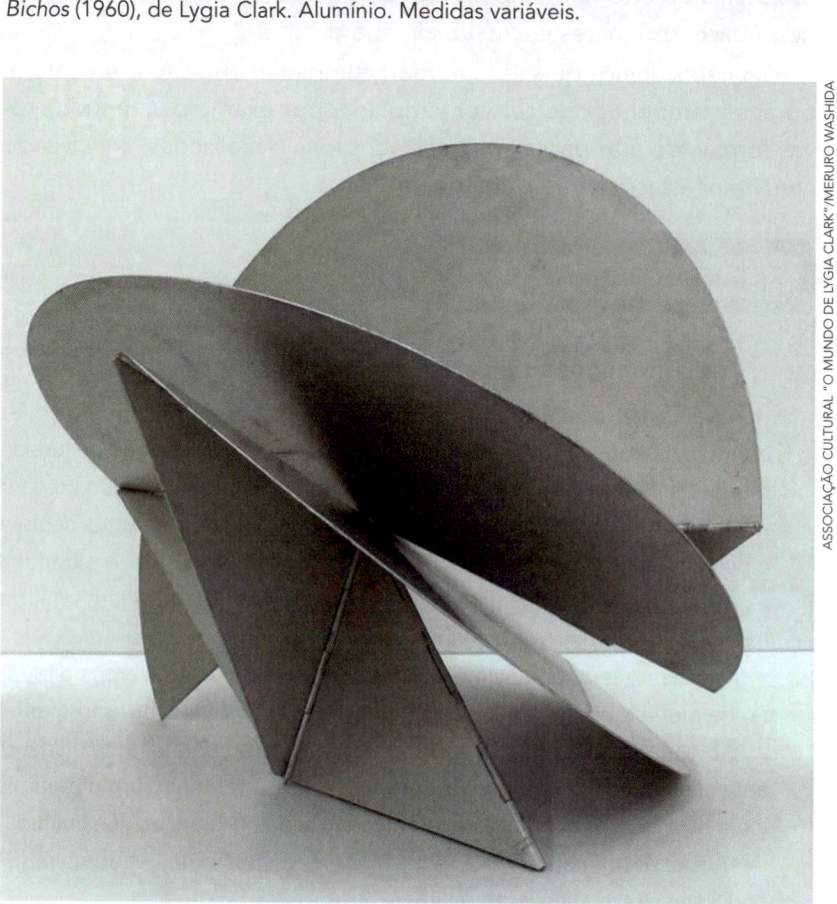

Bichos (1962), de Lygia Clark. Alumínio. Medidas variáveis.

OBSERVE AS IMAGENS.

1. Como são os objetos mostrados nas imagens? Como eles parecem ser feitos? Que característica deles a primeira imagem mostra?

2. Esses objetos são criações da artista brasileira Lygia Clark (1920-1988), aos quais ela deu o título *Bichos*. Que significados você atribui a esse nome? Que relações você percebe entre o nome *Bichos* e os objetos?

Lygia Clark foi uma importante artista brasileira. Muitas de suas propostas convidam o público à **interação**. Ela iniciou sua obra com uma produção bidimensional, de características abstratas e geométricas, e aos poucos foi deslocando suas criações para o espaço tridimensional e para o contato físico com o público, convidado a manuseá-las. Com essa proposta, as pessoas podem criar as próprias formas, fazendo da obra de arte também um resultado de sua participação. Seu nome, *Bichos*, sugere uma atitude de aproximação dos objetos artísticos à vida. O artista brasileiro Hélio Oiticica (1937-1980), amigo de Lygia, deu novos nomes a essa relação mais interativa entre artista e público. Ele dizia que o artista devia assumir um novo papel, o de "propositor", e o público, de "participador", em uma experiência integrada.

Metaesquema I (1958), de Hélio Oiticica. Guache sobre cartão, 52 cm × 64 cm.

Tanto Lygia como Hélio participaram, na década de 1950, do movimento concretista, que se desenvolveu nas artes visuais e na poesia entre grupos de artistas de São Paulo e do Rio de Janeiro. A arte concreta valoriza a criação a partir de formas geométricas, considerando que a geometria e suas relações matemáticas são uma linguagem universal e objetiva, compreendida por todos. No grupo de artistas do concretismo carioca, ao qual pertenciam Lygia e Hélio, uma insatisfação com a rigidez da arte concreta levou ao desenvolvimento de um movimento que pregava maior liberdade artística, o Neoconcretismo. Muitas das possibilidades levantadas pelo Neoconcretismo estão presentes na arte contemporânea, como a liberdade de experimentação e a ideia de aproximação entre arte e público.

E VOCÊ?

Você já teve contato com alguma proposta artística em que o público fosse convidado ou estimulado a participar e interagir com a obra? Se sim, como foi?

A proposta de questionar os espaços tradicionalmente destinados para a arte, em conjunto com a participação mais direta do público, perpassou o trabalho de artistas de diferentes linguagens ao longo do tempo.

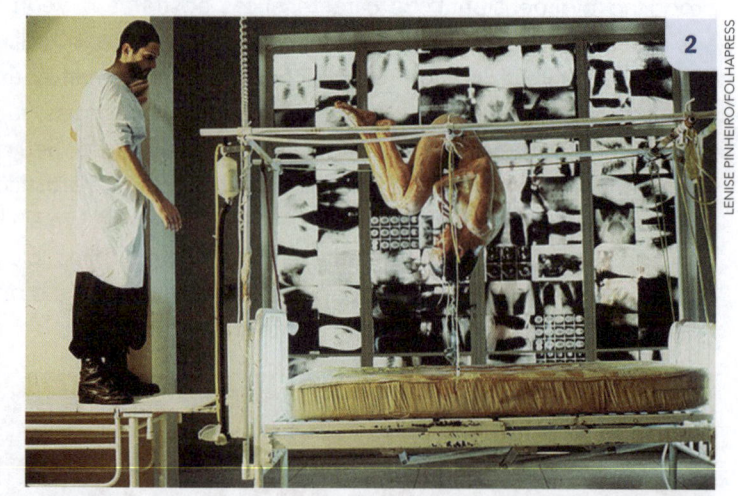

OBSERVE AS IMAGENS.

1. Você identifica os lugares que as imagens mostram?
2. Agora, observe as pessoas presentes nas imagens em relação a esses locais. Você acha que a atitude delas corresponde ao que seria esperado para os locais em que estão?

As imagens mostram espetáculos do grupo Teatro da Vertigem, de São Paulo, formado em 1991. Uma das propostas do grupo é desenvolver trabalhos em espaços que não são teatros, espaços não convencionais, como igrejas, hospitais, presídios e até dentro de rios.

Além da utilização diferenciada do espaço, o grupo dialoga com os objetos e materiais dos lugares onde se apresentam e com o imaginário que o local desperta. Assim, as apresentações não ocorrem em um palco, mas exploram as características, os cômodos, as salas, os equipamentos e os materiais do local como parte da peça. As imagens anteriores mostram cenas de espetáculos do grupo realizados na cidade de São Paulo: *BR3* (2006), feito no Rio Tietê (imagem 1); *O livro de Jó* (1995), realizado no já desativado Hospital Humberto Primo (imagem 2); *Bom Retiro 958 metros* (2012), apresentado nas ruas do bairro do Bom Retiro (imagem 3); e *O paraíso perdido* (2003), feito dentro da Catedral Anglicana (imagem 4).

O grupo, dirigido por Antônio Araújo, trabalha em processo colaborativo, em que atores, diretor, dramaturgo e equipe técnica contribuem criativamente para o espetáculo. Em suas apresentações, há uma relação ativa com o público, que não é mero receptor da peça, mas agente durante as cenas. Ele é convidado a interagir com os atores, a andar pelos espaços e a compor as cenas com ações diversas. Como o próprio nome do grupo sugere – Vertigem –, os espetáculos têm a intenção de provocar, balançar o espectador, propondo reflexão e ação, levando-o a fazer conexões entre o que está sendo representado e a realidade, e, assim, a refletir sobre o quanto é agente não só no espetáculo, mas na sua vida, na sociedade, no cotidiano.

Em entrevista, o diretor técnico e *designer* de luz do grupo, Guilherme Bonfanti, disse:

. . . .

O Vertigem trabalha com espectador não passivo, que não está confortavelmente instalado no escuro de uma plateia, mas integrado na experiência sensorial. A memória do lugar, o que ele representa e sua geografia vão agregando sentidos para o espectador que amplificam a experiência.

"Espaço de representação". *Revista-E*, Sesc São Paulo, outubro de 2011.

. . . .

FOCO NA PRÁTICA

Nesta prática, você vai explorar as relações entre bidimensionalidade e tridimensionalidade a partir dos conceitos de proposição e participação com a criação de um objeto que seja manipulável e interativo. Observe novamente a obra *Bichos*, de Lygia Clark. O trabalho de Lygia Clark deve ser ponto de partida, mas você deve fazer uma criação original. Forme uma dupla com um colega. Considerem para a atividade:

1. O objeto deve ser tridimensional, feito a partir de formas bidimensionais articuladas que, pela manipulação, se transformam e ocupam o espaço de diferentes maneiras. Vocês podem partir de formas geométricas como a artista, usando círculos, quadrados, triângulos, retângulos etc. com recortes, dobras e combinações ou usar outras formas menos definidas.

2. O material escolhido por vocês influenciará o resultado. Lygia Clark usou alumínio e dobradiças. E vocês, que materiais usarão? Vocês podem escolher materiais diversos e, inclusive, misturá-los na criação do objeto. Pensem na consistência dos materiais, nas possibilidades de juntá-los e em como isso pode interferir no resultado final e na forma de manipulação.

Depois de feito o trabalho, mostrem aos colegas e experimentem os objetos uns dos outros. Ao final, conversem sobre o que fizeram, as impressões e sensações que tiveram sobre o seu trabalho e o dos colegas, as escolhas de cada um e o resultado obtido. O professor dará mais orientações.

Apropriação

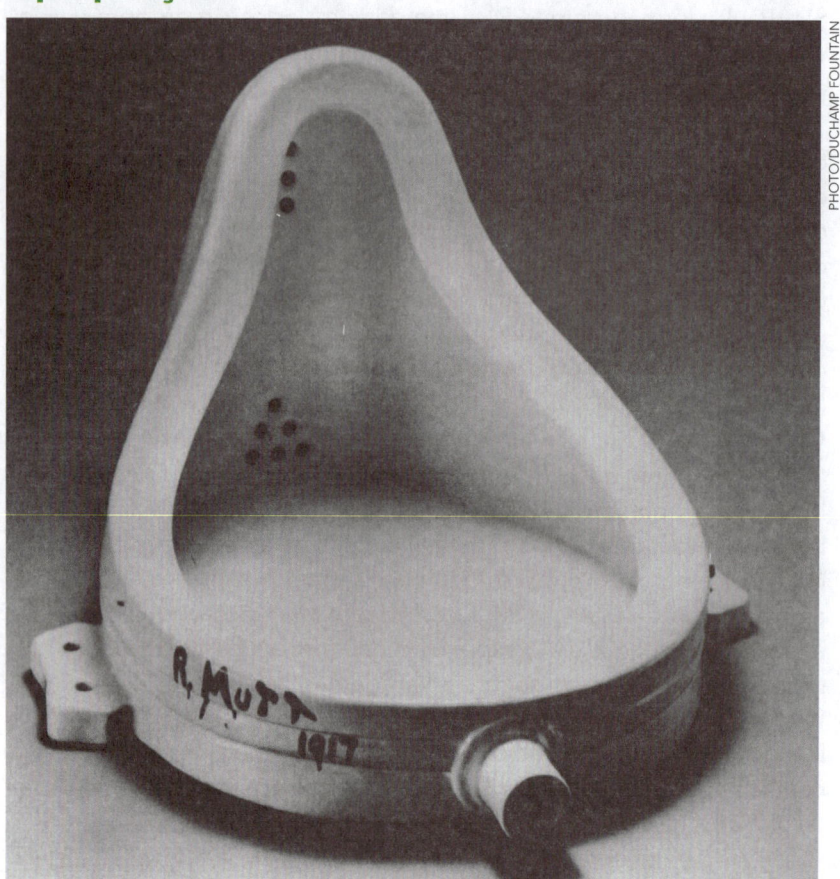

OBSERVE A IMAGEM.

1. Você identifica o objeto mostrado na imagem? O que ele possui de diferente da sua função original?
2. O objeto tem um título, *Fonte*, e está assinado e datado, como uma obra de arte. Você o chamaria de arte? Por quê?

Fonte (1916-1917), de R. Mutt, pseudônimo de Marcel Duchamp. *Ready-made*, 60 cm × 36 cm × 48 cm.

salão de artes: evento em que artistas inscrevem suas obras, que são julgadas por uma comissão, expostas e premiadas. O formato surgiu na França no século XVII.

pseudônimo: nome fictício usado por uma pessoa em alternativa ao nome verdadeiro.

Um dos artistas que mais influenciou a arte contemporânea foi o francês Marcel Duchamp (1887-1968). Sua atitude provocativa aos meios tradicionais, no entanto, já vinha de algumas décadas quando, nos anos 1950 e 1960, os artistas passaram a revisitar suas ideias e propor novos caminhos para a arte. Por isso, Duchamp é considerado um precursor. Em 1917, ele enviou, para ser exposto em um salão de artes da Sociedade de Artistas Independentes, em Nova York, um urinol assinado com o pseudônimo R. Mutt. Duchamp fazia parte dessa sociedade, mas o júri não sabia que o objeto havia sido enviado por ele. Qualquer pessoa podia participar do salão, desde que pagasse uma taxa. Apesar disso, seu urinol, ao qual chamou *Fonte*, mesmo não tendo sido oficialmente rejeitado, foi suprimido da exposição, ficando escondido. Certamente o júri não entendeu aquele objeto como uma obra de arte. A *Fonte* foi uma provocação ao mundo da arte e às convenções do que era considerado arte.

Ao se apropriar de objetos prontos e significá-los como obra de arte, Duchamp busca romper com a tradição artística baseada na visão e na criação manual do artista. Ele entendia que uma obra de arte podia basear-se em uma atitude mental, que a ideia, o conceito por trás da ação do artista, era mais importante que o trabalho manual. Essa foi uma das origens de uma tendência da arte contemporânea chamada **arte conceitual**, que, como o nome diz, valoriza o conceito por trás da obra. Depois de ter perdido o primeiro urinol com que fez *Fonte*, Duchamp usou outros iguais, pois para ele não importava o objeto ser original e único.

Roda de bicicleta (1913/1964), de Marcel Duchamp. *Ready-made*, madeira e metal. Altura: 60,2 cm.

FOCO NA PRÁTICA

Para compreender melhor essas novas formas de pensar e agir, você fará uma atividade prática de ressignificação de objetos, ou seja, lhes atribuirá um significado não usual. Isso será feito por meio de jogos teatrais. Nesta sequência de jogos, você trabalhará outro elemento que viu anteriormente: a ação, o que é realizado na cena. Aqui o foco está em mostrar qual é a ação, utilizando objetos diversos. Para isso, você precisará de um objeto. Pode ser algo que tenha à mão, como uma caneta, uma blusa, um molho de chaves, um caderno, um adereço de cabelo, um cinto, qualquer objeto. Afaste as carteiras e forme uma roda com todos sentados no chão. Agora, preste atenção à orientação do professor. Ao final, conversem sobre a prática.

Duchamp chamou de **ready-mades** suas obras que se apropriavam de objetos do cotidiano. A palavra *ready-made* vem do inglês e pode ser traduzida para o português como "algo já feito", "pronto", "fabricado".

Na verdade, o primeiro *ready-made* de Marcel Duchamp, *Roda de bicicleta* (mostrado na página anterior), datava de 1913, mas ainda não havia sido exposto. Ele costumava usar ironia e humor em suas obras, como escolher um urinol para mandar para o salão de artes.

Outro exemplo é a imagem da famosa *Monalisa* (c. 1503-1519), pintura de Leonardo da Vinci (1452-1519), da qual se apropriou, desenhando nela um cavanhaque e bigodes. Da mesma forma como em *Fonte*, Duchamp fez várias versões dessa obra.

Ao se apropriar de um material ou objeto para a realização de uma obra, um artista lhes modifica, amplia ou atribui novos sentidos. Sua ação artística não ocorre por um gesto manual de criação, como seria o caso de uma pintura, mas em sua escolha, na combinação de diferentes elementos. Para Duchamp, não importava o fazer manual de um objeto artístico, mas o conceito, a ideia que permeia a ação do artista, e ela pode ser expressa na escolha e atribuição de novos sentidos a um objeto que já exista. Ao realizar a *Fonte*, ele partiu de uma provocação ao mundo da arte, questionando o que faz de um objeto uma obra de arte. Em outros casos, artistas se apropriam de objetos, materiais e imagens preexistentes com diferentes intenções. Os conceitos que perpassam uma obra dependem de seu contexto de criação e do contato com o público.

L. H. O. O. Q. (1919), de Marcel Duchamp. Lápis sobre postal, 19,7 cm × 10,5 cm.

FOCO NA PRÁTICA

Para exercitar formas de se apropriar de objetos modificando sua função ou lhes conferindo novos sentidos, você realizará um exercício com objetos presentes na sala de aula. Siga as etapas:

1. Forme uma dupla com um colega.

2. Coloquem sobre a mesa um objeto que vocês tenham consigo: no bolso, na mochila etc. Escrevam em um papel tudo o que o objeto faz vocês pensarem e lembrarem, as associações que ele lhes provoca, podem ser palavras, frases, o que surgir nesse processo de associação.

3. Troquem a folha de papel com outra dupla. Leiam o que a outra dupla escreveu e, entre as palavras ou frases, escolham uma que lhes interesse.

4. Escolham um ou mais objetos que vocês associem com as ideias contidas na palavra ou frase que escolheram.

5. Apresentem à turma os objetos e as palavras ou frases com as quais os associaram, uma dupla por vez. Neste momento, a dupla que escreveu as ideias no papel originalmente dirá que objeto tinha despertado aquela associação.

6. Ao final, conversem com os colegas e o professor sobre o resultado.

Observe novamente a obra *Babel*, de Cildo Meireles, que você viu no início do capítulo. A possibilidade de usar e dar novos significados a materiais, imagens e objetos tradicionalmente não artísticos, apropriados do cotidiano, é muito presente na arte contemporânea. Em sua instalação, o artista se apropriou não só dos rádios enquanto objetos, mas também dos sons emitidos por eles na transmissão de diferentes estações. Essa nova configuração criada pelo artista é que gera uma proposta artística, carregada de outros sentidos.

FOCO NA PRÁTICA

Agora você e seus colegas realizarão, com o professor, um exercício que os ajudará a compreender melhor a peça musical *4'33''*, de John Cage, cujas características serão comentadas na sequência. Sigam as etapas:

1. Abram a porta e as janelas da sala de aula.
2. Permaneçam em silêncio total durante 1 minuto.
3. Fechem os olhos e escutem os sons desse curto período de tempo como uma peça musical criada exclusivamente para vocês.

Durante a execução da peça, prestem atenção a todos os sons presentes. Concentrem-se e pensem nesse minuto como uma peça musical. Percebam os sons por suas qualidades, não só por suas fontes sonoras. Prestem atenção aos parâmetros sonoros: intensidade, altura, duração e timbre. Sons agudos e graves, fortes e fracos, curtos e longos etc. Pensem em relações possíveis entre esses sons acontecendo.

Após a escuta, conversem com os colegas sobre a atividade.

Babel (2001), de Cildo Meireles. Estrutura metálica formada por rádios, 500 cm × 300 cm. Detalhe.

Outro artista muito influente no século XX foi John Cage. Destacou-se, principalmente, por seu trabalho como músico, mas suas ideias e propostas influenciaram artistas de todas as linguagens artísticas e de diversos grupos artísticos interdisciplinares.

Você viu no quadro "Cápsulas" da página 37 algumas informações de sua pesquisa com sons e em especial com o silêncio. Essa pesquisa influenciou uma de suas obras, que se tornou um marco histórico da composição musical: a música *4'33''*, de 1952. A peça musical é de caráter conceitual, feita de 4 minutos e 33 segundos de silêncio, isto é, ninguém toca durante esse tempo. A peça é feita dos sons aleatórios que acontecem nesse período. Ou seja, existe uma apropriação dos sons do ambiente na música. A peça já foi realizada inúmeras vezes, inclusive por orquestras mundo afora.

Devido a essa apropriação, a música questiona a relação com os sons, os conceitos de composição e de interpretação e a relação da arte com o público.

E VOCÊ?

Você já ouviu alguma música que utiliza sons originalmente não musicais? Faça uma lista e converse com os colegas.

John Cage foi influenciado pelas ideias de Marcel Duchamp, que conheceu na década de 1940. Para Cage, a intenção do público também tem fundamental importância, especialmente se considerarmos a postura aberta que o ouvinte precisa ter para reconhecer como música a proposta da peça *4'33"*. O ouvinte tem de dar valor estético aos sons que acontecem durante o tempo da peça, isto é, o ouvinte é o responsável pela peça, ele passa a ser compositor, intérprete e ouvinte ao mesmo tempo.

Ainda relacionando com as ideias de Duchamp, a peça *4'33"* pode ser associada a um *ready-made* sonoro. Trata-se de usar sons cotidianos, transformando-os em sons musicais pela proposta do artista. É um som deslocado de sua função original.

Cage também ficou conhecido por outras propostas em seus processos de composição, como o uso de **indeterminismo** e a **modificação de sons** de instrumentos musicais.

A ideia de indeterminismo é incluir o acaso à criação artística. Por exemplo: pode-se usar um dado. O compositor joga o dado algumas vezes e anota os resultados. Cada número pode indicar um som, sequências de sons, pessoas cantando ou tocando instrumentos musicais etc. O indeterminismo não abre mão do controle completamente, porque o compositor, a partir do resultado dos dados, escolhe a mistura de sons, cantores, instrumentos etc. que formará a composição.

Interior de um piano de cauda preparado. Observe a quantidade de parafusos colocados entre as cordas para alterar seu som.

Já no processo de modificação de sons, o **piano preparado** é um dos mais conhecidos. "Preparar" um instrumento quer dizer modificar o som original, interferindo no seu mecanismo. Observe as imagens desta página. Nesse caso, a interferência é feita com parafusos que produzem uma sonoridade muito diferente da original. Cage escreveu várias peças para essa versão de instrumento. Na **faixa 60 do CD** há um trecho de música com piano preparado.

John Cage (1912-1992), compositor estadunidense, "preparando" um piano em 1957.

FOCO NA PRÁTICA

Música por acaso

Para entender melhor o indeterminismo, você e seus colegas criarão uma pequena peça musical utilizando esses princípios.

A sequência da peça musical será dada a partir do resultado das jogadas de um dado.

Em grupos de até seis participantes, cada um escolherá um som (ou movimento) a ser realizado, conforme a numeração do dado. Os sons podem ser com o próprio corpo: como palmas (diferentes tipos), estalo de dedos, sons com a boca ou mesmo pequenas frases cantadas ou faladas. Se quiserem, podem usar objetos da sala de aula, como batidas na carteira ou objetos pessoais, como chaves ou moedas, ou aparelhos eletrônicos, como smartphones. O movimento também é livre, mas deve ser reconhecível, como um movimento dos braços, das mãos ou da cabeça.

A sequência dos jogadores também pode ser obtida jogando-se o dado. Depois de obtido o resultado, anotem o que cada um deve fazer, usando como modelo o quadro a seguir.

Integrante 1 ☐ ☐ ☐ ☐
Integrante 2 ☐ ☐ ☐ ☐
Integrante 3 ☐ ☐ ☐ ☐
Integrante 4 ☐ ☐ ☐ ☐
Integrante 5 ☐ ☐ ☐ ☐
Integrante 6 ☐ ☐ ☐ ☐

Resultados
1 = um som
2 = dois sons
3 = pausa (silêncio)
4 = pausa (silêncio)
5 = um movimento corporal
6 = um movimento com som

pausa: termo utilizado em música como sinônimo de "silêncio". É um momento no qual nenhum som é produzido. Não é uma pausa, no sentido literal da palavra, já que a música não para.

Depois de definida as sequências, pratiquem sua execução. Pode haver trechos em que mais de uma pessoa, ou todas, tocam ao mesmo tempo. Experimentem variações e encontrem maneiras criativas de preparar suas peças. Quando estiver pronta, apresentem-na aos colegas. Ao final, conversem sobre o resultado musical obtido com o indeterminismo.

OBSERVE AS IMAGENS.

1. Que linguagem artística você identifica nelas? Quais elementos presentes nelas lhe dão essa impressão?
2. A partir de elementos como o figurino e os gestos, que significados você atribui a essas imagens? Converse com seus colegas a respeito.

Cenas da apresentação do espetáculo *100 gestos*, da Cia. Dani Lima. Rio de Janeiro (RJ), 2012.

CAPÍTULO 1 • As muitas faces da arte

As imagens da página anterior são do espetáculo *100 gestos*, da coreógrafa e bailarina carioca Dani Lima. Trata-se de um espetáculo de **dança contemporânea**. É possível que você não tenha percebido que as fotos são registros de uma dança, e isso não é por acaso. A dança contemporânea rompeu com padrões tradicionais, em que os movimentos eram padronizados em diferentes estilos, cada um com suas regras e gestos específicos. A dança contemporânea não tem movimentos que a caracterizam, como é o caso do balé clássico, do *hip-hop* e de outros estilos. Isso porque ela não é um estilo, mas um modo de pensar e fazer dança. Sem ter uma gama de movimentos preestabelecidos, o artista na dança contemporânea tem liberdade para criar a própria maneira de se movimentar. Para tanto, ele pode partir de onde quiser. Sua dança pode surgir da exploração dos movimentos do corpo no espaço, assim como da apropriação de gestos do cotidiano ou de diferentes estilos de dança.

> **coreógrafo:** nome do artista que cria uma coreografia, ou seja, uma sequência de movimentos de dança. O coreógrafo pode ou não participar da própria coreografia. Muitas vezes ele cria para que outras pessoas, os bailarinos, a interpretem.

Cena da apresentação do espetáculo *100 gestos*, da Cia. Dani Lima. Rio de Janeiro (RJ), 2012.

O espetáculo *100 gestos* é resultado de um estudo da coreógrafa sobre os gestos e suas relações com elementos da formação do ser humano, como pensamentos, sentimentos, sensações e atitudes.

Foram mapeados os movimentos corporais mais importantes do século XX, como os relacionados ao surgimento do *rock* e do *videogame*, criando coreografia a partir de ações cotidianas, intenções, posturas e trejeitos. Também foi muito importante para a criação do espetáculo a exploração da **memória motora** dos bailarinos. Esse tipo de memória se refere aos registros impressos no corpo em decorrência das situações vividas pelo ser humano. Por exemplo, certa tensão muscular experimentada em um momento da vida fica associada às sensações, aos sentimentos e aos pensamentos desse acontecimento específico. Ao passar por uma tensão muscular parecida, essas memórias são reativadas e voltam à tona com os sentimentos e as sensações da primeira ocasião. Esse princípio, em que corpo e mente se manifestam em profundo alinhamento, é uma fonte importante de criação artística, principalmente na dança. Nesse processo, os dançarinos são colocados em situações corporais que visam estimular a memória motora, utilizando as emoções que são ativadas por ela como matéria-prima do processo criativo.

Essa maneira de criar movimentos – apropriando-se de referências não artísticas do cotidiano e partindo da memória e das características pessoais dos dançarinos – é uma atitude própria da dança contemporânea.

OBSERVE A IMAGEM.

1. Você acha que há um movimento de dança na imagem? Ou parecem gestos mais cotidianos? Quais? Há uma atitude corporal diferente da que podemos perceber no dia a dia?
2. Quais são as diferenças entre as duas pessoas da imagem e duas pessoas inseridas em uma ação cotidiana?
3. Você acha que essas pessoas aparentam estar sentindo algo, ou que existe uma relação entre elas?

Cena da apresentação do espetáculo *100 gestos*, da Cia. Dani Lima. Rio de Janeiro (RJ), 2012.

FOCO NA PRÁTICA

Você e seus colegas farão uma apropriação de gestos cotidianos para praticarem uma criação coreográfica. Sigam as etapas:

1. Observem, durante uma semana, os gestos que as pessoas fazem nas mais diversas situações: quando andam na rua, conversam, ouvem música, e assim por diante, ampliando as referências para sua criação coreográfica.
2. Desenhe os gestos que achar significativos em seu caderno, como forma de registrá-los. Procure representar a totalidade do corpo ao reproduzir esse gesto (posição do tronco, membros e cabeça, dobras das articulações etc.). Pode ser um desenho esquemático (só com linhas, por exemplo). O importante é que ele sirva para que você registre e depois recorde-se do gesto que desenhou.
3. Escolha e traga para a escola os desenhos de três gestos que você considerou especiais de alguma forma.
4. Seguindo os procedimentos indicados pelo professor, você criará em etapas, sequências de movimentos com esses gestos do cotidiano e explorará as diferentes possibilidades de realizá-los na dança.

Ao final, conversem sobre a prática: Que movimentos são desencadeados na observação de gestos cotidianos? O que eles têm de interessante que os movimentos de dança mais usuais não têm?

Diluindo as fronteiras

OBSERVE A IMAGEM.

A qual linguagem artística você acha que a manifestação mostrada na imagem pertence? Por quê?

Performance do grupo Fluxus. Nova York (EUA), 1963.

PARA AMPLIAR

Dividam-se em três grupos. Você e seus colegas farão um debate em que cada grupo argumentará a favor de uma das possibilidades a seguir.

A imagem anterior trata de uma manifestação artística da linguagem:
- musical
- visual
- cênica (teatro ou dança)

Cada grupo ficará com uma das alternativas. Depois, reunido somente com seu grupo, observe novamente a imagem com atenção. Procure levantar argumentos que justifiquem seu pertencimento à linguagem com a qual ficaram. Escreva no caderno tudo o que você e seus colegas perceberem e pensarem a respeito dessa manifestação artística e sobre o que imaginam acontecer na imagem. Se necessário, relembre os elementos característicos de cada linguagem artística.

Depois, iniciem o debate. Cada grupo apresentará os elementos que relacionou e argumentará explicando por que acreditam se tratar de uma manifestação de determinada linguagem. O professor mediará a conversa.

Para muitos artistas, a partir das décadas de 1950 e 1960, a divisão das manifestações artísticas em linguagens (artes visuais, artes cênicas e música) passou a ser vista como artificial e sem sentido.

Não significa que a partir das novas ideias da arte contemporânea as especificidades de cada uma deixaram de existir. O que vem acontecendo desde então é um diálogo maior entre as diferentes linguagens, com produções artísticas que não se enquadram nas categorias tradicionais.

- Reflita novamente sobre a atividade anterior. Houve dificuldade em classificar a manifestação apresentada em uma única linguagem artística?

Essa dificuldade se dá porque os parâmetros tradicionais não se aplicam. Na manifestação apresentada podemos ver elementos visuais, cênicos e musicais, além da mensagem verbal, todos acontecendo ao mesmo tempo.

A imagem da página anterior é uma fotografia de parte de uma ação realizada em 1963, em Nova York, por um grupo de artistas que ficou conhecido como Fluxus. Essa palavra, que pode ser entendida como "fluxo", "movimento", exemplifica bem a posição dos artistas. Mais do que um grupo, o Fluxus caracterizou-se por uma atitude aberta e iconoclasta diante da arte e da vida, com propostas sem regras rígidas, internacionais e colaborativas. O Fluxus realizou diversos festivais e eventos de rua em cidades da Europa e dos Estados Unidos.

> **iconoclasta:** pessoa ou grupo que ataca crenças estabelecidas ou instituições veneradas, ou que é contra a tradição. O termo "iconoclastia", do grego *eikon* (imagem) e *klastein* (quebrar), vem do movimento político-religioso que se iniciou no Império Bizantino no século VII e que rejeitava a veneração de imagens religiosas por considerá-la uma forma de idolatria.

E VOCÊ?

Você sabe o que é *performance*? E *happening*? Já ouviu esses termos alguma vez? Em que lugar?

Com a diluição das fronteiras entre as linguagens artísticas, surgiu a necessidade de se nomear algumas dessas novas manifestações. Essa categorização nem sempre é precisa, visto que as manifestações são mutáveis e experimentais.

A imagem da página anterior mostra uma **performance** que ocorreu em Nova York, na rua. No cartaz, em inglês, está escrito: "Fluxus – Street Theater [teatro de rua] – Free [livre, gratuito]". A palavra "teatro" pode ser entendida como linguagem cênica e também como espaço físico, local onde acontecem manifestações não só teatrais, mas musicais e coreográficas. As *performances* podem misturar várias linguagens, costumam ser elaboradas e planejadas e nem sempre contam com a participação direta do público. O corpo do artista costuma ser o foco da ação; ele é a obra. As *performances* podem durar um tempo curto, de forma que o público a apreenda por inteiro, ou longo, com o público presenciando apenas partes dela.

Observe a imagem ao lado. Ela mostra o registro de um **happening** feito em 2008 pelo grupo Overflow. Nessa ação, o grupo refez a proposta original *Fluids* (fluidos) de Allan Kaprow (1927-2006), de 1967, em que o artista e voluntários construíram estruturas retangulares de gelo por diversos pontos da cidade de Los Angeles.

E VOCÊ?

Já parou para observar o gelo derretendo? Já brincou com algo parecido quando era criança? Consegue se imaginar na situação mostrada na imagem? Como acha que se sentiria participando dessa ação?

Reinterpretação do *happening Fluids* (1967), de Allan Kaprow, feita pelo grupo Overflow (2008). Blocos de gelo empilhados, 243,8 cm × 304,8 cm × 914,4 cm.

CAPÍTULO 1 • As muitas faces da arte

O *happening*, palavra inglesa que pode ser traduzida como "acontecimento", é um termo criado pelo artista Allan Kaprow para designar um tipo de ação artística flexível, em que a espontaneidade e o acaso são assumidos pela obra. Assim como a *performance*, o *happening* também pode misturar linguagens e fazer uso de objetos, mas costuma ser menos planejado e geralmente propõe a participação do público, que interfere no seu desdobramento. Os artistas costumam propor algumas instruções e contam com o público para executá-las, deixando sua finalização em aberto.

CONEXÃO

A reportagem a seguir, publicada no *Diário Gaúcho* em abril de 2015, trata da obra *Dilúvio MA*, integrante do projeto *Ecopoética: arte e sustentabilidade em intervenções urbanas*, desenvolvido desde 2013. A obra, que tem concepção e autoria de Rossendo Rodrigues e Marina Mendo, marcou o início do projeto, com o objetivo de alertar as pessoas sobre a poluição do Arroio Dilúvio, na cidade de Porto Alegre. Desde então, o projeto segue em desenvolvimento permanente, realizando circuitos de *performances* urbanas e espetáculos com a temática. Para saber mais, acesse o *site* do projeto: <http://projetoecopoetica.com/>. Acesso em: 11 abr. 2016.

Intervenção artística *Dilúvio MA*, que integra o projeto *Ecopoética*. Porto Alegre (RS), 2015.

Grupo pede fim da poluição no Dilúvio com intervenção artística

[...]

A rotina de quem passa pela Avenida Ipiranga na manhã desta quarta-feira teve o cenário alterado por um grupo de artistas. Pendurados em redes lotadas de lixo, eles realizaram uma intervenção artística para pedir o fim da poluição no Arroio Dilúvio.

A proposta tem objetivo de chamar a atenção dos moradores e das autoridades sobre os cuidados com o arroio. Pela reação de motoristas e pedestres que passaram pelo local no início da manhã, o projeto conquistou a meta. Enquanto motoristas reduziam a velocidade para conferir a intervenção, pedestres tiravam celulares do bolso para fotografar a obra, instalada sob a ponte da Avenida João Pessoa. [...]

A obra foi resultado de uma pesquisa de um ano sobre a poluição das águas em Porto Alegre e apresentada pela primeira vez em 2014. Este ano, os artistas foram convidados a recriá-la pelos organizadores do 7º Festival Internacional de Teatro de Rua de Porto Alegre.

COSTA, Fernanda da. Grupo pede fim da poluição no Dilúvio com intervenção artística. *Diário Gaúcho*, Porto Alegre, 8 abr. 2015. Disponível em: <http://diariogaucho.clicrbs.com.br/rs/dia-a-dia/noticia/2015/04/grupo-pede-fim-da-poluicao-no-diluvio-com-intervencao-artistica-4735502.html>. Acesso em: 11 abr. 2016.

E VOCÊ?

Como diz a reportagem, a obra *Dilúvio MA* é uma intervenção artística. Você sabe o que é isso? Já viu alguma? Ou já presenciou algo parecido? Conte aos colegas como foi. Que reação você acha que teria ao andar pela cidade e se deparar com a situação mostrada na imagem?

_____

_____

_____

_____

A **intervenção** é uma nomenclatura para uma ação artística que também surgiu com a arte contemporânea. Assim como a *performance* e o *happening*, a intervenção pode misturar diversas linguagens artísticas ou priorizar uma delas, dependendo da intenção do artista. As intervenções têm esse nome por interferirem em situações cotidianas. São ações imediatas sobre um tempo ou lugar que acontecem de surpresa, interrompem a rotina, provocam estranhamento e geram transformações ou reações diversas. O grafite, que você viu anteriormente neste capítulo, é um exemplo de intervenção urbana, ou seja, que acontece nas cidades.

O *happening*, a *performance* e a intervenção podem acontecer em qualquer lugar, em um lugar mais tradicional, como um museu, ou em outro espaço escolhido pelo artista. Pode ser um espaço de passagem, como a rua, em que as pessoas não estão ali por causa da obra, mas entram em contato com ela involuntariamente, muitas vezes sendo convidadas a participar.

Alguns artistas preferem não classificar suas propostas, chamando-as simplesmente de "**ações**". Essas ações costumam ter a efemeridade como característica comum. A obra acontece naquele momento, influenciando as pessoas presentes no contexto em que está inserida. Depois acaba, restando apenas registros dela.

efemeridade: relativo a efêmero. Que tem pouca duração, passageiro, breve.

A liberdade que os artistas conquistaram com a arte contemporânea gera propostas que não se encaixam em nenhuma categoria específica. São manifestações que promovem o diálogo entre diferentes expressões.

No Brasil, Hélio Oiticica realizou muitas propostas nesse sentido entre as décadas de 1960 e 1970. Uma das imagens do início desta seção mostra uma delas: o parangolé. Essa obra não se adequa a nenhuma das nomenclaturas vistas anteriormente. Não é *performance*, nem intervenção, nem *happening*.

Os parangolés eram capas, estandartes ou bandeiras que deveriam ser vestidos pelo público e experimentados. O artista propôs os parangolés a partir de seu contato com o samba e o Morro da Mangueira, no Rio de Janeiro. Ao som do samba, o parangolé incitaria o público a dançar, a movimentar-se, imerso no ritmo, acessando um comportamento intuitivo, sensorial.

Observe as imagens dos parangolés a seguir.

Miro com parangolé. *Parangolé* (1960), de Hélio Oiticica.

Nildo com parangolé. *Parangolé* (1967), de Hélio Oiticica.

Entusiasmado pelo samba, Hélio Oiticica torna-se passista da Escola de Samba Estação Primeira de Mangueira, ficando amigo de moradores do Morro da Mangueira. Nas imagens, usando parangolés, aparecem Miro e Nildo, membros da comunidade.

Nos parangolés o corpo de quem os usa torna-se parte da obra. Assim, o público participa de forma direta na criação, incentivado pelo trabalho do artista. Um parangolé não era feito para ser observado, só tendo sentido artístico quando vestido e experimentado. Os parangolés interferem no cotidiano, levando arte para as ruas, aproximando arte e vida.

Elementos de produção artística anterior de Oiticica, da década de 1950, como formas geométricas e cor, estão presentes nos parangolés e em outras obras em que o artista propõe a participação do público. A cor, que antes era elemento puramente visual da pintura, ganha corpo e se torna viva, dinâmica.

Obras que antes eram artes visuais passam a ser algo além, em diálogo com linguagens como a dança e a música. Os parangolés de Hélio Oiticica podiam ser feitos de vários materiais e às vezes continham frases e poemas, não só de Oiticica, mas também de outros artistas, em um trabalho colaborativo, como "incorporo a revolta" e "estandarte da anti-lamúria".

PRÁTICA FINAL

Para finalizar o capítulo, você realizará um exercício artístico de uma manifestação contemporânea: a instalação. Forme um grupo de cinco ou seis integrantes com seus colegas. A proposta é que realizem uma instalação que explore os vários sentidos, extrapolando as fronteiras entre as linguagens artísticas. Considerem o que estudaram sobre teatro, dança, música, artes visuais, as características da arte contemporânea e as possibilidades de explorar diferentes meios e materiais. Vocês podem usar materiais para serem tocados, que exalem cheiros, e também usar músicas e outros sons. Podem também realizar uma proposta que envolva o movimento corporal do público, ou mesmo usar sabores, ativar o paladar. Lembrem-se de propostas participativas como os *Bichos*, de Lygia Clark, ou os *Parangolés*, de Hélio Oiticica. Pensem como a obra ocupará o espaço, como esperam que as pessoas reajam e interajam com o trabalho. Lembrem-se de que podem apropriar-se de imagens, textos e objetos, artísticos ou não, em sua produção.

Antes de iniciar a execução, realizem as seguintes etapas:

1. Pesquisem, em diferentes fontes, imagens de instalações de artistas diversos, para terem mais referências sobre essa forma de manifestação. A intenção não é que reproduzam uma das instalações que pesquisarem, mas que conheçam suas possibilidades.

2. Elaborem o projeto da instalação. Vocês podem desenhar como ela ficará no espaço, pensando em soluções para juntar os diferentes materiais e objetos que decidirem usar.

Depois de prontas, se possível, deixem suas instalações montadas por um tempo na escola, para que estudantes de outras turmas, professores e outros colaboradores da escola entrem em contato com elas. Conversem com eles para saber suas impressões sobre os trabalhos e registrem os diálogos por escrito ou em vídeo.

IDEIAS EM FLUXO

É hora de refletir sobre o que foi estudado neste capítulo. Com o professor e os colegas, reúnam-se para observar suas instalações. Levem para a conversa os registros das impressões das pessoas que entraram em contato com suas instalações. Depois, façam uma roda de conversa e considerem as seguintes questões para a discussão:

- Como foi o processo de trabalho? Relatem dificuldades, aspectos mais interessantes e percepções diversas.
- O que cada grupo buscou com seu projeto? Acham que conseguiram o resultado esperado?
- Mudou algo entre o projeto original de cada grupo e o resultado final? Por quê?
- Como o trabalho de cada grupo atingiu o público? Quais foram as reações das pessoas? Compartilhem os registros que fizeram.
- O que acharam mais interessante nos trabalhos dos colegas? Percebem relações entre as diferentes instalações?
- Como cada instalação abordou aspectos das diferentes expressões artísticas? Percebem elementos que atribuem a alguma linguagem artística em particular? Como as linguagens se relacionam nas instalações? Como essas relações contribuíram para os sentidos que atribuíram a elas?
- Em que sentido o trabalho de cada grupo se relaciona com o conteúdo estudado no capítulo?
- Vocês percebem relações entre o que fizeram e outras práticas realizadas no decorrer do capítulo?

IDENTIDADES NA ARTE

CAPÍTULO 2

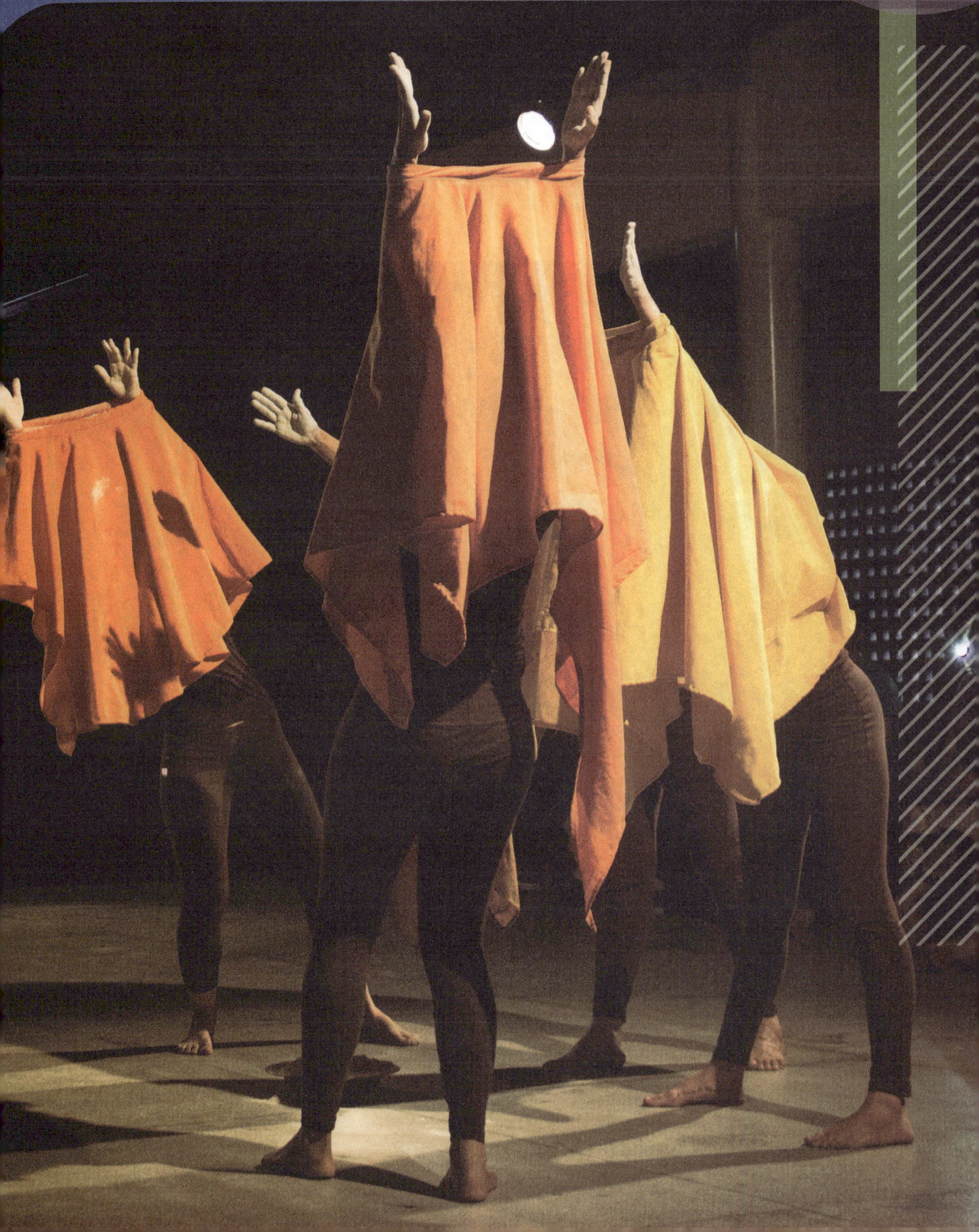

ABRA A JANELA

OBSERVE AS IMAGENS.

Malditas e desejadas (2013), de Jaider Esbell. Acrílico sobre tela, 40 cm × 60 cm.

Ilusiva (2013), de Jaider Esbell. Acrílico sobre tela, 400 cm × 400 cm.

O que chama sua atenção nas obras?

O que elas representam e de que forma? O que têm em comum e de diferente?

Quais sentidos você atribui a elas?

CAPÍTULO 2 • Identidades na arte 73

MANIFESTAÇÕES DE IDENTIDADE

As manifestações artísticas têm tempo e lugar. Elas podem refletir as questões mais internas e pessoais de um indivíduo ou aquelas que dialogam de forma mais explícita com a sociedade e com o contexto cultural e social em que foram criadas. Nem sempre essas questões são explícitas e, mais tarde, elas podem se relacionar ao contexto cultural e social do público de outros tempos e lugares. Ainda assim, é possível tecer relações entre a identidade dos artistas e suas obras, embora as identidades não sejam imutáveis. Por isso, nas manifestações artísticas é possível perceber cruzamentos e influências de diferentes identidades culturais resultantes do trânsito humano pelos territórios, dos conflitos e tensões relacionados à ocupação do ambiente, das misturas, voluntárias ou não, entre indivíduos de origens e visões de mundo distintas.

As imagens que aparecem na abertura deste capítulo são pinturas do artista Jaider Esbell, indígena do povo Macuxi, de Roraima. Elas fazem parte de uma série chamada "Vacas na Amazônia". Esbell nasceu em 1979, na região onde hoje é a Terra Indígena Raposa Serra do Sol, em Roraima. Ele estudou geografia, é especialista em meio ambiente e dedica-se às artes visuais e à literatura.

- Você vê nas obras relações com a identidade de seu autor? Se sim, quais?

Expressões indígenas

A obra de Jaider Esbell é um exemplo da relação entre a arte e a identidade do artista, ligada às suas origens e às experiências que envolvem quem é, de onde veio e como vê o mundo.

Esbell aborda questões das tradições indígenas em diálogo com a contemporaneidade, em pinturas com tinta acrílica. Suas pinturas possuem áreas bem delimitadas de cor uniforme e contornos precisos, com poucos elementos. As imagens anteriores fazem parte de uma série que o artista mostrou nos Estados Unidos, na exposição "Vacas na Amazônia". Nela, Esbell trata da criação de gado na Amazônia, questão que gera sérios impactos ambientais e conflitos entre indígenas e pecuaristas.

Em entrevista, Jaider declarou:

Retratei os impactos causados às pessoas que vivem nas florestas e viram a mata ser substituída pela pecuária. Procuro evidenciar as verdades ocultas.

JAIDER Esbell: um misto de poesia, literatura e artes plásticas. *BV News*, 14 abr. 2015. Disponível em: <www.bvnews.com.br/noticia.php?intNotID=5504>. Acesso em: 6 abr. 2016.

Para Esbell, não há como separar sua identidade indígena do que faz:

Minha produção pode circular por vários lugares, países, mas tem uma origem bem definida. Se eu estiver em Paris, por exemplo, vou continuar sendo Macuxi. A arte indígena contemporânea tem um elemento a mais, que é esse compromisso com as bases, com os povos e com a cultura. [...]

Tudo o que faço é carregado de informações ancestrais, mas tem também um propósito contemporâneo e até futurista. Eu coleto as informações de antigamente e as contextualizo dentro da nossa realidade, projetando os indígenas para o futuro dentro da sua grande diversidade.

BRANDÃO, Inaê. Artista indígena roraimense defende "cultura viva" em suas obras. Portal G1, 19 abr. 2015. Disponível em: <http://g1.globo.com/rr/roraima/noticia/2015/04/artista-indigena-roraimense-defende-cultura-viva-em-suas-obras.html>. Acesso em: 6 abr. 2016.

> **OBSERVE A IMAGEM.**
> - O que ela mostra? Que sentidos você atribui a estes elementos? Você percebe nela aspectos semelhantes às outras obras que viu de Jaider Esbell?

A árvore de todos os saberes (2013), de Jaider Esbell. Acrílico sobre tela, 230 cm × 250 cm.

A obra *A árvore de todos os saberes* é uma proposta de Jaider Esbell de criação coletiva entre povos indígenas. Desde que a criou em 2013, a obra viaja pelo país e fora dele. Por onde passa, Esbell convida os indígenas a pintar algo de sua cultura nos círculos brancos, formando assim uma rede de saberes dos diferentes povos.

Além de atuar como artista visual e escritor, Esbell se compromete com o incentivo e a divulgação à produção artística indígena, tendo criado em Roraima a Galeria Jaider Esbell de arte indígena.

CÁPSULAS

Povos indígenas

Em pleno século XXI, a maioria dos brasileiros ignora a imensa diversidade de povos indígenas que vivem no país. Estima-se que, na época da chegada dos europeus, fossem mais de 1 000 povos, somando entre dois a quatro milhões de pessoas. Atualmente encontramos no território brasileiro 246 povos, falantes de mais de 150 línguas diferentes.

Os povos indígenas somam, segundo o Censo 2010, 896 917 pessoas. Destes, 324 834 vivem em cidades e 572 083 em áreas rurais, o que corresponde aproximadamente a 0,47% da população total do país.

A maior parte dessa população distribui-se por milhares de aldeias, situadas no interior de 700 terras indígenas, de norte a sul do território nacional.

INSTITUTO SOCIOAMBIENTAL. Disponível em: <http://pib.socioambiental.org/pt/c/no-brasil-atual/quem-sao/povos-indigenas>. Acesso em: 6 abr. 2016.

CAPÍTULO 2 • Identidades na arte

E VOCÊ?

1. O que você conhece sobre as culturas indígenas? Elas são próximas ou distantes da sua realidade?
2. De onde vêm suas opiniões e as informações que você tem sobre as culturas indígenas?

Leia o seguinte trecho de um depoimento do escritor, ambientalista e líder indígena Aílton Krenak:

Os Krenak não são igual aos Xavante, nem igual aos Guarani, nem igual aos Ianomâmi. Eu sou Krenak, mas eu não posso achar que eu sei o que é legal para os Guarani. Pergunta para os Guarani.

DEPOIMENTO de Aílton Krenak.
Disponível em: <https://vimeo.com/17570220>. Acesso em: 12 abr. 2016.

1. Como você interpreta esse trecho? Que relações você faz entre ele e as reflexões propostas anteriormente?
2. Você acredita que a fala de Aílton Krenak se aplica à sua realidade? Em que situações? Converse com os colegas sobre esse assunto.

PARA AMPLIAR

Para conhecer melhor a cultura dos povos indígenas no Brasil, você fará uma pesquisa em grupo sobre suas manifestações artísticas atuais. Embora atualmente seja comum se referir a elas como artes indígenas, originalmente as culturas indígenas não possuíam uma palavra específica para arte, mas diferentes nomes para suas variadas expressões estéticas. Cada grupo será responsável por pesquisar um povo indígena conforme a indicação do professor.

Procurem levantar as diferentes linguagens nas quais se expressam e se elas dialogam entre si. Por exemplo: um povo pode realizar uma dança relacionada a um tipo específico de música. Se houver estudantes de algum grupo indígena na turma, eles podem contribuir com reflexões sobre as visões de seu povo em relação às suas manifestações estéticas.

Para orientar a realização da pesquisa, considerem as questões a seguir como um roteiro básico:

1. Quais são as manifestações atuais dos povos escolhidos?
2. Quais são suas características estéticas?
3. Que materiais usam para realizá-las?
4. A que tradições e costumes essas manifestações estão relacionadas?
5. Elas têm sofrido transformações na atualidade? Como e por quê?
6. Quais influências sofreram do contato com a população não indígena?
7. Esse grupo indígena usa as tecnologias atuais para criar arte ou para preservar e divulgar sua cultura?
8. Algum artista desse grupo se destaca com uma produção individual?
9. Suas obras se relacionam com questões e problemas atuais importantes para seu povo?

Cada grupo, com cinco ou seis estudantes, escolherá um povo indígena para estudo. O professor definirá o dia de apresentação dos resultados da pesquisa para a turma.

Para a pesquisa, utilizem diferentes fontes, como livros, revistas, internet etc. Se possível, utilizem também recursos variados para seu registro e apresentação à turma: textos, imagens fotográficas, desenhos ou impressões e gravações em vídeo ou áudio. No dia combinado, apresentem o resultado da pesquisa para a turma.

Ao final, analisem e comparem as manifestações apresentadas por todos, suas semelhanças e diferenças e os aspectos específicos que a relacionam com o povo de origem. O professor dará mais orientações.

Rapaz com pintura tradicional da etnia Iny, também conhecida como Karajá. Tocantins, 2013.

OBSERVE AS IMAGENS.

1. Como é o homem retratado na imagem 1? Quais elementos se destacam em sua figura?
2. Como são as figuras da imagem 2? Para você, o que elas representam? De que material parecem feitas? Como você acha que foram confeccionadas?
3. Quais relações é possível estabelecer entre as duas imagens? Que elementos se repetem e quais diferem entre elas?

Bonecas *ritxòkò*, da etnia Iny, também conhecida como Karajá. Tocantins, 2013.

A imagem anterior mostra as bonecas *ritxòkò*, uma produção tradicional dos Iny, mais conhecidos como Karajá, grupo indígena que vive no Brasil. Feitas em cerâmica, essas esculturas expressam diversos aspectos da identidade do grupo. O modo de confeccioná-las e seu significado cultural passam de geração a geração.

Peças tridimensionais podem ser feitas com diversas técnicas e materiais, como a modelagem em argila utilizada para fazer as *ritxòkò*. Na modelagem, um material maleável é moldado com as mãos ou com

CAPÍTULO 2 • Identidades na arte

a ajuda de ferramentas. Retirar do solo a matéria-prima (a argila) e transformá-la em objeto de cerâmica com o trabalho das mãos e depois do fogo é um avanço tecnológico muito importante da história humana. Hoje em dia, vários objetos são feitos de argila, de forma artesanal ou industrial, como pisos de casas, canecas, pratos e vasos de plantas.

FOCO NA PRÁTICA

Agora, você experimentará a modelagem em argila. A proposta é que você faça uma peça tridimensional individual, seguindo alguns critérios que serão definidos junto a um grupo de colegas.

Para esta atividade, você precisará de:

- argila;
- barbante fino;
- ferramentas, como palitos de sorvete ou churrasco, pequenas colheres, facas sem ponta ou de plástico etc.;
- pote com água;
- plástico;
- pincéis;
- pigmentos naturais (se não encontrar, use tinta guache ou plástica);
- pedaços de tecido;
- placa de madeira ou papelão.

Siga as etapas:

1. Formem grupos com seis a oito integrantes.
2. Cada grupo definirá um conjunto de elementos visuais que o identifique, que serão usados tanto para as formas tridimensionais da modelagem como para a pintura. Todos do grupo devem usar as mesmas formas, linhas e cores e suas combinações para confeccionar a peça. Cada peça modelada pode ser diferente: figura humana, animal ou vegetal, objetos utilitários, formas abstratas. O importante é definirem alguns elementos que serão usados por todos. Vocês podem atribuir a cada forma um significado, com o qual todos concordem, ou criar alguns símbolos que expressem a identidade do grupo, seus valores, gostos, personalidade etc.
3. Nesta etapa, você modelará a peça, seguindo o que foi combinado com o grupo. O professor orientará a prática com a argila. Depois, será o momento de pintar a peça.

Ao final, realizem a observação das peças e conversem sobre suas impressões a respeito. Como os elementos que identificam cada grupo apareceram nas peças? É possível perceber as diferenças, dentro de um mesmo grupo, nas expressões individuais? Como cada indivíduo e grupo explorou as características próprias da modelagem em argila e sua pintura?

Se possível, realizem uma exposição das peças para toda a escola.

Cada povo indígena possui sua cultura, seus mitos, suas crenças e sua visão de mundo. Muitas de suas manifestações artísticas são expressões coletivas e costumam estar relacionadas a esses aspectos. Elas estão presentes, por exemplo, nos objetos utilitários do cotidiano e nos dos rituais, nas pinturas e nos adereços corporais, na música e na dança.

Tradicionalmente, a maioria dos materiais utilizados para sua realização é retirada do ambiente em que vivem, como a argila que faz a cerâmica, a palha que se torna cestos, as tintas naturais, as penas coloridas das aves e as conchas. Contudo, atualmente, muitos artistas indígenas utilizam materiais industrializados, como as tintas que podem ser compradas prontas; além disso, alguns deles realizam criações mais individuais, como é o caso de Jaider Esbell.

E VOCÊ?

Você gosta de *videogames*? Costuma jogá-los? Você conhece algum em que os heróis do jogo sejam brasileiros? E indígenas?

CONEXÃO

O jogo eletrônico *Huni Kuin: yube baitana – Os caminhos da jiboia* é baseado na cultura do povo indígena Kaxinawá, que se autodenomina Huni Kuin. Ele forma a maior população indígena do Acre e está presente também no Peru. O jogo, proposto pelo antropólogo Guilherme Meneses, foi desenvolvido pela comunidade indígena e por uma equipe de profissionais não indígenas, em um processo de criação coletiva. O roteiro é inspirado em mitos tradicionais dos Huni Kuin, com cinco histórias que servem de base para as fases do jogo.

As histórias são contadas em português e *hãtxa kui*, a língua dos Huni Kuin, pelos pajés e mestras da aldeia. Os mais jovens contaram essas histórias com desenhos, que foram usados nos jogos. Também fazem parte do jogo áudio de cantos e sons da floresta. O jogo é narrado em *hãtxa kui* e traduzido em legendas para o português, inglês e espanhol.

Leia a seguir a sinopse do jogo.

Cena do *videogame Huni Kuin: yube baitana – Os caminhos da jiboia*, dirigido e produzido por Guilherme Menezes em parceria com o povo Huni Kuin, 2016.

Huni Kuin: yube baitana

Um casal de gêmeos Kaxinawá que foram concebidos pela jiboia Yube em sonhos e herdaram seus poderes especiais. Um jovem caçador e uma pequena artesã, ao longo do jogo, passarão por uma série de desafios para se tornarem, respectivamente, um curandeiro (*mukaya*) e uma mestra dos desenhos (*kene*). Nesta jornada, eles adquirirão habilidades e conhecimentos de seus ancestrais, dos animais, das plantas e dos espíritos; entrarão em comunicação com os seres visíveis e invisíveis da floresta (*yuxin*), para se tornarem, enfim, seres humanos verdadeiros (Huni Kuin).

[...]

HUNI Kuin: yube baitana. Disponível em: <https://www.gamehunikuin.com.br/>. Acesso em: 6 abr. 2016.

Oficina de audiovisual desenvolvida pelo projeto *Huni Kuin: yube baitana*. Aldeia São Joaquim, Jordão (AC), 2015.

Observe as imagens a seguir.

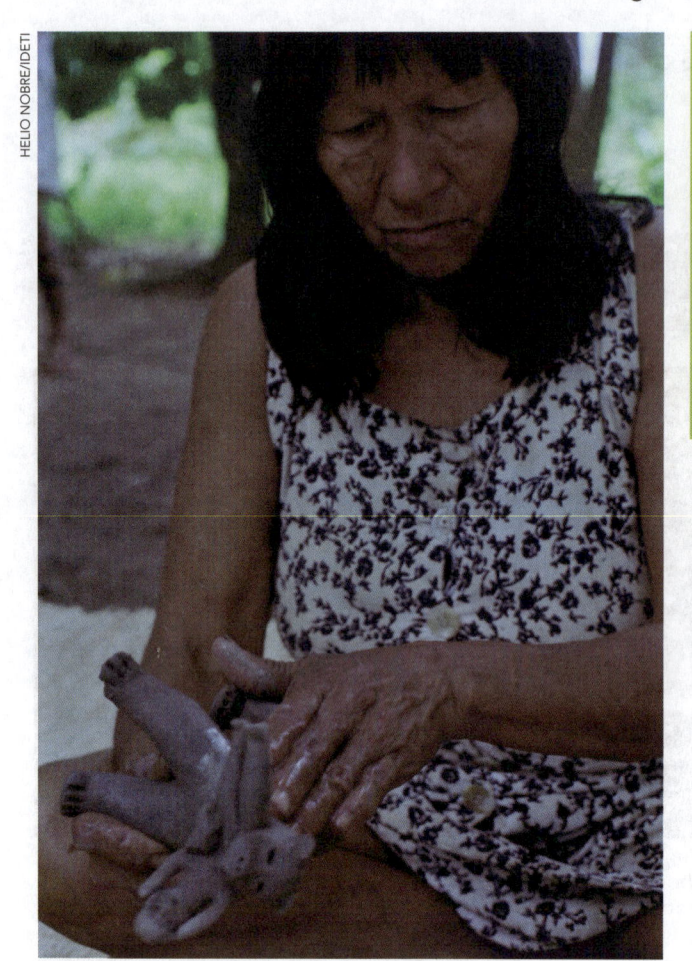

Detalhe da modelagem de escultura em argila feita por mulher karajá. Aldeia Fontoura, Ilha do Bananal (TO).

Mulher karajá modelando escultura em argila. Aldeia Fontoura, Ilha do Bananal (TO).

Bonecas *ritxòkò* em processo de pintura da argila.

Essas imagens mostram o processo de realização das **bonecas ritxòkò**, uma manifestação tradicional dos indígenas Karajá. Em sua língua nativa, eles se identificam como Iny, que pode ser traduzido como "nós". O termo "karajá" é originário de outra língua, o tupi, e acabou sendo adotado em português para designá-los. Os Iny ainda vivem em suas terras tradicionais, em uma extensa faixa do Rio Araguaia, na Ilha do Bananal, a maior ilha fluvial do mundo. Ocupam terras dos estados de Tocantins, Goiás, Pará e Mato Grosso. O Rio Araguaia é muito importante para a identidade desse povo. Segundo sua mitologia, os Iny no início viviam no fundo do rio. Vendo uma luz que vinha do alto, encontraram a superfície e ali se estabeleceram, seguindo o curso do rio e dividindo-se em três grupos indígenas: os Karajá, os Javaé e os Xambioá. Apesar das diferenças linguísticas entre os grupos, todos se entendem e se identificam como Iny.

Os desenhos das pinturas corporais e de outros objetos de uso cotidiano e ritual são feitos com sumo de jenipapo, semente de urucum e fuligem de carvão. Eles são de grande importância simbólica para os Iny, podendo indicar categorias de gênero, idade e estatuto social. São característicos do povo Iny a pintura dos dois círculos no rosto, realizados a partir da puberdade. Esses desenhos são reproduzidos na pintura das bonecas.

CÁPSULAS

Bonecas karajá (*ritxòkò*) expostas no *hall* do Palácio Araguaia, Palmas (TO).

Em 2012, as bonecas *ritxòkò* foram registradas como bens culturais imateriais pelo Instituto do Patrimônio Histórico e Artístico Nacional (Iphan), que define:

> Os bens culturais de natureza imaterial dizem respeito àquelas práticas e domínios da vida social que se manifestam em saberes, ofícios e modos de fazer; celebrações; formas de expressão cênicas, plásticas, musicais ou lúdicas; e nos lugares (como mercados, feiras e santuários que abrigam práticas culturais coletivas).
>
> IPHAN. Patrimônio imaterial. Disponível em:
> <http://portal.iphan.gov.br/pagina/detalhes/234>. Acesso em: 30 out. 2017.

Leia um fragmento de um texto do Iphan sobre as bonecas *ritxòkò*:

> Com motivos rituais, mitológicos, da vida cotidiana e da fauna, as bonecas Karajá são importantes instrumentos de socialização das crianças, que, brincando, se veem nesses objetos e aprendem a ser Karajá. [...]
>
> Entre as inúmeras expressões culturais materiais da etnia Karajá, as *ritxòkò*, além de obra artística primorosa originada das mãos leves das ceramistas, constituem uma referência significativa do grupo. Confeccionadas em cerâmica, pintadas com uma grande diversidade de grafismos e representando tanto as formas humanas como as da fauna regional, são artefatos que singularizam o povo Karajá diante dos demais grupos indígenas brasileiros e sul-americanos.
>
> IPHAN. As bonecas karajá. Disponível em:
> <http://portal.iphan.gov.br/pagina/detalhes/793/>. Acesso em: 30 out. 2017.

As bonecas *ritxòkò* são feitas exclusivamente pelas mulheres. São chamadas *ritxòkò* pelas mulheres e *ritxòò* pelos homens, pois os Karajá possuem palavras diferentes na fala feminina e na fala masculina para designar um mesmo objeto. As *ritxòkò* representam cenas do cotidiano, mitos, rituais, eventos do ciclo da vida, relações humanas e a fauna local, reproduzindo os padrões gráficos da pintura corporal e dos objetos.

O aprendizado da criação das bonecas se inicia na infância, de forma lúdica. Seu processo de execução inclui a extração e o preparo do barro, a modelagem, a queima e a pintura da cerâmica. Os grafismos aplicados sobre a cerâmica seguem padrões geométricos, em sua maioria relacionados ao ambiente, principalmente à fauna. Esses padrões diversos são combinados entre si, no entrecruzamento de linhas e composição no espaço. Os padrões tradicionais também são combinados a criações individuais, que distiguem o trabalho de cada ceramista. As bonecas tornaram-se uma importante fonte de renda das mulheres adultas em contato com a sociedade não indígena.

A cerâmica em outros momentos

A cerâmica é uma das técnicas de produção de objetos mais antigas da humanidade. Foi inventada durante a Pré-História. Praticamente todas as sociedades humanas queimam a argila para fazer objetos de cerâmica, que podem ser decorativos, utilitários, artísticos ou rituais. O conhecimento de objetos de cerâmica do passado, às vezes descobertos em escavações arqueológicas, ajuda a entender a história da humanidade e da arte.

Guerreiros de Xian, conjunto escultórico em terracota esculpida há mais de 2 200 anos representando os exércitos de Qin Shi Huang, primeiro imperador da China.

Ânfora grega com figuras vermelhas (c. 510 a.C.).

Nuvens e ilhas (2014), de Kimi Nii, Caixa Cultural São Paulo (SP). Instalação cerâmica de alta temperatura com vidrados, dimensões variadas. Nesta técnica, a cerâmica é queimada em alta temperatura com aplicação de um acabamento vítreo.

No Brasil, na Ilha de Marajó (PA), vestígios arqueológicos de uma rica cultura, que ocupou a região entre 400 e 1400 d.C., mostram que a cerâmica já era usada pelos povos que lá viviam muito antes da colonização portuguesa.

A chamada "**arte marajoara**" apresenta uma produção principalmente em cerâmica, com estilos que se modificaram ao longo do tempo. São objetos utilitários e cerimoniais, com imagens humanas, de animais e com padrões gráficos. Destaca-se a última fase que se conhece dessa ocupação, em que a cerâmica é policromada, ou seja, pintada em várias cores.

A tradição de modelar em argila é muito presente na cultura brasileira, na criação de objetos artísticos e utilitários. No Vale do Jequitinhonha, região do norte de Minas Gerais, por exemplo, muitas mulheres encontraram na arte com a cerâmica um meio de expressão e de vida. Elas retiram o barro, abundante na região, direto da natureza. Em suas figuras de cerâmica, são comuns representações de temas do cotidiano, em especial mães, noivas e casamentos.

A arte da cerâmica do Vale do Jequitinhonha, assim como a dos Karajá, é um trabalho tradicionalmente feminino, passado entre as mulheres de uma família. Poucos homens executam o ofício, embora atualmente isso tenha se tornado mais comum.

Urna funerária marajoara (400-1400 d.C.). Cerâmica, 53 cm. Ilha de Marajó (PA).

Sem título (déc. 1970), de Ulisses Pereira Chaves. Cerâmica, 79,5 cm × 39,5 cm × 15,5 cm. Ulisses foi um dos ceramistas homens pioneiros no Vale do Jequitinhonha (MG).

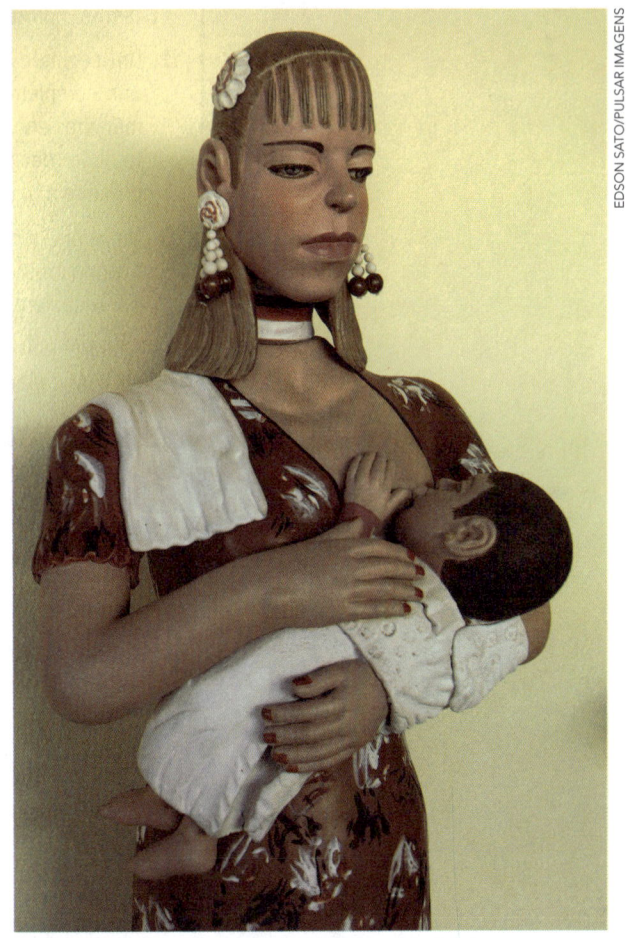

Boneca em cerâmica de Isabel Mendes da Cunha (1924-2014). Vale do Jequitinhonha (MG), 2007.

CAPÍTULO 2 • Identidades na arte

A cerâmica aparece nas imagens das páginas anteriores em um conjunto escultórico, esculturas, objetos utilitários milenares e uma instalação, obra de arte contemporânea.

- Converse com os colegas e com o professor sobre as características dessas obras de cerâmica, observando suas semelhanças e diferenças. Como são as formas, os temas, as cores e os acabamentos? Depois, comparem as bonecas produzidas no Vale do Jequitinhonha com as bonecas *ritxòkò*. Além de serem bonecas em cerâmica, o que mais possuem em comum? E quais são as principais diferenças estéticas entre essas duas manifestações?

FOCO NA PRÁTICA

Como você viu, as peças produzidas pelas mulheres Karajá e pelas ceramistas do Vale do Jequitinhonha representam a identidade de seus grupos e seu dia a dia. Agora, você também representará ações de seu cotidiano, mas por meio de outra forma de expressão, os jogos teatrais. Nessa sequência de jogos, você e seus colegas aprofundarão o conceito de ação cênica, iniciado nas práticas do capítulo anterior. No primeiro jogo, vocês terão que, em conjunto, compor uma máquina, por meio do movimento de partes dos seus corpos.

O foco do jogo é compor ritmicamente essa engrenagem, de maneira que todas as peças trabalhem em conjunto. Antes de começar, com seus colegas, afaste as carteiras e formem uma roda. Depois, siga as etapas:

1. Um aluno voluntário deve ir ao centro da roda e iniciar um movimento repetitivo com uma parte do corpo, acompanhado por um som vocal ou corporal, também produzido por ele.

2. Um segundo aluno deverá entrar propondo outro movimento e outro som que complemente o primeiro, ou seja, que esteja ligado a ele de alguma maneira, encaixando como peças de engrenagem de uma máquina. Este também deve manter o movimento e o som constantemente, junto com o primeiro aluno.

3. Um a um, todos os participantes da roda deverão "entrar na máquina", do mesmo modo como o primeiro e o segundo aluno fizeram, ajudando a compor todas as suas "engrenagens".

Este e o próximo jogo continuarão sob a condução do seu professor.

Ao final, façam uma roda de conversa sobre os jogos realizados.

Africanidades

E VOCÊ?

O que você imagina quando pensa na África? Você estabelece alguma relação com o Brasil? Por quê?

_____
_____
_____
_____
_____

A **diáspora africana** levou milhões de pessoas a deixarem seus locais de origem, provocando um dos maiores deslocamentos humanos da História. A presença de diferentes povos africanos fora da África transformou a cultura e os modos de vida de vários lugares, como o Brasil. Sua cultura se tornou parte intrínseca da identidade desses lugares e ela se expressa em diversas manifestações.

> **diáspora africana:** fenômeno histórico e sociocultural caracterizado pela imigração forçada dos povos africanos para países que adotaram mão de obra escravizada. O termo "diáspora" significa "dispersão".

OBSERVE AS IMAGENS.
Que sensações elas lhe causam? Quais elementos lhe dão essa impressão?

Cena do espetáculo *Sociedade dos Improdutivos*, da Cia. Sansacroma, com Verônica Santos. São Paulo (SP), 2015.

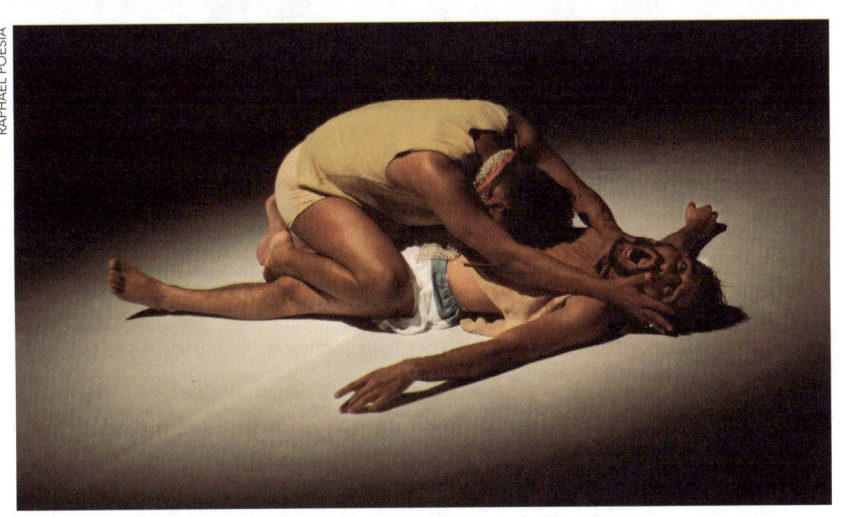

Cena do espetáculo *Sociedade dos Improdutivos*, da Cia. Sansacroma, com Djalma Moura e Érico Santos. São Paulo (SP), 2015.

Cena do espetáculo *Sociedade dos Improdutivos*, da Cia. Sansacroma, com Mônica Teodósio. São Paulo (SP), 2015.

As imagens observadas nesta página e a seguir são da Cia. Sansacroma, que atua na Zona Sul da cidade de São Paulo (SP). Fundada em 2002 pela diretora e coreógrafa Gal Martins, a companhia discute, por meio da dança, temas atuais vinculados à sociedade brasileira, principalmente os que dizem respeito aos afrodescendentes. A companhia criou o conceito de "dança da indignação", expressando, por meio da dança, as indignações coletivas da sociedade. Sua inspiração são as pessoas que circulam no Capão Redondo, bairro da periferia da Zona Sul de São Paulo, principalmente os afrodescendentes. A companhia

CAPÍTULO 2 • Identidades na arte

criou o termo "indigenordestinafricana" para se referir a essa população, em uma alusão às raízes indígenas, africanas e nordestinas da maioria da população das periferias de São Paulo.

Cena do espetáculo *Rebanho nº 6*, da Cia. Sansacroma, com Djalma Moura. São Paulo (SP), 2015.

Em seus espetáculos, a Cia. Sansacroma utiliza referências diversas, como as danças de matriz africana e o teatro, a fim de gerar um resultado estético híbrido e contemporâneo.

A companhia estabeleceu três eixos de pesquisa e ação:

- as questões do território onde atua transformam o corpo dos artistas;
- o distanciamento da racionalidade, a fim de entrar em contato com forças animais e ancestrais;
- foco nas partes do corpo em que a indignação se concentra.

Esse último eixo refere-se ao estudo corporal do estado de indignar-se. A cabeça, o peito e a garganta são os pontos principais dessa pesquisa, uma vez que, para a companhia, é neles que a indignação influi. A cabeça inquieta-se com os questionamentos acerca daquilo que indigna o ser humano; no peito concentram-se as emoções; e a garganta é o canal pelo qual essa indignação é eliminada.

racionalidade: que segue o pensamento lógico, racional e considerado coerente.

FOCO NA PRÁTICA

Nesta prática, você e seus colegas explorarão movimentos inspirados no trabalho da Cia. Sansacroma. O objetivo é experimentar como essas situações de conflito influenciam no seu modo de dançar. Para tanto e com as orientações do professor, deverão levantar alguma situação com a qual não concordem. Pode ser algo de caráter social, ambiental ou de outra temática coletiva ou individual. A proposta é explorar movimentos percebendo como essa questão influi nas partes do corpo. Então, explorarão movimentos que essas situações despertam.

Ao final, conversem sobre a atividade. Como foi a experiência, que tipo de movimentos foram gerados pela prática?

Abertura da exposição *Me encontre no Centro da Terra* (2011), de Nick Cave, no Museu de Arte de Seattle, Washington, EUA. Na imagem, o dançarino usa um dos figurinos criados pelo artista.

Ritual da sociedade iorubá *Gèlèdé*. Cada máscara conta uma história relacionada à sabedoria das mulheres. Benin, 2006.

OBSERVE AS IMAGENS.

1. Em sua opinião, qual é o significado da primeira imagem? O que a pessoa retratada parece fazer? Como o corpo dela está coberto? Quais são as características dos elementos que cobrem o corpo?

2. Na segunda imagem, como estão vestidas as duas pessoas em primeiro plano? Descreva essas vestimentas.

3. Que relações é possível estabelecer entre as vestimentas da segunda imagem e a roupa usada pela pessoa na primeira imagem?

CAPÍTULO 2 • Identidades na arte

As imagens da página anterior mostram manifestações relacionadas a diferentes contextos, mas que apresentam vários elementos semelhantes. A primeira é uma proposta do artista estadunidense Nick Cave (1959), a que ele deu o nome de *Soundsuits* (*Roupas sonoras*). A outra é uma fotografia da cerimônia *gèlèdé*, praticada pelo povo Iorubá em diversas regiões da África.

Nick Cave é um artista contemporâneo, que em suas propostas explora de forma híbrida elementos da dança, da *performance*, das artes visuais, da música e da moda. Seus *Soundsuits* são criados para serem vestidos, geralmente apresentados em *performances* e feitos com materiais e objetos diversos. São chamados assim por produzirem sons quando são vestidos e movimentados. Em sua maioria, são feitos com a junção de vários materiais coloridos. O primeiro desses trabalhos surgiu da reflexão e da comoção do artista a respeito de uma situação ocorrida na cidade de Los Angeles, EUA, em 1992, quando Rodney King, um homem afrodescendente, foi brutalmente espancado pela polícia depois de uma perseguição por estar dirigindo em alta velocidade. Esse fato provocou revolta popular e a morte de várias pessoas. Nick Cave, também afrodescendente, relata ter procurado criar com suas obras uma espécie de camada protetora, uma segunda pele que esconde a identidade de quem as veste, camuflando assim cor de pele, gênero e classe, e forçando um olhar sem julgamento e preconceito.

Soundsuits, de Nick Cave. Materiais diversos, dimensões variadas. Shainman Gallery, Miami, EUA, 2009.

O primeiro traje que criou foi feito de galhos recolhidos em um parque, e somente ao vesti-lo percebeu a sonoridade provocada pelo movimento, daí o nome das obras. Desde então, o artista tem pesquisado as variadas relações entre suas propostas com manifestações cerimoniais, como as de rituais tradicionais africanos, que se conectam às suas propostas tanto em sua estética como em seu uso. Em entrevista sobre uma *performance* com suas roupas, o artista declara:

• • • • • • • • • • • •

Eu comecei a pensar sobre meu papel como artista, e minha responsabilidade cívica como artista. Eu queria criar uma obra que realmente falasse sobre e nos trouxesse de volta para o lugar onde nós sonhamos, aquele lugar imaginário em nossas mentes que nos ajuda a permanecer conectados com as nossas próprias aspirações. Nós precisamos continuar a usar isso como uma ferramenta para nos mobilizar conforme nos movemos no mundo. Por que nós somos tão consumidos por tentar manter nossos empregos e o estado das coisas atualmente, que nós não sonhamos mais. Então eu queria criar esse tipo de experiência para todo mundo.

DEPOIMENTO de Nick Cave. Retirado e traduzido de: <www.artspace.com/magazine/interviews_features/indepth/nick_cave_heard_ny_interview-51010>. Acesso em: 28 abr. 2016.

• • • • • • • • • • • •

Registro da *performance Heard NY*, de Nick Cave, realizada em 2013 em Nova York. Nessa proposta, seus *Soundsuits* têm formas que lembram animais, como bois ou cavalos, e cada um é vestido por dois bailarinos.

A cerimônia *gèlèdé*, mostrada na segunda imagem da página 87, é um exemplo de manifestação tradicional africana em que os participantes se cobrem dos pés à cabeça usando máscaras.

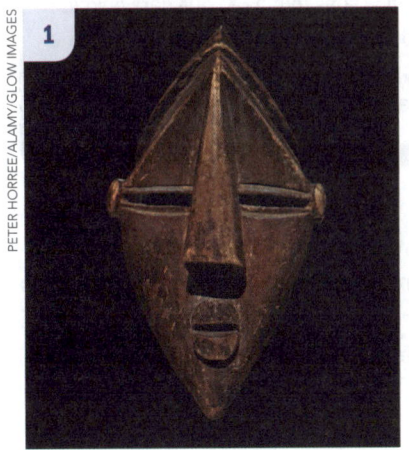

1. Máscara *mfondo* de formato geométrico, séc. XIX. Cultura *lwalwa* ou *lwalu*. Angola e República Democrática do Congo.

2. Máscara *mwana pwo*, séc. XIX-XX. Cultura *chokwe*. Angola e República Democrática do Congo.

3. Máscara *gèlèdé* em forma de cabeça, com figuras humanas, séc. XIX. Cultura iorubá, Nigéria.

4. Máscara *pwo*, séc. XIX-XX. Cultura *chokwe*. Angola e República Democrática do Congo.

OBSERVE AS IMAGENS.

1. Você já estudou sobre as máscaras africanas? O que sabe sobre elas? O que essas máscaras possuem em comum? O que caracteriza cada uma delas?

2. Qual é a diferença entre ver as máscaras assim, como objetos isolados em fotografias, e vê-las sendo usadas, como na fotografia que você viu na página 87 da cerimônia *gèlèdé* ou na obra de Nick Cave?

CAPÍTULO 2 • Identidades na arte

FOCO NA PRÁTICA

Agora, você criará uma máscara. Ela será usada, depois, em um jogo teatral no qual terá de perceber a expressividade e as diferentes características das máscaras produzidas pela turma. Pense no que ela representará: uma pessoa jovem ou mais velha, homem ou mulher, adulto ou criança, com ou sem cabelos etc. Pense também se algum traço do rosto receberá mais destaque.

Para a base da máscara, você precisará de materiais simples:

- papelão;
- papel em pedaços pequenos (jornais, revistas etc.);
- cola branca;
- pincel;
- pote com água;
- tecido;
- barbante ou elástico para prender a máscara.

Para o acabamento da máscara, que dará a ela seu aspecto final, utilize materiais como:

- tintas;
- tecidos;
- papéis coloridos;
- barbantes coloridos.

Primeiro, defina a forma que sua máscara terá. Você pode fazer previamente um desenho ou um esboço dela. Defina como serão os furos para a boca, o nariz e os olhos. Depois, pense no tamanho: a máscara pode acompanhar seu rosto, mas também pode ser maior ou menor. Isso influenciará na impressão que ela passará quando for utilizada.

A base da máscara será de papelão. Você pode dobrá-lo, recortá-lo e colá-lo para definir suas formas. O que dará unidade às formas são os pedaços de papel, que devem cobrir o papelão criando uma camada uniforme. Misture água com cola e pincele por baixo e por cima do papel ao colá-lo no papelão. Quando estiver seca, faça o acabamento. Ao final, conversem sobre o que foi feito, a partir das questões que seu professor vai propor, relacionadas ao uso da máscara nestes jogos.

Dança *gèlèdé* de mascarados. Festival da Herança Negra de Lagos, Nigéria, 2012.

As máscaras estão entre as manifestações tradicionais africanas mais conhecidas no mundo. Elas são comumente apreciadas por pessoas de outros lugares como objetos para contemplação pelo interesse estético que despertam. Mas cada uma possui características e funções específicas, próprias das culturas que as criaram.

Elas geralmente são feitas para serem usadas em cerimônias e rituais religiosos. São vestidas, junto a outros adereços, em situações que envolvem dança e música. Quem veste a máscara muitas vezes o faz com o intuito de encarnar ou representar determinada divindade.

A cerimônia *gèlèdé* é praticada por alguns grupos do povo Iorubá, da África Ocidental. Os Iorubá são um dos maiores grupos étnicos africanos, com uma população de cerca de 30 milhões no continente africano. Eles vivem principalmente na Nigéria, mas também há comunidades em Benin, Togo e Serra Leoa. A cerimônia envolve o uso de máscaras em rituais com dança e música. Ela celebra e evoca os poderes das divindades e ancestrais femininas, como a grande mãe primordial, Iyà Nlà, e honra as mulheres mais velhas do grupo.

A cerimônia *gèlèdé* pode acontecer em qualquer época do ano, com algum propósito específico, como atrair a chuva, espantar epidemias ou honrar os mortos. Mas a principal cerimônia é anual. As máscaras, com figuras humanas e animais, são colocadas sobre as cabeças, e não na frente do rosto. São utilizadas pelos homens, que, vestidos como mulheres, dançam e entretêm o público, muitas vezes com dizeres educativos.

OBSERVE AS IMAGENS.

Elas são fotos de obras do artista Romuald Hazoumè (1962), nascido na República do Benin, na África Ocidental.

1. Quais são os elementos que compõem essa instalação?
2. Em que essa obra faz você pensar ou se lembrar?
3. Você identifica referências às máscaras africanas? Quais são as semelhanças entre essas máscaras e as anteriores? E as diferenças? Como elas foram feitas?

La bouche du roi (*A boca do rei*), (1997-2005), de Romuald Hazoumè. Instalação multimídia. Museu Britânico, Londres, Inglaterra, 2007. Detalhe.

La bouche du roi (*A boca do rei*), (1997-2005), de Romuald Hazoumè. Instalação multimídia. Museu Britânico, Londres, Inglaterra, 2007.

Em seu trabalho, o artista Romuald Hazoumè faz referências às máscaras africanas, em uma abordagem contemporânea, que envolve diferentes meios artísticos e questões sociais e políticas. O artista tem origem Iorubá, mas foi criado na tradição religiosa católica. Suas máscaras são feitas com galões de plástico usados para carregar petróleo.

CAPÍTULO 2 • Identidades na arte

A instalação *La bouche du roi* (*A boca do rei*) mostrada na página anterior evoca um lugar no Benin com esse nome, de onde africanos escravizados eram transportados pelo Oceano Atlântico durante os séculos XVII e XVIII. A estrutura da instalação remete a uma gravura do fim do século XVIII do navio inglês Brookes, usado no tráfico negreiro.

A instalação associa o passado e o presente, abordando situações de exploração do continente e da população africanos. A obra contém 304 máscaras e cada uma reproduz a posição de uma pessoa escravizada na gravura original. Hazoumé, no entanto, "deu voz" às figuras, pois colocou sob elas alto-falantes, dos quais são recitados nomes africanos e são emitidos sons que remetem aos horrores vividos nos navios negreiros. A instalação também contém elementos das tradicionais oferendas de alimentos e bebidas às divindades de origem Iorubá, os orixás, contribuindo para ampliar a percepção sensorial da obra, que inclui imagens, sons e cheiros. Além disso, vídeos mostram os galões em uso no atual contrabando de petróleo entre Benin e Nigéria, levados por motociclistas que se equilibram para transportar muitos galões de uma só vez.

Na base da instalação, o artista colocou duas máscaras lado a lado, uma delas representa um rei europeu, e outra, um rei africano.

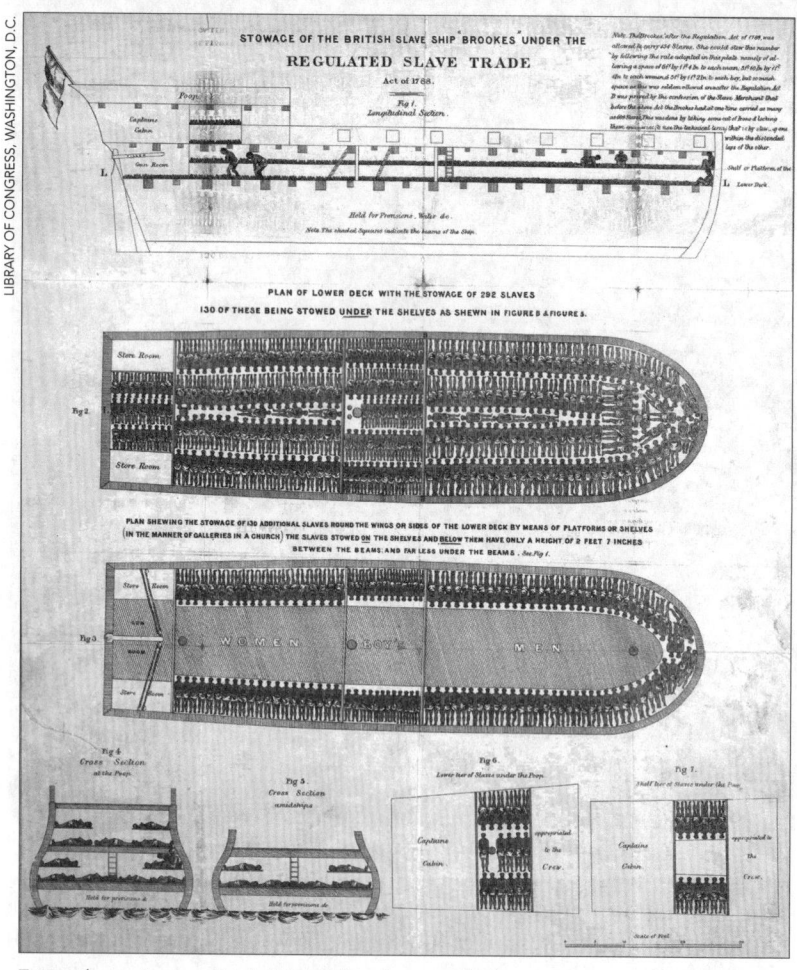

Estiva do navio negreiro britânico Brookes regulada nos termos da lei de tráfico de escravos de 1788 (c.1788), litogravura de autor desconhecido. A imagem apresenta o esquema de organização de um navio negreiro a partir de um diagrama do navio britânico, que serviu de referência para *La bouche du roi*, de Romuald Hazoumè.

CONEXÃO

Sotigui Kouyaté

O texto a seguir transcreve um trecho de uma palestra proferida pelo ator, diretor de teatro, *griot* e músico Sotigui Kouyaté (1936-2010) em São Paulo (SP), em 2006. Nele, Sotigui fala sobre os *griots*, que são "guardiões da tradição e da cultura africana".

Segredos da África

O ator e diretor de teatro africano, nascido em Mali, Sotigui Kouyaté conta algumas histórias de seu povo e fala das tradições de seu continente.

O ator e diretor teatral Sotigui Kouyaté tem no currículo experiência de sobra para assegurar a empatia do público e elogios da crítica ocidental. [...] Apesar de ter muitas histórias de oportunidades profissionais para contar, não parece ser esse lado da própria trajetória que mais inspira Kouyaté a falar. Convidado do Sesc Consolação para uma palestra e *workshop* sobre teatro, preferiu prender a atenção dos presentes com histórias e relatos dos costumes da "pequena parte da África" da qual faz parte, como costuma dizer. Nascido em Bamako, no Mali, é de origem guineana e descendente direto do povo que pertencia ao Império Mandengue – dinastia que, com o Império de Gana, dividia a África em um desenho completamente ignorado pelos europeus durante a colonização. Talvez justamente pelo fato de que boa parte do mundo ainda desconheça o continente africano, Kouyaté aproveitou a ocasião para falar de seu povo, do que lhe é sagrado até hoje – e isso inclui os estrangeiros, "ricos porque trazem aquilo que não conhecemos", afirma –, contar sobre a relação que tem com os mistérios e os "milagres" da vida e para agradecer a oportunidade de mais um encontro, algo que, segundo ele, está no âmago da civilização africana. A seguir, trechos.

Memória coletiva

A África é imensa, grande e profunda. Muito vasta. Logo, querer falar pela África seria uma grande pretensão. Por isso, escolhi falar sobre a pequena parte da África à qual pertenço, a África do oeste. Na porção oriental do continente, antes da colonização, houve grandes impérios. No século XI, houve o Império de Gana e, no século XIII, o Império Mali (Mandengue, na verdade, já que Mali é um nome ocidental). E eu faço parte do que era o Império Mandengue, que abrigava o que hoje é o Senegal, a Gâmbia, a Guiné-Bissau, a Libéria, a Mauritânia, a Guiné, o Mali, Burkina Fasso, o norte da Costa do Marfim e o leste do Níger. Meu sobrenome, Kouyaté, tem origem nesse império e está ligado a sua história. Ele quer dizer "há um segredo entre você e mim". Sou o que chamamos *griot*. Os *griots* são como a memória do continente africano – dessa parte da África da qual falei. São a biblioteca, os guardiões da tradição e da cultura africana, encarregados de organizar todas as cerimônias. A função mais importante de um *griot* é a de mediador entre o povo, os reis e as famílias – e isso ainda continua.

O *griot*, músico e ator malinês Sotigui Kouyaté no Festival de Cinema de Cannes, França, 2009.

A presença deles é indispensável para o equilíbrio da sociedade africana. A gente não se torna *griot*, nasce. É algo que se passa de pai para filho. E não somente os homens são *griots*, existem mulheres também, e elas são muito poderosas. Foi essa minha função de *griot* que me levou ao teatro. Porque um *griot* não representa somente as palavras, tem a ver com estar a serviço de todo mundo. Minha mulher diz que eu não sei dizer não. Mas um *griot* não pode dizer não a uma pessoa que lhe faz uma pergunta, a menos que não possa responder.

REVISTA E, Sesc-SP, n. 117, fev. 2007.

FOCO NA PRÁTICA

Agora, você e seus colegas é que contarão uma história! Afastem as carteiras e formem uma roda com todos sentados no chão. Vocês farão alguns jogos teatrais com foco na criação de uma narrativa. Para o primeiro, o objetivo é que a história tenha começo, meio e fim e que todos contribuam para sua criação. Sigam as etapas:

1. Um estudante começa a criar uma história. Depois de um tempo, o professor dá um comando para que ele pare.

2. Imediatamente, o colega seguinte da roda deverá continuar a história, exatamente do ponto em que o anterior parou, acrescentando novos acontecimentos.

3. Novamente, o professor dará um comando para parar e o colega seguinte deverá prosseguir a história, do ponto em que o anterior a interrompeu.

4. E assim sucessivamente, até o último colega da roda, que deverá criar um final para a história.

O professor dará as instruções para o jogo seguinte. Ao final dos jogos, conversem sobre a atividade. Seu professor proporá questões que relacionam essas duas vivências.

OBSERVE AS IMAGENS.

1. Que linguagens artísticas elas representam?

2. O que você imagina quando pensa em música africana? Você percebe a presença de elementos ou influências africanas em manifestações brasileiras?

Grupo *mogwana* de dança tradicional. Botsuana, 2004. Podem-se notar os guizos nas pernas, que ajudam nas marcações rítmicas realizadas com a dança e o canto.

Tocadores de *djembé*, tambor africano.

Mulheres *masai* cantando com vestimentas tradicionais. Quênia, 2009.

Nas práticas tradicionais africanas (e em diversas outras ao redor do mundo), é comum as linguagens artísticas acontecerem ao mesmo tempo, sem separação. Os *griots*, por exemplo, utilizam elementos de teatro, dança e música para contar histórias.

A música possui uma função principalmente social, acompanhando casamentos, nascimentos, trabalhos e rituais religiosos. Na música, geralmente feita também para dançar, chamam a atenção os tambores e outros instrumentos da família da percussão. Entretanto, além da presença marcada da música instrumental, é também muito significativa a produção de música vocal.

Apresentação do grupo de samba de roda Renascer do Quingoma. Lauro de Freitas, Salvador (BA), 2009.

As práticas musicais de diversos povos africanos foram fundamentais para o surgimento de vários estilos e gêneros brasileiros, muitos deles realizados como manifestações coletivas que envolvem dança e música, o cantar e o tocar de instrumentos. O samba de roda, originário da Bahia, é uma dessas práticas.

Há registros dele desde o período colonial no Recôncavo Baiano, onde ainda é praticado. O samba de roda possui relações com outras manifestações de influência africana, como o candomblé, a capoeira e o maculelê, e costuma ser praticado em datas comemorativas ou simplesmente como um evento cotidiano de diversão e lazer.

O **samba de roda** teria sido levado para o Rio de Janeiro durante o século XIX, contribuindo para a origem de um dos gêneros mais representativos da música e da dança brasileira, o **samba**.

A organização em roda remete a celebrações comuns dos locais de origem dos africanos trazidos para o Brasil. Mesmo escravizados, eles encontraram formas de se divertir e relembrar a terra natal, misturando assim suas práticas artísticas e culturais com aspectos locais, alguns de influência indígena, mas em geral dos colonizadores europeus, como o uso da viola e do pandeiro, ou da língua portuguesa nas canções.

No samba de roda, quem costuma tocar os instrumentos são os homens, enquanto as mulheres dançam e acompanham com palmas. Porém, em especial na atualidade, as mulheres também cantam e tocam instrumentos e os homens também dançam.

instrumental: refere-se à música feita exclusivamente com instrumentos musicais.

vocal: refere-se à música feita com a voz, geralmente cantada por uma pessoa ou um grupo (coro).

capoeira: expressão cultural afro-brasileira que mistura artes marciais, dança, canto, música e jogo. Diferentemente de outras artes marciais, nas rodas de capoeira não há contato físico violento. Enquanto dois capoeiristas jogam no centro da roda, os outros participantes cantam, tocam instrumentos e acompanham com palmas.

maculelê: manifestação brasileira de dança e música com influência africana e indígena. As apresentações de maculelê incluem um figurino característico composto de uma saia de sisal. Os dançarinos guerreiros se apresentam com dois bastões, um em cada mão e, acompanhados de instrumentos de percussão e canto, similar à capoeira, recriam lutas baseadas em diferentes lendas sobre a origem da dança.

CAPÍTULO 2 • Identidades na arte

Os instrumentos mais comuns são o atabaque, o ganzá, o pandeiro, a viola e o "prato e faca", que é um prato tocado raspando-se uma faca em sua borda (similar ao modo como se toca o reco-reco). De caráter popular, muitas canções do samba de roda são de autoria desconhecida.

Em alguns tipos de samba de roda, várias pessoas dançam no centro da roda ao mesmo tempo. Em outros, só uma pessoa dança e depois passa a vez para a outra. As mulheres que dançam costumam usar a vestimenta tradicional de baiana, com saias rodadas que giram com seus movimentos. Elas dançam o passo miudinho, em que movem os pés com passos curtos e, consequentemente, requebram o quadril.

O samba de roda foi registrado pelo Instituto do Patrimônio Histórico e Artístico Nacional (Iphan) como patrimônio cultural imaterial em 2004. Em 2005, foi registrado como patrimônio oral e imaterial da humanidade pela Organização das Nações Unidas para a Educação, a Ciência e a Cultura (Unesco).

FOCO NA PRÁTICA

Agora, você e seus colegas farão uma atividade baseada no samba de roda cantando a seguinte canção:

Marinheiro só

Eu não sou daqui (marinheiro só...)
Eu não tenho amor (marinheiro só...)
Eu sou da Bahia (marinheiro só...)
De São Salvador (marinheiro só...)

Lá vem, lá vem (marinheiro só...)
Como vem faceiro (marinheiro só...)
Todo de branco (marinheiro só...)
Com seu bonezinho (marinheiro só...)

Ô, marinheiro, marinheiro (marinheiro só...)
Ô, quem te ensinou a nadar (marinheiro só...)
Ou foi o tombo do navio (marinheiro só...)
Ou foi o balanço do mar (marinheiro só...)

DOMÍNIO PÚBLICO. Disponível em: <www.vagalume.com.br/clementina-de-jesus/marinheiro-so-live-ao-vivo.html>. Acesso em: 28 abr. 2016.]

Sigam as etapas:

1. Leiam a letra uma vez; se tiverem dúvida, esclareçam com o professor.

   A música foi construída com perguntas (ou chamadas) e respostas. Os trechos entre parênteses são as respostas feitas por um grupo em resposta ao canto principal. Esse formato é muito comum no samba de roda e aparece em muitos outros gêneros, não só de origem afro-brasileira, mas em músicas de quase todo o mundo. Veja se há voluntários na turma para cantar a chamada. Essa ação também é referida como "puxar" o samba. Vocês também podem escolher um pequeno grupo para realizar a chamada e o restante do grupo faz a resposta.

2. Ouçam as **faixas 23** e **24 do CD**. Na primeira, há uma versão da música que vocês podem usar para cantar juntos e, na segunda, há diferentes padrões de batidas de palmas que podem ser usadas como acompanhamento.

3. Abram um espaço na sala de aula e, em pé e em círculo, ensaiem a canção acompanhando a gravação da **faixa 23 do CD**. Podem trocar as pessoas que fazem a chamada e a resposta, se quiserem, mas deve ser definido antes.

4. Quando a música estiver mais interiorizada e memorizada, acompanhem com palmas. Existem vários padrões rítmicos usados para acompanhar músicas. Cada estilo pode ter uma única ou várias maneiras de acompanhar. Às vezes, inclusive, os acompanhamentos mudam dependendo da região. Ouçam os padrões da **faixa 24 do CD** e escolham um que todo o grupo consiga manter.

   Se quiserem, vocês também podem utilizar objetos da sala de aula como instrumentos de percussão.

   Após a atividade, conversem com os colegas. Como foi a experiência? Já tinham realizado práticas similares? Houve alguma dificuldade para cantar ou para realizar o acompanhamento com palmas?

No Capítulo 1, você estudou os parâmetros do som e suas particularidades. A música é resultado da organização dos sons, considerando seus parâmetros, e da maneira como eles são distribuídos e organizados no tempo. Disso resultam os elementos básicos da música: o **ritmo**, a **melodia** e a **harmonia**. De alguma maneira esses elementos estão presentes em quase todas as músicas feitas no mundo.

Agora, você conhecerá mais sobre esses conceitos ao longo do capítulo, começando pelo ritmo.

Ritmo é a maneira como os sons se comportam ao longo do tempo, criando uma relação entre si que geralmente reconhecemos como um padrão que se repete. Toda música apresenta algum tipo de ritmo. Como se relaciona com o tempo, esse elemento está diretamente associado com o parâmetro **duração**. Às vezes, termos como "batida", "pulsação" ou "batimento" são empregados coloquialmente como sinônimos de "ritmo".

A palavra "ritmo" é utilizada de muitas maneiras e em diversas áreas de conhecimento, não apenas na música, mas sempre com uma ideia similar: a de movimento. É o ritmo que cria a percepção de velocidade, podendo ser lento, rápido, variado, agitado, tranquilo etc. Por exemplo, a fala é marcada por um ritmo próprio. Quando falamos "bom dia" de maneira natural, a palavra "bom" pode apresentar uma duração igual ou similar à palavra "dia", mesmo a segunda sendo composta por duas sílabas.

Experimente ler com velocidades e entonações variadas:

– Boooooooooom dia.

– Bom diiiiiiiiiiiiia.

– Bom dia.

– BOM DIA.

Você conseguiu perceber a diferença?

Há várias maneiras de falar uma frase: com pressa ou lentamente, marcando cada sílaba ou não. Cada pessoa, cada situação e cada sotaque (de diferentes lugares do país ou de outros países), por exemplo, têm um ritmo particular.

Da mesma maneira que na fala, na música variamos o ritmo para expressar ideias ou sensações diversas. Embora haja uma variedade enorme de ritmos, as músicas, em sua maioria, são construídas com base em ciclos de tempo periódicos.

FOCO NA PRÁTICA

Agora vocês farão uma atividade rítmica modificando a maneira de falar durante uma conversa. Observem como a percepção sonora muda quando o ritmo da fala é alterado, inclusive dificultando a compreensão da conversa.

Sigam as etapas:

1. Em grupos de dois ou três integrantes, escolham um assunto de interesse comum. A conversa pode ser curta. Criem uma conversa e escrevam um texto curto.

2. Estabeleçam velocidades diferentes para cada um do grupo falar: uma bem rápida, outra bem lenta e outra intermediária. As frases devem ser feitas de maneira periódica, pronunciando as sílabas com um mesmo pulso. Ensaiem e, se possível, decorem o texto para não precisar ler.

3. Nesta etapa, cada participante deve modificar a duração de suas sílabas de maneira variada, como você viu na página anterior com a frase "Bom dia".

Caso prefiram, realizem o mesmo exercício, mas improvisando a fala. Façam a conversa sobre temas livres. Escolham alguns grupos para apresentar para a turma.

Ao final, conversem sobre a atividade e reflitam sobre a importância do ritmo na fala e como isso pode ser relacionado ao ritmo na música.

Observe as imagens a seguir e ouça os trechos das músicas representadas nas **faixas 25, 26 e 27 do CD**.

Indígenas da etnia Guarani durante ritual xondaro, Aldeia Tenonde-Porã, São Paulo (SP), 2014.

Desfile de grupo de maracatu rural, Nazaré da Mata (PE), 2014.

Pista de dança de uma discoteca, Smolensk, Rússia, 2016.

Cada uma das imagens desta página remete a gêneros musicais com um ritmo próprio, mas todas foram criadas e desenvolvidas para serem dançadas. Por isso, todas têm, por exemplo, uma dinâmica periódica, como o andar, levando o corpo a realizar movimentos cíclicos, acompanhando o ritmo e uma ideia de pulsação.

O **pulso** é um dos elementos mais importantes do ritmo. Ele cria uma sensação cíclica no ritmo das músicas. Considere o caso do andar, em que cada passo pode ser visto como uma parte desse ciclo. Podemos dizer que o andar tem um pulso. Assim, cada pessoa cria um ritmo próprio quando caminha. Na música, inclusive, usa-se a palavra "andamento" para se referir à velocidade das obras.

A maioria das músicas possui ritmos com pulsos fáceis de reconhecer e bem marcados. Nelas, a periodicidade do ciclo definido pelo pulso é o elemento principal para a percepção do ritmo.

Por exemplo, observe a repetição das onomatopeias "tum tum pá".

A repetição desse padrão cria um ritmo com um pulso marcado e poderia ser utilizada como base rítmica para construir uma música. A representação gráfica desse padrão poderia ser assim:

1	2	3	4
tum	tum	pá	

ou

1	2	3	4
●	●	◆	

Escute a onomatopeia da **faixa 28 do CD**. A representação anterior é uma forma de escrevê-la. A faixa inclui outras possibilidades rítmicas da mesma fase.

E VOCÊ?

1. Já ouviu alguma vez um músico contando: "um, dois, três, quatro" antes de começar a música? Consegue imaginar qual seria a razão para isso?
2. Se você ou alguns colegas da turma estudam música, compartilhem com a turma um pouco do que sabem sobre essa contagem e sua relação com o ritmo.

Essa contagem corresponde ao **compasso**, um conceito da teoria musical criado para organizar os sons musicais. Em geral, cada compasso representa um ciclo que se repete durante a música. Cada compasso é composto por determinado número de "tempos". Por exemplo: na contagem exemplificada na pergunta anterior, o compasso tem quatro tempos. Algumas músicas podem ter compassos com diversos números de tempos, sendo os mais comuns 2, 3, 4, 6, 9 e 12. Também existem músicas que misturam diferentes tipos de compassos.

Ouça na novamente os exemplos musicais das **faixas 25, 26 e 27 do CD**.

Você identifica os compassos? Tente realizar as contagens com as músicas. Ouçam as **faixas 29, 30 e 31 do CD** para conferir.

Agora, observe as imagens a seguir, que exemplificam três maneiras de representar um compasso de quatro tempos:

Ouça na **faixa 32 do CD** uma pequena frase rítmica feita com as mesmas onomatopeias "tum tum pá", que você viu anteriormente, construída em compassos de quatro tempos.

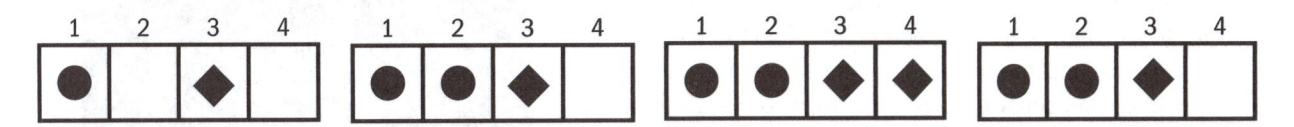

Vale lembrar que, quando não há notação no tempo do compasso, se indica pausa.

FOCO NA PRÁTICA

Agora, você e seus colegas farão uma segunda versão do exercício da máquina, realizado na prática da página 84, mas agora com foco na rítmica, mantendo um ritmo periódico.

Formem grupos de quatro integrantes e realizem composições rítmicas utilizando como base o compasso de quatro tempos que vocês viram. Prestem atenção ao som/movimento criado no primeiro tempo, como guia principal da composição. Caso considerem necessário, usem a **faixa 22 do CD** como apoio, pois ela apresenta um som de marcação rítmica.

Desafio

Criem outras composições com compassos de três, cinco, seis ou sete tempos.

Ao final, conversem com os colegas sobre o resultado musical, as dificuldades (manter o ritmo em grupo ou manter frases musicais muito complexas individualmente, por exemplo), e o que poderia ser modificado para conseguir outros resultados.

CAPÍTULO 2 • Identidades na arte

IMPOSIÇÃO E RESISTÊNCIA

Como você viu, a produção artística de cada povo pode refletir sua identidade e seus valores culturais. Porém, a arte foi, ao longo da História – e ainda é – muitas vezes utilizada como ferramenta de dominação, impondo certos valores e crenças sobre outros.

No Brasil, algumas das primeiras manifestações artísticas relacionadas à tradição europeia, herdadas da colonização, estão ligadas à Igreja Católica. Em um período em que não havia separação entre Estado e Igreja, a arte religiosa era usada como doutrinação, em especial na catequese de indígenas e africanos. Foi uma forma de dominação cultural que impôs outra religiosidade e outra visão de mundo, em grande parte baseada no poder de convencimento da arte. Esse período ficou conhecido como **Barroco brasileiro**, por ser uma adaptação do estilo Barroco europeu.

ENQUANTO ISSO... NA EUROPA

Barroco

O Barroco foi um estilo artístico que surgiu na Itália e dominou a arte europeia na passagem do século XVI para o XVII. Nessa época, começava a surgir entre os europeus um pensamento mais voltado para a ciência e para a verdade, pautado na experiência e na razão. Essa nova relação com o mundo ameaçava os alicerces da Igreja Católica. Dentro da própria Igreja isso ocasionou rompimentos e a formação de grupos protestantes, ou seja, que contestavam as doutrinas da Igreja Católica e buscavam uma renovação. Esse movimento, que deu origem à formação de novas instituições religiosas cristãs, foi chamado de Reforma Protestante.

A Igreja Católica, por sua vez, não aceitava essas mudanças e se preocupava em reagir a toda forma de inovação. Essa reação foi chamada de Contrarreforma.

Um dos meios pelos quais a Igreja difundia os ensinamentos e a tradição do catolicismo era a arte. Assim, intensificaram-se os incentivos à produção artística que trabalhasse com essa intenção, atraindo artistas de toda a Europa e ajudando a difundir ainda mais, também geograficamente, seus ideais.

Esse contexto histórico e social refletiu na estética das obras artísticas. O que antes era mais sóbrio e equilibrado passou a trazer forte carga emocional. Com o intuito de comunicar e convencer os fiéis dos preceitos da Igreja, com clareza e emoção, a arte do Barroco é dramática e exuberante, carregada de excessos decorativos. Há um predomínio do movimento e da assimetria nas formas, recursos que aumentam a expressividade das figuras, assim como o uso intenso do contraste entre luz e sombra. A arte barroca tende ao espetáculo, combinando várias linguagens e recursos, em especial na decoração das igrejas. Como forma de expressar poder, utilizavam o que de mais rico existia na Terra: materiais nobres, como ouro e pedras preciosas.

O êxtase de Santa Teresa (1647-1652), de Gian Lorenzo Bernini. Escultura em mármore. Altura: 350 cm. Capela Santa Maria della Vitoria, Roma, Itália.

A estética barroca foi tão difundida que se expandiu para além da arte sacra. Inclusive, há divergências entre estudiosos quanto à definição precisa de "barroco": alguns o consideram um período, outros o definem como um estilo, incluindo entre os artistas barrocos aqueles que apresentem essas características mesmo fora desse período.

Uma das formas de expressão que se destacaram no período barroco foi a música, com um grande número de obras e compositores de renome. Compositores como os alemães Johann Sebastian Bach (1685-1750), Johann Pachelbel (1653-1706), Georg Friedrich Händel (1685-1759) e os italianos Antonio Vivaldi (1678-1741), Claudio Monteverdi (1567-1643) e Domenico Scarlatti (1685-1757) estão entre os mais conhecidos. Ouça trechos de músicas barrocas nas **faixas 33, 34, 35 e 36 do CD**.

Partitura da música sacra "Komm, süßer Tod, komm selge Ruh" (Venha, doce morte, venha, descanso abençoado), c. 1736, de Johann Sebastian Bach.

Cravo manual duplo, 1599. Esse instrumento de teclado foi muito difundido durante o período barroco. Ele é predecessor do piano.

Arte europeia brasileira

O Barroco chega ao Brasil principalmente por meio dos colonizadores portugueses e de religiosos vindos tanto de Portugal como de outros países. Sua popularização ocorre entre os séculos XVIII e XIX, cem anos depois de seu desenvolvimento na Europa. Aqui, o Barroco misturou-se a outros estilos além do português, como o francês, o espanhol e o italiano, e foi se modificando pelo contato com o povo já miscigenado entre europeus, indígenas e africanos. Entre os religiosos que chegaram por aqui e desenvolveram o estilo barroco estão os jesuítas. Seu principal objetivo era catequizar e evangelizar os indígenas.

Um desses jesuítas era o espanhol José de Anchieta (1534-1597), considerado o primeiro dramaturgo do Brasil (ele também foi poeta, historiador e autor da primeira gramática da língua tupi). Apesar da atuação de Anchieta ser anterior à expansão do Barroco no Brasil, sua obra é considerada pertencente às primeiras manifestações artísticas barrocas por aqui.

dramaturgo: quem escreve ou elabora o texto ou o roteiro de uma peça de teatro.

Retrato de padre José de Anchieta. Em 2014, tornou-se santo da Igreja Católica e, em 2015, passou a ser considerado copadroeiro do Brasil.

Anchieta escreveu doze obras conhecidas. Essas peças eram representadas por colonos adultos e crianças, principalmente indígenas. Leia o trecho a seguir, do *Auto da pregação universal*, uma das peças de José de Anchieta.

....

Ato II

Entram dois diabos (Guaixará e Aimbirê) que querem destruir a aldeia com pecados, aos quais resiste o Anjo da Guarda, que os expulsa.

Anjo: Quem és tu?

Guaixará: Guaixará, o cauçu
sou o grande boicininga
o jaguá da caatinga
eu sou o andirá-guaçu
canibal demo que vinga

Anjo: E ele, é?

Aimbirê: Eu, grão tamoio Aimbirê
Sou jiboia sou sokó
Sucuri taguató,
demônio-luz, mas sem fé
tamanduá atirabebó

CAFEZEIRO, Edwaldo; GADELHA, Carmem. *História do teatro brasileiro*: um percurso de Anchieta a Nelson Rodrigues. Rio de Janeiro: Ed. da UFRJ/Ed. da UERJ/Funarte, 1996. p. 49.

....

1. O trecho apresenta palavras em língua indígena. Entre elas, há nomes de animais e de locais incorporados hoje à língua portuguesa. Você consegue identificar alguns deles?
2. Os personagens que representam os demônios possuem nomes indígenas (Guaixará e Aimbirê), enquanto o personagem que representa a Igreja (Anjo) não. Considerando o que já estudou até aqui sobre o Barroco, você acha que essa escolha foi intencional? Por quê?

Moral da história

Como o próprio título da peça já diz, essa obra de José de Anchieta é um **auto**. No teatro, auto é um gênero com textos escritos em versos e com temática religiosa, geralmente em linguagem popular e acompanhados de música. Os autos surgiram na Idade Média e são criados e encenados até os dias atuais.

Originalmente com objetivos moralizantes, os personagens dos autos são apresentados em forma de alegorias. Um exemplo disso é a figura do demônio, que nas peças sempre era personificada por personagens que representavam algo a ser combatido segundo o pensamento católico da época, como ladrões ou entidades indígenas e africanas. Por outro lado, os anjos, como se pode notar no trecho acima, eram descritos como anjos mesmo, sem relação com personagens indígenas ou africanos. Dessa forma, a Igreja buscava mostrar que a prática de outras religiões ou de hábitos considerados pecaminosos, como roubar, estaria relacionada ao inferno e, consequentemente, seria punida por Deus.

As peças de Anchieta apresentam situações que deveriam servir como exemplo. Porém, muitos estudiosos afirmam que o teatro catequizador de Anchieta pouco atingia seus objetivos com a população indígena. A dança, a música e as cores (em especial o vermelho) eram recursos bastante utilizados nos espetáculos, principalmente nas cenas

alegoria: obra artística em que pensamentos ou ideias aparecem personificados.

em que aparecia o diabo. Esse fato mais atraía os indígenas do que os amedrontava, uma vez que eles não tinham essa relação de temor a uma entidade, como os católicos. Já com os outros colonos, imigrantes europeus e descendentes, as representações alcançavam seu objetivo, pois para eles a punição divina era algo bastante amedrontador.

As peças eram apresentadas dentro e fora das igrejas, nas ruas e nas praças, onde fosse oportuno.

Com o passar do tempo, o auto ultrapassou os objetivos originais moralizadores, tornando-se um gênero independente das instituições religiosas. Nas peças mais atuais, o auto ainda pode conter assuntos religiosos, mas combina elementos de cultura popular, como músicas, danças e personagens regionais.

Cartaz da peça teatral *Morte e vida severina*, baseada no poema homônimo de João Cabral de Melo Neto. Direção de Roberto Freire. Teatro da Universidade Católica (Tuca). São Paulo (SP), 1966.

Cena da peça teatral *O auto da Compadecida*, de Ariano Suassuna. Direção de Sidney Cruz. Montagem da Cia. Limite 151. Rio de Janeiro (RJ), 2013.

OBSERVE AS IMAGENS.

1. Você já assistiu a algum auto teatral?
2. Você conhece essas obras ou seus autores?
3. Observe os detalhes do cartaz da primeira imagem e os figurinos e adereços que os atores estão usando na segunda imagem. Você identifica características regionais neles? Quais? De que região?

CAPÍTULO 2 • Identidades na arte

xilogravura: gravura em madeira (do grego, *xilo*, "madeira"). É uma técnica de reprodução de imagens em que a imagem original é gravada sobre uma placa de madeira. Essa matriz recebe tinta, de modo que a imagem possa ser impressa várias vezes sobre papel, em um processo semelhante a um carimbo.

As imagens da página anterior são da montagem de dois autos.

A primeira é o cartaz feito em xilogravura da peça *Morte e vida severina*, dramatização de 1966 do poema de mesmo nome de autoria de João Cabral de Melo Neto (1920-1999), musicado por Chico Buarque e, no caso, encenado no Teatro Tuca, em São Paulo. A segunda imagem é uma fotografia de uma cena de *Auto da Compadecida*, peça escrita em 1955 por Ariano Suassuna (1927-2014), em encenação de 2013 pela Cia. Limite 151, no Rio de Janeiro (RJ).

Denominado pelo autor com o subtítulo "auto de Natal pernambucano", *Morte e vida severina* é um poema escrito em versos curtos, em que predomina o diálogo. A obra narra a trajetória de um migrante nordestino que foge da seca no agreste da Serra da Costela e sai em busca de uma vida com condições mais favoráveis no litoral, em Recife (PE). O trajeto termina com uma exaltação à vida, na descrição do nascimento de uma criança nos mangues de Recife, o que, somado ao nome de alguns personagens, como Maria e José, justifica seu subtítulo.

CÁPSULAS

Morte e vida severina em desenho animado

Abertura da animação *Morte e vida severina*, produzida pelo cartunista Miguel Falcão.

Em 2009, a animação em 3-D *Morte e vida severina* foi produzida pelo cartunista Miguel Falcão. Segundo a sinopse, "o desenho animado preserva o texto original e, fiel à aspereza do texto e aos traços dos quadrinhos, dá vida aos personagens do auto de Natal pernambucano que foi publicado em 1956." (TV ESCOLA. Interprograma: *Morte e vida severina*. Disponível em: <http://tvescola.mec.gov.br/tve/video/assiste-ao-enterro-de-um-trabalhador-de-eito-e-ouve-o-que-dizem-do-morto-os-amigos-que-o-levaram-ao-cemiterio>. Acesso em: 7 abr. 2016.)

A peça *Auto da Compadecida* mostra as confusões do personagem João Grilo e seu fiel companheiro Chicó. Como pano de fundo, o autor apresenta questões como o coronelismo, a pobreza e a fome.

João Grilo representa o homem do povo, que busca, astuciosamente, formas de "se dar bem" e conseguir sobreviver diante das adversidades. Aparecem também figuras populares e religiosas, como o cangaceiro, o padre e Nossa Senhora (a Compadecida), que, no fim, intercede pelos personagens centrais, julgados por seus atos. A peça foi adaptada para o cinema em 2000, com o mesmo nome e sob a direção do cineasta e diretor Guel Arraes.

FOCO NA PRÁTICA

Nesta atividade, você e seus colegas pesquisarão peças do gênero auto e farão a leitura dramática da cena de uma peça. A leitura dramática é a apresentação lida de um texto para uma plateia. Ou seja, nela imprime-se o olhar de quem está lendo, colocando-se intenções, ênfases e dramaticidade no texto a fim de que o público visualize a história.

Para isso, sigam as etapas:

1. Organizem-se em grupos de quatro integrantes. Cada grupo pesquisará em fontes variadas, como bibliotecas, internet e centros culturais da região, alguma peça que seja desse gênero. Essa peça pode ser de qualquer nacionalidade e momento da História, inclusive atual.

2. Leiam a peça algumas vezes, destacando características do gênero. Anotem todas elas.

3. Coletem também informações básicas sobre o autor e o contexto histórico no qual estão inseridas.

4. Incluam na pesquisa outras informações sobre a peça que julgarem interessantes, como onde já foi apresentada, imagens de apresentações e curiosidades, entre outras.

5. Para preparar a leitura dramática, escolham uma cena da peça. Pode ser a de que mais gostarem.

6. Leiam a cena algumas vezes com bastante atenção e identifiquem pontos como: Quem são os personagens? Quais são as características deles? Onde a peça se passa? Em quais espaços cada cena se desenvolve? Existe um conflito na cena? Identifique qual é ele. Considerem também todas as rubricas presentes no texto. Distribuam os personagens da cena escolhida entre os membros do grupo. Cada um poderá ler mais de um personagem, se necessário.

7. Leiam novamente o trecho várias vezes, experimentando possibilidades para cada personagem, discutindo e decidindo o que acham mais interessante. Busquem imprimir, na leitura, a intenção dos personagens e da cena. Observem as nuanças do texto; podem-se trabalhar ritmos diferentes ou pausas, de acordo com a intenção que se quer dar ao personagem ou à situação. Existe também a possibilidade de imprimir tons a essa leitura, de acordo com essas intenções. Por exemplo, ironia, sarcasmo, crítica, comicidade, dramaticidade, personalidade dos personagens etc. Não é necessário decorar as falas: lembrem-se de que se trata de uma leitura. Também não é fundamental usar caracterização, como figurinos, adereços e maquiagens, mas, se vocês quiserem podem fazê-lo.

8. Com a pesquisa e a preparação da leitura concluída, cada grupo mostrará seu trabalho para os demais. Antes da apresentação, falem sobre a narrativa da peça resumidamente até chegar ao ponto do trecho escolhido. Nesse momento, façam a leitura dramática. Depois, contem como a história avança e como termina.

Ao final, conversem sobre o que foi feito. Os grupos apontaram características comuns nas suas pesquisas? Houve a escolha de peças iguais? Se sim, observaram características diferentes nelas? Houve diversidade de momentos históricos? Que diferenças aparecem entre peças atuais e mais antigas do mesmo gênero? Como foram os processos de elaboração da leitura dramática? Como foi fazer a leitura? E assistir a ela? Foi possível compreender do que tratavam as peças e as cenas lidas? Por meio dessa prática, vocês perceberam as diferenças entre a leitura dramática e a leitura simples?

---

rubrica: recurso usado por muitos dramaturgos para dar indicações diversas ao longo do texto, como o estado do personagem em uma fala específica (alegre, triste, monótono); ações (o que o personagem faz naquele momento); algo que acontece na cena independentemente dos personagens; ou o lugar onde se passa a cena. Tudo isso contribui para que o leitor visualize o que está se passando e para que os atores identifiquem as intenções da cena. Porém, muitos artistas preferem construir a cena a seu modo, o que também é uma possibilidade. As rubricas geralmente vêm escritas em itálico e entre parênteses ou colchetes.

O carregamento da cruz (1796-1799), de Aleijadinho. Escultura de tamanho natural em cedro. Santuário de Bom Jesus de Matosinhos, Congonhas (MG).

OBSERVE A IMAGEM.

O que ela representa? Qual teria sido o propósito de sua execução? Como o conjunto da composição, com as formas, cores, disposição e expressões das figuras influencia sua percepção?

O escultor, entalhador e arquiteto Antônio Francisco Lisboa, que ficou conhecido como Aleijadinho (c. 1738-1814), produziu as esculturas mostradas na imagem acima. Ele é um dos principais representantes do Barroco brasileiro. As figuras feitas por Aleijadinho possuem uma estética muito particular, com rostos alongados, olhos amendoados, cabelos encaracolados e vestes angulosas.

O conjunto escultórico do Santuário do Bom Jesus de Matosinhos, em Congonhas (MG), iniciado nos últimos anos do século XVIII, feito em madeira policromada, é provavelmente sua maior contribuição para a arte do período, quando o artista já era bastante reconhecido por sua maestria. São sete cenas da Paixão de Cristo (os últimos momentos de vida), posicionadas dentro de seis capelas. As obras são em tamanho natural, o que aumenta sua expressividade e dramaticidade, característica do Barroco. É como se a cena original estivesse congelada no tempo. O conjunto foi tombado como patrimônio nacional pelo Iphan em 1939 e reconhecido pela Unesco como patrimônio da humanidade em 1985.

CONEXÃO

A reportagem a seguir trata da montagem da peça *Romeu e Julieta* pelo grupo teatral mineiro Galpão, que traz elementos da estética barroca em alguns de seus espetáculos. A peça é uma tragédia do autor inglês William Shakespeare (1564-1616), gênero que você estudou no Capítulo 1. Influências da estética barroca mineira são perceptíveis principalmente nos elementos visuais da peça, como cenários e figurinos. As cores, estampas e ornamentos remetem a essa atmosfera e, em conjunto com as músicas, contribuem para a ampliação da carga lírica e emotiva do espetáculo. Leia o texto procurando perceber esses elementos.

Grupo Galpão reestreia *Romeu e Julieta* em Londres

[...]

Cultura popular

A montagem do Galpão é baseada numa tradução clássica de Shakespeare para o português, mas buscou elementos na cultura barroca mineira – evidentes mais do que tudo nos figurinos e na música – para trazer uma história universal de amor a um contexto da cultura popular brasileira.

Aliás, o Galpão é originalmente um grupo de teatro de rua e é para esse espaço que a peça foi inicialmente concebida. O grupo já se apresentou ao ar livre para plateias de mais de 4 mil pessoas.

[...] Os próprios ensaios da montagem original da peça do Grupo Galpão foram feitos em praça pública, em uma pequena cidade do interior de Minas Gerais. "Fazíamos nossos ensaios na praça da cidade, e as pessoas que voltavam do trabalho no campo, no fim da tarde, paravam para nos ver. E as reações do público também nos ajudavam a encontrar o tom da peça", explica o ator Eduardo Moreira, o intérprete de Romeu e um dos fundadores do Grupo Galpão.

[...]

Pernas de pau

Um dos aspectos mais marcantes da peça é a interpretação em cima de pernas de pau. "O Galpão sempre teve muita experiência com isso, por conta de sua característica de ser um grupo de teatro de rua onde pernas de pau são muito úteis para que o público possa ver os atores", diz Eduardo Moreira.

Mas, além dessa razão, há também uma intenção simbólica por trás do uso do adereço. Moreira explica que *Romeu e Julieta* é uma tragédia de "precipitação", em que os personagens agem muito mais do que pensam. "A perna de pau dá muito bem essa ideia de uma certa falta de equilíbrio. Você está lá em cima, mas pode cair a qualquer momento."

Outra marca registrada do espetáculo é a perua Veraneio 1974, que faz as vezes de balcão onde Romeu e Julieta trocavam suas juras de amor. "Mas fizemos uma inversão: Romeu fica em cima (numa plataforma de madeira montada sobre o carro) e Julieta fica embaixo, sentada ao volante da Veraneio."

[...]

GRUPO Galpão reestreia *Romeu e Julieta* em Londres. *Folha de S.Paulo*, São Paulo, 20 abr. 2012. Disponível em: <www1.folha.uol.com.br/bbc/1079356-grupo-galpao-reestreia-romeu-e-julieta-em-londres.shtml>. Acesso em: 7 abr. 2016.

Cena da apresentação da peça teatral *Romeu e Julieta*, de William Shakespeare. Direção de Gabriel Vilela. Grupo Galpão, Belo Horizonte (MG), 2012.

OBSERVE AS IMAGENS.

Quais características da composição mais lhe chamam a atenção? Que características da arte barroca você reconhece nessa obra? Você identifica os recursos que o artista utilizou para criar ilusão de profundidade na pintura? Quais são as características da representação de Maria (em detalhe)?

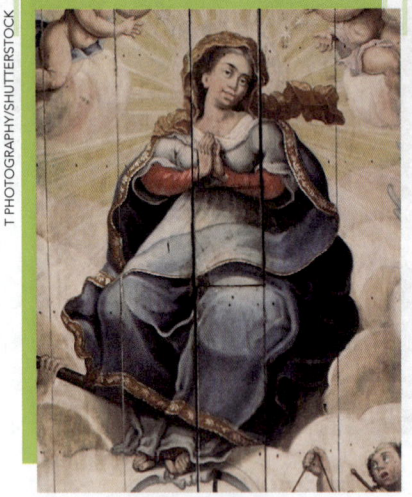

Detalhe da figura de Maria, representada na posição central na pintura de teto de *Assunção de Nossa Senhora* (1766), de Mestre Ataíde. Pintura policromada, Igreja de São Francisco de Assis. Ouro Preto (MG).

Assunção de Nossa Senhora (1766), de Mestre Ataíde. Vista geral do teto da Igreja de São Francisco de Assis. Pintura policromada. Ouro Preto (MG).

Outro importante artista do período foi Manuel da Costa Ataíde (1762-1830), o Mestre Ataíde, nascido na Vila do Carmo, atual Mariana (MG). Ele deixou uma vasta obra, em especial na decoração das igrejas, demonstrando, na pintura de forros e tetos, grande domínio na criação de ilusão de profundidade. Foi um dos responsáveis pela pintura das esculturas que Aleijadinho fez para o Santuário Bom Jesus de Matosinhos.

Como ocorria com muitos artistas brasileiros do período, as imagens que Mestre Ataíde representa eram copiadas e adaptadas de gravuras e estampas que chegavam da Europa. Isso não impede, no entanto, o desenvolvimento de uma estética que o identifica. Um dos elementos característicos de suas obras são os traços mestiços de várias figuras, o que geralmente é considerado por estudiosos um reflexo das misturas étnicas próprias do Brasil.

CAIXA DE FERRAMENTAS

Mestres e aprendizes

Durante o período colonial, o Brasil não tinha escolas de ensino artístico. O aprendizado geralmente acontecia no trabalho com algum mestre. Predominava uma organização do ensino e do trabalho artístico baseada nas corporações de ofício europeias da época do descobrimento, que eram organizações que regiam as áreas profissionais. Havia uma hierarquia cujo topo era ocupado pelo mestre, responsável pela elaboração e pelo acabamento das obras e pela formação de novos aprendizes. Abaixo dele estava o oficial, um profissional habilitado, mas com menor autonomia. Depois dele, os auxiliares, os aprendizes e, por último, os escravizados. Essa organização ao redor de um mestre é o motivo pelo qual muitos artistas do período eram conhecidos por esse título.

Imperador Maximiliano I no ateliê do artista (1512-1516), de Hans Burgkmair. Xilografia, 21,9 cm × 19,3 cm. Nela podemos ver o aprendiz (à esquerda, ao fundo) preparando as tintas enquanto o mestre realiza a pintura.

- Atualmente, como os artistas aprendem as técnicas de seu trabalho? Juntem-se a mais dois colegas e façam uma pesquisa sobre um artista, realizando uma entrevista com ele. Procurem saber como ele aprendeu as técnicas que utiliza para a realização de seu trabalho. Apresentem o resultado de suas descobertas aos colegas.

FOCO NA PRÁTICA

Como você viu nas esculturas de Aleijadinho, muitos artistas do Barroco procuraram contar histórias, principalmente religiosas, por meio de imagens carregadas de expressividade e movimento utilizando o recurso da luz e da sombra e o gestual marcante dos personagens. Agora, você e seus colegas também montarão uma imagem narrativa, integrando a linguagem das artes visuais e do teatro a partir do estudo da estética do Barroco.

Organizem-se em grupos de até oito integrantes. Juntos, vocês criarão uma imagem fotográfica realizando um *tableau vivant* (quadro vivo), que é um recurso muito utilizado no teatro. Nele, uma situação é representada com uma imagem estática, como se estivesse "congelada" ou como quando damos uma pausa em uma cena de filme.

Sigam as etapas:

1. Pesquisa

Realizem uma pesquisa sobre o Barroco para que tenham mais referências para a criação da imagem. Um recurso recorrente nas pinturas barrocas é o contraste intenso entre luz e sombra, que aumenta a expressividade das imagens. Como ocorre muitas vezes no teatro, o foco de luz em determinada cena das pinturas atrai o olhar. Os gestos dos personagens são intensos e as representações passam sensação de movimento, como o registro de um acontecimento. Essa pesquisa oferecerá subsídios para a realização da prática.

2. Histórias

Escolham as histórias que representarão. Cada grupo deve escolher uma narrativa diferente. Vocês podem se basear em alguma história que conheçam ou em algo que criem. Lembrem-se de que expressarão aspectos dessa história em uma só imagem.

3. Execução do *tableau* e imagem fotográfica

Depois que decidirem qual história a imagem contará, definam como será a imagem. Quem serão os personagens e como serão seus gestos, sua posição no espaço e sua relação com os outros? Pensem nos figurinos, no cenário, na luz e na sombra. Vocês podem utilizar lanternas ou outros focos de luz, como luminárias ou refletores. Também podem tirar várias fotografias do *tableau* e escolher a melhor para apresentar. Caso não tenham como fotografar, podem apresentar o *tableau* ao vivo para a turma. Cada grupo deve ficar estático por um tempo, na pose do *tableau*, para que o restante da turma observe os detalhes

4. Apresentação das imagens criadas

Utilizem os recursos disponíveis: imprimam as fotos ou projetem-nas na parede.

5. Observação das imagens

Reunidos com o grupo, observem as imagens criadas pelos outros grupos e cada trabalho em separado. Durante a observação, troquem ideias procurando interpretar a narrativa retratada e quais elementos estéticos do Barroco percebem. Depois produza, com seu grupo, um texto breve em que registrem as interpretações que fizeram, tanto sobre as narrativas como sobre as características do Barroco identificadas. Vocês também podem mencionar outras impressões.

Ao término, reúnam-se com a turma toda e leiam os textos produzidos. Conversem sobre as percepções e observações. O que os outros grupos observaram no seu trabalho? Foi diferente do que pensaram ao produzi-lo? Houve pontos em comum? Quais? As características do Barroco que utilizaram foram identificadas? Surtiram o efeito desejado? Que outras impressões tiveram sobre o seu trabalho?

Assimilação cultural

Durante a colonização, os jesuítas disseminaram a cultura cristã europeia entre os indígenas. Alguns dos lugares onde isso ocorria foram nas chamadas missões jesuítas: diversos povoamentos criados por eles tanto na América portuguesa como na espanhola, em que os indígenas eram catequizados e educados na cultura católica. Elas eram praticamente autossuficientes. Para muitos indígenas, viver nas missões era a única opção para fugir da captura dos traficantes de escravos.

A maioria dos registros musicais conhecidos do período da colonização provém das missões. Era uma música que seguia os padrões e estilos barrocos. Grande parte das obras do século XVII é anônima, mas no século XVIII surgiram compositores que desenvolveram um importante trabalho nas missões, assim como em outras regiões da América colonizadas pela Espanha e por Portugal. O jesuíta italiano Domenico Zipoli (1688-1726) é um desses compositores. Ele escreveu obras de grande versatilidade na adaptação da escrita ao tipo de voz, aos instrumentos e, principalmente, ao uso de línguas indígenas.

E VOCÊ?

Você já conhecia a música barroca? Conhecia esse estilo com outro nome?

A **música barroca** é característica do período entre 1600 e 1750, aproximadamente. Muitas pessoas identificam esse tipo de música pela expressão "**música clássica**".

Ela é caracterizada por uma sonoridade própria, resultado do tipo de instrumento utilizado e da maneira como os sons são organizados nas composições.

O período barroco é muito importante pois nele se consolidam os principais elementos da sonoridade característica desse tipo de música. Um deles é o uso da orquestra sinfônica, que tem origem exatamente nesse período.

CÁPSULAS

Orquestra sinfônica

É muito comum associar a música clássica com sua agrupação mais representativa, a orquestra sinfônica. De fato, as orquestras sinfônicas executam, em sua maioria, peças do repertório clássico. Atualmente, a orquestra sinfônica é formada por cerca de oitenta músicos, mas esse número pode variar um pouco de acordo com a necessidade de cada música executada.

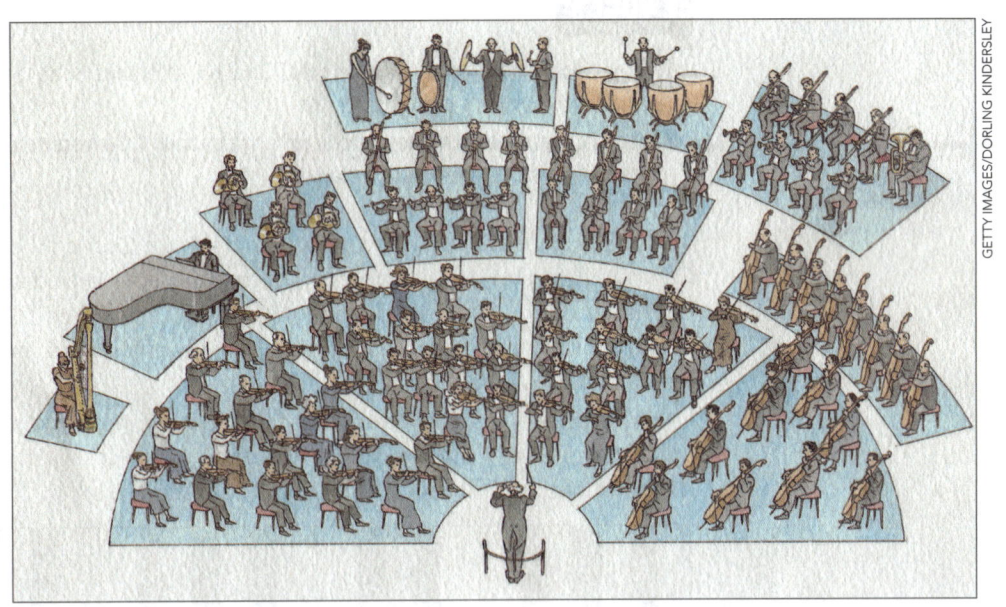

Localização dos grupos de instrumentos, também chamados "naipes", na orquestra.

Seu nome é derivado do termo "sinfonia", que é um tipo de peça musical escrito para ser tocado por um grupo instrumental. Músicas exclusivamente instrumentais só começaram a ser comuns a partir do século XVII. Antes, a maioria das músicas era cantada e os instrumentos tinham a função principal de acompanhar os cantores. Observe, acima, o diagrama com a distribuição mais tradicional da orquestra.

Os instrumentos de orquestra podem ser divididos em três grandes grupos:

Cordas – violinos, violas, violoncelos e contrabaixos.

Sopros – são divididos em dois subgrupos: madeiras e metais. Flautas, clarinetas, oboés e fagotes pertencem ao subgrupo das madeiras. Trompas, trompetes, trombones e tubas pertencem aos metais.

Percussão – tímpanos, bumbo, caixa, triângulo, pandeiro sinfônico, diversos tipos de pratos, xilofone, vibrafone etc. Os instrumentos de percussão utilizados variam muito de acordo com a necessidade das obras.

Um instrumento que oficialmente não faz parte da orquestra, mas às vezes é convidado, é o piano. Além das orquestras sinfônicas, há obras do repertório clássico para outras composições de instrumentos, como a orquestra de câmara. Ouça nas **faixas 37 a 41 do CD** trechos que ilustram a sonoridade da orquestra e de alguns naipes por separado.

Orquestra Sinfônica do Estado de São Paulo (Osesp). São Paulo (SP), 2011.

CAPÍTULO 2 • Identidades na arte

No período barroco ocorreram muitas mudanças na música, desde a notação musical até a invenção de novos instrumentos, como o piano. Até hoje algumas dessas ideias se mantêm, como a maneira de trabalhar o ritmo, a melodia e a harmonia.

O ritmo, como você viu, origina-se da relação entre os sons musicais e o tempo. Já a melodia e a harmonia são controladas pelas relações entre um tipo especial de som: as **notas musicais**.

E VOCÊ?

1. Você sabe o que são notas musicais? Qual é a diferença entre um som musical qualquer e uma nota musical?
2. Você já conhecia os termos "melodia" e "harmonia"? Converse a respeito com um colega e registrem suas opiniões.

As notas musicais são sons de altura definida. Como foi estudado no Capítulo 1, a altura é um dos parâmetros do som e pode ser medida em hertz, que é a frequência das ondas que formam os sons. No Ocidente, utilizamos sete notas, na seguinte ordem: **dó**, **ré**, **mi**, **fá**, **sol**, **lá** e **si**. Ouça-as na **faixa 42**.

As notas são organizadas em escalas, que se repetem tanto para o agudo como para o grave. Observe, na imagem a seguir, um teclado de piano com as indicações das notas nas teclas:

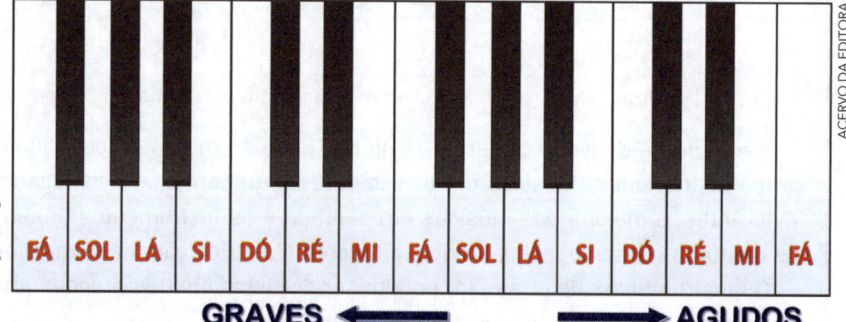

Trecho de um teclado de piano com a indicação das notas nas teclas.

FÁ SOL LÁ SI DÓ RÉ MI FÁ SOL LÁ SI DÓ RÉ MI FÁ

GRAVES ← → AGUDOS

As teclas brancas representam as notas dó, ré, mi, fá, sol, lá, si, dó, ré, mi..., e assim sucessivamente. Entre algumas delas, há teclas pretas, que são notas intermediárias usadas para outras escalas (chamadas de sustenidos e bemóis). As notas se repetem para cima (agudo) e para baixo (grave). Quando a escala se repete, a partir do dó, costuma-se dizer que mudou-se de oitava. Ouça agora a **faixa 43** com três oitavas inteiras.

É por meio das notas que são criadas as melodias. Uma **melodia** é uma sucessão de notas musicais com um sentido de unidade. Elas podem ser simples ou complexas, com poucas ou muitas notas, curtas ou longas. As expressões "perfil melódico" ou "linha melódica" também podem ser utilizadas para se referir à melodia, por causa do movimento (nota que sobe, nota que desce, executadas em sequência) que cria uma ideia de caminho percorrido.

Nas canções, a melodia é o elemento mais característico, pois está associada à letra. As canções apresentam uma melodia principal que é cantada. Também podem ter outras secundárias: cantadas em conjunto, como segunda voz e, às vezes, em forma de coro. Quando cantarolamos ou assobiamos uma música, normalmente estamos reproduzindo sua melodia principal.

Você conhece esta música?

Partitura da música "Parabéns pra você".

Essa é uma partitura com a notação tradicional da música "Parabéns pra você".

A partitura indica vários elementos musicais, como escala, tempo e compasso. Preste atenção aos desenhos que parecem ser bolinhas com hastes. Eles representam as notas musicais. Perceba que as notas sobem e descem conforme a melodia fica aguda ou grave. Quanto mais para cima estiver a bolinha, mais aguda a melodia e vice-versa. Cada nota indica uma sílaba da canção e apresenta diferentes durações (indicadas pela cor branca ou preta, e pelo tipo de haste).

FOCO NA PRÁTICA

Agora vocês farão uma atividade introdutória para compreender um pouco do funcionamento das partituras, e como são representados alguns dos elementos musicais nela, em especial as notas. Vale destacar que a leitura musical, estudada por meio do solfejo, é uma atividade que estudantes de música praticam durante anos para conseguir dominar.

Etapa 1
- Observe a partitura, primeiro em silêncio. Pense na letra enquanto segue as notas. Leia a letra, sílaba por sílaba, embaixo de cada nota.
- Coloque uma folha translúcida sobre a partitura e trace uma linha "unindo os pontos" da melodia. É mais fácil perceber o movimento da melodia com o desenho?
- Em grupo, cantem a música lentamente, sem bater palmas, seguindo o movimento da melodia na partitura.
- Em pé, cantem mais uma vez, agora sem olhar para a partitura ou o desenho, movimentando a mão para cima e para baixo conforme a melodia ficar mais grave ou aguda.

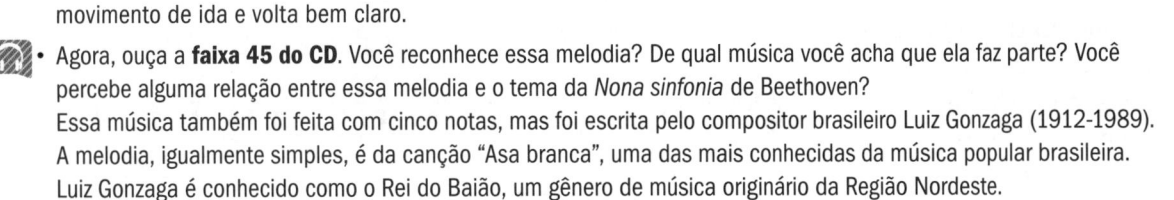

Etapa 2
- Ouçam a **faixa 44 do CD**. Essa melodia é da música "Ode à alegria", tema principal da *Nona sinfonia* de Beethoven. Ela é usada como hino da União Europeia. Sua letra original foi baseada em uma poesia que enaltece a bondade e a irmandade humana. A melodia principal é simples, feita só com cinco notas que sobem e descem criando um movimento de ida e volta bem claro.
- Agora, ouça a **faixa 45 do CD**. Você reconhece essa melodia? De qual música você acha que ela faz parte? Você percebe alguma relação entre essa melodia e o tema da *Nona sinfonia* de Beethoven?
Essa música também foi feita com cinco notas, mas foi escrita pelo compositor brasileiro Luiz Gonzaga (1912-1989). A melodia, igualmente simples, é da canção "Asa branca", uma das mais conhecidas da música popular brasileira. Luiz Gonzaga é conhecido como o Rei do Baião, um gênero de música originário da Região Nordeste.
- Pense nas duas melodias. O que há de comum entre elas e o que as difere? Qual sensação cada música passa?

Etapa 3

- Agora, vocês acompanharão com a mão o movimento ascendente e descendente dessas melodias, com uma pequena mudança. As melodias serão executadas ao mesmo tempo. Na **faixa 46 do CD** há uma versão das melodias sobrepostas.
- Organizem a turma em grupos de quatro a seis integrantes. Cada grupo deve escolher se seguirá a melodia da música "Ode à alegria" ou de "Asa branca". A turma deve organizar um número igual de grupos para cada música.
- Ouçam a música uma vez e acompanhem a melodia que seu grupo escolheu.
- Dois grupos por vez devem se apresentar enfrentados, cada um realizando seus movimentos acompanhando o subir ou descer das notas nas melodias. Se quiserem, podem ampliar os movimentos e utilizar todo o corpo, agachando e levantando-se, por exemplo.

Após a atividade, conversem sobre os elementos musicais trabalhados: ficou mais claro o movimento ascendente e descendente das notas nas linhas melódicas quando utilizaram o movimento corporal? Conseguiriam fazer a mesma atividade com outras músicas? A velocidade e o ritmo influenciam na percepção das notas? Como?

Observe a imagem a seguir.

Partitura com trecho de música coral do compositor Johann Sebastian Bach.

Nesta partitura pode-se notar que várias notas musicais são cantadas ao mesmo tempo. Ouça a faixa 10, com esse trecho. Esse exemplo ilustra outro elemento formado pelas notas musicais: a **harmonia**. Na teoria musical, a harmonia é o estudo da relação entre grupos de notas, chamadas acordes, que são constituídos por pelo menos três notas. Diferentemente da melodia, as notas nos acordes são executadas ao mesmo tempo. Assim como as notas musicais formam linhas melódicas, na harmonia elas criam texturas sonoras, pois são simultâneas. Ao ouvir várias notas ao mesmo tempo, nossa percepção auditiva as une. Assim, passamos a ouvir os acordes. Músicos, por exemplo, treinam muito para conseguir distinguir os acordes e suas classificações (maior ou menor, por exemplo), assim como cada uma das notas no conjunto de sons dos acordes.

Desde o período barroco, a harmonia da música europeia foi organizada pela **tonalidade**, que é um sistema de organização de acordes. Nesse sistema, os acordes têm funções que, pela sensação auditiva, criam ilusão de movimento ou de repouso, como nos momentos finais de algumas músicas, quando se percebe que ela está acabando, mesmo antes da nota final. A partitura ao lado dá uma ideia do movimento das notas e dos acordes. Mesmo sem saber ler partituras, é possível notar esse movimento. Observe e acompanhe os exemplos da **faixa 47**.

Diferentes exemplos de sequências harmônicas.

Na tonalidade, cada música tem um acorde principal, chamado de **centro tonal** ou **tônica**. Os outros funcionam em relação a ele, criando sequências particulares. Essa relação é dada por uma sensação de atração pelo acorde principal.

O ouvinte tem a impressão de que os outros acordes estão só de passagem e que, após se afastarem da tônica, sempre voltam a ela. Ouça a **faixa 48 do CD**. Nela, reforça-se essa ideia em trechos curtos apresentando os acordes mais característicos da tonalidade de dó maior. Observe que as sequências são similares, mas em diferentes instrumentos musicais. O terceiro exemplo apresenta um acorde diferente no fim, mas mantém uma sensação de repouso parecida, embora menos definitiva.

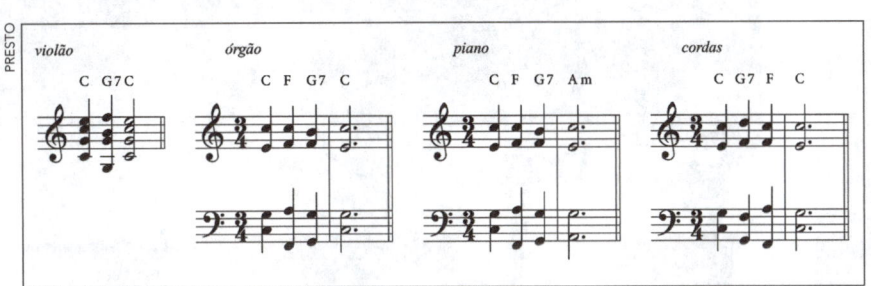

Exemplos de trechos curtos com os principais acordes da tonalidade de dó maior (faixa 48).

No caso da partitura de "Parabéns pra você" e da partitura da **faixa 47**, a harmonia está indicada por letras. Na primeira, as letras C, G e F representam os acordes de dó, sol e fá, respectivamente. Esse é um sistema de notação muito comum, chamado de cifra, que pode ser utilizado em conjunto com a partitura ou separadamente. Cada letra corresponde a um acorde: A, B, C, D, E, F, G, respectivamente lá, si, dó, ré, mi, fá, sol.

Acordes podem ser executados com qualquer instrumento harmônico (piano, teclado, violão, guitarra, cavaquinho, sanfona etc.), mas não exclusivamente. Em muitas músicas, as notas que formam a harmonia estão espalhadas entre diferentes instrumentos, ou, como no exemplo do coral de Bach, pelas várias pessoas cantando. Existem outros sistemas que organizam as texturas sonoras, mas a tonalidade é uma das mais utilizadas em todo o mundo.

Violonista tocando o acorde de si menor, que também pode ser escrito Bm. Instrumentos como o violão são chamados de harmônicos, porque neles é possível tocar mais de uma nota ao mesmo tempo.

Arte africana brasileira

Leia o trecho da música a seguir.

Cangoma me chamou

Tava durumindo cangoma me chamou
Tava durumindo cangoma me chamou
Disse levante povo cativeiro já acabou

DOMÍNIO PÚBLICO. Disponível em: <www.vagalume.com.br/clementina-de-jesus/cangoma-me-chamou.html>. Acesso em: 28 abr. 2016.

1. Você consegue entender o que diz a letra da música? O que significa "durumindo"? Como você interpreta essa letra?
2. Essa é a letra da canção "Cangoma me chamou", que costuma ser cantada para dançar o **jongo**. Você conhece essa palavra? Já presenciou essa dança alguma vez? Imagina quais são suas raízes e como chegou ao Brasil? Conhece alguém que dance jongo? Converse com seus colegas sobre o que sabe a respeito.

CAPÍTULO 2 • Identidades na arte

Tambor candongueiro, utilizado nas rodas de jongo.

Jongo da Serrinha, Teatro Carlos Gomes, Rio de Janeiro (RJ), 2005.

Leia, a seguir, um trecho de um depoimento sobre o jongo.

••••••••••••

Isto o que vocês estão vendo é uma representação do jongo de antigamente, "das escravidão" do povo sofrido. Quando chegava a noite, eles pegavam o seu tambu, "entrava" na sua senzala e "cantava" seus "ponto" de "recramação", de "ador" e de amor. Então, o que se passava de dia com eles, eles vinham reclamar à noite, pra "um" ficar sabendo o que estava se passando dentro da sua senzala.

TRANSCRIÇÃO DE DEPOIMENTO de Dona Mazé no documentário *Feiticeiros da palavra: o jongo do Tamandaré* (2001). Direção de Rubens Xavier. São Paulo: Núcleo de Documentários da TV Cultura; Associação Cultural Cachuera!, 2001. Vídeo (56min.).

••••••••••••

O jongo é uma dança de origem africana que chegou ao Brasil com os Bantu durante o período da escravidão. Era dançado nas senzalas junto às plantações de café, em São Paulo, no Rio de Janeiro, no sul de Minas Gerais e no Espírito Santo.

Hoje, a maior parte das comunidades jongueiras vive nas cidades e em seu entorno. O jongo é tradicionalmente dançado na noite de 13 de maio, data em que foi assinada a abolição da escravatura, em 1888. Ocorre também nos dias de devoção aos santos católicos que foram assimilados pelos escravizados e misturados à crença nas divindades africanas. Acontece ainda nas festas juninas, nos casamentos e, mais atualmente, em apresentações públicas. É consagrado aos pretos-velhos, entidades de ex-escravizados presentes em religiões afro-brasileiras, como a umbanda. O som predominante no jongo é o de dois tambores, um grave (caxambu ou tambu) e um agudo (candongueiro). São de origem bantu e conhecidos como "ngoma" (daí a adaptação para "cangoma" e vários outros nomes). Assim como outras manifestações culturais brasileiras, o jongo é um exemplo de resistência cultural dos africanos e seus descendentes à escravização.

Atabaque, tambor também utilizado no jongo.

Bantu: grupo étnico-linguístico originário do centro e do sul da África, que se subdivide em centenas de outros grupos.

OBSERVE A IMAGEM.

1. Como os dançarinos estão distribuídos no espaço? Essa organização lhe faz lembrar de algo? A que significados ela remete?
2. Os dançarinos que se encontram na roda estão voltados para dentro ou para fora dela? O que isso diz sobre a ação deles?
3. Os dançarinos situados no centro estão em qual relação espacial entre si? Eles se olham ou olham para fora?
4. Essa formação lembra alguma outra manifestação que você conhece?

Grupo Jongo do Piquete (2007), Piquete (SP).

FOCO NA PRÁTICA

Assim como no jongo, todas as danças apresentam composições espaciais. Elas podem estar a serviço de um significado, da melhor visibilidade da dança ou da estética escolhida para a composição coreográfica.

Você e seus colegas farão uma atividade, guiada pelo professor, na qual explorarão várias maneiras de se relacionar com o espaço criando formas com o corpo. Para isso, vocês deverão pensar em algum grupo de que fazem parte, como a família, os amigos do bairro ou o grupo com o qual praticam esportes. Guardem a primeira palavra que vem à mente quando se lembram desse grupo (por exemplo: "confusão", "união", "amizade", "companheirismo", "conflito"). Essa palavra será a base sobre a qual farão a atividade, criando formas com seu corpo que se relacionarão com as formas criadas por seus colegas.

No final da atividade, converse com seus colegas e professor: Como as relações espaciais entre as formas contribuem para dar significado às imagens?

CAPÍTULO 2 • Identidades na arte

O trecho de depoimento que você leu na página 116 é da jongueira Dona Mazé, do bairro Tamandaré, de Guaratinguetá (SP), e foi registrado no documentário *Feiticeiros da palavra: o jongo do Tamandaré* (2001). Ela se refere a uma representação atual de um jongo de antigamente. Na época da escravidão, como os negros eram vigiados, eles aproveitavam as rodas de jongo, realizadas em geral nas datas comemorativas dos santos católicos, para se comunicar. Eram as poucas oportunidades em que lhes era permitido se reunir para dançar. Por meio do canto e da dança, eles trocavam experiências. Planejavam as fugas e faziam os combinados, muitas vezes utilizando uma linguagem codificada, que só eles entendiam. Os pontos aos quais Dona Mazé se refere são os cantos do jongo. O trecho da música "Cangoma me chamou" que você viu no início desta seção é um ponto.

No jongo, os pares saem da roda para o centro, um de cada vez. Enquanto isso, os demais podem girar ou ficar parados. Essa formação espacial é um exemplo de como os elementos da dança são estruturados. O casal do centro da roda gira em sentido anti-horário e mantém uma relação olho no olho. De vez em quando, aproximam-se e, sem se encostarem, movimentam o corpo como se dessem uma umbigada. O movimento da umbigada é recorrente em muitas danças tradicionais, mas geralmente os integrantes encostam de fato um umbigo no outro.

Nessa dança de roda, há ênfase nos pés e os movimentos são ágeis e fortes. Cada dançarino tem seu modo particular de dançar. Às vezes, os movimentos dos pés são mais arrastados; outras vezes são mais saltados. No entanto, essa parte do corpo sempre marca os acentos rítmicos dos tambores. Os integrantes da dupla fazem pequenos deslocamentos no espaço, sempre um em relação ao outro. Por vezes esses deslocamentos são seguidos por giros. O tronco e os braços realizam movimentos curtos, acompanhando os pés. Esses movimentos também variam muito para cada dançarino. Apesar dessa estrutura básica que se repete, o jongo é bastante aberto para a individualidade de cada dançarino.

Os casais entram na roda pedindo licença. Esse pedido, assim como características rítmicas e coreográficas, apresenta variações nas diversas comunidades.

FOCO NA PRÁTICA

Você e seus colegas comporão uma pequena sequência coreográfica em duplas, inspirados na prática anterior. Assim como na outra prática, vocês preencherão os espaços vazios da forma criada pelo corpo do colega no espaço, mas desta vez registrarão os movimentos para apresentar à turma. O professor conduzirá a atividade. O objetivo é que pratiquem uma etapa de suma importância no processo criativo, a composição, escolhendo o que ficará de fora e o que será incorporado à sua apresentação. Suas escolhas devem ser pautadas pelo tema levantado na prática anterior.

No final da atividade, converse com seus colegas: Como e por que suas escolhas se relacionaram com o tema levantado anteriormente?

INFLUÊNCIAS E TRANSFORMAÇÕES

As manifestações artísticas podem surgir ou ser transformadas em situações de dominação cultural, e os processos de colonização europeia ocorridos em diferentes territórios ao longo de séculos são exemplos disso. Mas também é possível perceber, no surgimento de novas formas de fazer arte, influências culturais voluntárias, em que uma cultura se espelha em outra para transformar a si mesma.

Musa adormecida (1910), de Constantin Brancusi. Escultura em bronze.

Máscara utilizada por dançarinos de palafitas nas cerimônias fúnebres do grupo étnico Punu e dos povos Ashira. Gabão, África Equatorial, sécs. XIX-XX.

Anna (Hanka) Zborowska (1917), de Amedeo Modigliani. Óleo sobre tela, 55 cm × 33 cm.

OBSERVE AS IMAGENS.
1. Como é cada uma dessas obras? Quais são suas principais características?
2. Você observa semelhanças entre as formas dessas imagens? Quais?

Moderno ancestral

Entre o fim do século XIX e o início do século XX, a arte europeia passou por intensas transformações. Vários artistas começaram a apresentar novos interesses que iam além das regras tradicionais da arte europeia, buscando referências na arte de outras culturas. Surgiram diversas tendências artísticas e suas manifestações ficaram conhecidas como Arte Moderna ou vanguardas artísticas do século XX. Essas tendências ocorreram em todas as linguagens artísticas e, em cada uma delas, romperam com os padrões do que até então era considerado "correto" e de "bom gosto". Uma das principais rupturas foi com a ideia de que a arte deveria ser representativa, imitação da realidade e da natureza. Outro questionamento foi o de que a arte deveria reproduzir um ideal de beleza. A Arte Moderna criou as próprias regras e, aos poucos, influenciou rupturas artísticas em outras partes do mundo.

vanguarda: palavra que vem do francês *avant-gard* e refere-se literalmente ao batalhão militar que vai à frente em uma tropa. Por extensão de sentido, tornou-se um termo relacionado a movimentos ou indivíduos que estão à frente de sua época e propõem ideias e ações novas seguidas por outros.

CAPÍTULO 2 • Identidades na arte

CÁPSULAS

Durante muito tempo, desde o fim do século XV até a passagem do século XIX para o XX, as artes visuais de origem europeia basearam-se em certos parâmetros de representação visual. Um deles era a imitação da natureza e a busca pela cópia fiel do que os olhos viam. Os artistas procuravam formas de, mesmo nas representações mais imaginativas, passar um aspecto de realidade a suas figuras. Para realizar essa tarefa com precisão, criaram várias regras que foram seguidas e aperfeiçoadas por outros ao longo do tempo. Uma dessas regras mais básicas foi a perspectiva linear, proposta no século XV pelo escultor e arquiteto Filippo Brunelleschi (1377–1446), que norteou a criação de imagens pelos séculos seguintes. Ele percebeu que, ao olhar à distância (uma paisagem, uma construção etc.), todas as linhas convergiam para um ponto no horizonte e marcavam a diminuição do tamanho dos objetos quanto mais distantes se encontrassem de nosso olhar. Esse ponto no horizonte é chamado de **ponto de fuga**. Um desenho em perspectiva linear deve, então, representar o ponto de fuga na linha do horizonte, a partir de um ponto de vista fixo, criando as linhas de fuga.

Existem desdobramentos dessa regra, como perspectivas com mais de um ponto de fuga, ou com ele fora da imagem representada, mas todas derivam desse conceito básico. A imagem a seguir representa essa organização com um ponto de fuga.

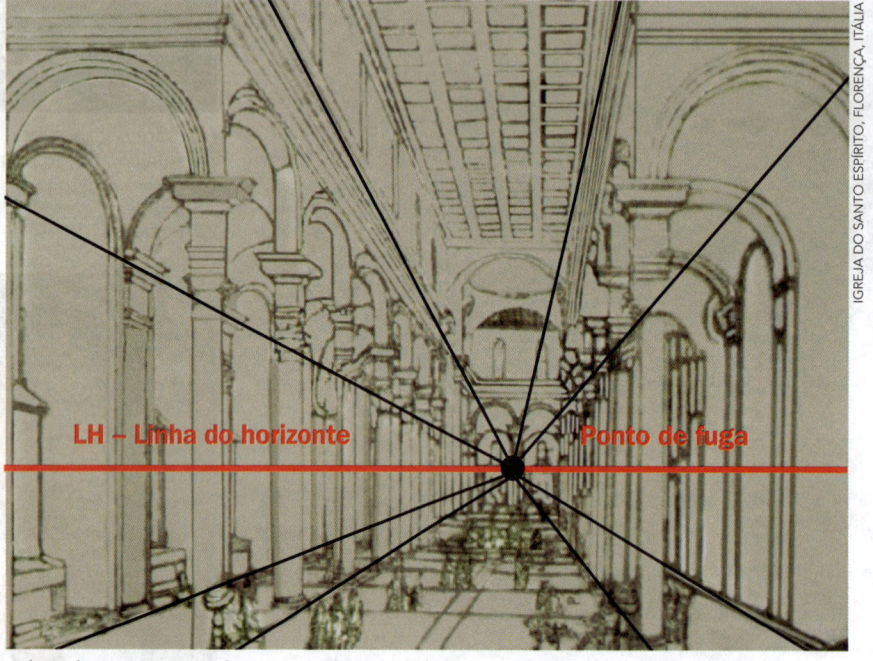

Linhas de perspectiva do projeto da Igreja do Santo Espírito (c. 1428), de Filippo Brunelleschi. Florença, Itália.

A arte de outros povos, que chegava à Europa desde os séculos anteriores com os processos de colonização, mostrou aos artistas europeus que existiam outras possibilidades estéticas além da imitação do real. As máscaras africanas exerceram grande influência sobre esses artistas com sua síntese formal, ou seja, poucas linhas e formas representando as figuras e, mesmo assim, grande expressividade. O que para diversos povos africanos era ancestral, manifestações realizadas há vários séculos, para os europeus era novo e moderno, transformando suas tradições artísticas. Em obras como as do pintor italiano Amedeo Modigliani (1884-1920) e do escultor romeno Constantin Brancusi (1876-1957) é possível perceber essa influência com clareza. Esse movimento foi chamado de "primitivismo", pois na época os europeus consideravam que os indivíduos dessas outras culturas estavam em um estágio mais primitivo de desenvolvimento. Hoje, o termo não é mais utilizado, pois parte de uma visão de mundo eurocêntrica, como se todos os povos devessem seguir o mesmo processo de desenvolvimento da Europa.

Observe esta série de imagens.

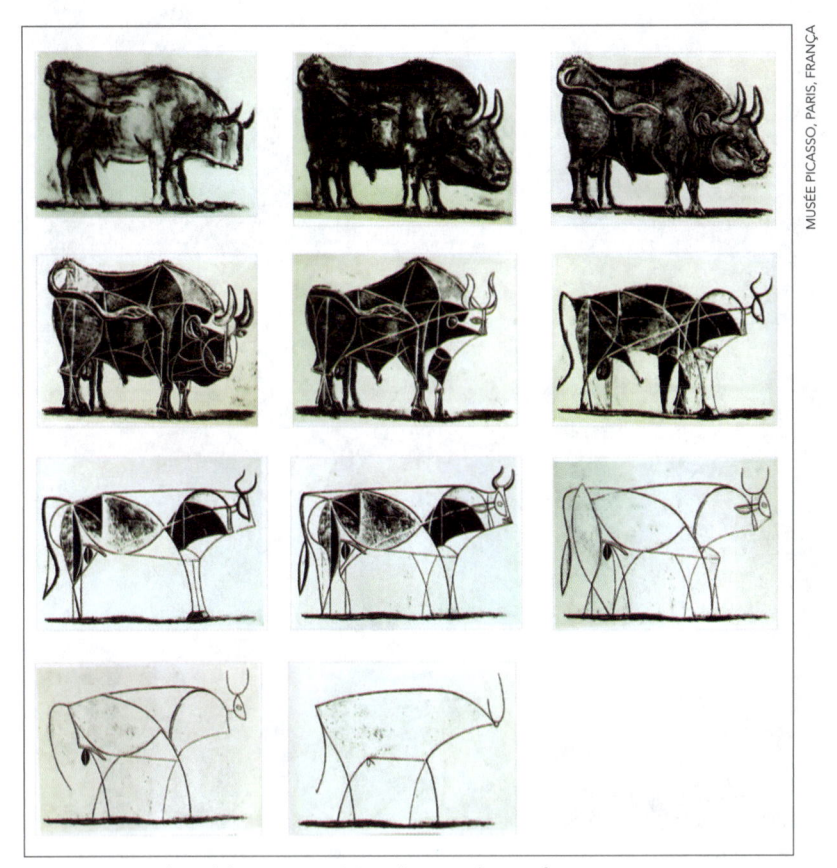

Touro (1945), de Pablo Picasso. Série de onze litografias.

Nessa série de litografias de 1945, o artista espanhol Pablo Picasso (1881-1973) criou onze imagens de um touro em um processo gradual de síntese formal, partindo de uma imagem mais realista, passando por uma mais expressiva e por outras geométricas, até chegar à máxima síntese da figura do animal, com poucas linhas. Apesar de o último touro ser muito simples em sua forma, percebe-se que o caminho para essa simplicidade foi complexo.

litografia: gravura feita em uma matriz de pedra (*lito*, em grego, significa "pedra"). Técnica de reprodução de imagens criada no século XVIII, na qual o desenho é fixado na pedra com o uso de materiais oleosos, lápis ou tinta e depois impresso no papel.

FOCO NA PRÁTICA

Agora, você realizará uma atividade de síntese formal com base em uma fotografia. Você pode utilizar qualquer imagem fotográfica como ponto de partida: uma foto que tenha tirado, uma imagem de revista etc. O objetivo é reduzir as formas a seus elementos mais essenciais.

Siga as etapas:

1. Comece reproduzindo a imagem com o máximo de elementos visuais, usando uma folha de papel A4 e lápis. Para a primeira imagem, você pode começar usando um papel translúcido sobre a imagem para reproduzi-la.
2. Em seguida, faça um novo desenho, e comece a reduzir as formas e linhas aos poucos.
3. Faça pelo menos quatro desenhos, sintetizando as formas. Tente fazer com que, no último desenho, com o mínimo de elementos, você mantenha as características principais da imagem.

Ao final, exponham os desenhos que fizeram em ordem, colocando a imagem fotográfica original junto a eles. Observem como cada um realizou suas sínteses, comparando seus processos com o touro de Picasso.

CAPÍTULO 2 • Identidades na arte

OBSERVE AS IMAGENS.

1. A primeira é uma tela de Pablo Picasso. Observe-a com atenção, procurando perceber todos os seus detalhes. O que ela representa? Como são as figuras? As formas de seus rostos e corpos são naturais? Você identifica onde elas estão?

2. Agora, preste atenção à segunda imagem, do francês Henri Matisse (1869-1954). Como ela é? Em que ela lhe faz pensar? Ela lhe faz lembrar de algo? Ela parece com algo que você conheça? Como é o corpo das figuras? O que elas fazem e onde estão?

3. Compare as duas imagens. Você percebe semelhanças entre elas? E o que as diferencia? Qual é a diferença na representação dos corpos? Como cada artista utilizou as cores? Como o espaço foi representado? Alguma das imagens lhe passa sensação de profundidade? Compare-as com a representação do espaço no desenho de Filippo Brunelleschi, da página 120.

4. Você percebe relações entre essas duas pinturas e as máscaras africanas vistas anteriormente? Observe-as novamente. Você acha que os artistas sintetizaram as formas humanas representadas?

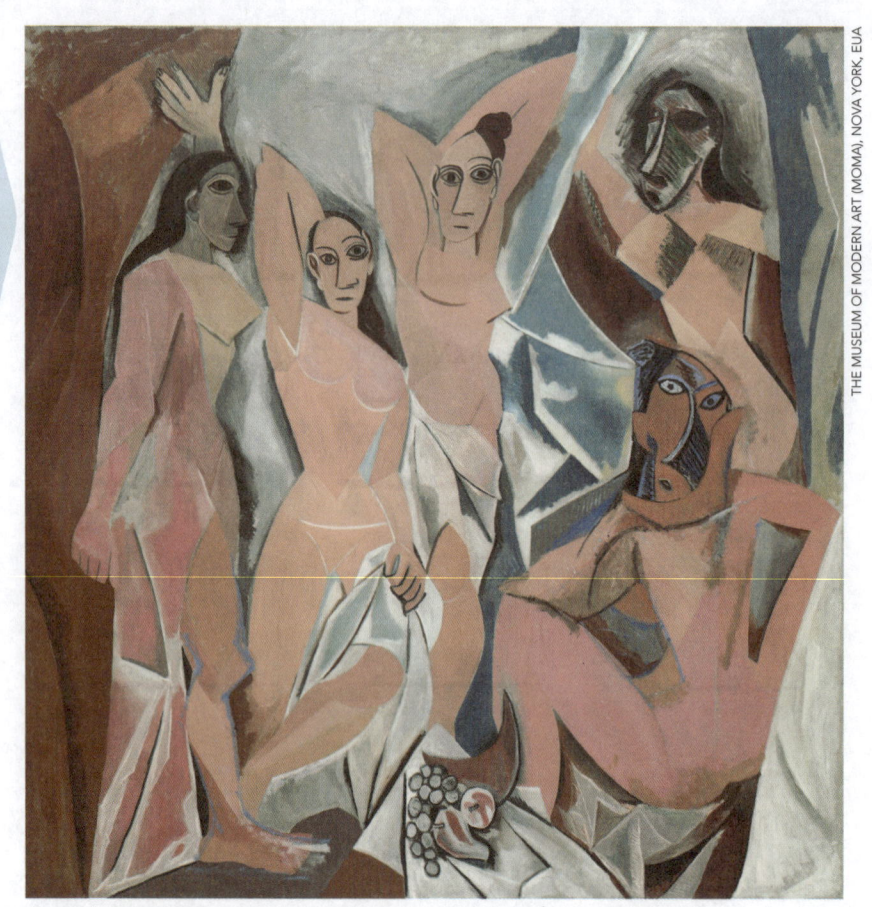

As senhoritas de Avignon (1907), de Pablo Picasso. Óleo sobre tela, 243,9 cm × 233,7 cm.

A dança (1909), de Henri Matisse. Óleo sobre tela, 260 cm × 380 cm.

Pablo Picasso e Henri Matisse são dois dos mais importantes artistas modernos.

Picasso foi um dos criadores de um movimento da Arte Moderna conhecido como **Cubismo**. A obra *As senhoritas de Avignon*, de 1907, (a primeira desta página), é considerada um marco do início do movimento. Observe-a novamente. Nela, a mulher sentada à direita possui o rosto voltado para a frente, mas seu corpo está de costas. As formas são geometrizadas e angulosas. Não há representação do espaço tridimensional nem uma separação precisa entre figuras e fundo.

Uma das questões propostas pelos cubistas é que o que vemos não se apresenta aos nossos olhos com uma forma fixa, de um único ponto de vista, como na representação em perspectiva. Vivemos em um mundo tridimensional e as formas ao nosso redor mudam conforme nos movemos. O que sabemos de um objeto e a maneira como o imaginamos em nossa mente geralmente está relacionado às suas formas mais significativas e nunca o vemos por completo, mas em partes.

OBSERVE AS IMAGENS.
Quais são as características principais de cada uma delas?

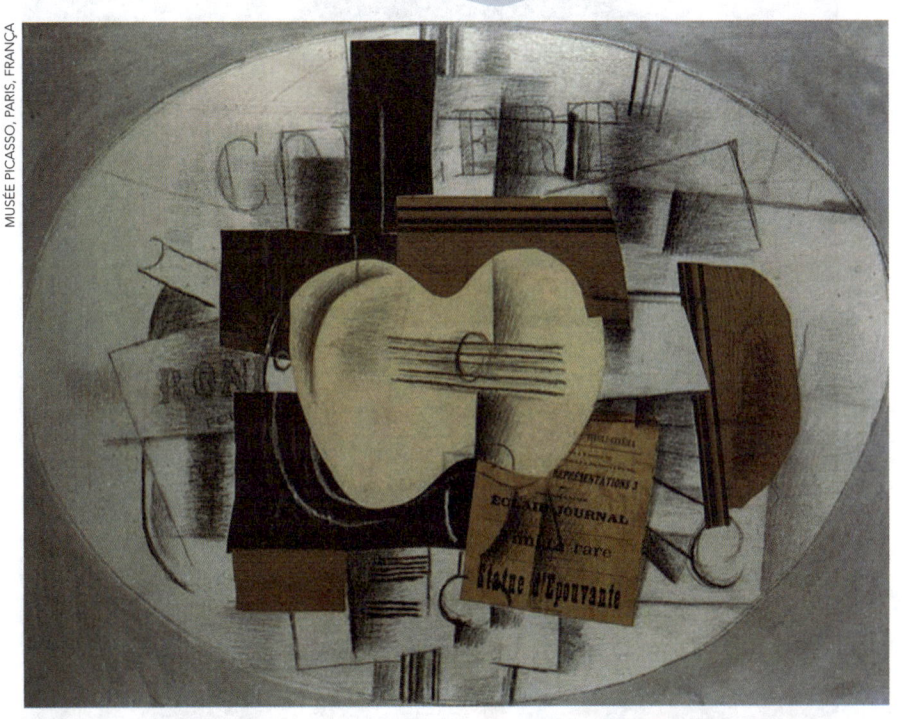

O violão: estátua de terror (1913), de Georges Braque. Guache, carvão e colagem, 73 cm × 100 cm.

Homem com violão (1911), de Pablo Picasso. Óleo sobre tela, 154 cm × 77,5 cm.

O termo "Cubismo" foi utilizado pela primeira vez em 1908 por um crítico que apontava que as formas eram construídas como cubos, com várias faces. Pablo Picasso e o francês Georges Braque (1882-1963) foram os principais artistas cubistas. Em suas obras, as formas se apresentam em vários ângulos ao mesmo tempo e os objetos têm sua estrutura investigada a fundo. Muitas são monocromáticas, com predomínio de cores mais escuras, em tons terrosos e acinzentados. Às vezes, a fragmentação das figuras é conseguida com o uso de colagem misturada ao desenho e à pintura.

FOCO NA PRÁTICA

Para compreender melhor os princípios do Cubismo, você os colocará em prática. Para isso, terá de mudar seus pontos de vista.

Escolha um objeto. Deve ser algo que ofereça várias formas ao olhar, conforme se muda de posição. Uma cadeira, por exemplo, oferece muitas possibilidades.

monocromático: com apenas uma cor e suas variações tonais.

CAPÍTULO 2 • Identidades na arte 123

> Você deve representar vários ângulos do objeto escolhido, todos em um mesmo desenho. Para conseguir ângulos diferentes, você também deverá mudar de posição. Ao final, exponha seu desenho com os dos colegas. Como ficaram? Que sensações provocam? Vocês reconhecem nas formas os objetos que foram desenhados? Identificam os ângulos pelos quais foram observados? Um mesmo objeto foi desenhado por pessoas diferentes? Como ficou cada desenho?

OBSERVE A IMAGEM.

1. Que impressões a obra lhe provoca?
2. Como as cores dela influenciam sua percepção?

Madame Matisse ou *A linha verde* (1905), de Henri Matisse. Óleo sobre tela, 40,5 cm × 32,5 cm.

Henri Matisse tornou-se um dos principais artistas modernos pela maneira como trabalhou a simplicidade das formas e a expressividade das cores. Em suas obras, há influências da síntese de formas características das máscaras africanas. Elas possuem formas simples, contornos definidos e cores puras e intensas, sem as misturas que conferem às pinturas um aspecto naturalista. São obras que, em um primeiro momento, poderiam ser vistas como inacabadas ou feitas por artistas iniciantes. Não é à toa que, quando foram exibidas em uma exposição com outros artistas

naturalista: baseado na observação e na imitação fiel da natureza.

em Paris, em 1905, chocaram o público. Matisse e seus colegas foram chamados pejorativamente pela crítica de *fauves*, ou seja, feras, animais selvagens. O apelido foi adotado com orgulho pelo grupo.

Observe como, em *Madame Matisse*, há amplas áreas planas de cores intensas. A obra é um retrato em uma pose tradicional – ocupando o centro do quadro –, mas as cores, com suas pinceladas intensas, não são nada convencionais. A figura é contornada com fortes linhas em azul-escuro e quase não há sensação de profundidade. Uma linha verde separa o rosto em dois lados, criando um eixo que divide o quadro ao meio. Há grandes áreas de cor dividindo a imagem em várias partes, gerando fortes **contrastes** entre as cores.

E VOCÊ?

O que você entende por contraste?

O contraste é percebido pela diferença de cor ou de luminosidade das formas em um mesmo campo de visão. Quanto maior a diferença, maior o contraste.

CÁPSULAS

As cores podem ser classificadas de acordo com sua natureza física, distinguindo-se a cor-luz da cor-pigmento. A cor-luz é formada pela emissão direta de luz, originada dos corpos luminosos, como o sol, ou por aparelhos que emitem luz, como monitores, televisão etc. A cor-pigmento é aquela refletida por um objeto e percebida pelo olho humano. É a cor materializada, por exemplo, nas tintas. O preto e o branco não são considerados cores, embora sejam comumente chamados assim. Na cor-pigmento, o preto é a combinação de todas as cores e o branco é a ausência de cor. Já na cor-luz, o branco é a mistura de todas as cores e o preto é a ausência de luz.

As cores de maior contraste entre si são as complementares, que aparecem opostas no círculo cromático (observe a imagem ao lado). Quando as cores complementares são utilizadas juntas em uma mesma imagem, uma faz a outra parecer mais brilhante e intensa, criando um senso de contraste máximo e de estabilidade. A cor complementar de uma cor primária é sempre a cor secundária formada pelas outras duas primárias.

No sistema cor-pigmento, as primárias são o ciano, o magenta e o amarelo (CMY – *cyan*, *magenta* e *yellow*, em inglês). Já no sistema cor-luz, são o vermelho, o verde e o azul (RGB – *red*, *green* e *blue*, em inglês). Como é possível observar no círculo cromático, as cores primárias em cor-luz são as secundárias em cor-pigmento, e vice-versa.

Cores próximas no círculo cromático são cores análogas e, muitas vezes, são utilizadas juntas para passar uma impressão de uniformidade.

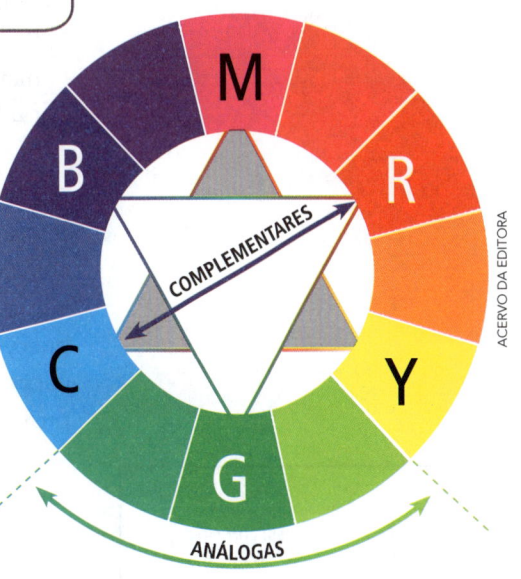

O círculo cromático é baseado nas cores primárias. Delas, formam-se as secundárias e as terciárias.

FOCO NA PRÁTICA

Agora, você realizará um retrato explorando as cores e suas diversas possibilidades expressivas. Procure selecioná-las de modo a criar relações de contraste e uniformidade. Lembre-se do que aprendeu sobre as cores complementares e análogas. Dependendo das cores que você escolher, poderá gerar determinada impressão. Você não precisa usar as cores como as vê na realidade. Pode escolhê-las baseando-se em seu interesse ou no que pretende provocar com a imagem.

Material

- papel de espessura grossa (pelo menos com 180 g/m²);
- lápis;
- tinta acrílica ou guache;
- revistas, jornais ou folhetos para recortar;
- tesoura;
- cola;
- pincéis de tamanhos variados;
- pote com água;
- tecido para limpar os pincéis.

Siga as etapas:

1. Forme uma dupla com um colega. Primeiro, um de vocês deve ficar parado e fazer uma pose, enquanto o outro o desenha. Depois, inverterão, para que possam fazer o retrato um do outro. Nesse momento, vocês farão um desenho usando apenas linhas para definir os traços. Usem de preferência uma folha de espessura mais grossa. Prestem atenção aos traços que compõem o rosto do colega. Procurem enxergá-los como um conjunto de linhas e formas que se relacionam. Como é a forma de seu rosto? Como são as linhas que desenham o nariz, a boca, os olhos e as sobrancelhas dele? Qual é a posição e como são as dimensões dos traços no rosto, um elemento em relação ao outro? Qual espaço seu retrato ocupará no papel?

2. Depois de desenharem, cada um irá colorir o retrato que fez, com pintura, colagem ou misturando os dois, como muitas vezes faziam os artistas cubistas. Você pode recortar pedaços coloridos de revistas e criar uma montagem no retrato.

Ao final, depois de secos os retratos, exponham todos juntos numa parede, e observem como o uso que cada um fez das cores, das formas e dos materiais influenciam a percepção de cada trabalho.

Ouça o trecho da música da **faixa 49 do CD**.

1. Você conhece essa música? E outras similares?
2. Qual sensação essa música lhe passa?
3. Se você imaginasse uma história com base na música, que tipo de história seria? Como seriam os personagens e em que lugar ela se passaria?

Os rompimentos da arte moderna aconteceram em todas as linguagens artísticas. A música que você acabou de ouvir é considerada a composição que iniciou o período conhecido como música moderna na Europa. Escrita em 1894 pelo compositor francês Claude Debussy (1862-1918), a obra "Prelúdio à tarde de um fauno" ("Prélude à l'après-midi d'un faune") foi revolucionária na época e influenciou profundamente a composição musical.

A obra foi inspirada no poema "A tarde de um fauno", de Stéphane Mallarmé (1842-1898), escritor do movimento simbolista. O poema conta as aventuras de um fauno, em forma de monólogo, como se estivesse sonhando. A história inspirou Debussy a procurar uma sonoridade muito particular, que despertasse nos ouvintes as ideias que o poema trazia, só que de maneira instrumental.

fauno: figura mitológica romana associada aos bosques, campos, pastores e à profecia. Sua forma mistura características humanas com as do bode, como chifres e cascos.

TANTAS HISTÓRIAS

Sonoridades novas

Em 1889, a França realizou uma grande feira internacional chamada Exposition Universelle (Exposição Universal) no centésimo aniversário da Revolução Francesa. A feira contou com representantes de vários países e teve mais de 20 milhões de visitantes durante os quase seis meses de duração.

Foi um momento de grande intercâmbio científico, tecnológico e cultural. Diversos artistas europeus entraram em contato com manifestações de outros lugares do mundo. Foi o que ocorreu com Debussy, que ficou particularmente intrigado com duas manifestações musicais que envolviam sonoridades novas para ele e muito diferentes do que era aceito na época.

Uma delas foi o gamelão, gênero artístico tradicional da Indonésia, com músicas produzidas por um tipo de orquestra com instrumentos principalmente metálicos, como pode ser percebido na imagem abaixo. Eles são tocados juntos, percutidos em padrões rítmicos, criando uma mistura de sons muito diferentes dos produzidos pelas orquestras europeias.

Esse gênero levou Debussy, que tocava piano, a repensar algumas técnicas do seu instrumento para conseguir efeitos similares. A sonoridade do gamelão é muito particular porque os sons metálicos dos instrumentos se misturam criando texturas sonoras características, tanto pela velocidade de repetição como pelo número alto de instrumentistas. Ouça a **faixa 50 do CD**, na qual há exemplos de sonoridade do gamelão.

Debussy também conheceu a música do compositor russo Modest Mussorgsky (1839-1881), que, mesmo utilizando instrumentos europeus, conseguiu criar novas sonoridades. Mussorgsky quebrou padrões estruturais tradicionais na harmonia de suas músicas. Isso levou alguns de seus colegas, apesar de reconhecerem a criatividade e a singular sonoridade de suas músicas, a acreditarem que elas deveriam ser corrigidas e encaixadas nos padrões musicais tradicionais.

Orquestra feminina de gamelão. Este grupo inova a tradição, que costuma ter apenas homens tocando. Taman Puri Saraswati, Indonésia, 2008.

CAPÍTULO 2 • Identidades na arte

Ouça a **faixa 51 do CD.**

A referência ao gamelão não aparece de forma direta na música de Debussy, mas foi definitiva para as ideias experimentais do compositor na procura por uma nova maneira de organizar os sons em suas composições.

Para nossos ouvidos do século XXI, a música de Debussy pode não parecer revolucionária, mas na época alcançou grande repercussão. Alguns conceitos teóricos reinavam absolutos há mais de trezentos anos. A peça "Prelúdio à tarde de um fauno" afasta-se desses conceitos tradicionais, em especial o de tonalidade, criando um ambiente sonoro de sequências novas de acordes que se encaixa perfeitamente na ideia onírica e sensual do poema, obtendo, ainda que de forma inovadora, uma sonoridade suave e acolhedora.

A música de Debussy, assim como de outros compositores que passaram a explorar a mesma sonoridade, foi chamada de **impressionismo musical**. "Prelúdio à tarde de um fauno" ainda teve outro elemento importante: o uso de uma orquestra de câmara, composta por vinte músicos ou pouco mais, em lugar das grandiosas orquestras sinfônicas típicas no período, algumas com mais de cem músicos.

A música inspira a dança

Em muitos casos, grandes obras de uma linguagem artística inspiram artistas de outras. O prelúdio de Debussy foi um desses casos e, quase vinte anos após ter sido escrito, ganhou a forma de um balé curto criado pelo dançarino e coreógrafo russo Vaslav Nijinsky (1889-1950) em 1912.

Nijinsky foi famoso pelo seu virtuosismo e pela intensidade de suas apresentações. Ele conseguia dançar em pontas (posição dos pés em que o dançarino fica apoiado sobre a ponta dos dedos) – uma raridade para dançarinos homens –, e sua capacidade de salto parecia desafiar a gravidade. Chegou a ser chamado pelos críticos de "o deus da dança". Ele mudou a percepção da plateia em relação aos dançarinos homens e suas coreografias romperam padrões da dança clássica, antecipando o caminho que a dança moderna trilhou durante o século XX.

Em 1913, com o compositor russo Igor Stravinsky (1882-1971), apresentou um balé em Paris que causou um dos maiores escândalos da época: *A sagração da primavera*. A peça tinha uma dinâmica diferente de tudo o que havia sido feito até então. O uso dos instrumentos de orquestra era inovador e, associado a uma coreografia revolucionária e diferente, chocou o público.

A sagração da primavera é hoje uma das obras mais executadas nas orquestras sinfônicas em todo o mundo. A música é muito estudada pela ousadia nas experimentações com a tonalidade, o ritmo e as dissonâncias. A dissonância é um efeito sonoro que resulta de uma relação entre notas musicais considerada não harmônica. Esse é um conceito relativo, pois na história da música sons antes considerados dissonantes hoje são entendidos como consonantes, ou seja, harmônicos.

Stravinsky é considerado, atualmente, uma das figuras mais importantes da composição musical do século XX.

Nijinsky, como fauno, no balé *A tarde de um fauno*, 1912.

Ancestral contemporâneo

Ritual indígena Menino do Rancho (2015), do povo Pankararu. Aldeia Agreste, Tacaratu (PE).

Grupo Totem na 17ª Mostra de Artes Cênicas A Porta Aberta (2015). Recife (PE).

OBSERVE AS IMAGENS.

1. O que você vê nelas? Quais semelhanças e diferenças existem entre elas?

2. A primeira imagem registra um ritual indígena. A segunda mostra um ensaio de um grupo que trabalha com teatro e dança. No Capítulo 1, você viu que há muitos indícios de que as manifestações artísticas tenham surgido de antigos rituais. Que relações você acredita que pode haver atualmente entre manifestações artísticas e rituais?

3. Você já participou ou participa de algum ritual indígena? De qual povo? E de algum outro tipo de ritual? Conte aos colegas e ao professor.

CAPÍTULO 2 • Identidades na arte

O grupo Totem, mostrado na segunda imagem, é sediado em Recife (PE) e foi criado em 1988. Desde seu surgimento, realiza trabalhos que envolvem teatro, dança e *performance*, propondo a quebra de barreiras entre as linguagens artísticas. Além disso, o grupo busca, na cultura de outros povos, referências para criar e transformar os próprios trabalhos.

Em junho de 2015, o grupo iniciou a pesquisa intitulada *Rito ancestral corpo contemporâneo* com o intuito de desenvolver um novo trabalho artístico de repertório.

A proposta dessa pesquisa é unir a arte e os rituais dos povos indígenas de Pernambuco. Mas ela não é somente teórica, ou seja, não se limita à leitura de livros ou à pesquisa de imagens e vídeos sobre os povos indígenas. Ela também é prática, baseada principalmente em vivências. Fazem parte da pesquisa intercâmbios culturais e a participação ativa do grupo nos rituais de cada povo. Inicialmente, o grupo fez um mapeamento dos povos indígenas pernambucanos e de seus rituais, depois selecionou aqueles que consideraram mais interessante para a pesquisa, para posteriormente realizar as visitas. O primeiro povoado indígena a receber a visita do grupo foi o Pankararu, no município de Tacaratu, sertão de Pernambuco. O ritual vivenciado foi o Menino do Rancho, mostrado na primeira imagem da página anterior. Esse ritual celebra um momento de transição, no qual os membros mais jovens são apresentados aos segredos dos ancestrais Pankararu. Esses ancestrais são chamados de praiás, entidades sagradas que habitam as matas e a água.

Pesquisa *Rito ancestral corpo contemporâneo* (2015), do Grupo Totem e povo Pankararu. Aldeia Agreste, Tacaratu (PE).

Leia o que o grupo diz sobre a experiência:

Durante o Menino do Rancho, sentimos o quanto o ritual funciona como um real ato de resistência cultural, as crianças vivenciam a memória de seus antepassados, sendo iniciadas nos mistérios do povo, ações que contribuem para a compreensão de sua cultura, dos encantados, uma forma de alimentar o desejo dos pequenos de serem praiás no futuro, uma forma de lembrar e fazer permanecer.

GRUPO TOTEM RECIFE. Disponível em: <http://grupototemrecife.blogspot.com.br/>. Acesso em: 9 abr. 2016.

No ritual há dança, *performance*, música, canto, teatro, gestualidade, imagens, sons diversos etc., sem separação de linguagens.

Além da pesquisa com os povos indígenas, o grupo também tem como pilar de estudo as ideias de um importante pensador das artes cênicas: Antonin Artaud.

TANTAS HISTÓRIAS

Antonin Artaud

Você viu no capítulo anterior que, a partir da década de 1950, a arte foi influenciada por ideias que buscavam romper barreiras e estabelecer um diálogo mais aberto com as questões do mundo. No teatro, um dos precursores dessa mudança de pensamento foi o francês Antonin Artaud (1896-1948), poeta, ator, escritor, dramaturgo, roteirista e diretor de teatro. Contestador, Artaud criticava a forma como se fazia teatro na Europa, mais especificamente na França, na primeira metade do século XX. Segundo ele, o teatro havia se desviado de sua função original ritualística para servir a interesses burgueses e econômicos. Artaud, considerado hoje um dos pilares do pensamento do teatro contemporâneo, propôs mudanças radicais para a época.

Artaud propunha um novo teatro, que retomasse seu sentido original de experiência ritualística e reintegrasse o ser humano aos seus aspectos físicos e espirituais. Para ele, o teatro deveria ser pautado no trabalho corporal, na interação entre atores e espectadores e na ocupação de espaços não tradicionais. Artaud chegou a propor que houvesse cadeiras giratórias nos teatros para que o público pudesse acompanhar uma encenação que ocorresse em todos os lugares do espaço. Ao conjunto de suas teorias ele deu o nome Teatro da Crueldade, que se relaciona à sua proposta de que o teatro destrua conceitos que o mundo ocidental estabelecera como verdades. Muitas ideias de Artaud sofreram influência de seu contato com a cultura indígena de povos mexicanos e com o teatro oriental que, para ele, mantinha as funções rituais e primordiais.

O poeta, dramaturgo, ator e escritor Antonin Artaud, em foto de 1926.

Por meio dessas experimentações, o grupo Totem procura investigar como seus corpos se comportam em outro contexto cultural e verificar quais sensações são despertadas e que tipos de sons e movimentos surgem.

Dessa forma, a pesquisa reforça, por meio do estudo da ancestralidade, a importância do ritual para a contemporaneidade, visando descobrir possíveis relações entre os rituais ancestrais e o corpo contemporâneo.

FOCO NA PRÁTICA

Você viu que algumas formas de teatro contemporâneo, a linguagem corporal é bastante utilizada e valorizada como recurso estético, muitas vezes até superando a palavra. Na pesquisa do Grupo Totem, por exemplo, os artistas se colocaram em uma situação diferente – o ritual – para entender, na prática, como seus corpos dialogavam com essa experiência. Agora, você e seus colegas realizarão uma prática artística também com foco na experimentação corporal. Para começar, afastem as carteiras e formem uma roda com todos em pé, de mãos dadas. Escolham um líder para iniciar a atividade. O líder deve começar a andar, passando nos espaços criados por cima ou por baixo dos braços, conduzindo os outros. Mas atenção: vocês não podem soltar a mão dos colegas nem mudar a maneira de dar as mãos. Fácil ou difícil? Ainda não acabou. O professor dará orientações sobre como continuar!

OBSERVE E LEIA O CARTAZ.
Você sabe o que é uma demonstração de trabalho? Já ouviu falar ou participou de alguma?

Cartaz da demonstração do trabalho da pesquisa *Rito ancestral corpo contemporâneo*, do Grupo Totem. Escola de Arte João Pernambuco, Recife (PE), 2015. *Design* de Iara Sales Agra.

Ao longo da pesquisa, o grupo Totem realiza as chamadas **demonstrações de trabalho**. Esse é um recurso comum nas produções contemporâneas. Nelas, os artistas convidam o público a participar da criação da obra. Ou seja, o público vê algumas etapas da formação de um espetáculo que antecedem sua forma final. Essas demonstrações de trabalho, também chamadas de **abertura de processo**, podem envolver vários tipos de atividades, como ensaios abertos ao público, debates sobre o tema, demonstração de parte de uma pesquisa, exibição de filmes e imagens coletadas durante a pesquisa e oficinas culturais sobre o tema. Dessa forma, o grupo tem a oportunidade de realizar um diálogo direto com o público sobre o que está sendo construído, podendo rever e modificar os próprios processos.

PRÁTICA FINAL

Nesta atividade, você e seus colegas retomarão conteúdos trabalhados ao longo do capítulo. Para começar, levem para a sala de aula as máscaras que criaram ao estudar a arte dos povos africanos.

Siga as etapas:

1. Você e seus colegas farão um exercício de movimentação da coluna vertebral utilizando as máscaras. A coluna vertebral é composta por 24 vértebras, possibilitando diversos movimentos com o tronco e está bastante relacionada à expressão das emoções. As alterações de humor são comumente acompanhadas por mudanças na posição da coluna. Por exemplo, quando se fica triste é comum arquear a coluna para a frente, movimentando a cabeça para baixo. Há também posturas mais fixas, que dizem respeito à personalidade, como o peito inflado em uma pessoa briguenta. Pelo impacto que as emoções exercem na coluna, ela é uma grande fonte de criação de movimentos de dança. Assim, nesta etapa, você formará uma dupla com um colega. Enquanto um fecha os olhos, o outro irá lhe tocar levemente em pontos da coluna, para gerar movimentos. Depois, devem trocar de posição. Enquanto praticam, não deixem de lembrar os detalhes de suas máscaras, buscando perceber quais movimentos combinam mais ou menos com elas.

2. Distribuam-se pela sala e coloquem suas máscaras. Lembrando-se da etapa 1, experimentem diversos modos de se movimentar. Os movimentos devem acontecer a partir da coluna, refletindo as características visuais da máscara e as sensações que ela provoca quando vestida.

3. Formem grupos de cinco integrantes. Cada grupo deve criar uma sequência curta de movimentos (cerca de cinco) com base na experimentação da etapa anterior.

4. Nesta etapa, a turma criará uma base rítmica para a apresentação das coreografias. Em roda, o grupo deve marcar os passos, como uma marcha, sem sair do lugar: pé direito, pé esquerdo. Não precisa ser muito marcado, só o suficiente para sentir os tempos de maneira periódica. Contem quatro tempos e realizem as seguintes palmas:

   - duas palmas no primeiro tempo;
   - uma palma no terceiro tempo.

xx		x	

   Ouçam a **faixa 52 do CD** para ilustrar o exemplo.

5. Agora, você e seus colegas experimentarão em conjunto alguns elementos artísticos desenvolvidos ao longo do capítulo, como a coreografia criada anteriormente, a máscara e a composição rítmica. Mantenham-se em roda, coloquem suas máscaras e, enquanto todos executam a base rítmica anterior, cada grupo em sua vez entrará no centro da roda e realizará sua coreografia.

Ao final, promovam um momento de conversa sobre toda a experiência. Foi possível relacionar os movimentos às máscaras? De que forma isso ocorreu? E como adaptaram as coreografias criadas à base rítmica? E como ocorreu a experiência de integrar todos estes elementos na última etapa? Relatem suas impressões a respeito dos diferentes momentos, os desafios e dificuldades, as sensações e o que mais lhes interessou de todo o processo.

IDEIAS EM FLUXO

Este é o momento de realizar uma reflexão com os colegas sobre o que aprenderam e realizaram neste capítulo. Para começar, escrevam, cada um, uma única palavra. Será que é possível concentrar em uma única palavra o que você vivenciou neste capítulo?

Pegue uma folha de papel e escreva a palavra no centro dela, em tamanho grande, para que depois todos consigam lê-la. Você pode folhear este capítulo para relembrar o que conheceu e vivenciou. Para escolher a palavra, pense no que mais lhe interessou, nas relações que estabeleceu entre os conteúdos estudados, nas ideias, sensações e memórias despertadas pelos diferentes artistas, manifestações e práticas realizadas.

Depois, formem uma roda, colocando no centro as palavras de todos. Dediquem um tempo para ler as palavras e conversar sobre o resultado. As palavras se relacionam? Há termos repetidos ou parecidos? É possível organizar as palavras por semelhança? Há alguma que seja muito diferente? Em que sentidos elas se relacionam com os temas e as práticas artísticas do capítulo? Vocês também podem apontar as palavras que não conseguiram relacionar ao capítulo, para que quem a escreveu relate o percurso que fez para chegar a essa palavra.

LINGUAGENS DO CORPO

CAPÍTULO 3

STELA HANDA

ABRA A JANELA

OBSERVE AS IMAGENS.

O cantor Ney Matogrosso durante um *show*, em 1979.

O cantor Ney Matogrosso caracterizado em uma apresentação da banda Secos & Molhados.

O cantor Ney Matogrosso durante apresentação dos Secos & Molhados. São Paulo (SP), 1973.

Agora, leia os trechos a seguir, da música "Homem com H", interpretada por Ney Matogrosso.

Nunca vi rastro de cobra
Nem couro de lobisomem
Se correr o bicho pega
Se ficar o bicho come
Porque eu sou é ôme
Porque eu sou é ôme
Menino eu sou é ôme
Menino eu sou é ôme
E como sou!...
[...]

Quando eu estava pra nascer
De vez em quando eu ouvia
Eu ouvia a mãe dizer:
"Ai, meu Deus, como eu queria
Que essa cabra fosse ôme
Cabra macho pra danar"
Ah! Mamãe aqui estou eu
Mamãe aqui estou eu
[...]

Eu sou homem com H
E com H sou muito ôme
Se você quer duvidar
Olhe bem pelo meu nome
Já tô quase namorando
Namorando pra casar
Ah! Maria diz que eu sou
Maria diz que eu sou
Sou homem com H
E como sou!...
[...]

BARROS, Antônio (compositor). Intérprete: Ney Matogrosso. Homem com H. *Ney Matogrosso*. São Paulo: Ariola, 1981. Disco.

O cantor Ney Matogrosso, durante show dos Secos & Molhados, Rio de Janeiro (RJ), 1974.

Você conhece o artista retratado nessas fotografias? Sabe algo sobre ele? O que chama sua atenção na atitude dele?

Qual é o tema abordado na letra da música "Homem com H"?

Ouça a **faixa 53 do CD**. Essa música foi gravada por Ney Matogrosso, artista que aparece nas fotografias. Quais relações você estabelece entre a música, a atitude e os figurinos do cantor?

CORPO TRANSGRESSOR

Todos nós somos corpos. É na sua matéria que ocorre a vida. Como tudo o que existe, o corpo comunica, pode ser percebido pelos outros e interpretado. O corpo revela algo sobre quem somos, como idade, gênero e origem étnica. Cobrimos o corpo com roupas e adereços e até o modificamos, expressando gostos, profissão e identidade de grupo. Gestos e atitudes refletem nosso estado de ânimo e nossa personalidade.

E VOCÊ?
Você já parou para pensar no que seu corpo comunica? E em como o corpo está presente e se expressa nas manifestações artísticas?

Corpo: expressão de liberdade

Observe a imagem a seguir.

Ney Matogrosso (em primeiro plano, à direita) durante apresentação do grupo Secos & Molhados. São Paulo (SP), 1973.

Essa fotografia é de uma das apresentações dos Secos & Molhados, grupo que surgiu na década de 1970 e do qual Ney Matogrosso fez parte entre 1973 e 1974. Nesse contexto histórico, em plena ditadura militar no Brasil, o grupo provocou reações diversas, por apresentar no palco uma atitude não convencional para a época, caracterizada pelo uso de figurinos considerados, por muitos, extravagantes, com os rostos pintados e um vocalista, Ney Matogrosso, que dançava de maneira irreverente durante as apresentações. Suas músicas misturaram elementos populares ao *rock* e muitas de suas canções musicaram poemas das literaturas brasileira e portuguesa. Isso tudo era completamente novo na cultura brasileira. Assim, ao mesmo tempo que provocaram estranheza e não aceitação do público mais conservador, fizeram sucesso entre aqueles que identificavam nas apresentações do grupo leveza, alegria e liberdade de expressão. Seu primeiro disco, lançado em 1973, vendeu quase 1 milhão de cópias.

Leia, a seguir, trechos de dois depoimentos de Ney Matogrosso sobre sua atitude no palco.

. . . .

Eu queria liberdade total e absoluta. Quando uma amiga – Maria Alice, mulher do Paulinho Mendonça, autor da letra "Sangue latino" – me enviou uns vidrinhos de purpurina de todas as cores antes da estreia dos Secos & Molhados, resolvi usar para pintar olhos e boca. Mandei fazer uma calça de cetim branca, amarrada abaixo da cintura – como se usava – e usei na cabeça uma grinalda de noiva. Eu queria provocar impacto nas pessoas. No dia seguinte, comecei a ganhar coisas do elenco da peça *A viagem*: pedaços de pano, broches, estrelas. Passei a utilizá-las e, ao mesmo tempo, ampliei meu movimento. Passei a me mexer cada vez mais.

Para a temporada seguinte, eu achei que o bigode estava atrapalhando, porque eu já pensava em desenhar no meu rosto uma máscara. Fui numa casa de maquiagem para teatro e comprei potes de tinta branca e preta. Me inspirei nas imagens no teatro kabuki, que para mim eram muito fortes, e com as quais tive contato no bairro da Liberdade, quando morava em São Paulo. Passei a me apresentar mascarado, porque tinha muito medo da exposição.

DEPOIMENTO de Ney Matogrosso. Portal UOL. Disponível em: <www2.uol.com.br/neymatogrosso/depoim07.html>. Acesso em: 14 abr. 2016.

Exemplos de maquiagem do teatro kabuki.

. . . .

Sempre fui muito recatado, mas descobri que, com aquela maquiagem, liberava um lado meu mais agressivo, contestador. O Brasil era um país careta, submetido a uma ditadura militar agressiva. Claro que fiquei surpreso com a repercussão. Eu sabia que estava provocando. Volta e meia recebia ameaças.

DEPOIMENTO de Ney Matogrosso. Portal UOL. Disponível em: <www2.uol.com.br/neymatogrosso/imp_jan07_01.htm>. Acesso em: 14 abr. 2016.

. . . .

- Como você interpreta esses depoimentos de Ney Matogrosso? Que relações você estabelece entre a ideia de liberdade e a atitude corporal do artista?

Ney Matogrosso relata que as roupas, a maquiagem e a dança foram estratégias cênicas que lhe permitiram assumir uma atitude transgressora e provocadora, tanto política como moralmente. A voz e o corpo também se apresentam para quebrar tabus, revelando um gesto de liberdade individual. É importante destacar que a atitude de palco de um artista não revela necessariamente o mesmo comportamento de sua vida pessoal ou de seu cotidiano, como pode ser percebido no trecho final do primeiro depoimento de Ney Matogrosso.

Criança caracterizada para uma apresentação de teatro kabuki. Festival de Furukawa, Hida-Furukawa, Japão, 2014.

kabuki: forma de teatro popular japonês. Os termos "ka", "bu" e "ki" significam, respectivamente, "cantar", "dançar" e "representar". As maquiagens dos personagens são elaboradas e muito características.

CAPÍTULO 3 • Linguagens do corpo

TANTAS HISTÓRIAS

Salto alto e purpurina

No início da década de 1970 surgiram, na arte, diversos movimentos de rompimento com os padrões tradicionais de gênero. Um deles foi o chamado *glam rock*. Ele é comumente associado ao grupo Secos & Molhados, apesar de ter aparecido em um contexto internacional.

Trata-se de um subgênero do *pop* e do *rock*, cujo nome é a abreviação de *glamour rock*. Seus cantores e músicos utilizavam figurinos, maquiagens e penteados extravagantes, levantando questões relacionadas aos gêneros e à sexualidade, temas discutidos mais abertamente desde a década de 1960. Um artista associado ao *glam rock* é o músico David Bowie (1947-2016), principalmente com a criação, no início dos anos 1970, do alter-ego Ziggy Stardust. Musicalmente, não existe um estilo específico que as bandas de *glam rock* seguiram. No entanto, uma particularidade que se repete em alguns de seus artistas é a fusão de estilos.

No Brasil, em 1972, surgiu um grupo que apresentava espetáculos completamente inovadores nos palcos teatrais, os Dzi Croquettes. Em um dos momentos mais repressores da ditadura militar brasileira, os treze componentes do grupo subiam ao palco vestindo roupas femininas e utilizando cílios postiços, saltos altos, muita maquiagem, perucas, plumas e purpurina sobre peitos e pernas cabeludos, em uma atitude debochada e provocadora. Os integrantes dos Dzi Croquettes criavam os próprios personagens e figurinos, com destaque para a atuação do cantor, ator e compositor Wagner Ribeiro e do coreógrafo e bailarino estadunidense Lennie Dale. Os Dzi Croquettes viviam juntos, em comunidade, e se consideravam uma família. Seus espetáculos misturavam ousadia comportamental e experimentação artística, fazendo humor com música, dança e teatro, falas em várias línguas carregadas nos sotaques e rompimento dos limites tradicionais entre público e plateia.

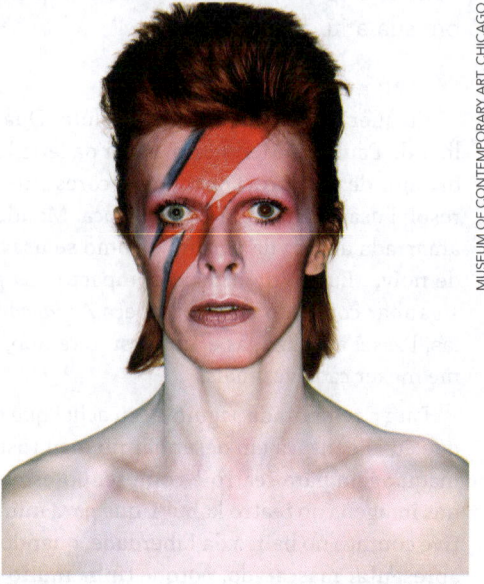

O cantor e compositor britânico David Bowie caracterizado como o alter-ego Ziggy Stardust, 1973.

Ao mesmo tempo em que escandalizaram o público e os censores da ditadura, fizeram muito sucesso nos palcos do Rio de Janeiro e de São Paulo e também em Paris, na França. Apesar de hoje não serem muito lembrados, influenciaram fortemente diversos artistas, como o próprio Ney Matogrosso, e a forma de se fazer espetáculos depois deles. Em 2009, o documentário *Dzi Croquettes*, dirigido por Tatiana Issa e Raphael Alvarez, procurou recuperar a trajetória do grupo, com entrevistas e coleta do pouco material de registro audiovisual sobre eles que ainda existe.

Integrantes do grupo Dzi Croquettes.

alter-ego: do latim *alter* ("outro") e *ego* ("eu"). Refere-se à outra personalidade de uma mesma pessoa, que pode manifestar gostos e interesses completamente diferentes dos associados a ela. Por exemplo: no universo dos super-heróis, os personagens possuem uma identidade social e um alter-ego, sua identidade de super-herói.

A formação inicial dos Secos & Molhados, com Ney Matogrosso, Gerson Conrad e João Ricardo durou pouco. Em 1974, o grupo se desfez em virtude de desentendimentos entre os integrantes e cada um seguiu seu caminho.

Ney Matogrosso, por exemplo, investiu em sua carreira solo, mantendo a atitude transgressora no palco e, eventualmente, abordando em algumas músicas a relação entre sexualidade e convenções sociais. Leia o que ele disse sobre a música "Homem com H":

....

É o forró de um autor da Paraíba. Foi uma música trazida pelo produtor Mazola e que relutei muito em gravar. É a grande brincadeira do disco *Ney Matogrosso*, de 1981. Até então eu não havia me permitido "brincar" em discos. Em *shows*, sempre brinquei. Um dia, eu estava saindo do estúdio com o Gonzaguinha, que me ouvira cantar "Homem com H".

Perguntei se ele achava que eu devia incluí-la no disco. Ele disse "claro, essa música é a sua cara". Me disse que cantar aquilo seria instigante. Então concordei. E o fato é que foi um choque: as pessoas acharam que eu estava falando sério. No entanto, eu estava brincando...

DEPOIMENTO de Ney Matogrosso. Portal UOL. Disponível em: <www2.uol.com.br/neymatogrosso/depoim09.html>. Acesso em: 14 abr. 2016.

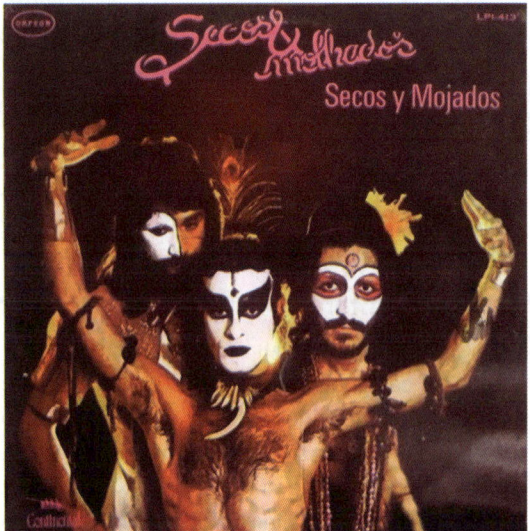

Capa do álbum da banda Secos & Molhados, de 1973.

....

E VOCÊ?

1. Você conhece o gênero musical "forró"? Já ouviu outras músicas similares? Sabe de que lugar do Brasil ele é originário? Caso alguém conheça mais detalhes, compartilhe com os colegas.

2. Depois de conhecer como Ney Matogrosso interpreta suas canções, como ele se apresenta no palco, seus movimentos e as roupas e maquiagem que usa, o que você achou da postura dele em relação à música?

3. O que você achou da música ao ouvi-la pela primeira vez? Você a considera transgressora? Se sua resposta for positiva, que aspecto dela: a letra, o gênero musical ou a parte instrumental?

4. Você conhece cantores ou grupos musicais com atitudes transgressoras? Se sim, quais são os grupos e suas transgressões?

Quando pensamos em uma música, geralmente nos lembramos do cantor ou do grupo que a gravou, mas não de seu compositor. No mundo musical, nem todos os artistas são os compositores das canções que cantam, muitos são **intérpretes**. É o caso de Ney Matogrosso, que não compõe suas músicas. Ele grava e atribui à canção sua interpretação pessoal. Da mesma forma, muitos **compositores** não interpretam as próprias canções, oferecendo-as aos intérpretes para que possam gravá-las e cantá-las.

CAIXA DE FERRAMENTAS

Compositores e intérpretes

O compositor é quem cria a música, às vezes chamado também de autor. Por sua vez, o intérprete é quem toca ou canta as músicas. Isto é, nem sempre quem canta (ou toca) é o autor.

Contudo, há vários artistas que criam as próprias músicas, como é o caso de Gilberto Gil (1942), no Brasil. Na imagem é possível vê-lo com Elis Regina (1945-1982), apresentando uma canção.

Assim como Ney Matogrosso, Elis foi uma intérprete. Ela gravou músicas dos mais consagrados compositores brasileiros do século XX. É considerada uma das intérpretes mais importantes da história musical brasileira.

Mas Elis não gravava só músicas de compositores conhecidos. Ela ficou famosa também por descobrir talentos e ajudar a carreira de outros colegas músicos, compositores e intérpretes. É o caso de Milton Nascimento (1942), por exemplo, hoje um dos mais prestigiados e premiados músicos brasileiros. Elis e Milton criaram uma amizade e uma admiração artística mútua. Ela gravou várias de suas músicas. Um detalhe interessante é que anos mais tarde seria a vez de Milton ajudar a filha de Elis, a também intérprete Maria Rita (1977), realizando parcerias artísticas com a cantora no início de sua carreira.

Gilberto Gil e Elis Regina, em 1973. Elis Regina foi uma das intérpretes mais reconhecidas do século XX na música popular brasileira.

Há casos, entretanto, em que os compositores permanecem quase desconhecidos, mesmo com músicas de muito sucesso. O músico e produtor musical sueco Max Martin (1971) é compositor e trabalha principalmente com o gênero *pop*. Pode-se dizer que é um dos mais "famosos desconhecidos" das paradas de sucesso. Ele compõe desde os anos 1990 para artistas muito conhecidos, como Taylor Swift, Katy Perry, Jessie J. e Christina Aguilera.

PARA AMPLIAR

Você sabe quais dos seus artistas preferidos são intérpretes e quais são compositores? Alguns deles atuam nas duas áreas?

Faça uma lista de seus artistas preferidos e pesquise quais deles também compõem as músicas que cantam. Amplie a pesquisa mencionando artistas que você não conhece. Tente incluir pelo menos sete artistas em cada categoria. Enquanto realiza a pesquisa, ouça algumas das músicas desses artistas que você desconhecia. Compartilhe com os colegas os de que você mais gostou.

🎵 Agora, leia a letra completa da música "Homem com H", acompanhando a gravação, **faixa 53 do CD** mais uma vez.

Nunca vi rastro de cobra
Nem couro de lobisomem
Se correr o bicho pega
Se ficar o bicho come
Porque eu sou é ôme
Porque eu sou é ôme
Menino eu sou é ôme
Menino eu sou é ôme
E como sou!...

Nunca vi rastro de cobra
Nem couro de lobisomem
Se correr o bicho pega
Se ficar o bicho come
Porque eu sou é ôme
Porque eu sou é ôme
Menino eu sou é ôme
Menino eu sou é ôme
E como sou!...

Quando eu estava pra nascer
De vez em quando eu ouvia
Eu ouvia a mãe dizer:
"Ai, meu Deus, como eu queria
Que essa cabra fosse ôme
Cabra macho pra danar"
Ah! Mamãe aqui estou eu
Mamãe aqui estou eu
Sou homem com H
E como sou!...

Nunca vi rastro de cobra
Nem couro de lobisomem
Se correr o bicho pega
Se ficar o bicho come
Porque eu sou é ôme
Porque eu sou é ôme
Menino eu sou é ôme
Menino eu sou é ôme
E como sou!...

... cobra
... ôme
... pega
... come
Porque eu sou é ôme
Porque eu sou é ôme
Menino eu sou é ôme
Menino eu sou é ôme...

Eu sou homem com H
E com H sou muito ôme
Se você quer duvidar
Olhe bem pelo meu nome
Já tô quase namorando
Namorando pra casar
Ah! Maria diz que eu sou
Maria diz que eu sou
Sou homem com H
E como sou!...

Nunca vi rastro de cobra
Nem couro de lobisomem
Se correr o bicho pega
Se ficar o bicho come
Porque eu sou é ôme
Porque eu sou é ôme
Menino eu sou é ôme
Menino eu sou é ôme
E como sou!...

... cobra
... ôme
... pega
... come
(solo de acordeão)

Nunca vi rastro de cobra
Nem couro de lobisomem
Se correr o bicho pega
Se ficar o bicho come
Porque eu sou é ôme
Porque eu sou é ôme
Menino eu sou é ôme
Menino eu sou é ôme...

(repete e vai abaixando o volume)

BARROS, Antônio (compositor). Intérprete: Ney Matogrosso.
Homem com H. *Ney Matogrosso*. São Paulo: Ariola, 1981. Disco.

Toda obra artística possui uma forma, que é resultado da organização e da estruturação das ideias artísticas. Na música, uma das ferramentas para estudar as formas musicais é a análise. Um dos objetivos da **análise musical** é entender as estruturas por trás das músicas, já que cada compositor pode organizar os elementos musicais de várias maneiras diferentes. Há vários tipos de análise e cada uma delas possui objetivos específicos. A **análise formal**, por exemplo, estuda a forma musical com foco nas seções e em outros aspectos relacionados à estrutura de cada música. A análise é uma das áreas mais extensas do trabalho dos musicólogos, os principais responsáveis pela pesquisa científica em música.

A análise musical não interessa apenas aos músicos. A análise formal, por exemplo, oferece informações para artistas de outras linguagens, como a dança e o audiovisual, em projetos interdisciplinares.

Nesses casos, os coreógrafos e diretores de audiovisual podem aproveitar as seções de cada obra e criar coreografias e videoclipes relacionados à estrutura musical. No caso das canções, por exemplo, elas normalmente estão divididas em refrão e estrofes, que são grupos de versos.

O **refrão** é uma das principais partes da canção. É o trecho repetido várias vezes e caracterizado por ser o ápice da música. Por isso, costuma ser a parte de que as pessoas mais se lembram quando tentam cantarolar ou assobiar a melodia. A intensidade do trecho costuma ser maior que no restante da composição, às vezes com mais elementos musicais, como aumento da participação de instrumentos ou mais potência no canto. O refrão costuma enfatizar a ideia principal da letra da canção.

Já as **estrofes** costumam apresentar melodias similares entre si, mas com letras diferentes. Em algumas canções, existem partes em que um instrumento toca com maior destaque, são os **solos**. A música "Homem com H" tem um solo curto de sanfona. Nela, há um diálogo entre o cantor e o instrumento solista. Juntos, eles fazem as melodias na segunda repetição do refrão. É o instrumento que inicia cada frase e Ney Matogrosso complementa a linha melódica com as palavras finais.

FOCO NA PRÁTICA

Análise musical

Agora, você fará uma análise musical simples para reconhecer as seções da canção "Homem com H". Observe suas partes, tanto na letra quanto na música.

Você consegue distinguir como é a forma da música "Homem com H"? Canções costumam apresentar uma forma binária (duas seções: A-B) ou ternária (três seções: A-B-A, na qual a terceira pode ser a repetição da primeira).

Ouça novamente a música "Homem com H" acompanhando a letra. Indique o refrão com a letra A e as estrofes com a letra B, na sequência em que aparecem na música.

Antes de finalizar, verifique se você prestou atenção ao começo. Muitas canções apresentam uma **introdução**. Nas canções, a introdução geralmente é de caráter instrumental e não faz parte da estrutura interna de estrofes e refrãos, que você indicou com as letras A e B. Essa música possui uma introdução?

Após marcar as partes, confiram com o professor.

Vocês deverão organizar a turma em dois grupos e cantar com a gravação. O grupo 1 cantará apenas o refrão e o grupo 2 somente as estrofes. Caso prefiram, formem grupos menores e apresentem para a turma. Utilizem o resultado da análise para organizar os elementos da apresentação. Vocês podem criar coreografias, intercalar quem canta cada seção ou acompanhar a gravação com música corporal. Aproveitem e incluam instrumentos musicais caso alguns colegas toquem.

Após finalizar conversem sobre o resultado. Comparem com outras músicas que a turma conheça. A estrutura é similar? Quais são as principais diferenças?

Você viu que um dos recursos utilizados nas *performances* dos artistas abordados anteriormente é a caracterização visual e que ela diz muito sobre o que o artista procura comunicar durante sua apresentação.

Essa caracterização envolve tudo o que o artista pode utilizar para compor imageticamente sua figura: maquiagens, roupas e objetos diversos. As roupas usadas na representação artística são chamadas de **figurino** e os objetos são os **adereços**.

No teatro, os adereços podem ser relativos ao cenário e à cena, sendo utilizados para compor o ambiente, e também podem estar associados ao personagem, fazendo parte de sua caracterização. Um óculos, por exemplo, é um adereço do personagem.

Muitas vezes, antes da elaboração dos figurinos e adereços, são feitos estudos e desenhos sobre as ideias, chamados de "croquis". Observe, ao lado, um exemplo de croqui.

A caracterização depende da intenção do artista e da finalidade a que ela se destina, podendo gerar múltiplos significados. O figurino no teatro pode ser, por exemplo, a réplica da vestimenta do período histórico representado na peça ou ser utilizado para identificar uma classe social. Os figurinos e adereços podem ser ricos e detalhados ou simplificados. Da mesma forma, há amplas possibilidades para a maquiagem em um espetáculo, desde somente realçar algum traço do rosto do artista até formar composições complexas que podem ser comparadas a uma máscara, a exemplo do teatro kabuki, que você viu anteriormente.

Figurinos, adereços e maquiagem também são usados para ressaltar traços psicológicos ou características físicas do personagem teatral ou para gerar efeitos visuais em um espetáculo.

Observe as imagens a seguir.

Croqui do figurino de Gago Sacadura de Oliveira para o balé *Os orixás* (1965).

Cenas do espetáculo *O astronauta*, da Cia. Elástica Espacial. Direção de Alvise Camozzi. Figurino de Marina Reis. São Paulo (SP), 2010.

Cenas do espetáculo *O astronauta*, da Cia. Elástica Espacial. Direção de Alvise Camozzi. Figurino de Marina Reis. São Paulo (SP), 2010.

A figurinista paulistana Marina Reis (1975) utiliza, além de tecidos, materiais inusitados e objetos diversos para criar uma visualidade diferente nas roupas dos personagens. Na imagem 1, a composição do figurino, junto à iluminação da peça, transformou visualmente o tamanho dos atores, deixando-os pequenos, de forma que a combinação brinca com a junção entre o corpo real (a cabeça dos atores) e o corpo dos bonecos. Na imagem 2, a composição de objetos e o grande volume de tecidos esvoaçantes sugerem um ser inusitado, que mistura a figura humana com asas formadas por leques. Além disso, há muitas cabeças decorativas, o que torna o personagem visualmente maior e mais chamativo.

FOCO NA PRÁTICA

Neste tópico, você conheceu alguns artistas que usam o corpo e a atitude de palco de forma provocadora, explorando recursos como maquiagem, figurinos e linguagem corporal. Nesta prática, você escolherá uma música e preparará uma apresentação procurando usar esses recursos. Você pode tomar como referência um artista que conheça ou criar algo com base na música. O foco será a caracterização visual e a expressão corporal da apresentação. Se quiser, você também pode cantar a música ou cantar com a gravação. A atividade pode ser realizada individualmente ou em grupos. Siga as etapas a seguir.

1. Selecione a música. Pense no que motiva sua escolha: a música servirá para transgredir, para divertir, porque há facilidade de expressão, porque está na moda?

2. Pense no que a letra da música aborda e no que você quer transmitir. Ela propõe alguma reflexão? Como transformar essas questões em expressão corporal? Como seriam as atitudes na apresentação? Que tipo de movimentação corporal e gestual ajudam a externar essa reflexão?

3. Analise a estrutura básica, a introdução, as estrofes e o refrão da música. Ouça com atenção os instrumentos musicais e os detalhes do canto. Pense em como associar esses elementos musicais aos da caracterização visual e à expressão corporal. Não é necessário relacioná-los a todos esses elementos, veja quais dialogam melhor com suas escolhas.

4. Elabore a caracterização visual, agregando figurinos, adereços e/ou maquiagem à apresentação: quais roupas e adereços contribuem para evidenciar o que você pretende abordar? Que tipo de maquiagem?

5. Depois de elaborada a apresentação, você a mostrará aos colegas. Para isso, traga uma gravação da música.

Ao final, conversem sobre os trabalhos a partir das questões que o professor irá propor.

Os limites do corpo

OBSERVE AS IMAGENS DAS PÁGINAS 146 E 147.

1. Descreva-as e compare-as quanto aos seguintes aspectos: elementos, características, semelhanças e diferenças. O que elas retratam?
2. Você identifica alguma dessas imagens? Já a viu em outros contextos?

Mulher Mursi. Vale do Rio Omo. Etiópia, 2013.

Meninos Suri. Vale do Rio Omo. Etiópia, 2012.

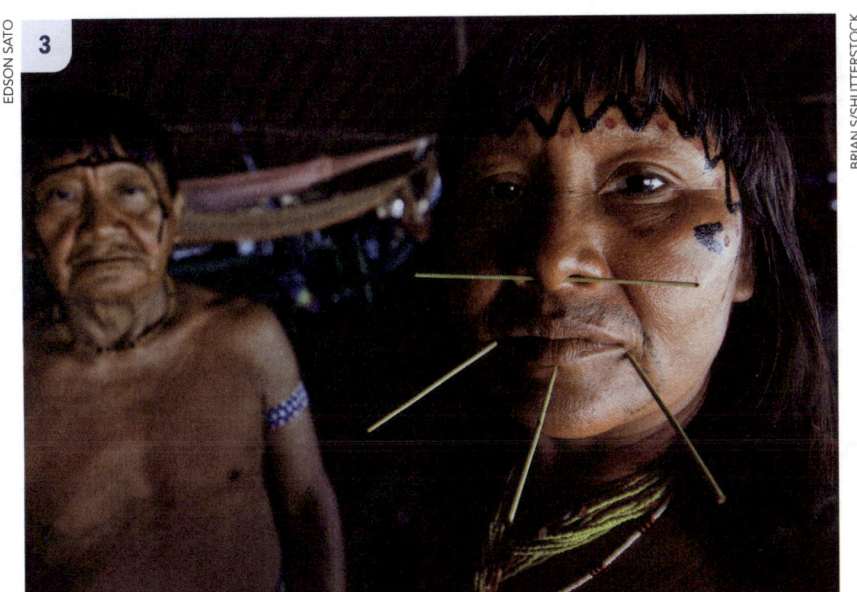

Indígenas Ianomâmi no interior da oca na Aldeia do Deminí. Barcelos (AM), 2012.

Homem Mãori. Nova Zelândia, 2010.

Diversas civilizações usam o corpo para expressar aspectos culturais e estéticos. As imagens anteriores mostram exemplos disso.

As mulheres Mursi (imagem 1) colocam pratos de cerâmica decorada no lábio inferior e argolas nas orelhas. Essa é uma prática tradicional desse povo, que vive no vale do Rio Omo, na Etiópia. Elas também realizam escarificações, como se vê no braço da mulher representada na fotografia. Escarificações são cortes feitos na pele que, quando cicatrizam, formam desenhos de vários formatos e significados. Essa é uma prática tradicional de diversos povos africanos e possui uma função tanto estética como de tradição cultural. Em algumas regiões, por exemplo, as marcas são utilizadas para distinguir grupos e famílias.

A mulher da imagem 1 tem o rosto pintado, assim como os meninos Suri (imagem 2), outro grupo que habita o vale do Rio Omo. Essa região é rica em minerais que geram pigmentos de várias cores, os quais são utilizados na pintura corporal. Os Suri também costumam ornamentar a cabeça com folhas, flores e frutas. Apesar de ser uma manifestação tradicional, realizada em festas, rituais e no cotidiano como forma de expressão individual, essa prática também tem sido realizada, nos últimos anos, para atrair turistas e fotógrafos estrangeiros, distanciando-se, assim, de suas funções originais.

No Brasil, há várias práticas estéticas e ritualísticas dos povos indígenas que interferem no corpo. Os Ianomâmi, que habitam terras do Amazonas (imagem 3), por exemplo, costumam pintar o corpo e perfurar o lóbulo das orelhas, o nariz e o lábio para introduzir pedaços de bambu. No Capítulo 2, você viu uma imagem que mostra a pintura corporal dos Karajá.

Entre os Mãori (imagem 4), povo nativo da Nova Zelândia, as tatuagens *tã moko* são feitas sobre o rosto. Originalmente, elas serviam para indicar a posição social, habilidades e qualificações. Os desenhos eram feitos com um instrumento de osso e com uma lâmina que aplicava a tinta, formando uma cicatriz que imprimia um aspecto de relevo na pele. Atualmente, essas práticas são símbolo de resistência cultural e tradição. Hoje, essas marcas também são feitas utilizando-se instrumentos mais modernos, como máquinas de tatuagem.

CAPÍTULO 3 • Linguagens do corpo

OBSERVE AS IMAGENS.

1. Elas registram a *performance Cada janela é uma paisagem diferente*, da artista Priscilla Davanzo. Como ela usa o corpo na *performance*? Qual é o resultado da ação? Observe as figuras quadradas na perna da artista: Como elas são? Elas lembram algo que você conheça?

2. Para você, qual é a diferença entre esse tipo de ação e outras expressões visuais na arte?

E VOCÊ?

Você já fez alguma modificação corporal? Em sua opinião, furar as orelhas para colocar um brinco ou *piercing*, como fazem os Ianomâmi, é algo muito diferente? Você acha que tingir os cabelos e usar maquiagem também podem ser consideradas uma modificação corporal? Por quê?

Ao longo do século XX, vários artistas romperam com noções que por muito tempo influenciaram as artes visuais, como "idealização", "beleza" e "contemplação". Ao buscar uma nova forma de percepção artística, passaram a utilizar o próprio corpo como suporte e obra de arte.

A presença do corpo nas obras intensificou-se a partir das décadas de 1960 e 1970 com a arte contemporânea, embora tenham sido feitas experiências nesse sentido desde o início do século XX.

Performance Cada janela é uma paisagem diferente (2015), de Priscilla Davanzo. *Body art*.

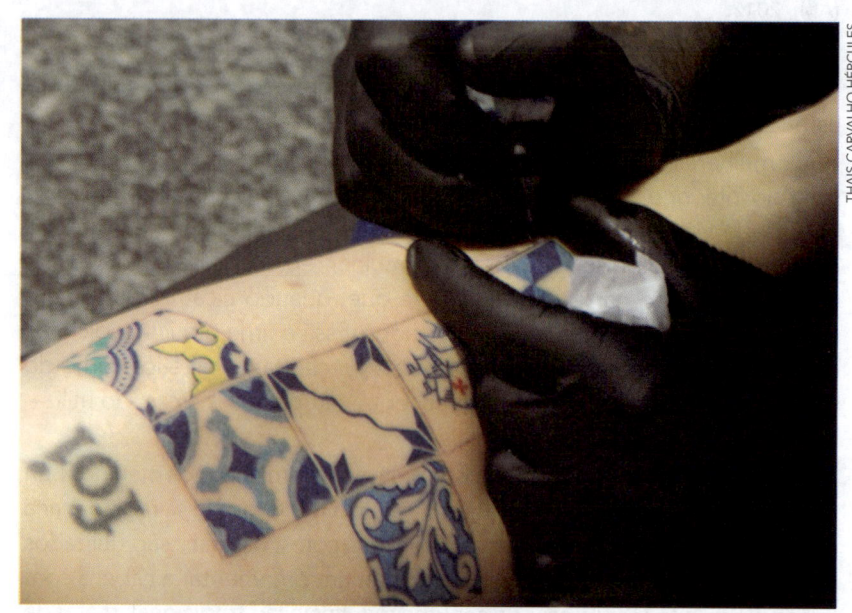

Performance Cada janela é uma paisagem diferente (2015), de Priscilla Davanzo. *Body art*.

Priscilla Davanzo é uma artista multimídia, ou seja, que trabalha com muitas linguagens artísticas e mídias. O foco de seu trabalho é o corpo. Ao uso do corpo como suporte artístico dá-se o nome de *body art* ("arte corporal", em português). Ainda que não existam técnicas específicas nessa arte, as mais comuns são as de modificação corporal, que podem ser permanentes ou temporárias, como as pinturas no rosto que você viu anteriormente.

Ao usar o próprio corpo como suporte da expressão artística, os artistas exploram os limites do ser humano: sua fragilidade, sua força, seus tabus etc. Na *body art*, o corpo vivo é a matéria principal, mas de modo distinto do que se costuma ver no teatro e na dança, sem envolver representação ou atuação. Em *Cada janela é uma paisagem diferente*, Priscilla

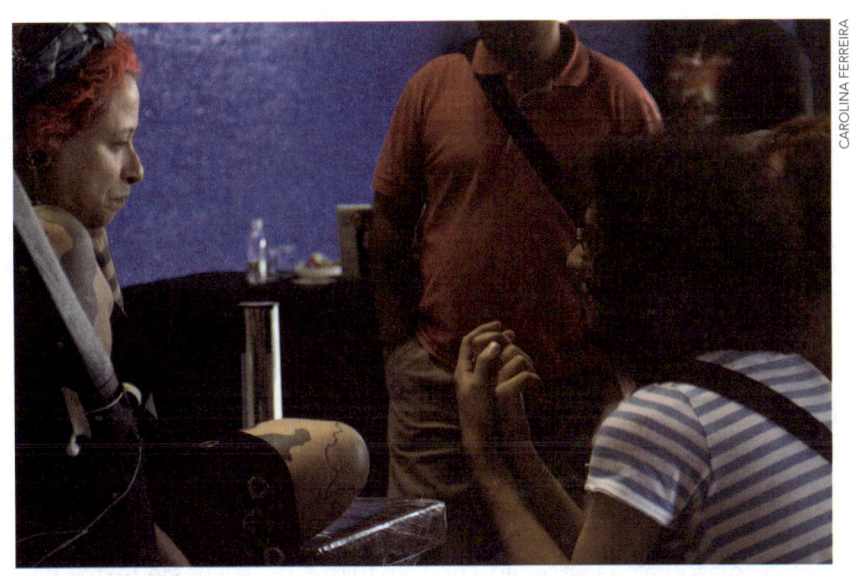

A artista Priscilla Davanzo em interação direta com o público. Cena da *performance Cada janela é uma paisagem diferente* (2015), de Priscilla Davanzo. *Body art*.

Davanzo passa horas sentada em uma cadeira, expondo seu corpo como um objeto de arte. Em horários predefinidos, um tatuador, com o equipamento adequado, faz imagens de azulejos portugueses na pele dela.

Priscilla Davanzo é brasileira descendente de povos de várias origens, como portugueses, italianos e africanos escravizados. Em 2014, mudou-se para Portugal para continuar seus estudos em arte. Dessa experiência surgiu a *performance Cada janela é uma paisagem diferente*. Nela, o público é convidado a se sentar ao lado dela para uma conversa sobre os temas sugeridos pelo trabalho.

Os azulejos portugueses podem tanto representar imagens individuais, figurativas ou abstratas, como formar mosaicos que criam imagens maiores, geralmente compondo cenas narrativas, como estes das imagens da Capela das Almas, na cidade de Porto, Portugal. A tradição dos azulejos em Portugal é herança da cultura árabe, em virtude da longa ocupação desse povo na Península Ibérica entre os séculos VIII e XV. No Brasil, essa tradição é muito presente no Maranhão.

CAPÍTULO 3 • Linguagens do corpo

Leia, a seguir, um trecho do que a artista escreveu sobre a proposta.

uma parede de azulejos portugueses. uma saudade. uma memória. uma aventura. [...]

uma história ladeada das diásporas dos estrangeiros, da terra estrangeira, da cultura estrangeira. da mistura.

a saudade da terra original. da cultura anterior. dos sabores, cores, temperaturas e sons. as memórias.

as marcas trazidas com as histórias pessoais se juntam às marcas geradas nas interações da diáspora. marca sobre marca. cicatrizes, manchas de nascença, pintas. tatuagens.

uma coluna de azulejos portugueses numa perna brasileira. uma saudade. uma memória. uma aventura.

uma viagem.

uma paisagem.

DAVANZO, Priscilla. *Cada janela é uma paisagem diferente*. Disponível em: <www.behance.net/gallery/28537767/cada-janela-uma-paisagem-diferente>. Acesso em: 12 abr. 2016.

- Como você relaciona esse trecho à ação de Priscilla Davanzo? Ele influencia sua percepção sobre a *performance*? Que sentidos o termo "diáspora", já abordado no Capítulo 2, possui nesse texto? Que histórias você contaria à artista se pudesse interagir com ela durante a proposta artística? Contaria também histórias de diásporas?

Em seu trabalho artístico, Priscilla realiza tanto modificações temporárias como permanentes, a exemplo das tatuagens. Questionada sobre a relação de sua obra com modificações corporais cotidianas, a artista disse:

Logicamente que nem tudo o que eu faço na minha vida cotidiana é arte, a menos que eu a apresente como tal. Por exemplo, mudar o corte ou a cor do cabelo não é algo que eu apresente ou faça com algum viés artístico. Mas é também uma das modificações que inflijo sobre meu corpo. O foco principal aqui acho que é: não são as modificações (técnicas) que são arte, mas o recorte, a exposição de alguma coisa.

Priscilla Davanzo, em depoimento aos autores deste livro.

OBSERVE AS IMAGENS DAS PÁGINAS 150 E 151.

Para você, o que elas representam? Imagine-se usando esses "apetrechos". Que sensações você imagina que causariam em você? Como eles modificam o corpo da pessoa que os utiliza?

Leque de corpo branco (1972), de Rebecca Horn. Tecido e metal, 275 cm × 270 cm × 3,7 cm. Performance.

Máscara de lápis (1972), de Rebecca Horn. Tecido, lápis e metal, dimensões variadas. *Performance*.

Durante as décadas de 1960 e 1970, a artista alemã Rebecca Horn (1944) também criou *performances* utilizando a modificação corporal. Ao contrário da ação de Priscilla Davanzo, que modifica de forma permanente o corpo da artista, nas obras de Rebecca Horn essa transformação é temporária, sem intervenção sobre a pele. Nelas, o corpo era modificado pelo uso de próteses, que ela chamou de "esculturas corporais".

As imagens anteriores mostram algumas de suas esculturas. São objetos que prolongam o tamanho de partes do corpo, modificam sua forma e, com isso, mudam a consciência da imagem e a sensação do corpo. É como se elas alterassem as funções e proporções corporais ao atribuir a ele novas partes. Na *performance Leque de corpo branco*, um mecanismo preso ao corpo o faz se mover como se tivesse asas. Já em *Máscara de lápis*, a cabeça pode desenhar com vários lápis presos a ela.

FOCO NA PRÁTICA

Agora, você se baseará na obra de Rebecca Horn para projetar e executar esculturas corporais. É possível tomar como referência características físicas de insetos e de outros animais, por exemplo, ou criar outra função para o corpo, caso considere interessante. Pense nas diversas possibilidades que podem mudar a forma e os movimentos do corpo. Por exemplo: uma alteração pode tornar os braços mais longos, modificando sua forma e interferindo no movimento. Também é possível fazer modificações que deixem os passos mais curtos e mudem o ritmo ao andar.

Sigam as etapas:

1. Comece planejando, com desenhos, o que você fará.
2. Procure pensar nos materiais que pode utilizar para realizar o que projetou. Pense nas características dos materiais e em sua adequação ao projeto. Você pode usar diversos materiais: papéis, barbantes, plásticos, tecidos, caixas etc. Se precisar unir partes de vários materiais, pense na melhor forma de fazer isso: com cola, fita adesiva ou amarrando com diversos materiais.
3. Depois de pronto o projeto, execute-o conforme planejado.
4. Apresente o resultado aos colegas.
5. Dediquem um tempo para experimentar as obras dos colegas e perceber como elas modificam o corpo e seus movimentos.

Ao final, promovam uma rodada de observação e conversa sobre o que realizaram. Quais foram as sensações provocadas ao usarem as esculturas corporais? Como seus corpos se modificaram? O movimento corporal foi alterado? Como? Os materiais usados foram adequados? Vocês acham que poderiam fazer mudanças para alcançar um resultado melhor nas formas e nos materiais?

Guardem esses trabalhos, pois eles serão utilizados novamente mais adiante.

CONEXÃO

Observe as imagens e leia o texto a seguir.

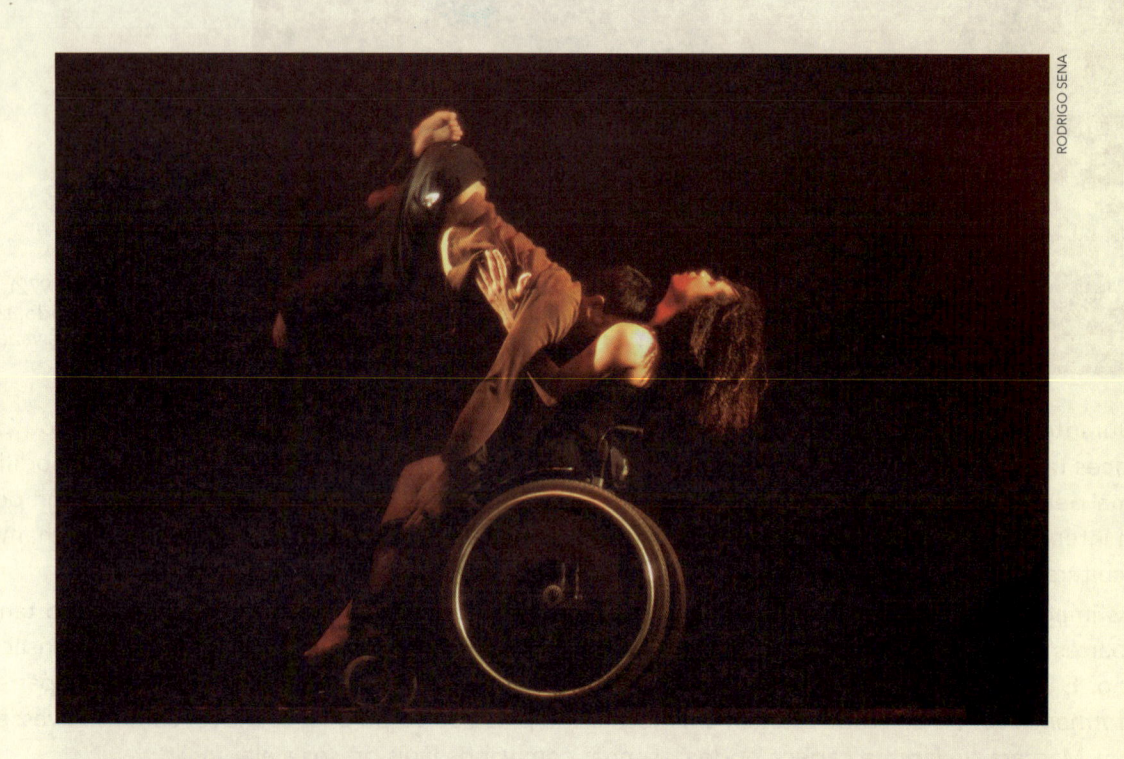

Cenas do espetáculo de dança *Sobre todas as coisas*, da Cia. Gira Dança. Direção de Anderson Leão e coreografia de Mário Nascimento. Natal (RN), 2012.

A condição humana e suas fragilidades. Quando podemos dizer que somos normais ou não? O que é normal? O que é anormal? Como conviver naturalmente com o diferente? Até que ponto o ser e a sua capacidade de superação e a incapacidade do outro de aceitação vão? A condição física é um mero detalhe e a condição mental é o que muda o homem e o mantém em circunstâncias de alterar o que lhe parece trágico e frágil. Não existe o frágil, existe um meio que fragiliza o outro (o ser). Essa é a proposta do espetáculo *Sobre todas as coisas*, onde os bailarinos da Cia. Gira Dança irão contrapor o frágil da sociedade, o frágil do ser humano ou o meio que o torna assim.

DEPOIMENTO do coreógrafo Mário Nascimento. Disponível em: <www.giradanca.com/#!sobre-todas-as-coisas/cgv6>. Acesso em: 28 abr. 2016.

Cena do espetáculo de dança *Sobre todas as coisas*, da Cia. Gira Dança. Direção de Anderson Leão e coreografia de Mário Nascimento. Natal (RN), 2012.

Essas imagens são do espetáculo de dança *Sobre todas as coisas*, da Cia. Gira Dança, de Natal (RN). O texto, escrito pelo coreógrafo Mário Nascimento, é uma sinopse desse espetáculo.

- Que relações você estabelece entre as ideias contidas na sinopse e as imagens do espetáculo? Converse com os colegas e o professor, destacando trechos do texto e elementos das imagens que chamem sua atenção.

A Cia. Gira Dança é uma companhia de dança contemporânea criada pelos bailarinos Anderson Leão e Roberto Morais em Natal (RN), em 2005. Surgiu com a proposta artística de explorar na dança o que o grupo chama de "corpo diferenciado". A companhia é formada por bailarinos com e sem deficiências físicas ou intelectuais. Tendo como referência as experiências com esses diferentes corpos, busca romper limites corporais preestabelecidos, investigar as possibilidades estéticas de criação em dança contemporânea. O grupo procura explorar os novos movimentos advindos das experiências corporais de seus membros e da relação entre eles. Assim, um bailarino sem deficiência, por exemplo, pode descobrir novas possibilidades de criação coreográfica a partir da experiência física de um bailarino com deficiência.

Desde sua criação, a companhia realizou espetáculos que abordam temas diversos, alguns deles explorando de forma mais direta questões sobre a diversidade. Em seu processo de criação, o grupo realiza explorações da linguagem da dança em integração com outras linguagens, como o audiovisual e o teatro. Além disso, trabalha com processos colaborativos, em que os bailarinos participam da elaboração dos espetáculos.

Em 2015, em comemoração aos dez anos de existência, a Cia. Gira Dança estreou o espetáculo *Dança que ninguém quer ver*, criação coletiva dos bailarinos junto aos diretores do grupo e a pesquisadores de vídeo e de teatro. Como resultado do processo de criação, foi lançado o vídeo *O bando*, disponível na internet. Se possível, assista-o em <https://vimeo.com/146633486>. No *site* do grupo, também é possível ver imagens de outros espetáculos. Disponível em: <www.giradanca.com/>. Acessos em: 28 abr. 2016.

VISÕES SOBRE O CORPO

Desde as primeiras manifestações artísticas conhecidas, a arte representa e usa o corpo humano como meio de expressão. O olhar que se dirige ao corpo, no entanto, difere de uma época para a outra e conforme a cultura, influenciando em sua representação. Pode ser um corpo estilizado, como o obtido pela simplificação visual de um desenho formado somente por linhas (como os que chamamos de "palitinhos") ou uma representação mais realista, refletindo valores sociais, morais, culturais e religiosos das sociedades.

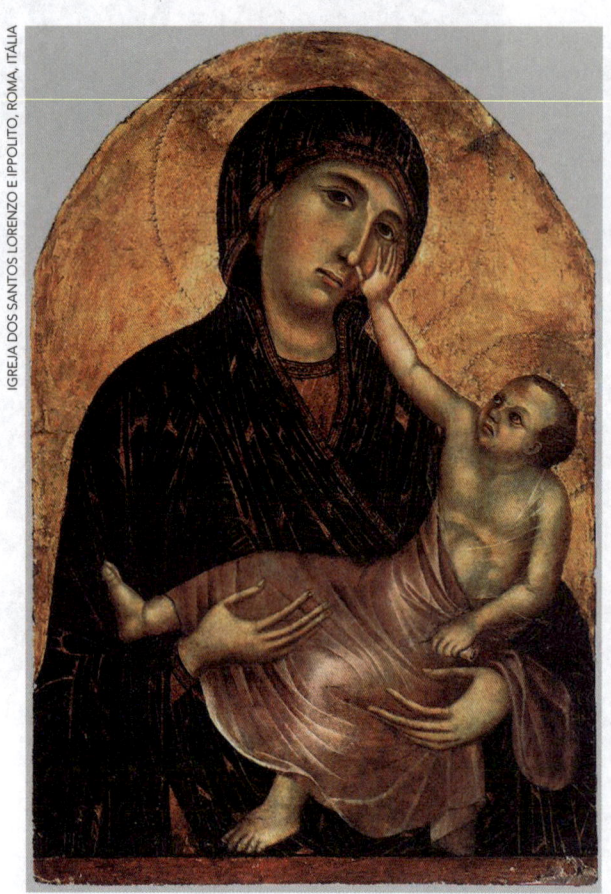

Madonna com o menino (c. 1281), de Duccio di Buoninsegna. Têmpera sobre madeira, 45,7 cm × 60,9 cm.

A pequena Madonna Cowper (c. 1505), de Rafael Sanzio. Óleo sobre madeira, 58 cm × 43 cm.

OBSERVE AS IMAGENS.

1. O que elas possuem em comum e o que as diferencia? Como são as pessoas representadas? Quais são suas expressões e que sensações elas lhe passam? Como estão dispostas no espaço em cada uma das composições? Como é o fundo de cada uma das obras e sua relação com as pessoas?

2. Em qual delas os corpos representados parecem mais real? Por quê? Cite elementos das imagens que justifiquem sua resposta.

Durante a Idade Média europeia, a representação do corpo humano na arte estava fortemente atrelada às crenças da Igreja Católica. A arte, em sua maior parte, era religiosa.

Acreditava-se que o ser humano era dividido em corpo e alma. A alma era considerada a parte elevada, eterna, superior. Já o corpo era visto como veículo do mal e do pecado. Assim, sua representação nas figuras religiosas deveria evitar a sensualidade dos corpos reais. As imagens eram estilizadas em figuras de aparência impalpável, geralmente planas ou com pouca representação de volume, em ambientes indefinidos, que narravam as histórias da religião para o povo, em sua maioria analfabeto, e o lembrava da necessidade de sua devoção.

Havia regras iconográficas a serem seguidas para que as imagens fossem reconhecidas pelas pessoas. As cores e a posição das figuras eram carregadas de simbologias. As figuras de Maria, como a de Duccio di Buoninsegna (1255-1319), estão sempre em posições parecidas: somente mãos e face aparecem, pois o manto azul, cor associada à imaterialidade e à pureza, cobre-lhe a cabeça.

Naquela época, os artistas não eram valorizados em sua individualidade e criatividade, não assinavam suas obras e a aprendizagem era baseada nos procedimentos técnicos ensinados pelos mestres. Os aprendizes deviam seguir as regras que lhes eram ensinadas, o que era considerado uma virtude.

> **volume:** no sentido do texto, refere-se à representação da ideia de tridimensionalidade.
>
> **iconográfico:** do grego *eikon* ("imagem") e *graphia* ("escrita"). Relativo à forma de representação das imagens.

FOCO NA PRÁTICA

Você já desenhou um objeto ou uma pessoa por observação?

Esse é um procedimento que a maioria dos artistas visuais pratica em algum momento de sua formação, mesmo que seja para depois trabalhar com outros meios ou deformar o desenho a fim de conseguir novos resultados. No Capítulo 2, você fez um desenho de observação, mas o foco era o trabalho com as cores. Agora o foco será as relações entre **dimensão** e **proporção**. A dimensão é o tamanho das formas; já a proporção é a relação de tamanhos entre elas e com o todo.

O desenho de observação é um exercício do olhar que permite a percepção mais aguçada das formas, das linhas, das cores, da luz, da sombra e de suas relações ao compor o que vemos.

Você fará vários desenhos de observação, começando com o desenho de objetos mais simples para depois desenhar o corpo humano. Note se, conforme olha e desenha, você começa a perceber mais os detalhes do que vê. Observe que a forma dos objetos e corpos se define não só pelas suas partes, mas também pelos espaços ao seu redor. Dependendo de sua posição, criam-se espaços "cheios" ou "vazios", como o que se forma entre os braços e o corpo ao se colocar as mãos na cintura.

Em seu desenho, procure perceber e reproduzir as relações de dimensão e proporção daquilo que você observa.

Não se preocupe se seus desenhos não saírem como você acha que deveriam ser. Como em qualquer atividade, desenhar pode ser mais fácil para algumas pessoas mas, para a maioria, inclusive artistas reconhecidos, o domínio da técnica só acontece depois de muito estudo e prática.

TANTAS HISTÓRIAS

Um olhar para o mundo

Na passagem da Idade Média para a Idade Moderna, novas visões de mundo contribuíram para mudar a forma como as imagens eram representadas. Foi o chamado **Renascimento**, uma época de grande desenvolvimento comercial, científico e artístico. Aos poucos, as relações passam a ser regidas mais pela razão e pela ciência e menos por valores religiosos e espirituais. O ser humano e sua capacidade intelectual são cada vez mais valorizados, com a ideia de que o conhecimento deve ser apreendido pela **observação** e pela **experiência** e não somente pelos ensinamentos do passado. Os artistas passam a valorizar o olhar para o mundo real na construção de suas figuras, procurando representar o **volume** e o **espaço** em que se encontram. Surgem novas regras de representação, como a **perspectiva**. Mesmo as figuras religiosas são mostradas em sua humanidade, muitas vezes em espaços terrestres, como na obra *A pequena Madonna Cowper*, de Rafael Sanzio, na página 154.

O Renascimento definiu os padrões de representação visual que orientaram a arte europeia dos séculos seguintes, em especial com a criação das **Academias de Belas Artes**, no século XVII. Essas escolas de formação artística criaram e desenvolveram regras rígidas para a produção artística que elevaram o *status* social dos artistas. Surgiram hierarquias de representação, sendo consideradas mais nobres as cenas históricas, mitológicas, alegóricas e religiosas, nas quais o artista demonstrava maior capacidade de imitação da realidade. Apesar de o foco na imitação do real ter durado séculos, mudanças estéticas aconteceram e acompanharam a produção acadêmica, como o Barroco. Esse modelo de ensino e produção artística foi exportado para os países colonizados por europeus. A Real Academia de Pintura e Escultura Francesa, criada pelo rei Luís XIV em 1648, foi o modelo adotado no Brasil no século XIX para a criação da Academia Imperial de Belas Artes.

Observe a imagem a seguir.

O descanso da modelo (1882), de José Ferraz de Almeida Júnior. Óleo sobre tela, 98 cm × 131 cm.

Na pintura *O descanso da modelo*, mostrada na página anterior, do artista José Ferraz de Almeida Júnior (1850-1899), formado pela Academia Imperial de Belas Artes, no Rio de Janeiro, é possível ver o emprego das regras acadêmicas de imitação da natureza. Nela, o artista registra o ofício do pintor, que realiza suas obras com base na observação do real. No caso, com uma modelo que posa para o trabalho. Almeida Júnior registra um momento de descanso da modelo, como o próprio nome da obra indica.

Agora, observe estas outras imagens.

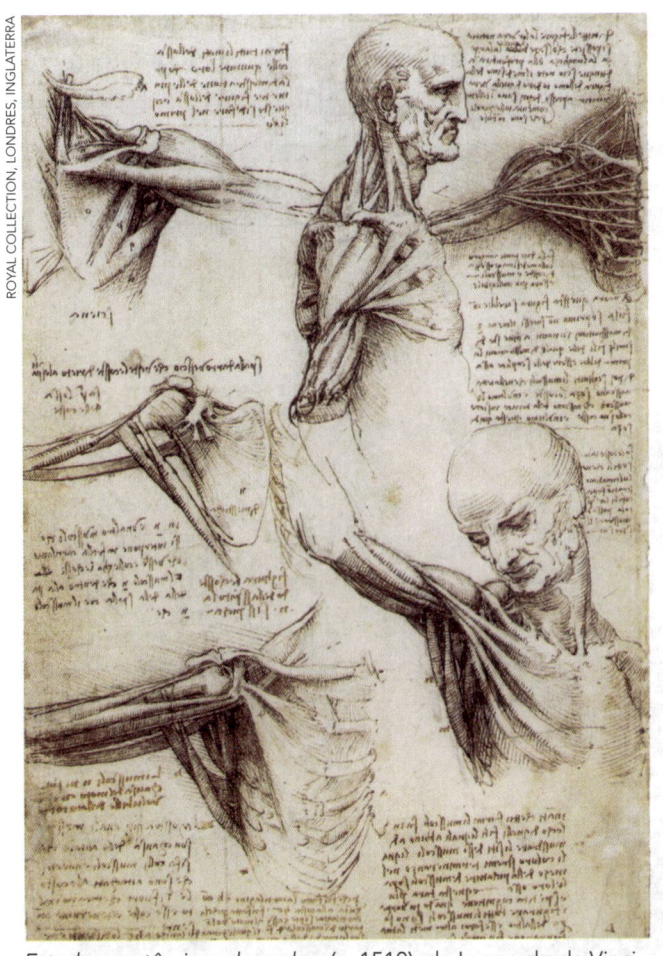

Estudos anatômicos do ombro (c. 1510), de Leonardo da Vinci. Giz e tinta sobre papel, 29,2 cm × 19,8 cm.

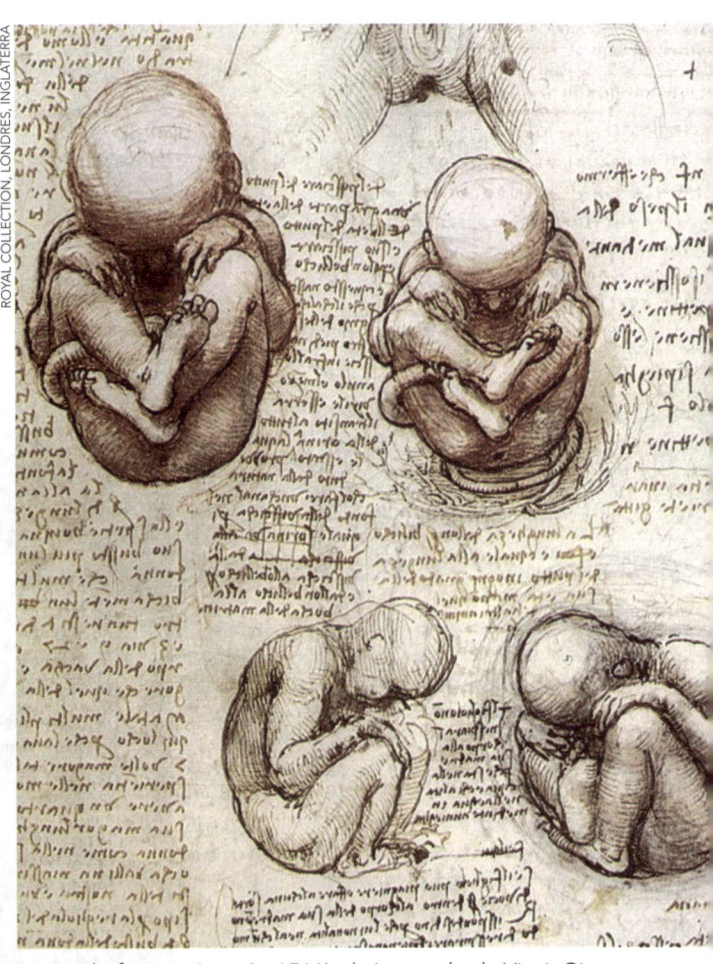

Vistas do feto no útero (c. 1511), de Leonardo da Vinci. Giz e tinta sobre papel, 30,4 cm × 21,3 cm. Detalhe.

Uma das pessoas que mais contribuiu para o desenvolvimento das artes e das ciências no Renascimento foi o italiano **Leonardo da Vinci** (1452-1519). Ele tinha um comportamento característico do período, aplicando sua curiosidade e capacidade intelectual a diversas áreas. Leonardo estudava a anatomia dos corpos e suas proporções, desenhando por observação. Para conhecer e representar de forma aprofundada o corpo humano, chegou a dissecar e desenhar cadáveres, estudando as relações entre as partes do corpo.

Uma técnica popularizada no Renascimento, atribuída a Da Vinci e que ampliou a sensação de realidade das figuras representadas é o ***sfumato*** ("esfumaçado", em português). Observe, na página seguinte, a imagem da famosa pintura *Monalisa*, também conhecida como *La Gioconda*.

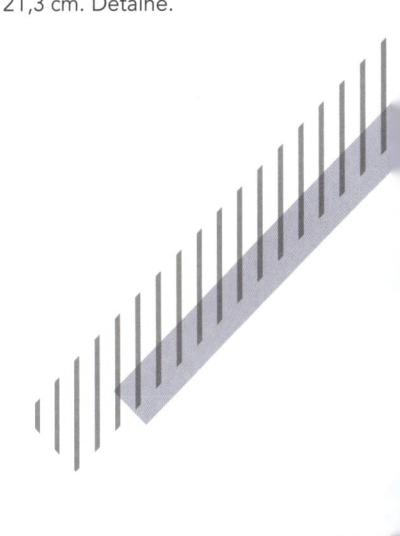

CAPÍTULO 3 • Linguagens do corpo

O *sfumato* é uma técnica de atenuação das linhas e dos contornos que separam as formas, dando a impressão de esfumaçado. Percebe-se seu emprego, em especial, nos cantos dos olhos e da boca, criando uma transição suave entre as tonalidades da pintura, o que a faz parecer mais real.

Outra técnica atribuída a Da Vinci e que se popularizou foi o **chiaroscuro** (literalmente, "claro e escuro", em português), que é o uso do contraste entre luz e sombra de modo a acentuar a impressão de volume das figuras. Ela também pode ser notada na obra *Monalisa*, por exemplo, no contraste das vestes (escuras) com o rosto, o colo e as mãos (claros). O *chiaroscuro* foi muito explorado posteriormente pelos artistas barrocos para criar imagens carregadas de dramaticidade.

Monalisa (1503-1505), de Leonardo da Vinci. Óleo sobre madeira de álamo, 77 cm × 53 cm.

FOCO NA PRÁTICA

Folheie as páginas do livro e observe as obras, neste e em outros capítulos, entre pinturas, esculturas e fotografias, que representam o corpo humano, e observe como os gestos humanos foram representados.

Forme dupla com um colega. Vocês realizarão uma prática de integração entre dança e artes visuais. Cada um escolherá uma obra que viu ao folhear o livro e criará uma sequência de movimentos para ela. Depois, enquanto um de vocês realiza os movimentos que criou, o outro o observará e o desenhará, passando os movimentos para o papel. Não se trata de desenhar o corpo inteiro do colega, mas, enquanto ele dança, desenhar rapidamente as linhas e formas que o corpo cria no espaço ao se movimentar. Vocês podem sobrepor os desenhos ou fazê-los um ao lado do outro, experimentando as diversas possibilidades.

Sigam as etapas:

1. Afastem as carteiras.
2. Escolham uma das obras que viram.
3. Reproduzam com o corpo a posição representada na obra que vocês escolheram.
4. Com base nessa posição, criem duas outras: uma que venha antes e uma que venha depois. Para isso, movam seu corpo criando o instante anterior ao que seu corpo está. Experimentem de algumas maneiras e escolham uma. Em seguida, coloquem-se novamente na posição representada pela obra e mexam seu corpo criando o instante posterior. Experimentem de algumas maneiras e escolham uma.
5. Realizem essa sequência de três movimentos por um tempo, para praticar. Vocês precisarão refazê-la no fim da atividade.
6. Em seguida, enquanto um dos integrantes da dupla realiza os movimentos que criou, o outro os desenha. Depois, troquem de função.

Sugestão de materiais: folhas amplas (mínimo tamanho A3) e giz de cera.

7. Quem estiver realizando a sequência de movimentos deve repeti-la várias vezes enquanto o colega faz os desenhos.
8. Ao desenhar, observem como o corpo do colega em movimento cria desenhos no espaço. Procurem reproduzir fragmentos desses desenhos no papel. O corpo se movimenta rapidamente, então vocês deverão desenhar rápido, captando linhas e formas e colocando-as no papel. Vocês podem usar cores diversas ao desenhar.

Ao final, exponham os desenhos de todos de forma visível, pode ser no chão ou em uma parede. Dediquem um tempo para observar os desenhos e conversem sobre as impressões que eles provocam. Como o movimento foi expresso em linhas, formas e cores? Surgiram resultados figurativos ou abstratos?

Depois, um por vez, cada um de vocês executará sua sequência de movimentos junto ao desenho criado pelo colega da dupla. Promovam uma nova rodada de observação e discussão sobre os desenhos, agora relacionando-os aos movimentos.

Diferentes compreensões sobre o corpo também interferem na representação do corpo nu na arte e em sua aceitação pelas sociedades. O termo "Renascimento" teve origem na intenção dos artistas e intelectuais do período de fazer renascer os valores da cultura greco-romana anterior à Idade Média, considerada o berço da civilização ocidental. Inspirados na Grécia Antiga, os renascentistas retomaram a representação do corpo nu, mas em um contexto permeado pela moral cristã. Na Grécia Antiga, o corpo nu não era associado ao pecado, mas visto com naturalidade, e sua representação era comum. Muitas das representações do corpo, inclusive, eram de deuses. O corpo era valorizado por sua força e beleza e representado segundo proporções observadas, mas ao mesmo tempo idealizado, de acordo com princípios de harmonia e equilíbrio. Assim, as obras de arte do período buscavam uma perfeição ou beleza ideal, segundo um padrão preestabelecido. Mais que imitar a realidade, elas procuravam superá-la.

Observe as imagens a seguir.

Apolo do Belvedere (c. 130-140 a.C.). Cópia romana do original grego de 330-320 a.C., atribuído a Leocares. Mármore, 224 cm.

Afrodite, também conhecida como *Vênus de Milo*. Obra helenística do fim do séc. II a.C., de autoria desconhecida. Mármore de Paros, 202 cm.

As esculturas acima representam dois importantes deuses da Antiguidade greco-romana: Apolo, deus associado à beleza, ao equilíbrio e à razão; e Vênus (Afrodite, entre os gregos), deusa do amor, da beleza e da sexualidade. Nelas, é possível observar a anatomia dos corpos em detalhes e as soluções para a representação do movimento, o que lhes dá aspecto de vida. Um tronco ao lado da perna de Apolo sustenta a figura, permitindo que a outra perna se desloque e o braço seja levantado. O corpo de Vênus é mostrado torcido, com uma perna também levemente dobrada. Nas duas imagens a representação primorosa do tecido enfatiza a sensação de leveza e movimento. Ambas as figuras estão nuas, mas são mostradas com altivez e naturalidade.

Na cultura europeia cristã, no entanto, a retomada da representação do corpo nu muitas vezes causou polêmica. Durante o Renascimento e nos séculos seguintes, o nu artístico ora foi visto com olhares de repro-

Observe, a seguir, a gravura de Raimondi.

O julgamento de Páris (c. 1515), de Marcantonio Raimondi. Gravura, 29,1 cm × 43,7 cm.

O julgamento de Páris (c. 1515), de Marcantonio Raimondi. Gravura, 29,1 cm × 43,7 cm. Detalhe.

A mulher representada em *Almoço na relva* é uma mulher comum, não se trata de uma deusa ou alegoria. Sua nudez não era esperada pelo público. Ela está despida, suas roupas estão ao seu lado, no chão, e encontra-se na presença de dois homens vestidos com trajes da época. Além disso, ela olha o espectador nos olhos, sem pudores.

CAPÍTULO 3 • Linguagens do corpo

Ela poderia ser qualquer moça parisiense do período, como as que visitavam a exposição. Essa falta de distanciamento provocou um choque no público. A obra de Manet também não obedece às regras de perspectiva e de luz e sombra utilizadas desde o Renascimento. As figuras quase não possuem sombreamento, como se tivessem sido recortadas e coladas sobre a superfície da tela. Faltam-lhes a tridimensionalidade que a arte acadêmica havia cultivado.

A pintura de Edouard Manet é um atestado da liberdade do artista, que questiona o compromisso da pintura com a imitação da realidade. Essa atitude de rompimento com as regras acadêmicas de imitação da aparência real da natureza seria assumida de forma mais radical pouco depois pelos artistas modernos, como nas obras de Picasso, Matisse, Modigliani, Brancusi e Braque, artistas abordados no Capítulo 2.

CONEXÃO

Observe a imagem a seguir.

Sessão fotográfica do artista Spencer Tunick. Festa no Jardim Botânico do Queens. Nova York, EUA.

1. Quais são suas impressões sobre ela? Como você se sentiria ao se deparar com essa cena em um espaço público? Por que você acha que se sentiria assim?

2. Você vê relações entre essa fotografia e a pintura *Almoço na relva*, de Manet? Quais?

O artista estadunidense Spencer Tunick (1967) dialoga constantemente com a história da arte ao mostrar o corpo nu em suas obras. Muitas de suas imagens são fotografias em espaços públicos. Ele cria uma relação entre o corpo humano e o espaço público com a qual não estamos acostumados. Para a nossa sociedade, o espaço público é aquele no qual estamos vestidos. Cobrimos o corpo com roupas que não apenas impedem a exposição de nossa nudez, mas contribuem para a definição de nossa identidade: as roupas indicam aspectos como condição social, gosto, personalidade e gênero.

Agora, observe estas imagens.

Sessão fotográfica realizada pelo artista Spencer Tunick, na qual participaram 152 pessoas. Nova York, EUA, 2000.

Sessão fotográfica *Brasil 4*, do artista Spencer Tunick, na 25ª Bienal de São Paulo. Parque do Ibirapuera, São Paulo (SP), 2002.

Quais são suas impressões ao ver tantas pessoas nuas e juntas no mesmo espaço?

Ao revelar os corpos despidos de roupas, as imagens de Tunick mostram nossas diferenças e semelhanças enquanto seres humanos. As pessoas retratadas em suas fotografias geralmente são voluntárias, que comparecem aos locais combinados e seguem as orientações do fotógrafo para a realização das imagens. Em 2002, para a 25ª Bienal de São Paulo, Tunick fotografou as pessoas no Parque do Ibirapuera, em São Paulo, na área externa e também no interior do edifício da Bienal, projetado pelo arquiteto Oscar Niemeyer (1907-2012).

CAPÍTULO 3 • Linguagens do corpo

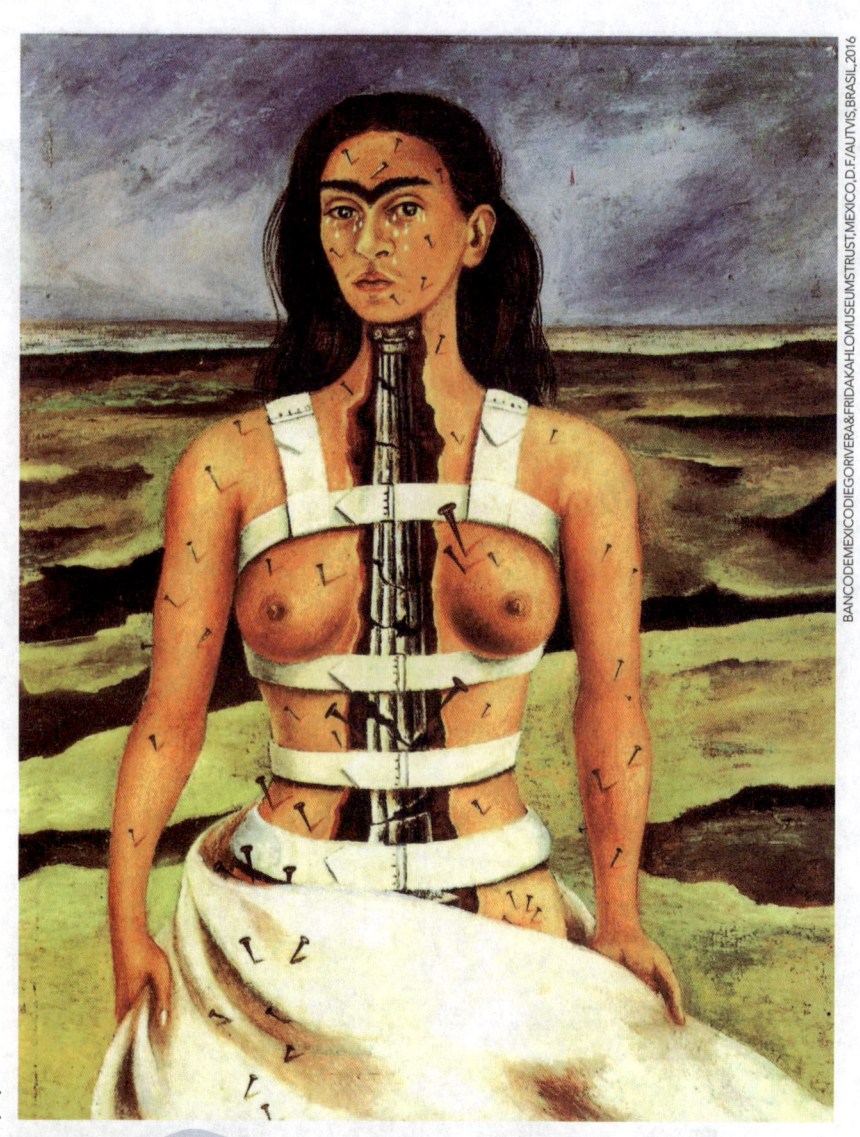

A coluna partida (1944), de Frida Kahlo. Óleo sobre tela, 43 cm × 33 cm.

OBSERVE A IMAGEM.

1. Que sensações ela provoca em você? Como a representação do corpo nessa obra influencia sua percepção?
2. Quais são as diferenças entre essa representação do corpo feminino e outras que você viu anteriormente?
3. Nessa obra, a artista representa a si mesma. Esse fato influencia sua percepção? Como? Que sentidos você atribui aos diversos elementos que aparecem na imagem?

A artista mexicana Frida Kahlo (1907-1954) fez parte do movimento da Arte Moderna em seu país e o rompimento com os padrões acadêmicos de representação visual também pode ser percebido em sua obra. Destaca-se, no entanto, uma expressão completamente pessoal. Suas obras contêm muitos elementos biográficos e a representação de seu corpo está presente na maioria delas, como em *A coluna partida*. Em sua pintura, o corpo não é idealizado nem procura imitar a aparência do que é visível no mundo concreto, mas traz elementos simbólicos que se relacionam às vivências da artista.

Durante toda a vida Frida enfrentou problemas de saúde que afetaram sua mobilidade. Aos 6 anos, contraiu poliomielite, o que a deixou com uma lesão permanente em uma das pernas. Aos 18 anos, passou por um grave acidente de trânsito, que a deixou com muitas fraturas, incluindo a coluna quebrada, afetando sua saúde pelo resto de sua vida. Frida teve seu corpo todo reconstruído e passou meses imobilizada. Foi nesse período que começou a pintar, em um primeiro momento, como uma forma de ocupar-se.

A arte levou-a a entrar em contato com diversos artistas e intelectuais de seu tempo, como o artista muralista Diego Rivera (1886-1957), com quem se casou. Sua saúde, no entanto, nunca permitiu que tivessem filhos e o relacionamento com Rivera sempre foi conturbado. Suas dores, angústias e também resistência refletem-se em suas pinturas, como na representação de um corpo fragmentado. A obra de Frida foi muitas vezes associada ao Surrealismo, porém a artista enfatizava que o que pintava não eram sonhos, mas sua realidade.

Frida Kahlo é um exemplo da expressão de uma identidade feminina na arte, em seu caso, concretizada na representação do próprio corpo. Ao estudarmos a arte dos séculos passados, especialmente até o século XIX, a presença de mulheres artistas é bastante rara, visto que as mulheres tinham pouca ou nenhuma participação na sociedade.

> **muralista:** quem pinta sobre muros ou paredes. No início do século XX no México, o muralismo foi um movimento que pretendia tornar a arte democrática por meio da pintura mural, com temática política e social e valorização da identidade mexicana.
>
> **Surrealismo:** corrente da Arte Moderna surgida nos anos 1920, especialmente na literatura e nas artes visuais, focada na expressão daquilo que está além da realidade concreta e da racionalidade, como os sonhos, o fantástico e os impulsos inconscientes do ser humano. Seu desenvolvimento está atrelado fortemente aos estudos e descobertas da psicologia.

FOCO NA PRÁTICA

Agora, você e seus colegas criarão imagens do corpo com base na projeção de suas sombras.

Esta proposta pode ser realizada em sala de aula (usando um foco de luz artificial e pintando em papéis) ou ao ar livre (aproveitando a luz do Sol e desenhando no chão ou em papéis).

Vocês precisarão de:

- um foco de luz forte, como uma lanterna, um abajur ou holofote (caso façam na sala de aula);
- papéis de tamanho grande (A1 ou A2) ou papel em rolo, como *kraft*. Outra possibilidade é unir folhas de jornal com fita adesiva (caso não desenhem diretamente no chão);
- giz ou carvão (para desenhar no chão);
- tinta guache ou acrílica (para desenhar no papel);
- pincéis de várias espessuras (para desenhar no papel);
- pote com água e tecido para limpar os pincéis (para desenhar no papel).

Sigam as etapas:

1. Forme uma dupla com um colega. Um deve posar para criar a sombra, enquanto o outro realizará o contorno da sombra com tinta, giz ou carvão, direto no chão ou no papel. Para que isso aconteça, é preciso direcionar a luz para criar uma sombra em que se veja a projeção do corpo todo. É possível usar os papéis no chão e também na parede, depende de onde a sombra é projetada.

2. Antes de iniciar o contorno da sombra, quem está posando deve explorar vários movimentos com o corpo até encontrar um que a dupla considerar interessante. Pense nas formas de vazios e cheios criadas pelo corpo dependendo do movimento e da posição. Neste momento, um deve ficar parado para que o outro faça o contorno da sombra. Depois devem revezar, para que ambos realizem as duas ações. A dupla pode pensar nas poses juntas, de modo que as sombras formem uma cena conjunta.

3. Cada um deverá pintar o interior do contorno de sua sombra, procurando, a seu modo, expressar visualmente aspectos de sua personalidade e de suas experiências. Neste momento, a ideia é explorar as possibilidades de criação individual com o material escolhido. Lembrem-se da obra de Frida Kahlo. Ela expressou visualmente, de forma simbólica, aspectos de sua individualidade na representação de seu corpo. Como você pode explorar a visualidade em uma expressão pessoal?

Observação: Caso decidam fazer ao ar livre e desenhar no chão, é preciso que realizem a atividade em um horário no qual a luz do Sol incida lateralmente, como no meio da manhã ou da tarde. Se o Sol estiver muito alto, quase não há sombra. Notem como, com o passar do tempo e o movimento do Sol, a sombra diminui ou aumenta. Vocês também podem pintar ao ar livre usando papéis e tinta.

ARTES DO CORPO

Corpo cênico

O teatro e a dança são linguagens artísticas nas quais o corpo é o principal meio de expressão. Uma das mais representativas formas de teatro em que o corpo é o principal instrumento comunicativo é a **commedia dell'arte**.

E VOCÊ?

Você já ouviu falar em *commedia dell'arte*? Conhece algum de seus personagens e suas características? Já viu alguma peça que trabalhe com elementos da *commedia dell'arte*?

A *commedia dell'arte* ("comédia da arte", em português) é uma forma de teatro popular que surgiu na Itália durante a Idade Média e se desenvolveu no Renascimento entre os séculos XVI e XVII. Mais do que os autores e os textos, o que marcou essa linguagem foram os personagens, com suas diversas composições corporais.

ENQUANTO ISSO... NA ÍNDIA

Kathakali

O kathakali é um tipo de teatro clássico da Índia, interpretado exclusivamente por homens. Existe há aproximadamente quatrocentos anos. Originou-se de rituais sagrados datados de milhares de anos. Por isso, guarda em suas raízes uma relação estreita com a religião predominante na Índia: o hinduísmo. O ator do teatro kathakali é considerado um sacerdote e o palco é tido como um local sagrado de representação da luta entre o bem e o mal.

Na língua híndi (idioma falado pela maior parte dos indianos) não existem palavras específicas para designar "teatro" e "dança". As duas formas de arte são consideradas uma só, sem separação.

Em virtude do caráter religioso desse tipo de teatro, a formação dos atores kathakali é rigorosa e obedece a regras similares às dos antigos guerreiros indianos. Nos espetáculos kathakali, nada é ao acaso, ao contrário do que acontece com a *commedia dell'arte*, mais livre e improvisada. Tudo o que acontece em cena obedece a uma estrutura preestabelecida.

O kathakali faz uso de textos tradicionais em verso e prosa. No entanto, a voz não é usada para interpretá-los. Os atores se utilizam das mudras: um código gestual, composto de posições estáticas de mãos que, aliadas a movimentos de tronco, braços e rosto, dão origem às palavras. Esse complexo sistema de comunicação é comparável a um idioma, pois abarca todas as palavras conhecidas.

Nas apresentações, o rosto do ator é o principal meio expressivo. Depois de um longo e rígido treinamento dos músculos da face, os atores tornam-se capazes de altos graus de expressividade. A maquiagem do kathakali também está entre as mais elaboradas do mundo. Em conjunto com o figurino exuberante, o objetivo é desfazer a figura humana, para aflorar personagens míticos da dramaturgia indiana.

Apresentação de kathakali, teatro clássico da Índia, 2010.

Cada personagem da *commedia dell'arte* tem características próprias, apresentando máscaras e figurinos específicos, personalidade, trejeitos, formas de se movimentar, posturas corporais e gestos bem marcados.

Essas figuras eram uma espécie de representação arquetípica dos tipos sociais da época. Algumas representavam regiões da Itália e falavam dialetos típicos.

Os personagens recorrentes da *commedia dell'arte*, chamados de *tipi fissi* ("tipos fixos", em português), são divididos em categorias:

Vecchi (Velhos)

- **Pantalone (Pantaleão):** rico comerciante, muito conservador, avarento e mulherengo. Costuma colocar provérbios no meio de suas falas. Sempre corteja uma das moças da história. Usa uma máscara negra de nariz pontudo e barbicha; calça, meias vermelhas, chinelos, casaco preto até o tornozelo e uma bolsa pequena na cintura. Fala o dialeto veneziano.

- **Dottore (Doutor):** é viúvo, advogado ou médico. Ora é aliado de Pantalone, ora rival. Quando nasceu, não chorou, disse uma frase em latim. Fala o dialeto de Bolonha, misturando palavras em latim o tempo todo para se mostrar erudito, mas na verdade não é tão culto assim. É facilmente enganado pelos outros. Representa ainda um marido traído pela mulher e é muito ciumento. Usa roupa branca e preta e uma máscara que cobre somente o nariz e a testa.

No centro, o personagem Pantalone, na peça teatral *Arlecchino, servidor de dois patrões* do Piccolo Teatro di Milano. Praça de São Marcos, Veneza, Itália.

À esquerda, o personagem Dottore Lombardi, na peça teatral *Arlecchino, servidor de dois patrões*, do Piccolo Teatro di Milano. Praça de São Marcos, Veneza, Itália.

Personagens contracenam durante a peça teatral *Arlecchino, servidor de dois patrões*, do Piccolo Teatro di, Moscou, Rússia, 2008.

O personagem Capitano na peça teatral *Arlecchino, servidor de dois patrões*, do Piccolo Teatro di Milano. Paris, 1990.

Os personagens Arlecchino e Brighella na peça teatral *Arlecchino, servidor de dois patrões*, do Piccolo Teatro di Milano. Moscou, Rússia, 2011.

Os personagens Arlecchino e Zerbinetta, em primeiro plano, na peça teatral *Arlecchino, servidor de dois patrões*, do Piccolo Teatro di Milano, 1983.

- **Innamorati (Jovens apaixonados):** casal de jovens apaixonados. Seus nomes variam conforme o roteiro. Não utilizam máscaras. Cantam e dançam muito bem. Falam o dialeto de Toscana.

Zanni (Criados)

- **Arlecchino (Arlequim):** é o mais conhecido dos criados. É a representação do homem que busca trabalho. Está sempre com fome. Arma as intrigas da história. É possuidor de uma incrível destreza corporal. Usa uma meia-máscara preta e veste roupas remendadas com losangos verdes, vermelhos e azuis e chapéu preto ou branco.
- **Brighella (Briguela):** é o mais inquieto e esperto dos personagens. Disputa com Arlequim o amor da criada. É cínico e astuto. Usa roupa verde e branca, com capa, máscara verde com nariz pontudo e lábios grossos.
- **Pulchinella (Polichinelo):** é um camponês napolitano que se movimenta muito lentamente. Parece tolo, mas não é. É corcunda e o mais vulgar dos criados. Usa um grande capuz e uma máscara com nariz curvado, em forma de gancho.
- **Zerbinetta:** personagem feminina da categoria dos criados. Também é conhecida por outros nomes, como "Colombina", "Corallina", "Rosetta" e "Smeraldina". É sensual, interesseira e debochada. Adora ser disputada pelos outros criados. Não usa máscara.
- **Capitano (Capitão):** é sempre o último personagem a aparecer na história. É fanfarrão e pretensioso, mas na verdade é um grande covarde. Usa chapéu de plumas, colete, camisa com mangas bufantes, calça apertada, capa e espada.

CAPÍTULO 3 • Linguagens do corpo

FOCO NA PRÁTICA

Agora, em grupos de cinco integrantes, você e seus colegas farão um exercício sobre um dos seguintes personagens da *commedia dell'arte*: Pantalone, Dottore, Arlecchino e o casal de Innamorati. Sigam as etapas.

1. Distribuam os personagens entre os integrantes do grupo. Meninas podem interpretar personagens masculinos e vice-versa.
2. Pesquisem em livros, na internet, em revistas, artigos, vídeos e com grupos da região onde moram tudo sobre o personagem. O foco da pesquisa são as características físicas e a personalidade do personagem. Usa máscara ou não? Como ela é? Como é a roupa? Usa algum adereço? Como é sua postura? Seu jeito de andar? É um personagem ágil ou lento? Como é o jeito de falar? É esperto, bobo, interesseiro, ciumento, rabugento etc.?
3. Com base nessas informações, cada um providenciará a caracterização de seu personagem: roupas, máscara (se o personagem usar), maquiagem e adereços. Vocês poderão improvisar esses objetos utilizando o que tiverem em casa ou o que seja possível conseguir. O foco da atividade está na construção do personagem, sendo que a caracterização, mesmo que improvisada, ajuda muito nesse sentido.
4. Reunidos com o grupo, troquem as informações que coletaram sobre cada personagem e experimentem, na prática, as características físicas de cada um deles. Vistam todos os adereços que conseguiram, roupas, máscaras e demais acessórios e, por um tempo, caminhem todos juntos pelo espaço procurando agir segundo as características do personagem, buscando qualidades de movimentos e de gestos. Percebam, por exemplo, se ele anda de forma lenta, curvada e fala alto ou é esguio, ágil e bobo; e assim por diante. Depois, um a um, vocês o mostrarão ao restante do grupo.

Ao final, reunido com seu grupo, conversem sobre os personagens. Quais as características mais marcantes de cada um deles? No que essas características influenciaram na composição física do personagem? Quais outras características puderam agregar ou criaram durante o exercício prático?

No Renascimento, cada ator da *commedia dell'arte* era especialista em determinado personagem, que representava durante toda a vida. As peças eram sempre realizadas por esses mesmos personagens, mas em situações diferentes em cada história.

As companhias eram itinerantes, viajavam de cidade em cidade e geralmente apresentavam-se em praças públicas. Em geral, eram formadas por famílias constituídas por um diretor e seis ou sete atores.

A *commedia dell'arte* também era conhecida por outras denominações, como *commedia all'improvviso* (comédia de improviso), *commedia di zanni* (comédia dos criados ou empregados) ou comédia italiana.

Os espetáculos, repletos de situações cômicas e improvisos, eram elaborados de forma coletiva. Um roteiro básico, chamado *canovaccio* (palavra provavelmente originada do termo francês *canevas*, que significa "esboço"), estrutura as histórias. Não existiam textos escritos para a *commedia dell'arte*: tudo era feito de maneira improvisada, com base nesses roteiros básicos. Cada *canovaccio* é cheio de situações cômicas chamadas de *lazzi* (piadas). Os *lazzi* (no singular, *lazzo*) são piadas, tiradas e situações engraçadas inseridas no meio da história.

Em seu livro *Manual mínimo do ator*, Dario Fo (1926), importante escritor, dramaturgo e comediante italiano, diz o seguinte sobre os atores da *commedia dell'arte*:

Os cômicos possuíam uma bagagem incalculável de situações, diálogos, *gags*, lenga-lengas, ladainhas, todas arquivadas na memória, as quais utilizavam no momento certo, com grande sentido de *timing*, dando a impressão de

---

gag: situação cômica rápida, inserida no meio das peças.

timing: termo em inglês que significa "cronometragem". No teatro, é a percepção do tempo certo para inserir certa ação ou texto a fim de obter o efeito desejado.

estar improvisando a cada instante. Era uma bagagem construída e assimilada com a prática de infinitas réplicas, de diferentes espetáculos, situações acontecidas também como o contato com o público [...].

FO, Dario. *Manual mínimo do ator*. 5. ed. São Paulo: Senac, 1998.

CÁPSULAS

Ferrucio Soleri e o Piccolo Teatro di Milano

Ferrucio Soleri durante uma apresentação da peça *Arlecchino, servidor de dois patrões*, do Piccolo Teatro di Milano. Moscou, Rússia, 2011.

Essa imagem e algumas outras que você viu da *commedia dell'arte* nesta seção são da peça *Arlecchino, servidor de dois patrões*, de Carlos Goldoni, produzida pelo Piccolo Teatro di Milano. Desde 1947, esse teatro italiano trabalha, entre outras linguagens, com a *commedia dell'arte* e encena o espetáculo na Itália e no restante do mundo.

Ferrucio Soleri (1929), ator que aparece na imagem, interpreta Arlecchino desde 1959 e ainda hoje mantém uma extraordinária agilidade física, além de domínio absoluto de interpretação do personagem.

A *commedia dell'arte* se disseminou pelo mundo principalmente durante a Contrarreforma, quando a Igreja Católica começou a perseguir esse tipo de trabalho alegando que as peças tratavam de temas infames e contrários à religião. Os atores se espalharam, buscando outros locais para se fixar, principalmente na França e na Espanha, motivo pelo qual nesses lugares encontram-se os mesmos personagens, ainda que muitas vezes com outros nomes. Alguns estudiosos afirmam que, pelo fato de nesses países as peças serem apresentadas em língua estrangeira (italiano), a linguagem corporal foi se aprimorando cada vez mais, pois os atores tinham de comunicar a história por meio do corpo, de movimentos e de ações.

Foi somente no século XVIII que Carlos Goldoni (1707-1793), escritor italiano, começou a registrar a *commedia dell'arte* em textos escritos. Por um lado, isso levou à perda do caráter de improviso dessa forma de arte, mas, por outro, preservou as histórias, que são encenadas até os dias atuais por grupos do mundo todo.

FOCO NA PRÁTICA

Organizados nos mesmos grupos da prática anterior, vocês farão uma improvisação de cena e a apresentação tendo como base o *canovaccio* a seguir, escrito por Natália Grisi (1979), atriz, dramaturga e diretora de teatro. Cada um de vocês vai fazer o personagem que pesquisou na prática anterior. Leiam-no.

O baile

Personagens
- Pantalone
- Isabela (filha de Pantalone, é apaixonada por Otávio)
- Dottore
- Otávio (filho de Dottore, é apaixonado por Isabela)
- Arlecchino (criado de Otávio)

Pantalone é pai de Isabela, uma jovem cheia de sonhos.

Todas as manhãs, assim que acorda, e todas as noites, antes de dormir, Pantalone se tranca em seu quarto, cuja janela dá para a rua, para contar e recontar sua coleção de moedas de ouro. São muitas, e seu prazer é olhar cada uma delas, verificar se estão sujas ou com manchas e, principalmente, se todas continuam lá.

Certa manhã, ao repetir sua rotina, ouve, vinda da janela, a voz de sua filha conversando com Otávio, jovem da cidade. O pai de Otávio é Dottore, grande estudioso dos astros, mas não possui tantos bens quanto Pantalone gostaria para o futuro sogro de sua filha.

Isabela e Otávio ensaiam apaixonadamente os passos de uma dança que pretendem executar no baile da cidade, na noite seguinte. Pantalone os vê pela janela. Nada contente, esbraveja, manda o rapaz embora, proíbe Isabela de ir ao baile e de sair de casa até lá. Isabela chora e promete que não falará mais com o pai até que ele se retrate.

A partir daí, todos os momentos entre Isabela e seu pai são vividos apenas por sinais.

(Ex. "Filhinha querida do coração do pai, venha me ensinar o caminho mais curto daqui para o bosque." Isabela tenta mostrar sem falar. Pantalone não entende, se irrita e desiste).

Otávio chega em casa desesperado e conta ao pai o ocorrido. Dottore aconselha o filho usando as estrelas como metáfora.

(Ex. "Isabela é seu sol. Ele está longe, mas o aquece. Ela ilumina seu dia assim como uma estrela longínqua, também ilumina planetas que nem sabemos existir...", e assim por diante).

O discurso é tão longo, confuso, cheio de termos difíceis e tão cansativo que Otávio dorme. Seu pai também já dorme, mas vez ou outra abre um dos olhos e retoma parte do discurso. Quando acordam, já é o dia seguinte.

Otávio tem uma ideia e chama seu criado Arlecchino para ajudar. Pede que ele leve uma carta para Isabela, com algumas instruções. E ainda diz que se ele fizer tudo corretamente, terá uma surpresa. Arlecchino sai sonhando com uma coxa de galinha enorme.

É manhã e Pantalone está novamente distraído contando moedas. Arlecchino toca a campainha e entrega a carta a Isabela. Ao fechar a porta, se despedindo do criado, o pai chega e quer saber o que houve. Isabela aproveita a determinação de não falar com o pai e começa a fazer mímicas explicando a situação de forma confusa para que o pai não entenda nada. Pantalone desiste.

Isabela abre a carta. Depois de ler, escondida, vai até o quarto do pai, pega a caixa de moedas e a joga pela janela para Otávio, que ali está esperando.

Arlecchino chega em casa e encontra um grande banquete esperando-o. Come tão rápida e desesperadamente que cai em um sono profundo, debaixo da mesa.

O dia passa, a noite chega, Isabela se despede do pai e finge que vai dormir. Instantes depois, ouve os gritos desesperados do pai. Vai até seu quarto e, fazendo sinais, dá a entender que Arlecchino pode ter pegado a caixa de moedas desaparecida. Pantalone sai esbravejando em direção à casa de Dottore para encontrar Arlecchino.

Enquanto isso, Isabela se arruma e sai escondida para o baile.

Pantalone e Dottore saem pela casa procurando o tesouro, Arlecchino, ou qualquer pista. Enquanto Pantalone está mudo de raiva e desespero, Dottore fala sem parar, elaborando mirabolantes teorias sobre o ocorrido e todas as possibilidades de lugares onde a caixa do amigo poderia estar.

Isabela e Otávio se encontram no baile e dançam juntos. Ao fim do baile, ele entrega a caixa do pai a Isabela. Ao voltar para casa, Isabela não encontra seu pai, como era esperado. Coloca a caixa na mesa da sala, vai para seu quarto, deita em sua cama e dorme, como se nada tivesse acontecido.

Otávio chega em casa e encontra no sofá Pantalone chorando e Dottore consolando, novamente fazendo metáforas com estrelas.

(Ex. "Sua caixa era como um universo brilhante, cada moeda era uma estrela que iluminava seus olhos. Pense que, quando uma estrela morre, outras muitas estão nascendo...", e assim por diante). Arlecchino ainda dorme embaixo da mesa, sem que nenhum dos dois o tenha visto.

Otávio encerra a confusão: inventa que viu Arlecchino com a caixa, mas mandou que ele a devolvesse, e provavelmente por isso não o encontravam pela casa. Arlecchino devia estar levando a caixa até a casa de Pantalone.

Pantalone corre para casa e encontra seu tesouro, aliviado, vai dormir com a caixa debaixo do travesseiro e sem perceber que fora enganado pelo casal de apaixonados.

Texto escrito por Natália Grisi especialmente para esta obra, a pedido dos autores.

Sigam as etapas:

1. Reúna-se com o grupo e leiam o *canovaccio* novamente. Identifiquem todas as passagens. O que acontece? Em quais lugares? O que cada personagem está fazendo? Leiam o roteiro quantas vezes for necessário para ficarem bem familiarizados com ele.

2. Depois, reúnam-se para ensaiar a história. Um ensaio envolve que se passe várias vezes o que será apresentado, mas não como mera repetição. O ensaio serve para que cada um tenha um domínio e entendimento cada vez maior de sua função e da dos demais, para que atuem em conjunto, ou seja, em sintonia. Lembrem-se de que não existe um texto a ser decorado, somente o roteiro do que deve acontecer, que será improvisado tanto nos ensaios como na apresentação. Isso significa que, embora a história siga o roteiro básico, não há falas escritas, como em outros textos de teatro. Os diálogos são inventados no momento da ação por meio da interação entre os atores e desses com o público. Novas situações sempre podem surgir e ser agregadas à cena. Então, ao longo dos ensaios, ao passarem por cada momento da história, deixem que as falas, as relações entre os personagens, as brincadeiras, as piadas e outras situações surjam pela improvisação. Lembrem-se de usar as características corporais do personagem que pesquisaram. Experimentem formas de andar, falar, agir etc. Tudo o que surgir poderá ser usado na apresentação para os colegas. Cada vez que repetirem a história, aperfeiçoem as cenas, troquem ideias, podendo criar novos momentos nas cenas, novas relações entre os personagens, acentuar características físicas e trejeitos, e, assim, construam juntos um trabalho cada vez mais rico. Se possível, ensaiem também no local em que será feita a apresentação, seja na sala de aula, seja no teatro ou auditório, se a escola possuir.

3. Depois que improvisarem o *canovaccio* diversas vezes com o grupo, vocês o apresentarão para o restante da turma. Lembrem-se de que, nesse momento, vocês terão uma plateia. Uma das características principais da *commedia dell'arte* é a relação direta com o público. Os personagens podem brincar com o público, fazer piadas, conversar, comentar as cenas, chamar a plateia para participar de algum momento etc.

Ao final, conversem sobre todo o processo de elaboração das cenas, desde a pesquisa e construção dos personagens (realizada na prática anterior), passando pela criação das cenas e finalizando com a apresentação. Seu professor irá propor questões para orientar esta troca de experiências e reflexão.

Dança-imagem

O corpo é o principal instrumento da dança. No entanto, o foco dado a ele muda constantemente nas diversas manifestações.

No balé clássico, por exemplo, o foco está na destreza do bailarino e na capacidade técnica que o corpo desenvolve e apresenta na execução de movimentos com altos níveis de dificuldade.

Já na dança contemporânea, o trabalho desenvolvido com o corpo pode receber diversos focos, pois não se trata de um estilo, mas de um modo de dançar baseado na liberdade e na criatividade do artista. Ou seja, na dança contemporânea o artista é o autor dos movimentos que realiza. Ele nem sempre repete movimentos preestabelecidos, mas os cria com base em sua vivência e em seu olhar sobre o mundo.

balé clássico: estilo de dança surgido na Itália renascentista no século XVI e desenvolvido no restante da Europa nos séculos seguintes. Possui movimentos específicos, de alta dificuldade técnica na execução. É característica do balé clássico a figura da bailarina que dança em sapatilhas de ponta.

OBSERVE AS IMAGENS.

Quantos corpos você vê nelas? No que você acha que a artista pensou ao colocar os corpos dessa maneira? Em sua opinião, por que a artista escolheu apresentar o espetáculo em uma casa e não em um palco? Que sensações lhe causam a cena dentro da piscina vazia ou a realizada no espaço interno? Por quê?

Cena do espetáculo *Deslocamentos*, de Marta Soares, na varanda da Casa Modernista, São Paulo (SP), 2014.

Cena do espetáculo *Deslocamentos*, de Marta Soares, em um dos quartos da Casa Modernista, São Paulo (SP), 2014.

Cena do espetáculo *Deslocamentos*, de Marta Soares, na piscina vazia da Casa Modernista, São Paulo (SP), 2014.

As fotografias são do espetáculo *Deslocamentos*, da coreógrafa paulistana Marta Soares. Ele apresenta figuras disformes pela combinação entre movimento e junção dos corpos, acoplados pelas roupas dos bailarinos. Nessa relação, os corpos tornam-se figuras indefinidas e criam formas inusitadas nas quais fica difícil saber de quem são as partes do corpo que se veem. Experimentos como esses já haviam sido feitos em projetos anteriores da coreógrafa, o que influenciou sua escolha pelo local da apresentação.

No trecho a seguir, Marta Soares explica por que fez as apresentações fora do palco:

> **palco italiano:** palco tradicional, em que os espectadores assistem à peça pela frente.
>
> **arquitetura moderna:** nome dado às inovações arquitetônicas surgidas nas primeiras décadas do século XX. A arquitetura moderna, de forma geral, preza pela funcionalidade das construções, negando o uso de ornamentos desnecessários, e tende ao uso de formas geométricas.

• • • • • • • • • • •

[...]

Elas eram usadas em palco italiano e eu tinha a sensação que essas figuras sem forma estavam muito frontais e deveria haver a possibilidade de serem vistas em 360 graus.

[...]

COELHO, Luisa. Marta Soares ocupa a Casa Modernista com corpo performático. *Veja São Paulo*, São Paulo, 11 fev. 2014. Disponível em: <http://vejasp.abril.com.br/materia/marta-soares-ocupa-casa-modernista-com-corpos-performaticos>. Acesso em: 11 fev. 2014.

• • • • • • • • • • •

Para atender a essa necessidade, foi escolhida a Casa Modernista, projetada pelo arquiteto russo Gregori Warchavchik. A casa foi construída em 1928 na cidade de São Paulo para abrigar o próprio arquiteto recém-casado e sua família e é considerada a primeira construção de arquitetura moderna no Brasil. Em 1984, tornou-se patrimônio histórico em virtude da importância de sua arquitetura. Atualmente, é aberta à visitação junto a um parque em seu entorno, um jardim de plantas tropicais projetado pela esposa do arquiteto, Mina Klabin Warchavchik.

Quem visita a casa pode perceber características típicas de um local dedicado à moradia. Nesse ambiente comum e cotidiano, os corpos, transformados pelo figurino, também modificam o espaço, criando situações inesperadas.

A obra da coreógrafa Marta Soares envolve um conceito da arte contemporânea que é o **site specific** ("lugar específico", em português). O conceito de *site specific* refere-se à criação de uma obra para um lugar específico, muitas vezes ambientes que tradicionalmente não são dedicados à arte, em que as características do espaço são incorporadas à criação artística. No trabalho da coreógrafa, após a escolha do espaço, outros aspectos cênicos se alteram. Diferentemente de uma apresentação de dança no palco, em que as pessoas entram no teatro em um horário determinado, sentam-se em cadeiras e assistem à apresentação do começo ao fim, no caso de *Deslocamentos* elas podiam transitar livremente pelo ambiente da casa e do jardim, deparando-se com pares de bailarinos. Os bailarinos desenvolveram as sequências de movimento como **intervenções**. Cada sequência durava cerca de três horas seguidas. Assim, o público podia escolher a qual intervenção desejava assistir, por quais ângulos e por quanto tempo, como quando vê esculturas em um museu.

Entrada lateral da Casa Modernista. São Paulo (SP).

O que mais importa nesse tipo de espetáculo não é a dificuldade do movimento, tampouco o significado do gesto, mas as imagens criadas pelo corpo em si, quando exposto a situações ou a ações inusitadas. A dança (os movimentos do corpo) é planejada para que o espectador se conecte com a imagem artística. Dançarinos, figurino e espaço chamam a atenção do público para essas imagens.

CAPÍTULO 3 • Linguagens do corpo

Esse modo de dança contemporânea aproxima-se das artes visuais. Sua percepção requer um olhar parecido com o de alguém que aprecia uma fotografia, pintura ou escultura. Exige atenção aos aspectos concretos da imagem, de modo que a textura, as cores e as formas do corpo no espaço modifiquem a percepção do espectador.

Cena do espetáculo *Deslocamentos*, com público ao fundo. São Paulo (SP), 2014.

FOCO NA PRÁTICA

Agora, você e seus colegas utilizarão as "esculturas corporais" criadas anteriormente para desenvolver uma atividade de criação em dança. A atividade será conduzida pelo professor e acontecerá em duas etapas. Escolham um verbo que tenha relação com as esculturas corporais que criaram e explorem ações relacionadas ao verbo. Com base nessa exploração, criem uma sequência de movimentos. Depois, deverão adaptá-la para o uso dos objetos. As mudanças que acontecerem durante essa etapa são parte do processo criativo. Ao final, apresentem as sequências na velocidade mais lenta que puderem, o que também gerará mudanças nos movimentos. Procurem criar formas inusitadas para seus corpos.

Ao final da atividade, converse com seus colegas e professor. Como as esculturas corporais, a sequência de movimentos e o tempo deles se transformaram mutuamente durante a prática?

📹 **OBSERVE AS IMAGENS.**

Como os elementos presentes nelas se relacionam com o corpo da dançarina? Você acha que o público pode se deslocar nessa intervenção? Em sua opinião, ele tem a possibilidade de se aproximar da intervenção? As cores, texturas e formas criadas pela relação entre os elementos, o corpo e o espaço lhe provocam quais sensações?

Cenas da intervenção *Para o herói: fluido sobre TV*, de Paula Carneiro Dias. Salvador (BA), 2005.

Nessa obra, a dançarina sul-mato-grossense Paula Carneiro Dias, que vive em Salvador, realiza uma *performance* em que o vídeo faz parte do trabalho. Atuante em várias áreas, como cinema e vídeo, ela explora em seu trabalho as relações entre diferentes linguagens. Nessa intervenção, uma filmagem do próprio rosto da artista em lenta sobreposição de imagens aparece na tela da TV, que é coberta por um papel de seda. Sentada ao lado da TV, seus movimentos são realizados em relação ao aparelho durante a exibição do vídeo.

FOCO NA PRÁTICA

Agora, você e seus colegas, conduzidos pelo professor, apresentarão as sequências de movimento da prática anterior (feita com as esculturas corporais) em um ambiente da escola. Pode ser no pátio, no corredor, no jardim ou em uma escadaria, ou seja, o ambiente que mais lhes interessar fora da sala de aula. Transformem as características da sua dança a partir do espaço que escolherem. Lembrem-se de que essas características podem ser arquitetônicas ou contextuais, como descrito no trabalho de Marta Soares.

Ao final da experiência, conversem sobre a prática. Quais as características do espaço escolhido? Por que fizeram essa opção e não outra? Como e por que os movimentos coreográficos foram transformados? Como relacionaram as esculturas corporais, espaço e movimentos? Considerem que a coreografia ficou melhor quando apresentada na prática anterior (em sala de aula) ou no outro espaço da escola? Por quê? Quais as diferenças?

CAPÍTULO 3 • Linguagens do corpo

O corpo musical

A música é feita de sons. Eles precisam ser produzidos, controlados e modificados para que se transformem em música. Para isso, usamos o corpo. Com os pés, produzimos sons em vários tipos de dança (por exemplo, marcando o ritmo). Com as mãos, batemos palmas e tocamos instrumentos musicais. E, com a boca, podemos criar uma grande variedade de sons. Além disso, é com a voz cantada que o ser humano produz a maior parte da música no mundo.

Uma das principais classificações quanto ao tipo de música é a divisão entre música vocal e música instrumental. Na instrumental, a música é feita exclusivamente com instrumentos musicais. Já na música vocal a voz tem papel principal e, ainda que inclua instrumentos, eles costumam ter a função de acompanhamento.

A música vocal também pode ser feita sem nenhum instrumento. Nesses casos, é chamada de **à capela** (do italiano *a cappella*, que significa "como feito na capela"). O termo tem origem no período medieval e refere-se ao canto exclusivamente vocal feito na capela das igrejas na hora dos cultos.

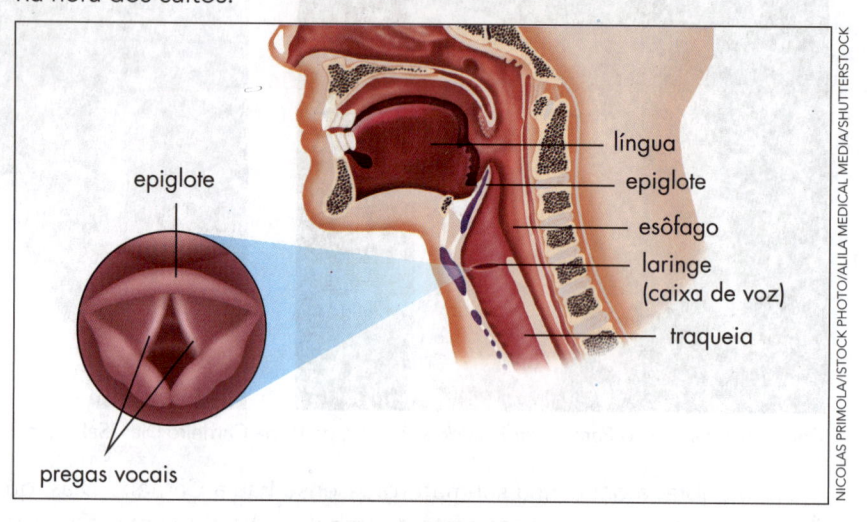

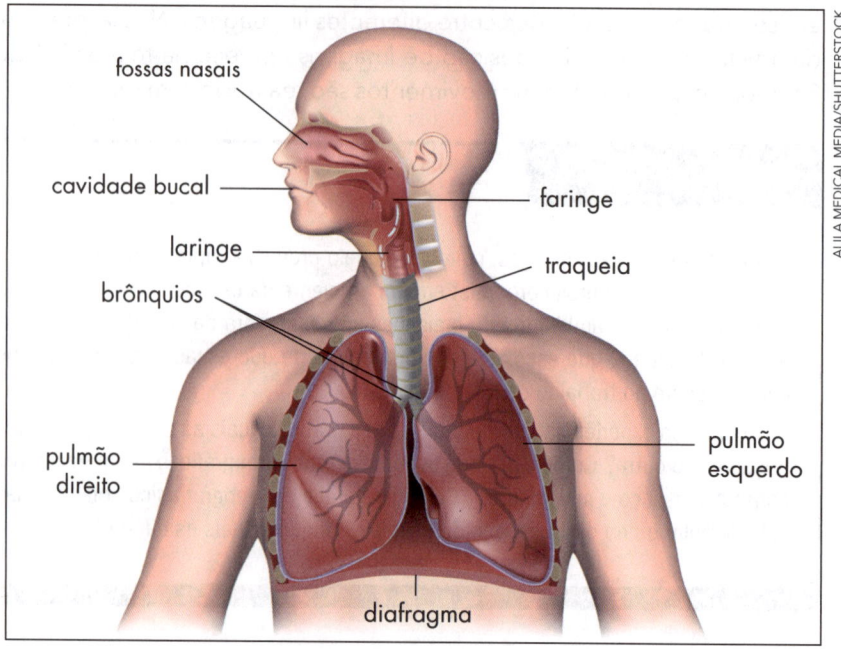

As ilustrações mostram partes do corpo relacionadas à voz. O som é produzido pelas pregas vocais na laringe, mas é modificado pela força do diafragma, pela modulação na boca (com o uso da língua e da abertura da boca) e pela distribuição da ressonância desse som em toda a cabeça. Cantores levam muitos anos de prática para conseguir um bom resultado. Imagens fora de escala. Cores-fantasia.

CONEXÃO

Leia o trecho a seguir.

Com treino e prática, qualquer pessoa pode cantar bem.

A ciência afirma: você não canta mal

É tudo uma questão de treino e prática

Ótima notícia para quem só solta a voz no chuveiro [...] [ou] em algum karaokê: você não canta tão mal assim! Um estudo realizado por pesquisadores da Universidade de Northwestern [Illinois, EUA] revelou que praticamente qualquer pessoa pode ser um exímio cantor – a atividade só necessita de prática.

O estudo comparou a habilidade de canto de três grupos: crianças do jardim de infância, estudantes do sétimo ano e adultos em idade universitária. Os voluntários tinham que ouvir uma sequência de sons e cantar de volta.

O que mais chamou a atenção dos autores do estudo foi a melhora absurda na técnica de canto da Educação Infantil ao Ensino Fundamental, quando a maioria das crianças está recebendo ensino de música regular. Já o grupo adulto apresentou uma queda na qualidade da técnica, muito por conta da falta de prática.

Depois dos resultados, os cientistas concluíram que qualquer um pode cantar bem através de treino e prática. É verdade que algumas pessoas cantam melhor que outras, mas Steven Demorest, principal autor do estudo, acredita que qualquer pessoa pode desenvolver essa habilidade com treino e finaliza: "nosso estudo sugere que os adultos apresentaram resultados piores do que as crianças porque pararam de praticar". A dica está dada: retome os estudos musicais e arrebente nos futuros karaokês!

A CIÊNCIA afirma: você não canta mal. *Galileu*, São Paulo, 13 fev. 2015. Disponível em: <http://revistagalileu.globo.com/Ciencia/noticia/2015/02/ciencia-afirma-voce-nao-canta-mal.html>. Acesso em: 13 abr. 2016.

E VOCÊ?

Você gosta de cantar? Costuma cantar sozinho, em grupo ou se apresenta cantando? Em que lugares você canta? Você canta enquanto faz outras coisas? Conhece pessoas que fazem isso?

Cantar é a forma mais comum e simples de produzir música. Isso está ligado ao fato de a voz ser nossa principal ferramenta de comunicação e expressão. As pessoas cantam para expressar ideias, sensações, sentimentos ou "só por cantar".

> **OBSERVE AS IMAGENS.**
> Você já conhecia esse tipo de notação musical? Ela tem semelhanças com a partitura? Quais?

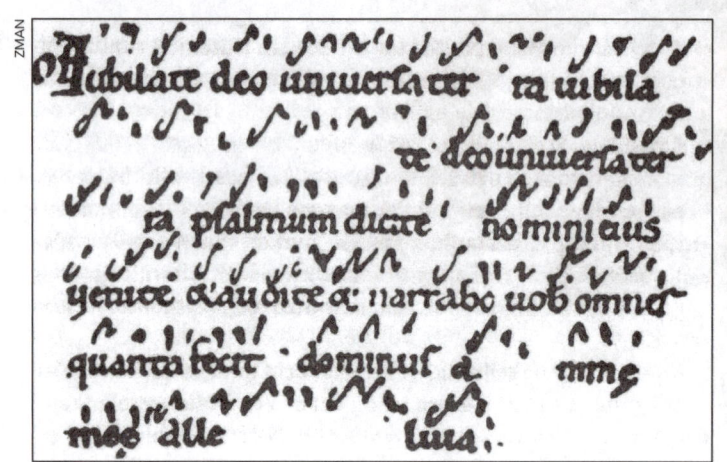

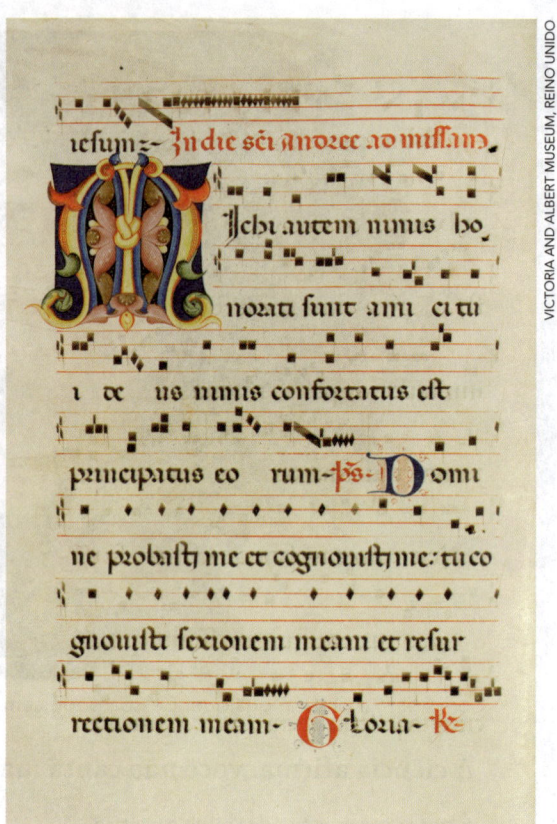

Notação neumática. Os símbolos gráficos são chamados de "neumas" e podem representar notas ou movimento melódico.

Essas imagens referem-se a um tipo de notação criado no período medieval, chamado de **notação neumática**. Ela era feita quase exclusivamente para música vocal e práticas religiosas musicais à capela. Inicialmente, eram utilizados pequenos sinais gráficos junto à letra das músicas. Aos poucos, foram inseridas linhas para organizar melhor esses sinais.

Nesse período ainda não existia a tonalidade, estudada no capítulo anterior. Por isso, as texturas sonoras eram mais simples. Aos poucos, no entanto, foi se desenvolvendo o sistema que seria o precursor da tonalidade: a **polifonia**.

A polifonia é um tipo de textura sonora, criado ao se cantar várias melodias ao mesmo tempo. Nela há uma sobreposição controlada de várias melodias que se entrelaçam. Ouça a **faixa 54 do CD**, que ilustra esse conceito.

A polifonia origina-se da música vocal das igrejas e dos mosteiros europeus da Idade Média. Ela é resultado de uma lenta transformação musical que começou com o **canto gregoriano**, a partir do século VI. Durante séculos, o canto litúrgico cristão foi o principal responsável por desenvolver a música ocidental. No canto gregoriano canta-se em **uníssono**, isto é, com uma mesma melodia, em um formato também chamado de cantochão.

> **litúrgico:** referente aos cultos e ritos cristãos.

Aos poucos, percebeu-se que era possível dividir as vozes para criar efeitos sonoros distintos. Um deles partia da diferença de altura entre a voz dos adultos e das crianças em coros masculinos, assim como entre homens e mulheres em coros mistos. Em geral, mulheres e crianças cantam naturalmente uma oitava acima (mais agudo) que homens adultos. Assim, mesmo com linhas melódicas semelhantes, ao incluir, em um mesmo coro, homens adultos e crianças, ou homens adultos e mulheres, cria-se outro efeito sonoro.

Gravura que representa uma prática de canto gregoriano, um dos primeiros cantos religiosos da Igreja Católica, a partir do século VI.

Assim, começaram a se realizar pequenas mudanças criando resultados sonoros diferentes no canto em grupo. Mais melodias passaram a somar-se nos cantos litúrgicos, até que no Renascimento as músicas chegaram a ter mais de quatro linhas melódicas ou **vozes**, como se diz na teoria musical.

Na música, dá-se o nome de "voz" a cada linha melódica. Por exemplo: uma música a quatro vozes tem quatro linhas melódicas, que podem ser cantadas tanto por quatro pessoas como por quatro grupos de pessoas, como em um coro. Ouça novamente a **faixa 54 do CD**. Depois, ouça as faixas seguintes, **55, 56, 57 e 58**, que apresentam as linhas melódicas da **faixa 54** separadas, uma por vez.

E VOCÊ?

Você já conhecia o conceito de "voz" na música? Das músicas que você escuta, alguma apresenta diferentes ideias melódicas ou várias vozes? Compartilhe os exemplos que conhecer com os colegas.

Mosteiro de São Bento, em São Paulo (SP), 2011. É um dos poucos lugares no Brasil em que atualmente se pratica o conto gregoriano.

Composições vocais elaboradas para coros mistos costumam ser escritas para quatro vozes, como no exemplo que você acabou de ouvir no CD, sendo duas masculinas e duas femininas, divididas pelas suas **tessituras**. Tessitura é a extensão, da nota mais grave à mais aguda, que cada tipo de voz consegue cantar.

As quatro vozes principais no canto coral são (da mais aguda para a mais grave):

- soprano – voz feminina mais aguda;
- contralto (ou alto) – voz feminina mais grave;
- tenor – voz masculina mais aguda;
- baixo – voz masculina mais grave.

Observação: essa classificação pode apresentar mais subdivisões, como por exemplo, barítono.

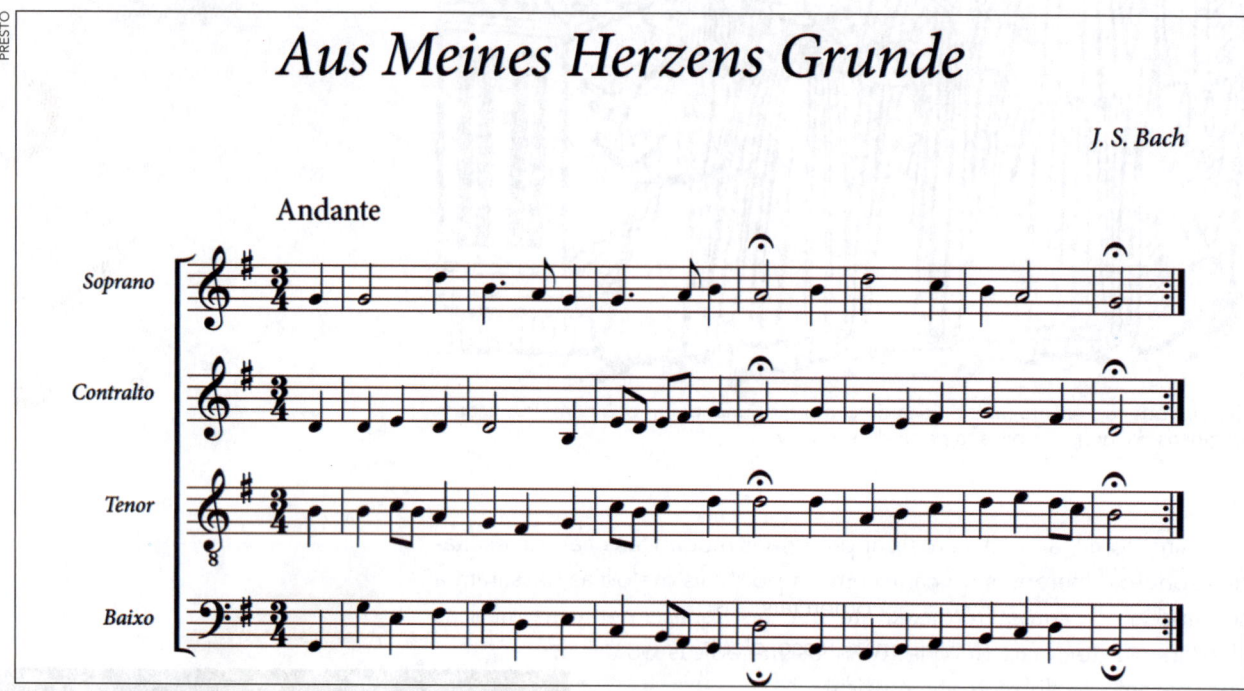

Aus Meines Herzens Grunde

J. S. Bach

Andante

Soprano
Contralto
Tenor
Baixo

Nessa partitura da música "Aus Meines Herzeus Grunde", de Bach, pode-se ver a escrita do exemplo da **faixa 54 do CD** com as quatro vozes.

CONEXÃO

Cantando a duas vozes

Na música popular, é comum que a voz principal seja acompanhada por mais vozes (em geral uma segunda voz) em algumas passagens das canções, em especial no refrão. Elas podem ser chamadas de **vocal de apoio** ou pelo termo inglês *backing vocals*. O vocal de apoio é muito comum em quase todos os gêneros de música cantada, mas em cada um tem uma particularidade e técnica própria.

Mas nem sempre outras vozes exercem a função de acompanhamento. É o caso das duplas caipiras e de música sertaneja que se destacam pelo uso de duas vozes paralelas. Embora exista uma primeira e uma segunda voz, as duas possuem praticamente a mesma importância porque os cantores cantam juntos o tempo todo. Isso imprime um caráter sonoro muito particular ao gênero em virtude da mistura das duas vozes, que se movimentam em conjunto como se fossem uma só. Esse gênero também se caracteriza pelo uso de violões ou violas caipiras.

Suas letras costumam tratar de temas sentimentais e dramáticos. Nos últimos anos, surgiram variações da música sertaneja mais tradicional, como o sertanejo romântico e o sertanejo universitário.

A dupla caipira Tonico e Tinoco, originária do interior do estado de São Paulo, caracterizava-se por usar a técnica das duas vozes com muito domínio. Tonico era o nome artístico de João Salvador Perez (1917-1994) e Tinoco o nome artístico de José Perez (1920-2012). Os irmãos cantavam em dupla desde a infância e, a partir de 1940, passaram a cantar profissionalmente. Desde as primeiras apresentações, eram aplaudidos e reconhecidos pela afinação impecável. A dupla é uma das mais bem-sucedidas da história fonográfica brasileira. Durante os mais de cinquenta anos de carreira, gravaram cerca de 2 mil faixas musicais, apresentaram-se mais de 40 mil vezes e venderam mais de 150 milhões de discos.

Apresentação da dupla sertaneja brasileira Tonico e Tinoco. São Paulo (SP), 1984.

Outro conceito importante quando as músicas apresentam mais de uma melodia é o **contraponto**. Na música, esse termo refere-se à relação entre as notas apresentadas pelas melodias. Sua origem vem do latim *punctus contra punctum*, que significa "ponto contra ponto", em português, e se relaciona ao trabalho dos compositores quando escrevem as melodias, em conjunto e simultaneamente, contrapondo as notas de uma melodia com as outras.

Ouça novamente as **faixas 44 e 45 do CD** e observe como as melodias dialogam entre si e às vezes até complementam as ideias musicais. Em diferentes graus, isso acontece em todo tipo de música, quando mais de uma melodia aparece ao mesmo tempo, seja na música de Bach, seja nos *backing vocals*, tão comuns nas músicas comerciais.

Na história da música ocidental, esse elemento está muito ligado ao desenvolvimento da notação musical, já que ela facilitou a organização de várias ideias musicais simultâneas, como as que você viu no capítulo anterior com a harmonia.

Durante o Renascimento, o contraponto foi uma das ferramentas mais importantes da composição musical. Um dos compositores que mais se destacou no período foi Giovanni Pierluigi da Palestrina (1525-1594). A composição polifônica de Palestrina é considerada o ápice da música renascentista e sua técnica é ensinada ainda hoje em cursos de composição.

Palestrina, compositor italiano do Renascimento. Pintura de E. Neurdein, s/d., Paris. Bergen Public Library (Noruega).

Embora muito associado a esse período histórico, outros tipos de contraponto foram criados e se desenvolveram ao longo da História, acompanhando as mudanças nas regras de composição de cada época, mas sempre mantendo o conceito de intercâmbio e relação entre as notas musicais de ideias melódicas interdependentes.

FOCO NA PRÁTICA

Em grupos de quatro a seis integrantes, vocês realizarão uma apresentação musical com as ideias musicais de simultaneidade de vozes. Sigam estas etapas e as orientações complementares do professor.

1. Pesquisa inicial. Inicialmente, escolham os gêneros ou os artistas a serem estudados. Vejam juntos e criem uma lista com diversidade de gêneros e artistas.
2. Escolham as músicas que usam mais de uma voz. Pode ser uma segunda voz, coros ou algum tipo de acompanhamento vocal. Ouçam atentamente as músicas.
3. Agora, vocês devem treinar a música juntos para apresentá-la aos colegas. Pode ser apenas um trecho e acompanhado por alguma gravação, se preferirem. Definam no grupo quem cantará cada voz. Vocês podem pensar em outros aspectos da apresentação, como movimentos corporais, figurinos ou a participação de colegas que toquem instrumentos musicais.
4. Conversem a respeito do resultado. Analisem juntos, mas de maneira construtiva, questões musicais como dificuldades de afinação, ritmo e dinâmica, entre outros.

Grupo Kekeça. Turquia, 2013.

Músicos do grupo Barbatuques. São Paulo (SP), 2005.

OBSERVE AS IMAGENS.

1. O que esses grupos parecem fazer?
2. Você conhece os termos "percussão corporal" e "música corporal"?
3. Você conhece alguma manifestação artística desse tipo?
4. Quais sons produzidos pelo corpo você acha que podem ser utilizados de maneira musical?

Cena do espetáculo *Indivíduo corpo coletivo*, do grupo Barbatuques. São Paulo (SP), 2013.

A **percussão corporal** está presente na música de muitas culturas. Pessoas acompanham e realizam vários tipos de música produzindo sons com o corpo: percutindo o peito, a barriga e as coxas, estalando os dedos, batendo palmas ou sapateando, por exemplo. Outro termo, mais novo e amplo, é "**música corporal**", que inclui elementos de dança e um uso da voz diferente do tradicional, isto é, além do canto (imitando sons de instrumentos ou objetos, por exemplo).

CÁPSULAS

Festival Internacional de Música Corporal

O Festival Internacional de Música Corporal foi criado pelo estadunidense Keith Terry para difundir a música corporal. As duas primeiras edições aconteceram em 2008 e 2009 na cidade de Oakland (Estados Unidos).

Keith Terry e o diretor do grupo brasileiro Barbatuques, Fernando Barba, decidiram realizar a terceira edição do festival no Brasil, na cidade de São Paulo (SP). O festival, que ocorreu em 2010, trouxe grupos das mais variadas manifestações de música corporal de todo o mundo. A partir de então, o festival é apresentado em diversos países a cada nova edição.

Se possível, assista ao vídeo a seguir, do primeiro festival, de 2008. Nele, há trechos curtos de várias manifestações artísticas que utilizam o corpo. A última parte mostra o grupo Barbatuques com o grupo de Keith Terry, Slammin Body Band. Disponível em: <www.youtube.com/watch?v=BJp7SIE6R2s>. Acesso em: 10 fev. 2016.

Cartaz do 3º Festival Internacional de Música Corporal, realizado em São Paulo (SP), 2010.

- Ouça novamente as **faixas 59 e 60 do CD**. Como esses sons são realizados? Quais são feitos com a boca e quais são feitos com outras partes do corpo? Converse com um colega e tente reproduzir alguns deles de modo rápido.

Uma das práticas mais conhecidas, em especial no Ocidente, que usa a voz de maneira não tradicional é o **beatbox**. É um tipo de percussão vocal realizado normalmente com o auxílio de um microfone. O músico imita sons de bateria, de instrumentos eletrônicos, cria outros e, às vezes, também canta, tudo ao mesmo tempo. Embora essa prática seja originária da cultura *hip-hop*, atualmente também é usada por outras manifestações musicais. Ouça alguns exemplos na **faixa 61 do CD**.

Os cantores Fernandinho Beatbox e Marcelo D2 durante o festival Rock in Rio. Rio de Janeiro (RJ), 2011.

FOCO NA PRÁTICA

Agora, você e seus colegas farão uma atividade de música corporal.

Sigam as etapas:

1. Organizem a turma em quatro grupos. Cada um será responsável por uma das ideias musicais indicadas nos gráficos. A turma deve ficar em uma grande roda, cada grupo em um quadrante.

2. Ensaiem algumas vezes separado. Nas **faixas 62 a 66 do CD** vocês podem ouvir indicações de cada sequência. A **faixa 22** tem uma base que marca o tempo e pode ser usada para ajudar no ensaio.

3. O grupo 1 começa e repete sua sequência quatro vezes. O grupo 2 segue, e assim sucessivamente. Após o último grupo tocar o que está indicado no gráfico, todos os grupos tocam juntos uma vez, cada um a sua sequência, no mesmo andamento. Mas antes vocês farão uma atividade de aquecimento e treino rítmico. Siga as orientações do professor.

Desafio

A atividade anterior pode ser realizada com uma base de *beatbox* feita por um ou mais colegas.

Outra possibilidade: Em apresentações solistas, em pequenos ou grandes grupos, criem sequências próprias e apresentem-nas aos colegas. Usem os quadros em branco ou anotem no caderno. Vocês podem usar vários tipos de som: percutidos, cantados ou tocados.

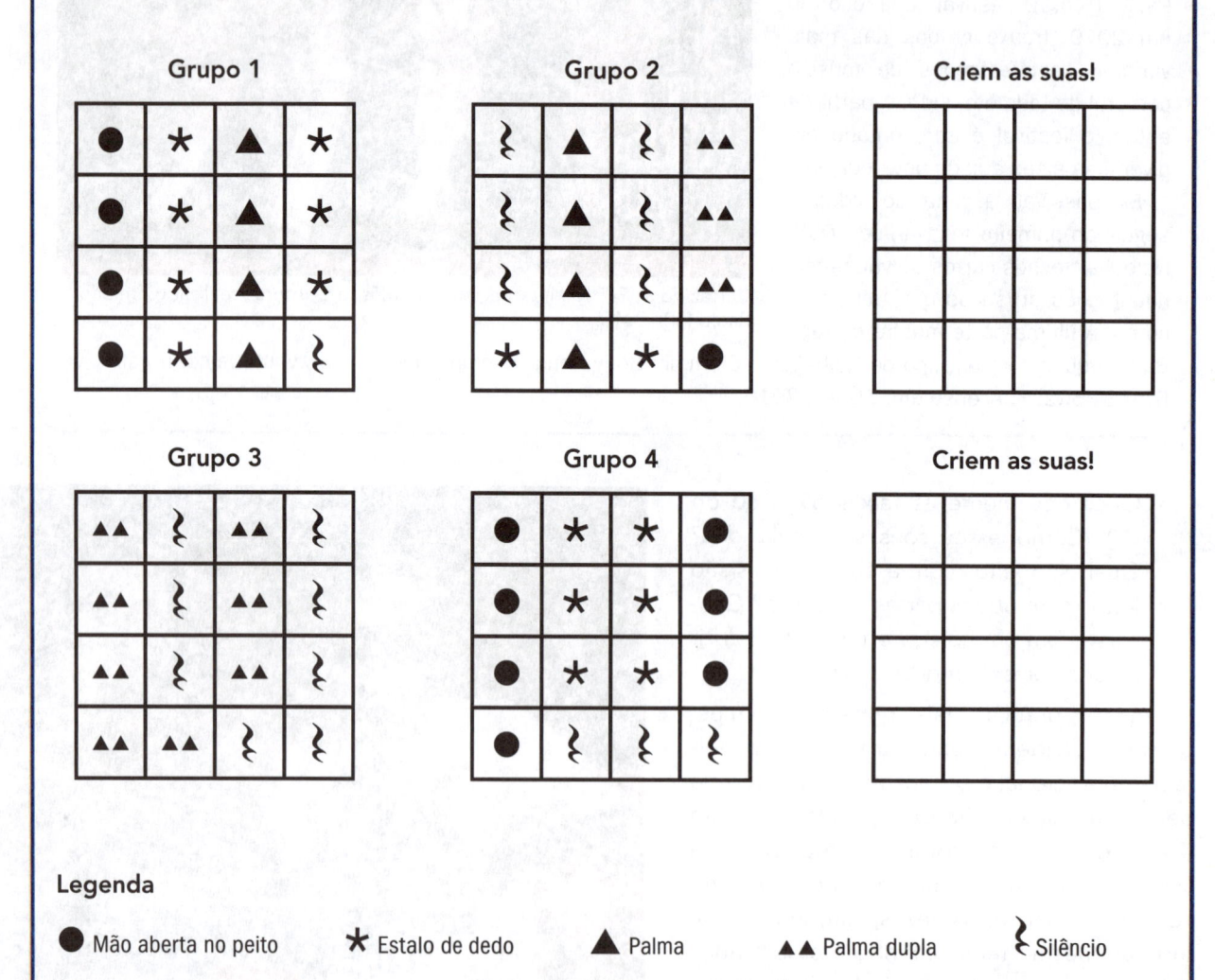

Legenda

● Mão aberta no peito   ✱ Estalo de dedo   ▲ Palma   ▲▲ Palma dupla   ∫ Silêncio

PRÁTICA FINAL

Considerando as várias abordagens sobre o corpo estudadas neste capítulo, você realizará agora uma *performance* que proponha uma reflexão sobre o corpo na sociedade contemporânea. Como entendemos o corpo hoje? Como ele é visto em nossa sociedade? Como é representado e modificado? De que forma isso acontece e por quê? O que os corpos comunicam? Há diferenças na representação de homens e mulheres? Quais?

Reúnam-se em grupos de cinco integrantes. Realizem uma pesquisa anterior em revistas, jornais, livros e na internet sobre o corpo na sociedade atual, usando imagens e textos jornalísticos e de publicidade para embasar a reflexão. Vocês também podem pesquisar sobre a linguagem da *performance*, em especial na internet, em que é possível encontrar vídeos de registros dessas ações para conhecer melhor suas possibilidades.

Na *performance*, o corpo do artista é a própria obra. Lembrem-se de que *performance* não é teatro, embora dialogue com essa linguagem: a ação não é a representação de uma cena, o artista não interpreta um personagem.

Nesta prática, vocês devem criar algum tipo de interferência no corpo: pode ser com roupas, acessórios, maquiagem ou mesmo mudanças na funcionalidade do corpo. Por exemplo: uma roupa que impeça a pessoa de andar; algo que una o corpo de duas ou mais pessoas, feito com qualquer material (tecido, papel, roupas costuradas etc.); uma modificação em algum dos sentidos, por exemplo, tapar os olhos.

Lembrem-se de que, na *performance*, vocês podem utilizar elementos de várias linguagens. Se quiserem, podem elaborar uma *performance* interativa, que proponha a participação do público. Procurem explorar os sentidos com os quais o corpo percebe a realidade à sua volta (visão, audição, olfato, paladar e tato) em suas relações com as linguagens artísticas.

A *performance* deve ser planejada por todos os integrantes do grupo, mas não é necessário que todos participem da ação. Um dos membros do grupo deve ficar responsável pelo registro da *performance*. Esses registros não precisam ser da totalidade dela. Podem ser fotos, vídeos, gravações em áudio, coleta de impressões do público ou outras maneiras que imaginarem. O professor dará mais orientações.

IDEIAS EM FLUXO

Neste momento, você e a turma refletirão sobre os temas do capítulo com base no resultado da *performance* que realizaram. Mostrem os registros que cada grupo realizou da *performance*. O professor mediará a conversa.

Considerem as seguintes questões como ponto de partida: Como foi a elaboração da *performance*? Que materiais pesquisaram? Como chegaram à ideia final? Como pensaram em sua forma? Como foi a realização dela? Quais foram as dificuldades? No momento da ação, do que mais gostaram? Como foram as impressões do público e dos colegas da turma? Que sentidos elas despertaram em quem as viu? Como interpretaram essas ações? Houve alguma *performance* que propôs interação com o público? Como a realização das *performances* dialogou com a pesquisa sobre o corpo contemporâneo? De que maneira as *performances* apresentadas se relacionam com o conteúdo do capítulo? Foi possível perceber nelas a influência de algo visto ou realizado ao longo do capítulo? Algum grupo se baseou em algum artista que conheceu ao pesquisar mais sobre *performance*? Houve elementos das linguagens artísticas que se destacaram? Houve diálogo entre linguagens variadas em alguma das *performances*?

A ideia não é responder a todas as perguntas, nem seguir uma ordem. Elas são sugestões para estimular a reflexão e o diálogo.

SER HUMANO, SER POLÍTICO

CAPÍTULO 4

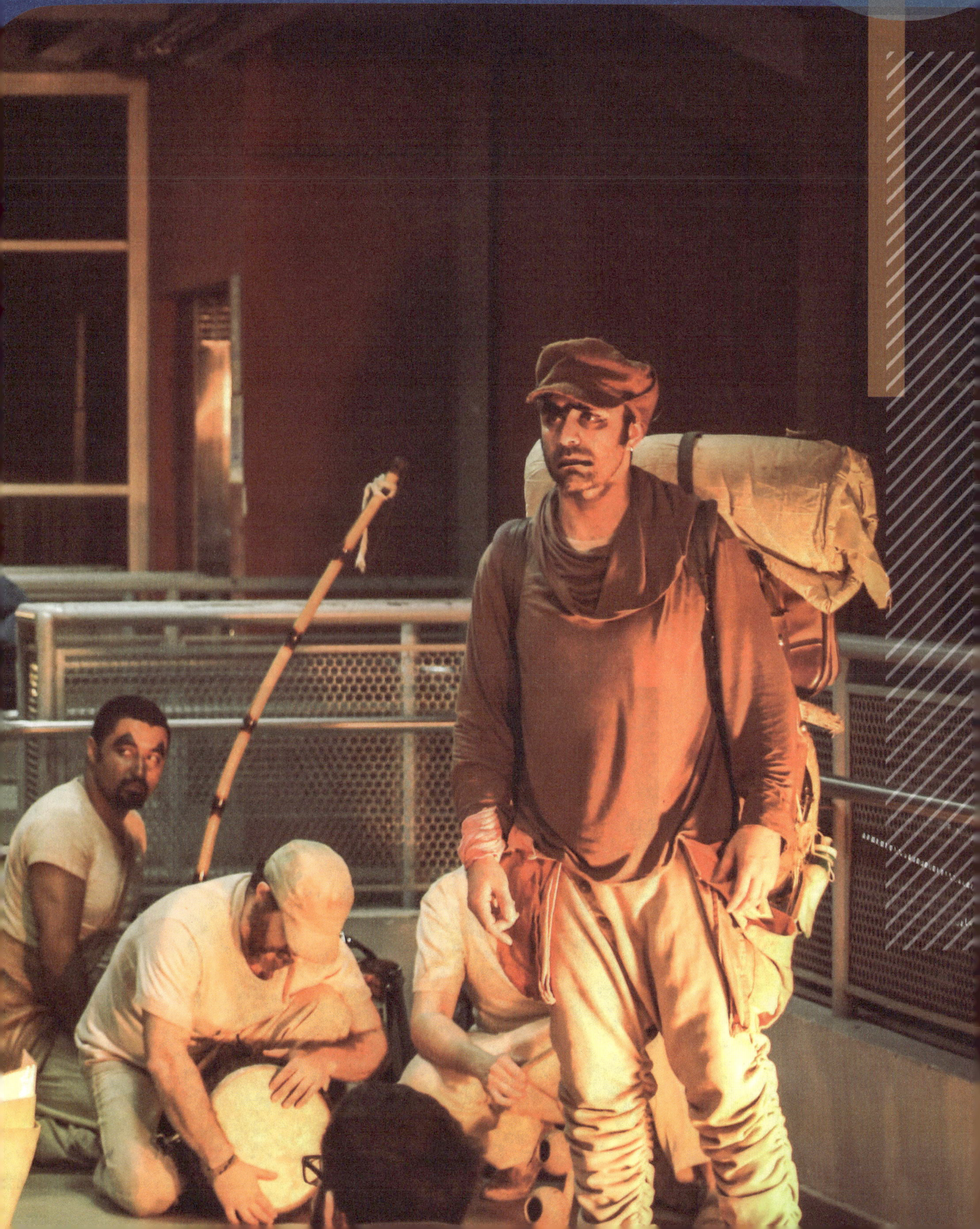

ABRA A JANELA

OBSERVE AS IMAGENS E LEIA O TRECHO A SEGUIR, DA PEÇA TEATRAL *A SANTA JOANA DOS MATADOUROS*, DE BERTOLT BRECHT.

Cena da peça teatral *A santa Joana dos matadouros*, de Bertolt Brecht. Companhia teatral Berliner Ensemble. Alemanha, 1968.

Cena da peça teatral *A santa Joana dos matadouros*, de Bertolt Brecht. Direção de Sérgio de Carvalho e Márcio Mariano. Grupo Cia. do Latão, São Paulo (SP), 1998.

Diante da fábrica de enlatados de Lennox

OS OPERÁRIOS

Nós somos setenta mil
Nessas fábricas de conservas
E nossos salários são tão baixos que não podemos mais sobreviver.
Ainda ontem, de surpresa, reduziram nosso pagamento
E hoje, um novo aviso: "Os que não estão satisfeitos, sempre podem deixar a fábrica!"
Saiamos então, e todos juntos.
Ao diabo esse salário que diminui todos os dias.

(silêncio)

Há muito tempo já esse trabalho nos nauseia:
Esta fábrica é para nós um verdadeiro inferno
E só pode nos manter aqui o medo,
O medo duplo, de Chicago e do inverno.
Mas agora, doze horas de trabalho
Já não garantem nem um pão seco
Nem dão para comprar um trapo velho.
Melhor partir
E morrer de uma vez.

(silêncio)

Pelo que nos tomam eles?
Acreditam então
Que nós somos gado, dispostos a tudo?
Tomam-nos por jumentos?
Melhor morrer!
Deixemos a fábrica
Agora mesmo.

(silêncio)

O que houve?
São seis horas!
Por que não abrem, corja de esfoladores?
Seus bois estão aqui, bando de açougueiros!
Abram!
Batem no portão.
Terão eles nos esquecido?

(risos)

Abram! Queremos entrar
Em suas imundas pocilgas.
E suas cozinhas infectas.
Para preparar guisados indigestos
Para os que ainda podem pagar.

BRECHT, Bertolt. *A santa Joana dos matadouros*.
Trad. e apresentação de Roberto Schwarz.
São Paulo: Cosac Naify, 2001.

Ambientada nos matadouros de Chicago, a peça *A santa Joana dos matadouros*, escrita entre 1929 e 1931, apresenta o conflito entre operários e donos de indústrias às vésperas do *crash* de 1929, uma das maiores crises econômicas dos Estados Unidos e do mundo.

Em alguns momentos, o texto compara os operários a bois. Como você entende essa comparação?

No texto, ora os trabalhadores dizem que abandonarão a fábrica, ora pedem para entrar no local. Como você interpreta essa contradição?

As imagens mostram duas montagens da mesma peça: uma de 1968 e a outra de 1998. Em sua opinião, os temas nela tratados ainda são atuais? Por quê?

Você já viu alguma peça de teatro ou outra manifestação artística que considera de cunho político?

ATITUDE POLÍTICA

A política envolve todas as relações sociais e atitudes que, de forma direta ou indireta, interferem na vida das pessoas e em nossas relações cotidianas. E, como você tem visto ao longo deste livro, a arte reflete questões relativas ao contexto histórico e social no qual está inserida. Assim, a arte é uma manifestação que pode ser considerada política por natureza, mesmo que muitas vezes os artistas não abordem assuntos políticos de forma explícita em suas obras.

Palco social

A santa Joana dos matadouros é uma peça de autoria do poeta, dramaturgo e diretor teatral alemão Eugen Berthold Friedrich Brecht (1898-1956). **Bertolt Brecht**, como é mais conhecido, foi um dos artistas mais importantes da história do teatro mundial, pois revolucionou a forma como o teatro era concebido na época, de maneira bastante polêmica e ousada, sendo uma referência até os dias de hoje.

Os principais personagens de *A santa Joana dos matadouros* são Bocarra, o "Rei dos Frigoríficos" (na versão original em alemão, Pierpont Mauler), seu corretor, outros industriais do setor de carne enlatada, trabalhadores, criadores de gado e Joana Dark, "a santa Joana dos matadouros". Esse nome faz alusão à personagem histórica Joana D'Arc (c. 1412-1431), guerreira e heroína da Guerra dos Cem Anos (1337-1453) na França, que morreu queimada, acusada de bruxaria e, séculos depois, em 1920, foi canonizada pela Igreja Católica.

Na peça, Joana, presenciando a total miséria, a fome e o desemprego dos trabalhadores em meio à crise, passa por um processo de conscientização política, mudando do ativismo religioso para o político e lutando ao lado dos trabalhadores pelas causas operárias.

> **canonizar:** na Igreja Católica, canonizar é reconhecer alguém como santo.

Cena da peça teatral *A santa Joana dos matadouros*, de Bertolt Brecht. Direção de José Regino. Montagem do Teatro Experimental de Alta Floresta. Alta Floresta (MT), 2012.

Essa e outras peças de Brecht ganharam diversas encenações pelo mundo ao longo do tempo. A imagem da página anterior mostra uma montagem da peça *A santa Joana dos matadouros*, feita em 2012 pelo grupo Teatro Experimental de Alta Floresta.

Para Brecht, uma peça teatral deveria fazer muito mais do que divertir e entreter o público, tornando-se um instrumento de reflexão e ação político-social.

No teatro de Brecht, o palco representa uma espécie de tribuna onde as relações humanas e as questões sociais são discutidas e contextualizadas historicamente.

FOCO NA PRÁTICA

Nesta prática, você discutirá com seus colegas sobre questões políticas presentes no cotidiano por meio de um jogo teatral chamado Teatro-Imagem. Esse jogo foi elaborado por Augusto Boal (1931-2009), importante diretor, dramaturgo e teórico brasileiro, criador do **Teatro do Oprimido**, uma forma de se fazer teatro, mundialmente reconhecida, que une teatro e ação social. Sua principal proposta é que o teatro seja feito não apenas por atores, mas por qualquer pessoa, e seja sempre um instrumento de reflexão sobre questões sociais.

No jogo, o debate não é verbal. Toda a discussão será desenvolvida por meio de imagens criadas pelos jogadores com o próprio corpo, utilizando-se de composições estáticas.

O objetivo é discutir a partir de argumentos construídos por imagens referentes aos temas propostos.

Sigam as etapas:

1. Formem grupos de cinco ou seis integrantes. Cada grupo realizará uma pesquisa em revistas, jornais e na internet, e selecionará uma reportagem ou uma imagem atual referente a alguma situação envolvendo uma questão social e política que considere importante. A situação pode ser tanto local (do bairro ou da cidade) como mais ampla (envolvendo o estado, o país ou até o mundo todo).

2. Cada grupo, com base na reportagem que trouxe, formará uma imagem congelada que represente essa situação, como se fosse uma foto de um momento da ação. No teatro, essa imagem estática é chamada de *tableau*. A composição da imagem deve deixar clara a opinião do grupo sobre o tema. Por isso, é importante que o grupo discuta a reportagem para tirarem uma opinião comum sobre a questão que vão representar.

    Por exemplo, se o tema escolhido foi "meios de transporte" e o grupo considera que os ônibus da cidade são ruins, deve procurar retratar isso. Vocês podem representar o ônibus lotado, o aperto, o descontentamento e o cansaço dos passageiros etc.

3. Cada grupo deve dizer em poucas palavras qual é o seu tema (sem explicitar verbalmente a opinião sobre ele) e, em seguida, apresentar sua imagem. A cada situação apresentada será feito um debate por meio do desenvolvimento do jogo Teatro-Imagem, que será mediado pelo professor.

    Ao final, conversem sobre os exercícios, os temas propostos e a reflexão gerada pelo jogo.

Cena da peça teatral *O patrão cordial*. Direção de Sérgio de Carvalho. Cia. do Latão, São Paulo (SP), 2012.

OBSERVE A IMAGEM.

Descreva o que você vê. Qual é a ação dos atores na cena? Quais são os elementos usados como cenário e adereços? De que modo eles são usados?

A fotografia acima apresenta uma cena de *O patrão cordial*, peça da Cia. do Latão, mesmo grupo da segunda imagem de abertura deste capítulo (página 192). A peça foi criada com base em improvisações de cenas feitas pelos atores, inspiradas no estudo do texto *Raízes do Brasil* (1936), de Sérgio Buarque de Holanda (1902-1982) e na peça *O senhor Puntila e seu criado Matti* (1940), de Brecht.

Leia o poema a seguir, de Bertolt Brecht.

O teatro, casa dos sonhos

Muitos veem o teatro como casa
De produção de sonhos. Vocês atores são vistos
Como vendedores de drogas. Em seus locais escurecidos
As pessoas se transformam em reis e realizam
Atos heroicos sem perigo. Tomado de entusiasmo
Consigo mesmo ou de compaixão por si mesmo
Fica-se sentado, em feliz distração esquecendo
As dificuldades do dia a dia – um fugitivo.
[...]
Mas vocês mostram um falso mundo, descuidadamente juntado
Tal como os sonhos o mostram, transformado por desejos
Ou desfigurado por medos, tristes
Enganadores.

BRECHT, Bertolt. O teatro, casa dos sonhos. *Poemas* (1913-1956). 5. ed. São Paulo: Ed. 34, 2000.

- Você identifica alguma crítica no poema? Qual?

Brecht opunha-se às formas de teatro nas quais o espectador é levado a certo estado de fascínio, saindo de sua realidade, como em um sonho, para assistir passivamente à realidade mostrada na peça. Para ele, emoção e senso crítico devem caminhar juntos.

Bastante influenciado pelas ideias de outro importante diretor alemão, Erwin Piscator (1893-1966), Brecht desenvolveu uma nova forma de representação: o **teatro épico**. Ele concretizou no teatro épico uma maneira completamente diferente do teatro dramático tradicional em muitos aspectos: na interpretação dos personagens, na forma como as cenas são construídas, na maneira como o texto é escrito e, consequentemente, no modo como o público compreende tudo isso.

> **Romantismo:** movimento artístico que surgiu no fim do século XVIII. Valorizava a subjetividade e o predomínio da emoção, da intuição e da imaginação sobre a razão.
>
> **quarta parede:** expressão do teatro que se refere a uma divisão imaginária entre o público e os atores. Quando se diz que um espetáculo utiliza a quarta parede, não há interação ou diálogo direto entre público e atores. Isso tende a criar um efeito de ilusão nos espectadores de estarem vendo uma cena que poderia estar acontecendo na vida dele ou na realidade.

TANTAS HISTÓRIAS

O teatro realista

Na segunda metade do século XIX, alguns artistas começaram a apresentar interesse em trabalhar com base na realidade, ou seja, sem os excessos e ímpetos agressivos do Romantismo, criando obras que retratassem a realidade de fato e aludissem à vida cotidiana do indivíduo. Esse momento chamou-se Realismo. Surgido na França, rapidamente espalhou-se para outros países em diversas linguagens artísticas.

No teatro, o Realismo foi precedido por um movimento que surgiu na França entre 1843 e 1853 chamado École du bon sens (Escola de bons modos ou Escola do bom senso, em português). Patrocinada pelo Estado, a École du bon sens tinha o objetivo de transformar as produções teatrais em instrumentos de propaganda da ideologia burguesa, disseminando seus princípios econômicos, sociais e morais, pautados nos chamados "bons exemplos", na moralização dos costumes, na hierarquia e no conceito de propriedade. Aos olhos do governo, essa era uma forma de criar oposição ideológica aos movimentos da classe operária, que naquele momento participava ativamente de lutas e revoluções em prol dos direitos dos trabalhadores.

Da École du bon sens foi criada a comédia realista, chamada de "comédia" por ter finais sempre felizes. Esse movimento durou pouco tempo, mas influenciou muitas obras do teatro realista, que manteve a princípio resquícios da propagação do ideário burguês.

O teatro realista tinha como princípio a identificação emocional do espectador com a história e a obra, ou seja, no teatro realista tradicional, a peça, como uma ilusão, reconstitui a realidade. Os espetáculos são construídos sob certas regras: os atores agem, vestem-se e comportam-se como na vida real; a narrativa é sempre linear, com começo, meio e fim compreensíveis; os objetos e cenários buscam representar com fidelidade o local onde a peça se passa; a música e a iluminação têm a função de simplesmente "colorir" a cena. O público não interage com a cena, ao contrário, deve ficar em silêncio. A luz da plateia é apagada para reforçar a atenção à cena; e a quarta parede, "reforçada".

Cacilda Becker na peça *A dama das camélias* (1951), baseada no romance de Alexandre Dumas Filho de 1848. A primeira adaptação teatral dessa obra foi feita em 1852 e representou um marco do Realismo no teatro.

Muitos autores realistas se opuseram ao modelo burguês do teatro realista, representando, nas peças, problemáticas sociais de todas as camadas da sociedade, não apenas das classes mais favorecidas, fazendo críticas intensas aos sistemas sociais e políticos dominantes.

Formas realistas são predominantes até os dias de hoje na arte teatral e não se limitam a essa linguagem, manifestando-se também no cinema e na televisão, em que seus maiores representantes são as telenovelas.

No teatro épico, as cenas são desenvolvidas pelos atores e pelo público, em conjunto. Não existe a quarta parede e toda a teatralidade é explicitada: o ator muda de roupa, de adereços ou comenta a história na frente do público, sem se preocupar em manter qualquer ilusão de realidade.

A Cia. do Latão é um grupo contemporâneo que trabalha com base no teatro épico. Na encenação de 2012 de O patrão cordial, por exemplo, as cenas eram montadas e desmontadas na frente do público, com recursos simples, como tablados de madeira. Na cena mostrada na página 196, um desses tablados, em conjunto com a postura dos atores, é utilizado para indicar que os personagens estão em um caminhão, sem que para isso precise haver de fato um veículo.

No teatro épico, o ator não é somente o intérprete do personagem, mas também o mediador entre a história e o público. Inclusive, nem sempre as cenas são encenadas pelos atores – muitas vezes são apenas narradas.

O motivo principal da peça não é um conflito individual, mas algo de importância social e histórica. Os assuntos sempre possuem abrangência social e visam à politização do espectador. Há a utilização de outras linguagens artísticas, como a projeção de filmes. A narrativa não é necessariamente linear, podendo passar do presente ao passado a qualquer momento.

O teatro épico procura mostrar que as relações e estruturas sociais não são naturais e imutáveis, como podem parecer no cotidiano. Sempre pode haver a mudança. Brecht chamou isso de **estranhamento**.

O estranhamento é provocado ao colocar uma situação em cena de forma não habitual. Isso leva o espectador a um **distanciamento**, a um "olhar de fora". Sem a ilusão tradicional do teatro, o estranhamento visa provocar um olhar crítico ao despertar o espectador para uma atitude diferente da habitual e para um posicionamento político diante da própria realidade.

Por exemplo, em uma peça de teatro épico, o ator pode interromper uma cena em algum momento estratégico e continuar a história relatando a ação, em vez de encená-la. Isso causa um estranhamento no espectador e o faz se desvencilhar emocionalmente da história, tornando-o um observador "distanciado". Assim, a peça o estimula a refletir sobre o que está sendo mostrado e a se posicionar. Para Brecht, a arte deve desempenhar essa função crítica, dialética e libertadora.

Uma das principais características da obra de Bertolt Brecht é a crítica ao sistema político baseado nas relações financeiras (o capitalismo) e ao modo como esse sistema, na opinião dele, desfavorece a maior parte dos trabalhadores em função do lucro de poucos.

Brecht direcionou suas obras ao público operário e às grandes massas de trabalhadores, que julgava carentes desse tipo de reflexão. Para ele, o teatro poderia levar o trabalhador a se identificar com a situação mostrada e seria capaz de incentivá-lo a agir sobre a própria condição e sobre o mundo em que vivia, fazendo-o se sentir capaz de realizar mudanças.

dialética: oposição, conflito gerado pela contradição entre teorias. Contraposição de ideias diferentes com o intuito de resultar em outras novas.

CONEXÃO

Leia o texto a seguir com os colegas e o professor. Depois, reflita sobre as questões.

Cena do espetáculo *A exceção e a regra*, de Bertolt Brecht, na montagem da Cia. Estável, pelo projeto Expedições. São Paulo (SP), 2015.

A Cia. Estável de Teatro encena texto de Bertolt Brecht na linha Safira da CPTM no mês de junho

Contemplados pelo edital Proac Circulação, a Cia. Estável de Teatro segue com o projeto Expedições apresentando o espetáculo *A exceção e a regra*, clássico de Bertolt Brecht (1898-1956), nas estações da Companhia Paulista de Trens Metropolitanos de São Paulo (CPTM).

O projeto que já passou pelas linhas Esmeralda, Rubi, Turquesa e Coral chega agora na linha Safira. [...]

O projeto contempla 25 estações, em 18 municípios cobertos pela malha ferroviária da CPTM. As sessões acontecem nas saídas das estações, possibilitando o acesso do público que não precisa pagar passagem de trem para assistir ao espetáculo. [...]

Na trama, uma pequena caravana participa de uma corrida em direção à cidade de Urga, a expedição que chegar primeiro ganha como prêmio uma concessão para explorar petróleo. Durante a viagem são expostos a relação entre explorador e explorado, assim como os mecanismos que legitimam o abuso de um e a submissão do outro.

Associando a relação da expedição ao caminho percorrido pelos trabalhadores diariamente nas viagens de trem, o grupo propõe estabelecer um diálogo com a classe trabalhadora. Ao colocar em perspectiva questões pertinentes à sociedade, a obra brechtiana oferece um importante instrumento para a compreensão das atuais crises do capitalismo e de suas inevitáveis consequências para a ordem mundial. A encenação pressupõe o espaço da rua como meio de ampliar o alcance político e popular do texto.

Para o grupo, o resultado mais importante do espetáculo no que diz respeito ao retorno do público foi a constatação da relevância e da atualidade da obra de Bertolt Brecht no atual panorama sociopolítico brasileiro.

"Refletindo o texto metaforicamente, pretendemos levar nosso teatro àqueles que diariamente realizam, assim como a personagem O Carregador de Brecht, uma trajetória árdua no sistema onde a humanidade é uma exceção", explica o ator Osvaldo Pinheiro.

Tendo o teatro épico e sua relevância social e política como principal eixo de seus estudos estéticos, a Cia. Estável de Teatro busca imprimir em sua prática novas possibilidades de interlocução com o entorno imediato.

Dessa maneira, desenvolve há 9 anos uma intensa pesquisa junto aos 1 200 homens em situação de rua, acolhidos do albergue Arsenal da Esperança, localizado na região da Mooca. Uma dentre outras tantas ações resultantes desta experiência foi a montagem do espetáculo *A exceção e a regra*, um dos textos mais montados do dramaturgo alemão Bertolt Brecht.

[...]

Sobre a Cia. Estável de Teatro

Com 13 anos de trajetória, o grupo formado na escola de teatro da Fundação das Artes de São Caetano do Sul foi contemplado em 6 edições da Lei de Fomento ao Teatro para a cidade de São Paulo. O coletivo tem como premissa de sua pesquisa a criação em conjunto com a comunidade onde está inserida. O primeiro projeto do grupo foi o "Amigos da Multidão", realizado no teatro distrital Flávio Império, em Cangaíba, Zona Leste de SP, onde, por intermédio do edital de Ocupação dos Teatros Distritais em 2001 e da Lei de Fomento ao Teatro para a Cidade de São Paulo, desenvolveu uma programação diária com oficinas, espetáculos artísticos, saraus e apresentações de peças de seu próprio repertório.

[...]

A companhia integra há seis anos a Rede Brasileira de Teatro de Rua (RBTR) e é grande parceira do Movimento de Teatro de Rua de São Paulo (MTR).

A CIA. Estável de Teatro encena texto de Bertolt Brecht na linha Safira da CPTM no mês de junho. *SP Jornal*, São Paulo, 10 jun. 2015. Disponível em: <http://spjornal.com.br/a-cia-estavel-de-teatro-encena-texto-de-bertolt-brecht-na-linha-safira-da-cptm-no-mes-de-junho/>. Acesso em: 13 abr. 2016.

E VOCÊ?

1. Você já ouviu falar em peças apresentadas em locais de grande circulação, como estações de metrô, trem etc.? Se sim, como foi? Conte aos colegas.

2. Que relações você estabelece entre o local da apresentação e o teatro épico, estudado anteriormente? Que outras características desse trabalho se aproximam do teatro de Brecht?

3. No texto, são citadas leis de incentivo ao teatro decorrentes de políticas públicas na área cultural. As políticas públicas representam um conjunto de ações praticadas pelo poder público com recursos oriundos dos impostos pagos por todos os cidadãos. Elas existem para qualquer área (saúde, educação, transporte, segurança etc.) e servem para garantir o acesso do cidadão aos seus direitos essenciais. No caso das políticas públicas culturais, elas visam garantir, entre outras coisas, não apenas o direito de usufruir da arte, mas também de produzi-la. Várias ações podem fazer parte das políticas públicas culturais: subsídio a produções artísticas, construção e manutenção de centros culturais, proteção de patrimônios, entre outras. Na região onde você mora há exemplos de ações relacionadas a políticas públicas culturais? Se sim, cite algumas delas. Você considera importante a existência de políticas públicas culturais? Justifique.

FOCO NA PRÁTICA

Esta prática terá como base o texto teatral *Aquele que diz sim e Aquele que diz não* (1920-1930), de Bertolt Brecht. Nele, Brecht apresenta uma situação com duas possibilidades distintas de desfecho. Na história, um grupo de estudantes liderados por um professor está a caminho de uma viagem perigosa às montanhas a fim de buscar remédios para combater uma epidemia que assola os moradores da cidade.

Antes de partirem, um menino decide ir com eles, pois sua mãe também está doente e ele quer ajudar. Porém, os estudantes o alertam que não seria prudente, pois a viagem é perigosa e ele é apenas uma criança, mas ele não desiste da ideia e acompanha o grupo. No meio do caminho, o menino fica doente e não consegue continuar. Nesse momento, na primeira parte da história, intitulada "Aquele que diz sim", o grupo pergunta ao menino se deseja que voltem à cidade por sua causa ou se aceita que o abandonem ali, já que precisam continuar e ele não pode mais acompanhá-los. Antes que o menino responda, é alertado de que existe um grande costume nesse tipo de situação:

O Professor – Presta atenção! Como você ficou doente e não pode continuar, vamos ter que deixar você aqui. Mas é justo que se pergunte àquele que ficou doente se deve voltar por sua causa. E o costume exige que aquele que ficou doente responda: vocês não devem voltar.

O menino aceita ser deixado, já que sabia dos perigos e tinha assumido o risco. Na segunda parte, chamada "Aquele que diz não", a história praticamente se repete. Porém, no momento em que perguntam ao menino se ele está de acordo em ser abandonado ali e morrer, ele diz:

O Menino (*depois de um tempo de reflexão*) – Não. Eu não estou de acordo.

O Professor – [...] Ele não respondeu de acordo com o costume.

Os Três Estudantes – Ele disse não. (*Ao Menino*) Por que você não responde de acordo com o costume? [...] Naquele tempo, quando lhe perguntavam se você estaria de acordo com tudo que esta viagem poderia trazer, você respondeu que sim.

O Menino – A resposta que eu dei foi falsa, mas a sua pergunta, mais falsa ainda. [...] Eu queria buscar remédio para minha mãe, mas agora eu também fiquei doente, e, assim, isso não é mais possível. E diante dessa nova situação, quero voltar imediatamente. E eu peço a vocês que também voltem e me levem para casa. Seus estudos podem muito bem esperar. E se há alguma coisa a aprender lá, o que eu espero, só poderia ser que, em nossa situação, nós temos que voltar. E quanto ao antigo grande costume, não vejo nele o menor sentido. Preciso é de um novo grande costume, que devemos introduzir imediatamente: o costume de refletir novamente diante de cada nova situação.

BRECHT, Bertolt. Aquele que diz sim e Aquele que diz não. *Teatro completo*. São Paulo: Paz e Terra, 2004.

Nessa peça, Brecht procura mostrar como um costume, que parece óbvio, pode ser transformado por meio da reflexão.

A divisão da peça em duas partes, cada uma com seu final diferente, é um exemplo que evidencia algumas características do teatro épico vistas anteriormente: com o intuito de provocar o distanciamento e a reflexão crítica no público, a peça inicia-se novamente com praticamente a mesma história, algo totalmente incomum na dramaturgia tradicional. Imagine-se assistindo a essa peça. Que reação você teria ao ver a história voltar ao início e depois continuar de forma diferente? O assunto é de abrangência social e não somente individual. Ao questionar o "antigo costume", o menino muda os costumes de todos ao seu redor.

Agora, acompanhando as orientações do professor, forme com os colegas grupos de quatro ou cinco integrantes. Cada grupo ficará responsável pela discussão e elaboração de uma situação na qual seja mostrado algo que acreditem que deva ser mudado e com o qual não estão de acordo. Pensem, conversem e elaborem uma breve cena, mostrando dois momentos: como é a situação que estão criticando e como ela poderia ser. Pensem em elementos para compor as cenas considerando que, no teatro épico, objetos usuais e adereços simples podem servir para representar uma situação, como na imagem da Cia. do Latão que representa um caminhão em cena utilizando um tablado de madeira. Esses elementos podem ser revelados ao público, sem a necessidade de criar um ambiente para "esconder" objetos e atores que não estão em cena, por exemplo. Depois, cada grupo se apresentará para os outros da turma. Ao término das apresentações, haverá uma roda de conversa para a reflexão da prática realizada.

Palco clássico

Se, por um lado, a arte pode ser instrumento de crítica e reflexão política, por outro, muitas vezes é usada como forma de reforçar o poder, os valores e a visão de mundo das classes dominantes. Em geral, são obras criadas ou financiadas por essas classes, tanto de forma particular como institucional (do governo, da Igreja etc.).

> **OBSERVE A IMAGEM.**
>
> 1. Você sabe que tipo de dança é essa? Se sim, quais são os elementos da imagem que lhe passam essa informação? Que tipo de música costuma acompanhar essa forma de dança?
> 2. Você conhece pessoas que praticam essa dança? Que história você acha que a cena mostrada conta?

Cena do ensaio aberto do espetáculo *O lago dos cisnes*, da companhia russa Kirov Ballet. São Paulo (SP), 2011.

Essa imagem é do balé *O lago dos cisnes*, uma das mais conhecidas e coreografadas peças de balé clássico. A música e a história de *O lago dos cisnes* foram criadas pelo compositor russo Piotr Ilitch Tchaikovsky (1840-1893) e a dança foi encenada pela primeira vez em 1877.

Esse balé é baseado em um conto de fadas de origem indeterminada, em que um mago, a fim de casar sua filha com o príncipe, enfeitiça as moças da região, predestinadas a serem cisnes durante o dia e a se tornarem mulheres novamente à noite. O feitiço só seria quebrado por um juramento de amor eterno. Uma das mulheres enfeitiçadas é Odete, por quem o príncipe se apaixona ao encontrá-la no lago durante uma caçada no dia de seu aniversário de 21 anos. O príncipe a convida para seu baile de aniversário, no qual pretende pedir sua mão em casamento, libertando-a do feitiço. No baile, no entanto, quem aparece é o mago com sua filha Odile, disfarçada de Odete. Enganado e enfeitiçado, o príncipe promete casar-se com Odile e perde Odete para sempre. Odete se joga no lago e o príncipe faz o mesmo, sentindo que sua vida não tem sentido sem sua amada. Esse gesto de amor quebra o feitiço, libertando todas as outras mulheres do encantamento. Em espírito, Odete e o príncipe ficam juntos eternamente.

Em *O lago dos cisnes*, Odete é o cisne-branco, e Odile é o cisne-negro. A forma como os personagens dançam e são interpretados muda de acordo com suas características. Os movimentos do cisne-branco são mais lentos, suaves e contínuos, enquanto os do cisne-negro são mais dinâmicos e repletos de acentuações.

> **acentuações:** movimentos com maior ênfase e tensionamento muscular.

A história traz vários elementos do Romantismo: um amor impossível, a mulher inatingível, a presença da magia e a morte como resolução dos problemas. Nesse período o balé clássico adquiriu suas características atuais, sendo a bailarina o destaque principal nas obras.

TANTAS HISTÓRIAS

O balé clássico surgiu no século XV, na Itália, para entreter a monarquia. O primeiro balé de que se tem registro é de 1489 e foi criado como parte da comemoração do casamento do duque de Milão, Gian Galeazzo Maria Sforza (1469-1494) com Isabella de Nápoles (1470-1524).

No período inicial do balé clássico, os homens tinham papéis mais importantes do que o das mulheres. Os figurinos femininos apresentavam saias imensas e com pesadas armações. Em papéis secundários, as mulheres mantinham-se mais em grupos, formando desenhos geométricos no espaço e movimentando pés e braços. Os solos (coreografia feita apenas por um bailarino) e os papéis mais importantes eram privilégio dos homens.

Originalmente, o balé clássico se aproximava muito da ópera no que se refere ao uso das palavras cantadas e faladas, à similaridade das roupas e ao uso de máscaras. Aos poucos, as máscaras e as palavras foram deixadas de lado e a dança em si ganhou importância, aproximando-se da forma do balé clássico conhecido atualmente.

No fim do século XVIII, na Rússia, os czares (título que significa "imperador" e foi atribuído aos soberanos russos entre 1547 e 1917) aumentaram os investimentos no balé clássico como forma de demonstrar grandiosidade e prestígio. A Rússia tornou-se, então, o principal polo do balé clássico europeu.

Gravura de um balé perante Henrique III e sua corte. Paris, Mamert Patisson, 1582.

O balé se expandiu da Europa para o mundo, sempre associado à aristocracia. No Brasil, teve seus primeiros impulsos significativos com a visita de companhias internacionais nas primeiras décadas do século XX, principalmente russas. Nesse período, junto a Ana Pavlova (1881-1931), grande expoente do balé clássico mundial da época, chegou ao país a solista russa Maria Olenewa (1896-1975). Ela fixou residência no Brasil em 1926 e, um ano depois, junto ao crítico teatral Mario Nunes, fundou no Rio de Janeiro a primeira escola profissionalizante de balé clássico do Brasil, a Escola de Danças Clássicas do Theatro Municipal do Rio de Janeiro. Após formar uma geração pioneira de bailarinos profissionais, a escola possibilitou que, em 1936, fosse fundado o Corpo de Baile do Theatro Municipal, a primeira companhia profissional brasileira.

Cena do balé *O lago dos cisnes*, de Tchaikovsky. Companhia de Balé Bolshoi no Music Center, Los Angeles, EUA, 2012.

O balé clássico apresenta características formais ligadas às suas raízes na corte e na nobreza. Elas dialogam com o Romantismo, como aspectos do movimento que conferem um caráter sublime e elevado à dança.

A forma que o corpo cria no espaço é muito importante no balé clássico. O nível de exigência na qualidade de execução da dança é bastante alto, com normas muito precisas que todos devem alcançar, independentemente de suas características pessoais. O corpo do bailarino clássico se mantém na maior parte do tempo exercendo o máximo de seu alongamento. Seus movimentos são firmes, geométricos e frontais. O torso fica basicamente na posição vertical, apresentando poucas variações de movimento, sendo as pernas e os braços as partes do corpo que mais se movem. Na maior parte do tempo o nível espacial utilizado é o alto, ou seja, os bailarinos se mantêm na ponta dos pés ou saltando. No balé clássico, tanto as roupas masculinas como as femininas priorizam a visão das linhas que o corpo desenha no espaço. Os tutus femininos (saia arqueada e bem curta) e os colans masculinos visam possibilitar que se enxerguem ao máximo as formas corporais durante os movimentos.

As coreografias criam desenhos geométricos no espaço. Geralmente, o corpo de baile dança mais para o fundo do palco e os solistas ocupam os espaços mais centrais. Trata-se de uma dança bastante hierarquizada quanto à importância dos bailarinos, sendo os primeiros-bailarinos os mais importantes. Eles fazem solos ou *pas de deux*, que são duplas entre homens e mulheres.

ENQUANTO ISSO... NA ÍNDIA

A dança clássica indiana

Na Índia, também existe uma tradição de dança chamada de clássica, que remonta a 2000 a.C. Ela tem origem na invocação a Shiva, o deus da dança. Até os dias atuais, a dança de Shiva simboliza a atividade cósmica e seu ritmo está associado à criação e à manutenção constante do mundo por meio da destruição de algumas formas para o nascimento de outras. Uma das características da dança indiana é envolver o corpo inteiro, executando movimentos bastante elaborados de olhos, boca, mãos, ombros e pés. Todos os gestos possuem um significado místico. As danças são chamadas de *ragas* e representam poemas que contam lendas religiosas e espirituais.

Apresentação do estilo *odissi* de dança indiana, com a dançarina Meera Das e sua trupe, durante o festival Bharat Bhavan. Bhopal, Índia, 2015.

Os diversos estilos de dança clássica indiana atuais se desenvolveram entre os séculos II e VIII d.C. Um dos estilos mais conhecidos é o *odissi*, uma dança originária do leste da Índia que possui tanto qualidades vigorosas como delicadas. É dividido em *nritta*, conjunto de movimentos que não contam nenhuma história, e *abhinaya* ou *nritya*, que representam histórias de amor extraídas da obra *Gitagovinda* ("Canção do vaqueiro", em português), do poeta Jayadeva (c. 1200 d.C.).

CAPÍTULO 4 • Ser humano, ser político

> **OBSERVE AS IMAGENS.**
>
> Elas mostram um bailarino de dança clássica indiana e um de balé clássico. Qual é a principal diferença entre os movimentos de cada bailarino? Os bailarinos lidam da mesma forma com o espaço? Se não, qual é a diferença? Que sensação é possível ter de cada um desses movimentos?

Bailarino de dança clássica indiana.

Bailarino de balé clássico.

FOCO NA PRÁTICA

Esta prática será desenvolvida em duas etapas. Seguindo orientações do professor, você e os colegas criarão movimentos por meio da exploração do peso do corpo em relação ao chão, atingindo os níveis mais altos do espaço. Sigam as etapas:

1. Vocês começarão a atividade deitados. Aos poucos, se descolarão do chão até ficar em pé. Para tanto, deverão alternar entre empurrar o chão para subir e depois soltar a pressão, deixando o peso do corpo conduzi-los novamente para o piso. Essa pressão para empurrar o chão deve começar menor (o que descolará menos o corpo do chão) e aumentar conforme alternam o movimento de empurrar o chão e soltar a pressão até que, gradativamente, consigam ficar de pé. Pressionem o chão com as mais diversas partes do corpo.

2. Agora, você e os colegas experimentarão o peso do corpo em pé. Com a sola dos pés, vocês deverão empurrar o chão utilizando pressões mais ou menos intensas. Empurrem contínua e suavemente, o que gerará movimentos de elevação, depois empurrem repentina e fortemente, o que acarretará saltos. Dobrem bem os joelhos antes de empurrar. Sigam as instruções do professor.

Ao final, façam uma roda e conversem sobre a experiência. Como foi fazer movimentos empurrando o chão? Como vocês se sentiram?

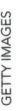

Orquestra Sinfônica Nacional de Cuba tocando no fosso do Teatro Karl Marx em apresentação do Royal Ballet. Havana, Cuba, 2009.

O balé clássico está intimamente relacionado à música clássica e muitos de seus compositores também escreveram música para balé. Um deles foi Tchaikovsky, que compôs o balé *O lago dos cisnes*, que você viu anteriormente.

Tchaikovsky foi um compositor do período romântico. Na história da música clássica, os ideais desse movimento, de caráter mais pessoal e subjetivo, manifestam-se por meio de uma sonoridade dramática e expressiva. Hoje, o termo "romântico" é muito utilizado em alusão a eventos ou a pessoas com um lado intenso e dramático, geralmente relacionado ao amor. Contudo, as obras do período não se referem apenas a aventuras ou desventuras amorosas, mas a várias questões pessoais.

E VOCÊ?

1. Você costuma escutar música clássica? Se a resposta for positiva: em quais situações? Se for negativa: por que não?
2. Você já assistiu a uma apresentação de música clássica ao vivo? Se sim, era orquestra sinfônica, um pequeno grupo ou um solista? Você lembra quais músicas foram apresentadas ou quem eram os compositores?
3. Você gosta desse tipo de música? Por quê?
4. Ouça a **faixa 69 do CD**. Depois, ouça a **faixa 67**. Qual você considera a principal diferença entre os trechos? Qual delas apresenta mais dramaticidade? Por quê?

CAPÍTULO 4 • Ser humano, ser político

A primeira música é um trecho da *Pequena serenata noturna*, do compositor austríaco Wolfgang Amadeus Mozart (1756-1791) e a segunda é o início de *O lago dos cisnes*, de Tchaikovsky. Cada uma dessas obras é muito representativa das sonoridades específicas dos períodos que representam. Mozart é um dos maiores compositores do período clássico e Tchaikovsky, do romântico. A música do período clássico simplificou algumas ideias do anterior, o barroco, criando músicas mais estruturadas. Veja o exemplo da *Pequena serenata noturna*, na qual a melodia é de fácil reconhecimento e o compositor usa a mesma ideia de várias formas. Por sua vez, o período romântico criou um novo tipo de complexidade, caracterizado por uma dramaticidade maior que nos períodos anteriores. Isso pode ser visto no início de *O lago dos cisnes*, em que a melodia começa de maneira simples, mas rapidamente se alonga e se transforma durante o trecho. Ouça as **faixas 67** e **69 do CD** novamente.

CÁPSULAS

Um canhão na orquestra?

Muito representativo da dramaticidade do período romântico, Tchaikovsky levou o uso de sons novos ao extremo quando, em 1880, escreveu a *Abertura 1812*, uma obra em homenagem à resistência russa contra a invasão napoleônica de 1812.

Para produzir o maior impacto possível, Tchaikovsky incluiu em sua orquestração o som de dezesseis tiros de canhão e uma seção para ser executada com um carrilhão. Esse instrumento é formado por um grupo de sinos afinados que pode chegar a pesar cem toneladas. Muitos são instalados em torres de igrejas e tocados por meio de um teclado. O nome "carrilhão" também é usado para designar um instrumento menor, com sinos tubulares. Como nem sempre é possível contar com canhões e carrilhão para executar a peça, costumam ser utilizados instrumentos alternativos, como sintetizadores ou instrumentos de percussão que imitem esses sons. Ouça a **faixa 68 do CD**, que inclui alguns trechos da peça.

Trecho da partitura da *Abertura 1812* em que é indicada a utilização do canhão.

orquestração: procedimento de organizar as ideias musicais de uma composição para os instrumentos da orquestra.

Carrilhão da Catedral da Sé. São Paulo (SP), 2010.

A música clássica sempre teve uma relação direta com os grupos de poder e as elites sociais e econômicas. Começou nos salões dos palácios e seu desenvolvimento acompanhou as mudanças sociais e políticas da Europa. A partir da Revolução Francesa e durante todo o século XIX, o que antes era privilégio da nobreza começou a ser mais acessível a outros setores da população. De certa maneira, isso continuou durante os séculos XX e XXI.

E VOCÊ?

1. Você considera que a música clássica está se tornando mais acessível a todos os públicos? Onde você mora há alguma orquestra oficial?
2. Você conhece obras ou trechos de músicas clássicas que estão presentes em outros gêneros que escuta?
3. Hoje em dia existem projetos educativos com orquestras infantojuvenis em vários lugares do Brasil. Você conhece algum projeto assim? Você participa ou conhece alguém que toque em alguma orquestra desse tipo?
4. A música clássica e o balé costumam ser associados à chamada cultura erudita, tanto que a música clássica muitas vezes também é chamada de "música erudita". Em sua opinião, o que essa expressão significa?

A cultura erudita é geralmente chamada assim em contraposição ao que se denomina "cultura popular", como se fossem opostas. Mas a erudição, ou seja, o conhecimento, está presente nas mais diversas manifestações. A cultura é aprendida e transmitida de muitas maneiras. Assim, toda manifestação tem valor e nenhuma é superior à outra.

TANTAS HISTÓRIAS

Primeira Escola de Viena

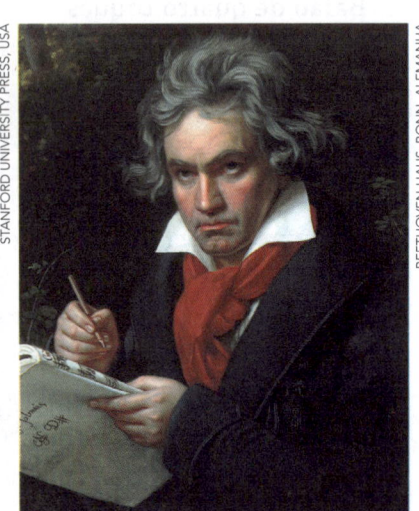

Da esquerda para a direita: Joseph Haydn, Wolfgang Amadeus Mozart e Ludwig van Beethoven.

A expressão "Primeira Escola de Viena" foi criada para classificar a produção musical e estilística de três importantes músicos do século XVIII: os austríacos Joseph Haydn (1732-1809) e Wolfgang Amadeus Mozart (1756-1791) e o alemão Ludwig van Beethoven (1770-1827).

Viena, capital do Império Austro-Húngaro, era um importante centro de produção musical da época. Embora seguisse várias regras criadas durante o Barroco, a música do período clássico ganhou uma sonoridade bastante diferente. Considerada mais elegante, agradável e controlada, era financiada principalmente pela aristocracia e produzida a serviço dela, em sua maioria como entretenimento nos concertos e bailes. A música do começo do período clássico apresentou uma sonoridade mais simples que a do Barroco. O número de melodias e acordes diminuiu, em especial se comparado ao das composições polifônicas dos períodos anteriores (estudadas no Capítulo 3). O período clássico, porém, aumentou a complexidade da música em outros aspectos. A atenção dos compositores se voltou para a qualidade das melodias e para as texturas sonoras que as acompanhavam. Essa textura é caracterizada pela sonoridade conjunta dos vários instrumentos, diferentes em tipo e em número, que aumentou a qualidade sonora das peças musicais. Ouça, nas faixas 69 e 70 do CD, obras de Mozart e Beethoven.

E VOCÊ?

O que você pensa sobre a divisão entre erudito e popular? Acha que há diferenças entre elas? Em sua opinião, a cultura popular também pode ser erudita? Cite exemplos de manifestações artísticas que você conhece e que considere eruditas.

FOCO NA PRÁTICA

Nesta atividade, vocês criarão uma apresentação da música "Baião de quatro toques", de Luiz Tatit e José Miguel Wisnik, envolvendo cantar, criar acompanhamentos e dançar.

Sigam as etapas:

1. Ouçam a **faixa 71 do CD**. Há alguma semelhança com alguma das músicas ouvidas anteriormente? Essa música foi inspirada em uma delas. Agora, leiam a letra da música.

Baião de quatro toques

Quando bater
No coração
Quatro pancadas e depois um bis
Pode escrever
Não falha não
É a tentação de ser muito feliz (2x)

Por isso é bom esse baião de quatro toques
Carregadinho de premonição
Ele não deixa que a batida se desloque
E que se afaste do seu coração

Pra quem compôs, pra quem tocou e pra quem ouve
É o destino que sempre se quis
É uma quinta sinfonia de Beethoven
Que decantou e só ficou a raiz

Dá pra sentir
A exatidão
No tique-taque do seu coração
Dá pra entender
Que esse baião
De quatro toque, tanto tentou, tanto tentou
Que se tornou a tentação desse país de ser assim feliz

TATIT, Luiz; WISNIK, José Miguel. Baião de quatro toques. *Ouvidos uni-vos*. São Paulo: Dabliú Produções Artísticas e Culturais, 2005. CD.

2. Tirem suas dúvidas com relação à letra e analisem a forma estrutural dada pela letra, pela melodia e pelas seções instrumentais.

3. A apresentação incluirá algumas atividades que vocês realizaram anteriormente. Organizem a turma em grupos de oito a dez integrantes. Cada grupo ficará responsável por uma das seguintes funções:

- **Canto:** o canto das estrofes e o canto do refrão.
- **Acompanhamento:** percussão corporal e outros instrumentos se alguém do grupo souber tocar.
- **Dança:** pesquisa das características de movimentos do baião e criação de movimentos coreográficos, se possível em pares.

4. Cada grupo deve decidir o próprio arranjo. A estrutura da música inclui refrão, duas estrofes, uma terceira seção similar ao refrão e uma seção instrumental. Ao cantar, quando criarem as mudanças entre estrofes e refrão, é importante fazer um contraste entre grupos menores e maiores.

5. O acompanhamento com percussão corporal pode incluir padrões simples ou complexos. Encontrem um equilíbrio dentro do grupo e escolham de acordo com as possibilidades de cada um. Se alguém tocar um instrumento musical, pensem em possibilidades de participação.

6. As danças e os movimentos ficam a critério do grupo, considerando sempre o tamanho do grupo e a percussão corporal. O baião é uma música tradicionalmente dançada em par, mas neste caso não será regra. A dança pode ocorrer somente no momento do solo de acordeão. Depois da criação das etapas 3, 4 e 5, ensaiem antes da apresentação.

Ao final das apresentações discutam o processo de criação das etapas e as sensações durante o desenvolvimento da atividade.

Diferentemente de outros tipos de música e apesar de sua origem europeia, a música clássica não está ligada a uma região específica. Embora imposta pelos colonizadores, ela ganhou formas próprias nos diferentes países onde foi executada. É muito comum, inclusive em produções atuais, o diálogo entre elementos culturais locais e os cânones da tradição das produções clássicas.

No Brasil, um dos mais importantes compositores de música clássica foi o padre José Maurício Nunes Garcia (1767-1830). Pesquisadores apontam a qualidade técnica de suas numerosas composições, principalmente considerando a grande diferença no contexto político, social e cultural em relação à Europa.

Os compositores brasileiros tinham uma formação técnico-musical restrita em virtude do baixo número de mestres e instrumentos musicais de qualidade. Além disso, o acesso a partituras que permitissem estudar os estilos musicais do período e os anteriores era muito restrito. Muitos dos compositores dessa época foram autodidatas, ou seja, aprenderam por conta própria.

O protagonismo do padre deveu-se à chegada da Corte portuguesa ao Brasil, em 1808. A família real e numerosos membros da Corte vieram de Portugal nesse ano – para evitar as tropas de Napoleão, que ameaçavam invadir o país –, estabelecendo-se no Rio de Janeiro. Necessitando de um Mestre de Capela Real e reconhecendo a qualidade musical do padre, o príncipe regente o nomeou para o cargo mesmo contra a vontade de vários nobres da Corte, uma vez que padre José Maurício era afrodescendente.

José Maurício foi o primeiro sul-americano a assumir um cargo como esse. O compositor se destacou pela capacidade de adaptação às exigências da Corte, que estava mais acostumada à produção europeia, voltada a concertos e óperas, e não à música sacra, isto é, para a Igreja. No início da carreira, ele escreveu principalmente esse tipo de música. Ouça, na **faixa 72 do CD**, um trecho de uma música vocal escrita pelo compositor.

Durante o período, José Maurício teve contato com algumas obras de Mozart por meio de partituras trazidas entre os documentos reais. Uma dessas obras, o *Réquiem*, impressionou-o a tal ponto que ele se inspirou em algumas melodias para também escrever um réquiem. Essa prática era comum na época. É chamada "citação" e consiste na utilização de pequenos trechos ou melodias de outros compositores como parte da própria obra que se está compondo.

José Maurício foi um dos primeiros compositores da América do Sul a ter suas obras executadas na Europa, várias delas na voz de Joaquina Maria da Conceição, mais conhecida como Lapinha, que também era afrodescendente.

As composições de José Maurício estão associadas à estética do período clássico europeu.

Algumas décadas mais tarde, compositores brasileiros começaram a adotar uma sonoridade romântica em suas obras. Um deles foi Carlos Gomes. Natural de Campinas (SP), Antônio Carlos Gomes (1836-1896) foi um compositor romântico brasileiro conhecido pelas suas óperas e pelas ideias nacionalistas de suas composições. Entre suas obras, destaca-se *O guarani* (1870), ópera em quatro atos, que estreou com grande sucesso na Itália, onde Carlos Gomes estava aprofundando seus estudos musicais. A ópera foi escrita com base no livro *O guarani*, do escritor romântico brasileiro José de Alencar (1829-1877). Ouça, na **faixa 73 do CD**, um trecho da abertura da ópera *O guarani*.

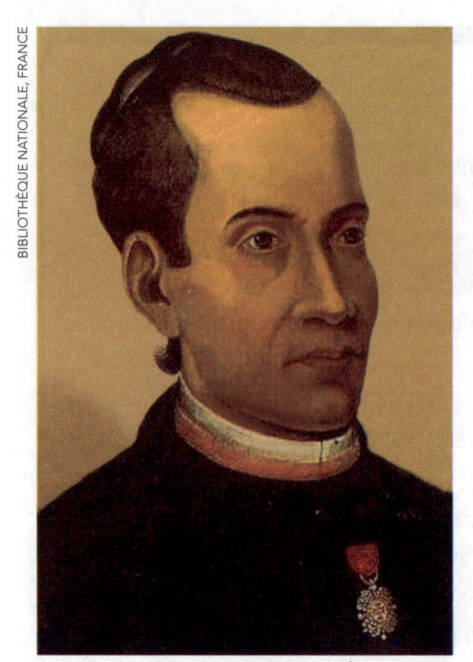

Retrato do padre José Maurício. Óleo sobre tela, s.d.

Carlos Gomes (1836-1896).

> **réquiem:** celebração da Igreja Católica em homenagem aos mortos. Por extensão, são chamadas de "réquiens" as composições musicais feitas para serem executadas nessas celebrações.

CONEXÃO

Palmas e preconceitos

Talento não bastava: para ser a primeira cantora brasileira aplaudida na Europa, Lapinha teve de esconder sua pele negra.

Óperas já eram encenadas no Brasil durante o século XVIII. Foi nesse período que surgiu, no Rio de Janeiro, Joaquina Lapinha, a primeira cantora lírica brasileira que virou celebridade, e sobre quem ainda pouca coisa se sabe. O sucesso de suas apresentações a levou a fazer uma longa e bem-sucedida temporada na Europa. Mesmo assim, até hoje não foram descobertos retratos que mostrem suas feições.

Só existem citações de seu nome em documentos da época, principalmente programas teatrais, partituras e críticas musicais. Sua origem é tão misteriosa quanto sua morte. O pouco que se sabe dela é que, por ser negra, teve que vencer diversos entraves sociais para que pudesse deleitar as plateias cariocas e lusitanas.

Mesmo na Europa, raramente havia cantoras de ópera até meados do século XVIII. Os papéis femininos eram, em grande parte, interpretados por homens.

[...]

Já havia mulheres cantando no Rio de Janeiro e em Minas Gerais pelo menos desde 1770. [...] Diferentemente do que ocorria no Velho Mundo, eram comuns no Brasil, até o início do século XIX, atores negros e mulatos, maquiados com tinta branca e vermelha, representando os europeus daquela época. Cantar ópera por aqui, naquele tempo, não envolvia o *glamour* dos cantores de hoje. Esse tipo de trabalho, muito pelo contrário, era feito por subalternos, e seu descumprimento poderia ser severamente punido. Em casos extremos, a punição podia ser até a prisão.

Foi nesse contexto que surgiu Lapinha, cujo nome verdadeiro era Joaquina Maria da Conceição Lapa e que começou a atuar e cantar em óperas no Rio de Janeiro na década de 1780.

[...]

Preparar-se para atuar numa ópera, tanto naquela época quanto posteriormente, exigia muito tempo e bastante trabalho. As boas cantoras executavam com frequência as coloraturas, ou seja, a emissão de várias notas agudas numa só sílaba, técnica que exigia muito do intérprete e que, quando bem utilizada, causava furor na plateia. [...] A edição da *Gazeta de Lisboa* de 16 de janeiro de 1795 se refere a "Joaquina Maria da Conceição Lapinha, natural do Brasil, onde se fizeram famosos os seus talentos musicais, que têm já sido admirados pelos melhores avaliadores desta capital" [...]

Além de receber os aplausos dos portugueses, Lapinha havia superado outra barreira na Europa: ela foi uma das primeiras mulheres a receber autorização para participar de espetáculos públicos em Lisboa. Assim que chegou à cidade, Joaquina se deparou com um veto da própria rainha Dona Maria I à participação feminina nas apresentações realizadas nos teatros da capital. [...]

O viajante sueco Carl Ruders (1761-1837), responsável por essa informação, também comenta que a cantora era obrigada a disfarçar a cor de sua pele – que os europeus julgavam "inconveniente" – com tinta branca: "Joaquina Lapinha é natural do Brasil e filha de uma mulata, por cujo motivo tem a pele bastante escura. Esse inconveniente, porém, remedeia-se com cosméticos. Fora disso, tem uma figura imponente, boa voz e muito sentimento dramático".

Depois de passar esse período em Portugal, enfrentando as dificuldades decorrentes da sua condição de mulher negra, a cantora retornou ao Rio de Janeiro e continuou cantando óperas. Seu nome parou de aparecer nos anúncios de espetáculos de música lírica em meados de 1813.

[...]

CASTAGNA, Paulo. Palmas e preconceitos. *Revista de História.com.br*, 3 jan. 2011. Disponível em: <http://revistadehistoria.com.br/secao/retrato/opera-da-discriminacao>. Acesso em: 15 abr. 2016.

Na gravura aquarelada de Theremin, de 1835, uma imagem do Theatro Imperial do Rio de Janeiro, um dos palcos onde Lapinha se apresentou.

CAPÍTULO 4 • Ser humano, ser político

E VOCÊ?

Depois de ler a história de Lapinha, responda: você acredita que as mulheres ainda sofrem preconceito na realização de algumas atividades na sociedade? E quanto à origem afrodescendente, ela ainda representa um preconceito?

CAIXA DE FERRAMENTAS

Ezequiel de Paula, contrabaixista da Orquestra Jovem do Rio Grande do Sul.

Balé Jovem do Centro Cultural Gustav Ritter, Goiás (GO).

Uma das características da música e do balé clássicos é a extrema exigência técnica, que demanda muito tempo e exercícios de repetição constantes para conseguir a execução mais perfeita possível. Todo artista profissional precisa de prática e treino de técnica, mas no caso dos que se dedicam ao clássico essa exigência segue padrões rígidos, não havendo muita liberdade nesse processo.

Bailarinos e músicos dedicam muito tempo de suas vidas a estudar e a treinar para realizar sua arte da forma mais precisa. A grande maioria deles começa a praticar já na infância. Chegando à vida adulta, decidem se profissionalizar. Um instrumentista de orquestra, por exemplo, precisa praticar muitas horas por dia, todos os dias, com seu instrumento. Bailarinos treinam até levar seu corpo ao limite máximo de cada movimento do balé. Pela exigência com o corpo, em especial o alto número de movimentos repetitivos, é muito comum esses artistas precisarem de acompanhamento com profissionais da saúde, como nutricionistas, fonoaudiólogos e fisioterapeutas.

Com os colegas, formem grupos de quatro integrantes e façam uma entrevista com um artista da música ou do balé clássicos. De preferência, procurem entrar em contato com um artista da região onde vivem. Caso não seja possível uma entrevista pessoal, vocês podem realizar o contato por telefone ou pela internet.

Para a entrevista, considerem as seguintes questões como sugestões, criando outras a partir do interesse e da curiosidade de vocês:

- Como é seu trabalho? O que você faz?
- Desde quando você trabalha com isso?
- Quando começou a praticar? Foi na infância ou já na idade adulta?
- Quantas horas por dia você dedica ao seu trabalho?
- Quantas dessas horas são dedicadas a praticar sua técnica?
- Qual é o maior desafio da sua profissão?
- Há algo na sua profissão de que você não goste? E do que você mais gosta?

Vocês podem registrar a entrevista por escrito, em áudio ou em vídeo. Depois de pronta, mostrem-na para os demais grupos e conheçam, assim, as entrevistas dos colegas. Por fim, verifiquem o que há de semelhante e de diferente entre as respostas, procurando identificar características comuns a esses profissionais.

PODER E CONFLITO

Olhares para a violência

Muitos artistas expressam, em suas obras, a percepção sobre os acontecimentos de seu tempo como manifestações pessoais sobre o que vivem ou presenciam, que por seu vigor estético e poético transcendem o momento histórico de sua criação. Mas como as concepções sobre arte de cada época e cultura se refletem nas obras dos artistas? Como as criações de outras épocas, feitas em outros contextos, podem influenciar a produção artística em momentos posteriores?

Registros da *performance Ordinário* (2013), de Berna Reale. Belém (PA). Imagens cedidas gentilmente pela artista, como forma de contribuir para o acesso amplo dos estudantes à arte e à educação.

> **OBSERVE AS IMAGENS.**
>
> Elas são registros de uma *performance* da artista paraense Berna Reale, realizada nas ruas de um bairro em Belém (PA). O que a artista parece fazer? Que sentidos você atribui às ações dela? Que elementos presentes nas imagens contribuem para sua percepção? Como você reagiria se, ao caminhar pela rua, se deparasse com algo assim?

Na *performance Ordinário* (2013), Berna Reale, toda vestida de preto, recolhe e transporta em um carrinho de mão cerca de quarenta ossadas de vítimas anônimas de homicídios. São restos mortais de pessoas dadas como desaparecidas, encontradas por policiais em cemitérios clandestinos e levadas para depósitos. A violência é o foco de atenção do trabalho de Berna Reale, que em 2010 tornou-se perita criminal do Centro de Perícias Científicas do Estado do Pará. Ela aborda em suas propostas artísticas diversas questões relacionadas à criminalidade e aos conflitos sociais vivenciados em seu dia a dia.

No trecho da entrevista a seguir, Berna Reale comenta seu trabalho sobre a violência:

[...] não é uma violência localizada, não é uma violência que acontece em Belém do Pará, na Amazônia, Brasil. É uma violência que acontece em várias partes do mundo. Eu trato de questões contemporâneas, eu trato de questões do dia a dia.

DEPOIMENTO de Berna Reale. Disponível em: <http://followarterial.com/category/Artist/page/2/>. Acesso em: 14 abr. 2016.

A maioria de seus trabalhos são *performances* em que a própria artista está presente. São ações que geralmente se apropriam de materiais e objetos variados, como os ossos e o carrinho de mão, dialogando com o espaço da cidade e criando relações simbólicas com sua presença. São intervenções artísticas (prática da arte contemporânea já abordada no Capítulo 1), visto que Berna Reale as realiza em espaços não convencionais, propondo um contato inesperado do público com a arte. A artista recorre constantemente símbolos em suas propostas ao escolher as cores, os objetos e os lugares. Em *Ordinário*, as referências à morte aparecem de forma mais evidente no uso de ossaturas reais e também em sua roupa preta, que pode ser associada à alegoria da morte.

OBSERVE A IMAGEM.

1. O que ela representa? Como é a composição? Observe, na legenda, o tamanho original da imagem. Qual você imagina ser o impacto de vê-la pessoalmente? Seria o mesmo se fosse uma obra pequena?

2. Que parte da composição mais lhe chama a atenção? Por quê? A escolha que o artista fez dos elementos visuais contribui para essa percepção?

3. No centro do quadro, mais ao fundo há um grupo de pessoas. Para você, quem são essas pessoas?

4. Observe o aspecto e a vestimenta das pessoas que estão sendo mortas. O que as diferencia daqueles que apontam as armas? Que sentidos você atribui à expressão e ao gesto do homem de camisa branca?

5. Você acha que o artista presenciou a cena? Justifique.

6. Considerando suas impressões sobre a imagem e os sentidos que você atribui a ela, que nome daria à obra? Ela lhe lembra situações atuais?

O 3 de maio de 1808 em Madri (1814), de Francisco de Goya. Óleo sobre tela, 2,68 m × 3,47 m.

Essa pintura do artista espanhol Francisco de Goya (1746-1828), *O 3 de maio de 1808 em Madri*, também conhecida como *Os fuzilamentos*, refere-se à invasão da Espanha pelas tropas francesas do exército de Napoleão. Em 2 de maio de 1808, parte da população madrilenha revoltou-se contra a rendição da monarquia espanhola, enfrentando o exército francês. Muitos revolucionários foram presos e fuzilados na noite seguinte. A pintura de Goya foi realizada em 1814, depois da expulsão definitiva dos franceses da Espanha.

Como muitos artistas importantes do período, ele era um pintor oficial, contratado para realizar obras para os membros da Corte, muitas delas pinturas históricas. Esse gênero da pintura caracteriza-se por representar fatos históricos exaltando as lideranças políticas, os heróis oficiais, membros da monarquia, das classes dominantes, muitas vezes caracterizados como heróis mitológicos. Em *Os fuzilamentos*, há um rompimento com essa tradição. Goya não mostra os líderes políticos, mas o povo, a população civil que se manifestou contra o poder de uma força opressora, em uma atitude que se relaciona às mudanças de visão de mundo próprias de seu tempo, como os princípios do Iluminismo. O Iluminismo foi uma corrente de pensamento surgida no século XVIII que valorizava a razão como principal característica humana, contrapondo-se às superstições e ao fanatismo religioso. Os ideais de liberdade, igualdade e fraternidade que guiaram a Revolução Francesa (1789) foram influenciados pelo pensamento iluminista e espalharam-se por vários países.

Não se sabe se Goya presenciou ou não os fuzilamentos. De todo modo, sua pintura é uma interpretação artística do fato realizada posteriormente por meio de associações simbólicas e estéticas. A pintura parece uma imagem documental: suas figuras são humanizadas, naturalistas, mas com ênfase na expressividade da composição, que foge da estética acadêmica, que primava pelo acabamento detalhado das figuras.

> **naturalista:** em artes visuais, é a representação que procura ser o mais fiel possível à imagem da realidade e da natureza. Contrapõe-se às representações idealizadas, que retratam a realidade com base em ideais de beleza e perfeição.

Diferentes elementos da composição influem para que a figura do homem de camisa branca se destaque, como a luz, as cores e a direção, elemento relacionado ao posicionamento das linhas no espaço. As linhas horizontais formadas pelas armas direcionam o olhar para ele, assim como as linhas diagonais formadas por seus braços. Ele está no centro da área triangular iluminada e suas roupas são mais claras e brilhantes. O homem olha os soldados de frente e a posição de seus braços pode ser comparada à da figura de Jesus crucificado. A posição diagonal de seus braços repete-se nos braços do homem morto, embaixo, como se estivesse indicando seu futuro próximo. Como fundo, vê-se uma cena noturna, com a torre de uma igreja despontando.

Entre os rebeldes, destaca-se a presença de um monge que reza ajoelhado. Goya mostra os militares de costas, de modo que não é possível ver seus rostos. Para o historiador da arte italiano Giulio Carlo Argan (1909-1992), "Os soldados não têm rostos, são marionetes uniformizadas, símbolos de uma ordem que, pelo contrário, é violência e morte".

FOCO NA PRÁTICA

A pintura de Goya é uma imagem que pode ser percebida como uma narrativa ao abordar uma história de violência, um acontecimento. Vários personagens são mostrados ao mesmo tempo e se relacionam, como se uma cena real tivesse sido captada pelo artista. Sabemos, no entanto, que a obra é uma representação do fato, baseada na interpretação de Goya sobre ele. Assim como na obra de Goya, a *performance* da artista Berna Reale, que você viu anteriormente, relaciona-se com a violência, com a realidade vivenciada pela artista, mas com escolhas estéticas muito diferentes. A artista coloca seu corpo em uma ação e utiliza objetos diversos, além de roupas e o espaço da cidade. Suas escolhas, ao se vestir de preto e carregar esqueletos em um carrinho de mão, podem ser consideradas simbólicas.

A partir dessas discussões, você criará uma imagem com base em um acontecimento real que considere violento. Siga as etapas.

1. Faça uma pesquisa em revistas, jornais e na internet e selecione uma reportagem atual, que mostre alguma forma de violência ou algum fato relacionado a ela que você considere importante. Essa pesquisa pode ser tanto do local onde você vive (sua cidade) como de uma esfera mais ampla (envolvendo o estado ou o país). Lembre-se de que qualquer tipo de narrativa sobre um fato é sempre uma versão dele, um ponto de vista, seja uma narrativa de jornal ou uma obra de arte. Considere também que a violência não é somente física e explícita, ela pode ser verbal, simbólica, por exemplo, quando uma pessoa é privada de seus direitos. Procure perceber essas situações e considerá-las em sua pesquisa.

2. A imagem que você criará será uma interpretação pessoal sobre o fato pesquisado, não uma ilustração. Lembre-se de que todo o espaço escolhido (a folha de papel, por exemplo) faz parte da imagem que você criará. Escolha os materiais que considerar mais adequados ao que pretende fazer: pode ser tinta, lápis de cor, giz de cera ou canetinhas. Observe que a escolha do suporte deve levar em conta a resistência dele aos materiais que escolher.

Ao final, mostrem os trabalhos uns aos outros e comentem suas impressões sobre eles. Que sensações causam? Que reflexões provocam? Como cada estudante expressou em seu trabalho o fato escolhido? Uma mesma situação da realidade foi usada como ponto de partida para mais de uma imagem? E quais foram as diferenças entre os trabalhos? Os autores das imagens também podem falar sobre a situação na qual basearam sua criação e seu processo de trabalho.

Observe a imagem a seguir.

Guernica (1937), de Pablo Picasso. Óleo sobre tela, 3,49 m × 7,76 m.

1. Forme dupla com um colega. Procurem observar a imagem em detalhes e, juntos, escrevam um pequeno texto sobre suas impressões e os sentidos que atribuem à obra. Observem sua dimensão, pensan-

do no impacto que ela pode causar em quem a vê pessoalmente. Considerem as seguintes questões:

- Como é a composição? Como é a forma de pintar do artista? Como os elementos visuais foram explorados nessa obra? Quais são as cores predominantes?
- Para vocês, de que trata essa obra? Vocês percebem um tema predominante?
- Há elementos na imagem que remetam a outras obras ou artistas que vocês já viram ou estudaram?
- Que lugar a imagem parece representar? É possível identificar um local ou época específicos?
- Quais personagens aparecem na imagem? Como seus corpos são representados? Como vocês interpretam cada um deles?
- Como todos esses elementos combinados interferem em sua percepção da imagem?

2. Compartilhe suas percepções com a turma lendo seu texto em voz alta. Anote as ideias diferentes que surgirem nos textos dos colegas.
3. Converse com a turma. As impressões das outras duplas mudaram ou ampliaram sua percepção da obra?
4. Comparem a obra de Pablo Picasso com a de Goya. Que relações há entre elas? Quais são as diferenças estéticas de cada obra? Você percebe relações entre essas diferenças e a época em que foram feitas? Qual delas você considera mais tocante, mais significativa? Por quê?

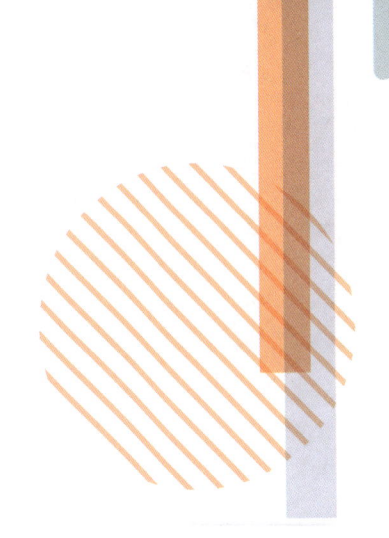

TANTAS HISTÓRIAS

A obra *Guernica*, de Pablo Picasso, pintada em 1937, é uma das mais conhecidas imagens antiguerra do mundo. Apesar de o nome remeter a uma cidade espanhola, não há nela qualquer elemento que seja indicativo de um lugar em particular. A pintura é um enorme painel de quase 8 metros de comprimento e 3,5 metros de altura. Picasso a realizou para o pavilhão representante da Espanha na Exposição Internacional de Paris daquele ano. Ele decidiu pintá-la depois que um bombardeio aéreo atingiu Guernica, uma pequena cidade basca, matando centenas de civis durante a Guerra Civil Espanhola (1936-1939), em que combatiam, de um lado, os republicanos, ala do governo eleito, e, do outro, os nacionalistas, que haviam orquestrado um golpe de Estado sob o comando do general Francisco Franco.

Em 26 de abril de 1937, Guernica, local de resistência republicana, foi atacada por aviões da Alemanha nazista e da Itália fascista, aliadas do general Franco. O ataque matou principalmente mulheres e crianças, já que os homens estavam fora da cidade para a guerra, e foi uma forma de intimidação por parte dos nacionalistas. Os nacionalistas venceram a guerra e o general Franco governou como ditador da Espanha por 36 anos. Na época, Picasso vivia em Paris e soube dos ataques a Guernica por meio de uma reportagem feita por um jornalista inglês, que esteve no local pouco depois do bombardeio e relatou seus horrores para o mundo. Depois de sua exposição em Paris, a obra *Guernica* viajou para vários países nos anos seguintes, tornando-se cada vez mais conhecida. Esteve exposta inclusive no Brasil, na 2ª Bienal Internacional de São Paulo, em 1953. Depois da vitória de Franco na Espanha, Picasso não autorizou o retorno da obra para seu país até que voltasse a ter um regime democrático, deixando-a sob os cuidados do Museu de Arte Moderna de Nova York (MoMA), onde ficou até 1981.

As figuras em *Guernica* foram criadas de forma fragmentada e distorcida, com uma estética cubista, movimento do qual Picasso foi um dos criadores algumas décadas antes. No Capítulo 2, na página 122, você viu a obra *As senhoritas de Avignon*, de Picasso, considerada obra inaugural do Cubismo. Não há cores em *Guernica*, somente preto, branco e diversos tons de cinza.

As figuras em *Guernica* são enigmáticas, como o cavalo, que ocupa o centro da composição. Sua aparência de sofrimento é visível: a boca aberta parece gritar e a língua em forma de espinho parece ser uma representação da dor. Mesmo ferido e com uma das patas já curvadas, ele parece resistir. Abaixo dele, um braço decepado, possivelmente do homem no chão, à esquerda, segura na mão uma flor e uma espada, dois elementos aos quais podem ser atribuídos diversos sentidos. Acima dos personagens, uma lâmpada ilumina a cena como um olho, elemento que muitos historiadores da arte associam à bomba. À direita da lâmpada, uma mulher parece flutuar por uma janela carregando uma lamparina nas mãos. Na extrema esquerda da tela, a figura de uma mãe, com olhos em formato de lágrimas, chora desesperada a morte de seu filho.

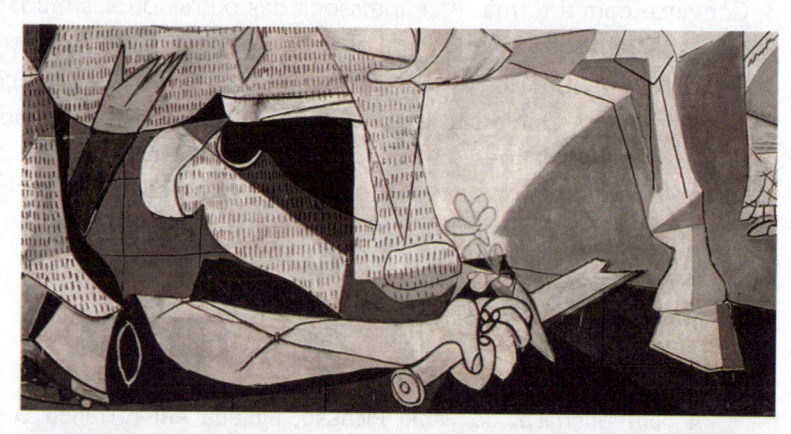

Detalhes de *Guernica* (1937), de Pablo Picasso. Painel em óleo sobre tela, 3,49 m × 7,76 m.

FOCO NA PRÁTICA

Guernica, de Picasso, apresenta diversas imagens de situações que ultrapassam um conflito específico, sendo comuns a muitos deles. As figuras representadas têm, assim, a potencialidade de gerar sentidos semelhantes para pessoas em contextos distintos. A luz e a escuridão, a mãe que chora o filho morto, o soldado e o fogo são algumas dessas imagens.

Uma imagem sempre nos faz pensar em outras que já vimos (e também em outras manifestações, não apenas visuais), mesmo inconscientemente. Usamos nossas referências anteriores para dar significados a ela. Os artistas também usam essas referências ao criar suas obras.

Agora, você fará uma busca de referências visuais para a obra *Guernica* e, com a turma, criará um painel coletivo com base em *Guernica*.

Siga as etapas.

1. Em dupla com o mesmo colega com quem escreveu o texto da atividade anterior, você selecionará imagens que, de alguma maneira, dialoguem com a obra de Picasso. Vocês podem pensar nas figuras isoladamente ou na percepção do conjunto da obra. Escolham imagens de qualquer época ou mídia: fotografia, desenho, cena congelada de um filme ou TV. Pode ser outra obra de arte, uma imagem de revista, internet, jornal ou também uma imagem pessoal: uma fotografia de família ou um desenho feito em outra ocasião. O importante é que, para vocês, as imagens selecionadas se relacionem de alguma forma com a obra.

2. No dia combinado para a montagem do painel, tragam as imagens selecionadas. Podem ser recortes, fotocópias ou impressão.

3. No momento de criar o painel relacionem a montagem com o modo de pintar de Picasso e com a estética cubista. Observem as imagens levadas por todos, como elas se relacionam com *Guernica* e entre si. Se necessário, recortem ou sobreponham as imagens.

Ao final, observem os detalhes e suas relações no todo da composição. O painel se relaciona esteticamente com *Guernica*? De que forma? Alguma parte chama mais a atenção que outras? Por quê? Como as imagens que trouxeram dialogam com *Guernica*? Que tipos de imagens trouxeram? Comentem as associações que cada dupla fez em suas escolhas e se geraram novos sentidos ao serem combinadas com as imagens trazidas pelas outras duplas.

É possível que Picasso tenha remetido à obra *O 3 de maio de 1808 em Madri*, de Goya, para fazer *Guernica*. A figura de braços abertos à direita da pintura de Picasso lembra a posição do homem de camisa branca na pintura de Goya. A luz triangular aparentemente emitida pela lamparina, nas mãos de uma das figuras femininas, também pode ser associada a esse recurso na obra de Goya.

Observe as imagens a seguir.

O massacre na Coreia (1951), de Pablo Picasso. Óleo sobre madeira, 110 cm × 210 cm.

Execução do imperador Maximiliano (1868-1869), de Edouard Manet. Óleo sobre tela, 252 cm × 305 cm.

Feitas posteriormente à de Goya, ambas fazem referência à sua obra, tanto na representação de situações históricas como na composição.

A primeira imagem, *O massacre na Coreia*, feita por Picasso em 1951, representa um grupo de civis, crianças e mulheres na mira de um grupo militar armado. Foi uma crítica de Picasso a um massacre de civis ocorrido durante a Guerra da Coreia (1950-1953).

A segunda, *Execução do imperador Maximiliano*, produzida por Edouard Manet no século XIX, entre 1868 e 1869, aborda a execução, em 1867, de Maximiliano de Habsburgo (1832-1867), nobre austríaco que se tornara imperador do México.

- Compare-as com a pintura *O 3 de maio de 1808 em Madri*, de Goya. O que possuem em comum? Quais características estéticas se destacam na obra de cada artista e como contribuem na percepção das obras?

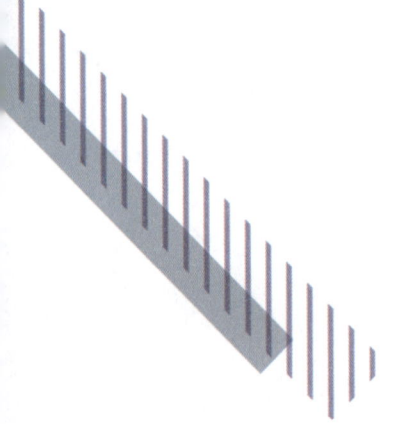

É comum, na história da arte, os artistas realizarem obras que remetem a criações de outros artistas. Não se trata de copiar a obra de outro artista, mas de fazer referências a ela de alguma forma, de se deixar influenciar e expressar essa percepção em novas obras.

E VOCÊ?

Você se lembra de alguma obra de arte que faça referência a outra? Pense não apenas nas artes visuais, mas também nas outras linguagens. Comente com os colegas e o professor.

_____
_____
_____

FOCO NA PRÁTICA

Agora, você criará uma imagem com base em suas impressões sobre as obras *O 3 de maio de 1808 em Madri*, de Goya, e *Guernica*, de Picasso. As obras de Picasso e Goya possuem grandes dimensões, o que provavelmente influencia muito a percepção das pessoas que as veem ao vivo. Nesta prática, você também fará uma imagem de grandes dimensões. Observe novamente as obras de Goya, Picasso e Manet nas páginas anteriores, e note como os artistas fazem referências à obra de outros de formas diversas. Manet, em *Execução do imperador Maximiliano*, e Picasso, em *O massacre na Coreia*, referem-se a *O 3 de maio de 1808 em Madri* de Goya ao reproduzir explicitamente a composição e o tema, apesar dos contextos representados e das estéticas distintas. Já Picasso em *Guernica* aparentemente também remete-se à obra de Goya, mas de forma menos evidente, ao representar a luz triangular, o homem de braços levantados e o homem morto no chão. Sua composição cubista é muito diferente da obra de Goya.

Siga as etapas:

1. Escolha o suporte e procure fazer uma imagem maior do que está acostumado, pelo menos do tamanho A1 (o tamanho de uma folha de cartolina). Você terá de planejar o espaço que as figuras ocuparão na composição, suas dimensões e relações de proporção.

2. Em propostas anteriores, você já explorou as possibilidades de diferentes técnicas. Nesta, você poderá escolher os materiais que mais lhe interessarem, como colagem, pintura, desenho ou técnica mista (mistura de técnicas diferentes em uma mesma composição). Escolha as técnicas e os materiais de acordo com o que pretende fazer em seu trabalho e o suporte com base na sua resistência aos materiais. Se usar colagem ou tinta sobre papel, por exemplo, é melhor que o papel escolhido tenha maior gramatura (pelo menos 180 g/m²).

3. Para criar sua imagem, você pode escolher uma ou mais figuras e elementos entre os vários que aparecem nas duas obras e misturar referências das duas em uma mesma imagem. A proposta não é fazer uma cópia, mas uma referência às obras originais por meio da apropriação de alguma das figuras, pela estética da obra ou pela repetição de elementos da composição: luz e sombra, presença ou ausência de cores, disposição das formas no espaço, relações de direção, contraste, movimento, dimensão e proporção, entre outros. Você pode se apropriar de partes das obras com uma impressão ou fotocópia, por exemplo, trabalhando com colagem ou reproduzindo-as em desenho ou pintura.

Ao final, organizem uma exposição na sala de aula com os trabalhos de todos. Dediquem um tempo para observar e troquem suas impressões sobre o que fizeram. Como os trabalhos fizeram referência às obras de Goya e Picasso? Quais foram as razões de suas escolhas? Como os elementos escolhidos foram transformados por vocês? Algum elemento dessas obras foi mais abordado que outros? Por que isso ocorreu? Como vocês exploraram as diferentes técnicas e os materiais? Que influência isso teve sobre os resultados? O professor dará mais orientações.

Observe as imagens a seguir.

Guerra (1952-1956), de Candido Portinari. Painel em óleo sobre madeira compensada, 14 m × 10,58 m. Reprodução autorizada por João Candido Portinari.

Paz (1952-1956), de Candido Portinari. Painel em óleo sobre madeira compensada, 14 m × 9,53 m. Reprodução autorizada por João Candido Portinari.

CAPÍTULO 4 • Ser humano, ser político

Na década de 1950, o artista brasileiro Candido Portinari (1905-1962) foi convidado pelo governo a realizar uma obra que seria doada à sede da Organização das Nações Unidas (ONU), em Nova York, Estados Unidos. Ele trabalhou entre 1952 e 1956 para criar os painéis *Guerra* e *Paz*, realizando antes cerca de 180 estudos preparatórios para definir cada parte das duas enormes pinturas, com aproximadamente 14 m × 10 m cada, feitas como um conjunto. Na época, ele já era reconhecido como um importante artista da arte moderna brasileira, especialmente por suas obras de temas sociais.

Uma campanha de intelectuais e artistas convenceu o governo a expor os painéis no Brasil antes de enviá-los aos Estados Unidos, e *Guerra* e *Paz* foram mostrados ao público por alguns dias no Theatro Municipal do Rio de Janeiro, em fevereiro de 1956.

Portinari trabalhando na criação do painel *Paz*. Cada uma das pinturas é composta por catorze partes menores, encaixadas. O artista realizou cerca de 180 estudos preparatórios para definir cada parte dos painéis *Guerra* e *Paz*, com aproximadamente 14 m × 10 m cada, feitas como um conjunto. Reprodução autorizada por João Candido Portinari.

Observe novamente as obras nas páginas 224 e 225. Depois, responda às questões a seguir.

1. Como Portinari abordou os temas da guerra e da paz nas pinturas? Que sensações cada uma delas passa? Quais são os aspectos visuais de cada uma das obras? Que ações as figuras representadas realizam? Que sentidos você atribui a elas? Que impacto você acha que as dimensões dos painéis causam?

2. Quais são as principais diferenças entre as pinturas *Guerra* e *Paz*, de Portinari? Que recursos artísticos o pintor utilizou para representar os dois temas?

3. Que relações você estabelece entre essas duas obras de Portinari e *Guernica*, de Picasso?

4. Agora, compare *Guerra*, de Portinari, com *O 3 de maio de 1808 em Madri*, de Goya. O que há de comum e de diferente entre essas obras? Como, para você, essas diferenças interferem no impacto das obras?

CÁPSULAS

Em 2010, os painéis *Guerra* e *Paz* deixaram pela primeira vez a sede da ONU e retornaram ao Brasil. O Projeto Portinari, organização que cuida da memória, catalogação e divulgação da vida e obra de Portinari, tornou-se responsável pela guarda dos painéis entre 2010 e 2015.

Depois de serem expostos durante quarenta dias no Theatro Municipal do Rio de Janeiro, os painéis passaram por um processo de restauro no Palácio Gustavo Capanema, na mesma cidade, contando com um time de dezoito restauradores brasileiros. O restauro foi aberto à visitação pública. Escolas, estudiosos e público interessado puderam conhecer os processos de restauro das obras e entrar em contato com a vida, a obra e o pensamento de Portinari. Depois do restauro, que devolveu as cores originais aos painéis, eles seguiram em exposições itinerantes, passando por São Paulo, Belo Horizonte e Paris (França). Ao longo desse tempo, *Guerra* e *Paz* foram vistos por mais de 300 mil pessoas, antes de retornarem para a sede da ONU, em 2015, onde ficam em local de acesso restrito.

Por ocasião do projeto, foi lançado o *site* <www.guerraepaz.org.br>, no qual é possível saber mais sobre a vinda dos painéis ao Brasil, além de explorar seus detalhes em alta definição.

Exposição dos painéis *Guerra* e *Paz*, de Portinari, no Memorial da América Latina. São Paulo (SP), 2012. Reprodução autorizada por João Candido Portinari.

Em *Guerra*, Portinari não representou armas e soldados, mas procurou expressar a dor e o sofrimento que atingem as pessoas comuns em situações de conflito. É possível perceber um diálogo temático e estético entre *Guernica*, de Picasso, e as obras *Guerra* e *Paz*. Portinari foi influenciado pelo Cubismo e as duas obras lembram a composição fragmentada de *Guernica*, com uma estrutura de fundo geométrico que destaca vários grupos, cada um deles composto por diversos personagens, que, juntos, formam um todo. Como *Guernica*, a obra *Guerra*, de Portinari, não mostra um lugar específico, mas pessoas em gestos de desespero ou oração e a figura da mãe que chora a morte do filho. Toda a pintura é atravessada na horizontal por figuras a cavalo que remetem aos cavaleiros do Apocalipse, personagens proféticos que representam as mazelas que assolarão o mundo antes de seu fim, segundo as crenças cristãs: peste, fome, guerra e morte. Na base direita da tela, há um grupo de animais ferozes, que lembram felinos e hienas, como se estivessem prontos para se alimentar da desgraça humana.

Já *Paz* mostra vários grupos de pessoas que brincam, cantam, dançam ciranda e cultivam a terra, ações que remetem à vida em comunidade, livre de sofrimento. Os animais em *Paz* são mansos, não ameaçadores. As crianças brincando são inspiradas nos meninos e meninas de Brodósqui (SP), cidade natal do artista, representados também em outras de suas obras. As figuras apresentam tons de pele variados, o que remete à diversidade e à convivência entre os povos. *Paz* é clara e iluminada, com a presença de cores quentes, contrastando com o predomínio de cores frias e sombrias em *Guerra*.

E VOCÊ?

Você já ouviu falar em cores quentes e cores frias? O que isso significa? Como seu uso afeta a percepção que temos das obras de artes visuais?

_____
_____
_____
_____

Em 1999, a ONU lançou a Declaração sobre uma Cultura de Paz, documento que apresenta as bases para uma cultura de paz e de não violência. Leia seu primeiro artigo.

• • • • • • • • • • • •

Uma Cultura de Paz é um conjunto de valores, atitudes, tradições, comportamentos e estilos de vida baseados:

a) no respeito à vida, no fim da violência e na promoção e prática da não violência por meio da educação, do diálogo e da cooperação;

b) no pleno respeito aos princípios de soberania, integridade territorial e independência política dos Estados e de não ingerência nos assuntos que são, essencialmente, de jurisdição interna dos Estados, em conformidade com a Carta das Nações Unidas e o direito internacional;

c) no pleno respeito e na promoção de todos os direitos humanos e liberdades fundamentais;

d) no compromisso com a solução pacífica dos conflitos;

e) nos esforços para satisfazer as necessidades de desenvolvimento e proteção do meio ambiente para as gerações presente e futuras;

f) no respeito e promoção do direito ao desenvolvimento;

g) no respeito e fomento à igualdade de direitos e oportunidades de mulheres e homens;

h) no respeito e fomento ao direito de todas as pessoas à liberdade de expressão, opinião e informação;

i) na adesão aos princípios de liberdade, justiça, democracia, tolerância, solidariedade, cooperação, pluralismo, diversidade cultural, diálogo e entendimento em todos os níveis da sociedade e entre as nações; e animados por uma atmosfera nacional e internacional que favoreça a paz.

ONU. Declaração sobre uma Cultura de Paz. Disponível em: <www.comitepaz.org.br/dec_prog_1.htm>. Acesso em: 15 abr. 2016.

E VOCÊ?

Considerando o que estudou anteriormente, como as obras *Guerra* e *Paz*, de Portinari, dialogam com os princípios da Declaração sobre uma Cultura de Paz? E as outras obras que você viu anteriormente? Observe novamente as obras de Berna Reale, Goya, Picasso e Manet. Como cada um desses artistas expressou-se sobre a violência em seu tempo? Quais são as diferenças e as semelhanças entre as expressões estéticas de cada um? Quais sensações cada uma delas lhe causou?

Nada a fazer

Leia o texto a seguir e observe a imagem que o acompanha.

Todos os dias, num local à beira de uma estrada deserta, que não é possível descrever porque não se parece com coisa nenhuma, junto de uma árvore solitária – nua e esquelética hoje, no dia seguinte coberta de folhas – dois homens, Vladimir e Estragon, esperam Godot. Mas nada acontece, ninguém chega, ninguém parte. E Godot – o único protagonista-ausente da história do teatro – que não saberemos quem é ou o que significa, nunca virá. Para preencher sua desesperada expectativa, para iludir o tédio dos dias vazios e sempre iguais, Vladimir e Estragon falam um com o outro até a exaustão, mesmo sem terem nada que dizer: assim, ao menos dão-se a impressão de existirem. [...]

BECKETT, Samuel. *Esperando Godot*. Disponível em: <www.boacompanhia.art.br/espetaculos/esperandogodot/>. Acesso em: 15 abr. 2016.

Cena da apresentação da peça teatral *Esperando Godot*, de Samuel Beckett. Direção de Marcelo Lazzaratto. Montagem do grupo Boa Companhia. Campinas (SP), 2006.

- Como você imagina ser essa peça? Em sua opinião, é possível a apresentação de um espetáculo em que "nada" aconteça? Como isso seria? O que os personagens fariam? Qual seria o assunto tratado?

Esperando Godot, peça de 1952 do autor irlandês Samuel Beckett (1906-1989), foi um marco na história do teatro mundial, revelando grande originalidade dramatúrgica.

Beckett foi um dos autores rotulados como do **Teatro do Absurdo**, que não foi um movimento organizado nem um gênero teatral. O termo surgiu no fim da década de 1950, quando o crítico inglês Martin Esslin (1918-2002) escreveu, em 1962, o livro *Teatro do Absurdo*, em que procurou reunir os dramaturgos surgidos no pós-Segunda Guerra Mundial, que apresentavam traços de estilo e assuntos muito diferentes da dramaturgia tradicional. O termo "absurdo" se originou dessas características não convencionais. Assim, essa expressão não está relacionada a um grupo específico, mas a autores que produziam paralelamente sob algumas características casualmente comuns.

No enredo de *Esperando Godot*, dois personagens, Vladimir e Estragon, esperam infinitamente ao pé de uma árvore por um personagem, Godot, que teria marcado um encontro importante. Contudo, Godot não aparece. A peça se passa em dois dias, que ocorrem de forma quase idêntica, apresentando a mesma situação do começo ao fim. É uma espécie de **tragicomédia**, em que o autor retrata a solidão e a incomunicabilidade humanas.

Os personagens fazem algo que era contrário à dramaturgia tradicional: deixam a conversa morrer, extinguem o diálogo durante a cena. Por vários momentos, o silêncio e as pausas exercem mais importância do que as palavras, só quebrados no momento em que algum personagem pede a outro que diga alguma coisa. Ou ainda repetem falas aparentemente sem conexão, sendo "nada a fazer" a mais emblemática.

A peça é uma parábola do ser humano incapaz de crer, mas também incapaz de perder as esperanças, que espera eternamente por algo que nunca chegará.

FOCO NA PRÁTICA

Uma das características dos autores do Teatro do Absurdo era abordar as questões do indivíduo em suas relações, muitas vezes de forma aparentemente sem conexão. Nesta prática, vocês trabalharão o indivíduo por meio de uma cena inusitada criada em um jogo de improvisação. Serão três jogos em sequência, todos orientados pelo professor. No jogo principal, o foco estará na junção dos elementos: espaço, ação e personagem. Para começar, vocês farão um jogo de aquecimento e atenção. Nele, vocês precisarão ser bons observadores. Formem quatro grupos. Cada grupo criará uma composição com posições estáticas entre os integrantes. Em seguida, vocês deverão modificar alguma coisa nessa "foto" para testar a atenção dos colegas que estarão observando. O objetivo do jogo é identificar todas as mudanças feitas na "foto" de cada grupo. Ao final dos jogos conversem sobre como foi a realização dos jogos.

OBSERVE AS IMAGENS.

Observe os elementos presentes nas duas imagens: cenário, objetos e figurinos. Que sensações eles lhe causam?

Cenas da apresentação da peça teatral *Fim de partida*, de Samuel Beckett. Direção de Danielle Martins de Farias. Montagem do grupo Alfândega 88, Rio de Janeiro (RJ), 2012.

CAPÍTULO 4 • Ser humano, ser político

Essas imagens retratam uma montagem feita pelo grupo carioca Alfândega 88 da peça *Fim de partida* (também traduzida como *Fim de jogo*), texto de Beckett de 1957. Tudo na peça remete à degradação da condição humana. As circunstâncias apresentadas sugerem um hipotético desastre nuclear, em que os personagens, reclusos em um abrigo e sofrendo com a escassez de alimentos e remédios, seriam os últimos sobreviventes. Na história, tudo está se acabando, até as personagens: Hamm é cego e paralítico, Clov não pode sentar-se. O primeiro ordena, o segundo obedece. Nagg e Nell, pais de Hamm, são dois mutilados jogados na lata do lixo. Às voltas com a tarefa de acabar de existir, os personagens passam o tempo em meio a ações sem sentido, que realizam apenas pelo medo do vazio. A rotina serve apenas para preencher o tempo da espera, completamente desprovida de esperança.

Uma das características comuns dos dramaturgos do "absurdo" é a individualidade como tema central. Nessas peças, o ser humano aparece em conflito com a própria existência. Contudo, a atmosfera predominante é sempre de desesperança, angústia, pessimismo e, muitas vezes, de descrença absoluta.

Esses autores refletem o ceticismo europeu pós-Segunda Guerra Mundial, momento de crise de valores em que o ser humano se sente sozinho e oprimido por um cotidiano incontrolável. Para o Teatro do Absurdo, o indivíduo se vê confundido entre o fim de seu mundo particular e o fim da humanidade, descrente no ser humano como construtor do próprio destino.

É uma dramaturgia que versa sobre o fim do mundo, repleta de paisagens hostis, muitas vezes refletidas em cenas sem sentido e razão aparentes, permeada por falas confusas e cheias de repetições. Os personagens representam um mergulho neles mesmos, revelando uma paisagem interior de solidão, um beco sem saída diante das questões do ser humano e de um mundo visto como vazio de sentido. O conflito é interno aos personagens, em um embate constante entre o ser e esse vazio, o nada.

FOCO NA PRÁTICA

Agora, você fará a montagem de uma cena de uma peça de um dos autores do Teatro do Absurdo. Para isso, siga as etapas a seguir.

1. Forme grupos de quatro ou cinco integrantes. Cada grupo pesquisará um autor do Teatro do Absurdo e escolherá uma peça dele para trabalhar.

2. Pesquisem algumas informações sobre o texto, como em que ano foi escrito, quando e onde foi apresentado, alguns exemplos de montagens contemporâneas dentro e fora do Brasil, análises que já foram feitas sobre o conteúdo da peça e outras informações que julgarem interessantes.

3. Em grupo, leiam a peça com bastante atenção, identificando: Quais são os personagens? Quais são as características deles? Onde a peça se passa? Em quais espaços cada cena se desenvolve? Existe um conflito principal na peça? Se sim, identifiquem qual é ele. Durante a leitura, considerem também todas as rubricas presentes no texto.

4. Depois, escolham uma cena da peça para fazer a montagem. Pode ser a cena em que esteja exposto o principal conflito ou alguma outra passagem que chamou a atenção de vocês.

5. Leiam a cena em conjunto, observando: Onde a cena se passa? Existe um conflito na cena? Qual? A cena apresenta passagens aparentemente sem sentido? Se sim, qual é o sentido dela no todo da peça? O que essa suposta falta de sentido poderia representar? Qual é a interpretação de vocês sobre isso? Como poderiam colocar essa interpretação em cena? Quais são as características de cada personagem? Os personagens apresentam conflitos individuais? Quais? Procurem também perceber se há conflitos internos aos personagens, ou seja, dúvidas, inquietações ou vontades contraditórias. Lembrem-se de que em muitas peças do Teatro do Absurdo não há uma história linear ou semelhante ao que conhecemos, mas há uma narrativa, mesmo que de forma diferente. Por isso, procurem agregar a essa montagem suas impressões sobre o texto e a cena e seu entendimento deles.

6. Distribuam os personagens entre os membros do grupo.

7. Leiam novamente, dessa vez cada um com seu personagem. Como fizeram na leitura dramática do Capítulo 2, procurem imprimir ao personagem todas as características levantadas, experimentando possibilidades para cada um deles.

8. Depois de considerarem que há entendimento suficiente sobre a cena, memorizem as falas de seus respectivos personagens.

9. Façam a montagem da cena, estabelecendo sua configuração no espaço: Como é a movimentação dos personagens durante a cena? Em que momento entram e saem? Durante a cena, o que fazem? Quando não estão no foco da ação, o que estão fazendo? Ensaiem quantas vezes for necessário. Lembrem-se de que ensaiar não é só repetir a cena, mas sim, agregar sentido e conjunto à montagem.

10. Pensem nos elementos que podem agregar a cena, como figurinos, adereços, objetos e maquiagem, entre outros.

11. Ensaiem com todos esses elementos juntos.

12. Depois de pronto, cada grupo apresentará a cena para os demais colegas.

Ao fim, falem sobre as informações que pesquisaram inicialmente sobre a peça, para que os outros colegas também conheçam um pouco mais sobre ela. E discutam as seguintes questões: Quais características vocês observaram nos textos pesquisados que podem ser relacionadas ao Teatro do Absurdo? Há relação explícita com o contexto do pós-guerra, como nas obras de Beckett? Qual foi o critério usado pelo grupo para escolher a cena? Como foi fazer a montagem? Como foi o processo? Houve maior dificuldade em alguma etapa? Qual?

CÁPSULAS

Cacilda Becker

Cacilda Becker e Walmor Chagas em apresentação de *Esperando Godot*, de Samuel Beckett.

A primeira montagem profissional de *Esperando Godot* no Brasil aconteceu em 1969, encenada pela atriz Cacilda Becker (1921-1969), que interpretou o personagem Estragon. No intervalo da peça, em uma apresentação para estudantes, Cacilda sofreu um derrame cerebral e foi levada às pressas para o hospital. A atriz ficou em coma por oito dias e acabou morrendo. Cacilda Becker foi uma das mais importantes atrizes do teatro brasileiro. Por ocasião de sua morte, o poeta Carlos Drummond de Andrade (1902-1987) escreveu:

Atriz

A morte emendou a gramática.
Morreram Cacilda Becker.
Não era uma só. Era tantas.
Professorinha pobre de Piraçununga,
Cleópatra e Antígona
Maria Stuart
Mary Tyrone
Marta de Albee
Margarida Gauthier e Alma Winemiller
Hannah Jelkes a solteirona
A velha senhora Clara Zahanassian
Adorável Júlia
Outras muitas, modernas e futuras irreveladas.
Era também um garoto descarinhado e astuto: Pinga-Fogo
E um mendigo esperando infinitamente Godot.
Era principalmente a voz de martelo sensível
martelando e doendo e descascando
a casca podre da vida
para mostrar o miolo de sombra
a verdade de cada um nos mitos cênicos.
Era uma pessoa e era um teatro.
Morrem mil Cacildas em Cacilda

ANDRADE, Carlos Drummond de. Atriz. In: FERNANDES, Nanci; VARGAS, Maria Thereza (Org.). *Uma atriz*: Cacilda Becker. São Paulo: Perspectiva, 1984.

• O poema diz: "Era uma pessoa e era um teatro./Morrem mil Cacildas em Cacilda". Como você interpreta esse trecho? Como relaciona o poema com o trabalho do ator?

RESISTÊNCIA E LIBERDADE

As manifestações artísticas podem tanto reforçar valores de determinados sistemas políticos como criticá-los. Em regimes totalitários, costuma haver um controle da produção artística de modo a evitar as críticas ao governo. Nessas situações, obras de vários artistas são proibidas. Mesmo assim, muitos enfrentam a repressão transformando sua arte em símbolo de resistência e de expressão da liberdade.

A gente vai contra a corrente

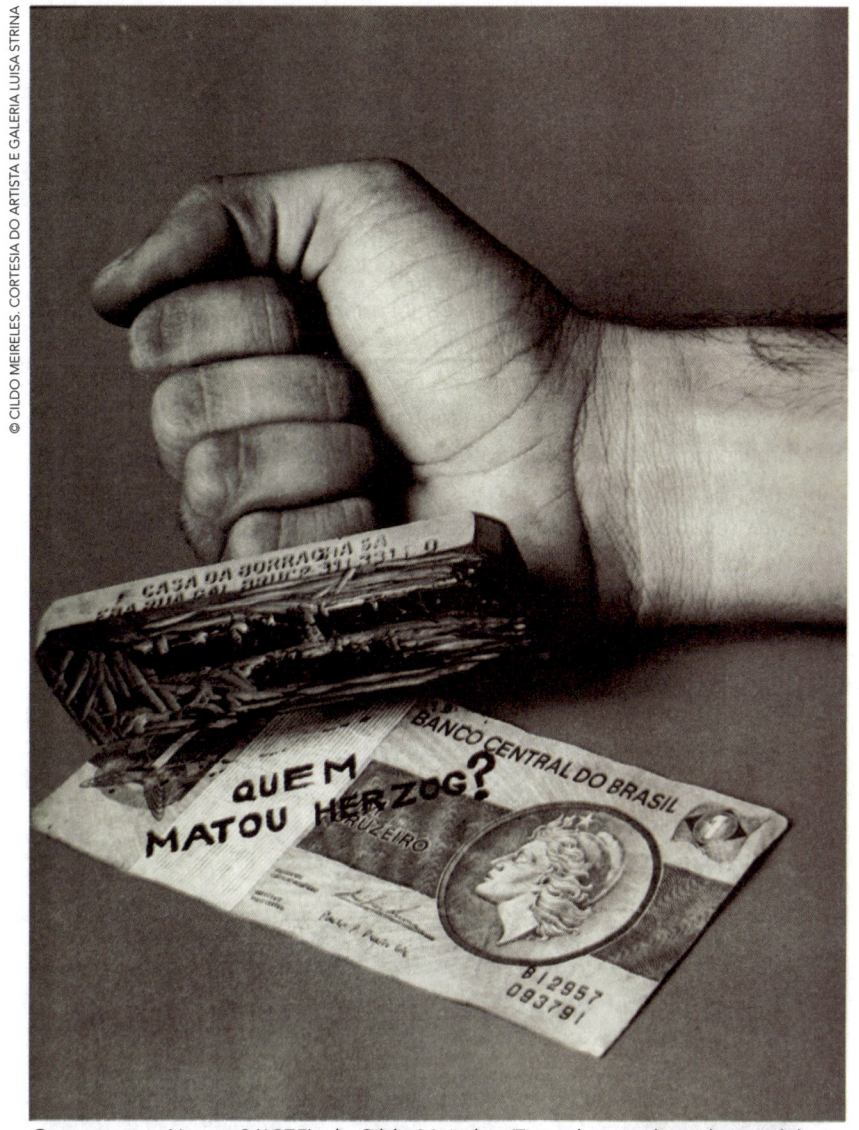

Quem matou Herzog? (1975), de Cildo Meireles. Tinta de carimbo sobre cédulas de moeda corrente.

> **OBSERVE A IMAGEM.**
> 1. O que a fotografia mostra? Há indícios de tempo e lugar na imagem? Quais?
> 2. Se você recebesse uma cédula de dinheiro como essa, ficaria curioso com a pergunta carimbada nela? Você procuraria descobrir a resposta?

Durante a ditadura militar no Brasil, a partir do golpe de 1964, muitos artistas foram perseguidos e impedidos de mostrar suas obras. Toda a produção artística deveria ser avaliada antes pela censura, que liberava o que considerava adequado mostrar ao público. Manifestações contrárias ao governo militar só passavam pela censura se conseguissem enganar os censores ou se encontrassem outros caminhos de divulgação.

- Como a ação mostrada na imagem poderia ser uma forma de driblar a censura?

Em 1975, o jornalista Vladimir Herzog (1937-1975), diretor de jornalismo da TV Cultura, foi convocado a prestar depoimento no Destacamento de Operações de Informações do Centro de Operações de Defesa Interna (DOI-Codi), órgão ligado ao exército que realizava ações de repressão durante a ditadura militar em São Paulo. Herzog foi intimado a dar explicações a respeito de suas ligações com o Partido

CAPÍTULO 4 • Ser humano, ser político

Comunista Brasileiro, que no período funcionava na ilegalidade. De lá, Herzog não saiu com vida. O governo militar divulgou que ele havia se suicidado na prisão, mas grande parte da sociedade sabia que esse era um dos recursos utilizados para encobrir os assassinatos dos presos e torturados pela ditadura.

O artista Cildo Meireles (1948), após o episódio, carimbou a pergunta "Quem matou Herzog?" em notas de 1 cruzeiro (a moeda da época). Dessa forma, driblou a censura colocando em circulação um questionamento que muitos já estavam fazendo, se apropriando de um objeto cotidiano. Naquele momento, suas obras tinham um caráter de contestação política. Esteticamente, se inseriam na arte contemporânea, que se popularizara desde a década de 1960. Obras como essa eram produzidas fora do circuito artístico oficial, com materiais e meios não convencionais e com caráter conceitual, ou seja, interessa mais a ideia da obra do que seu aspecto material. A obra de arte não é a cédula de dinheiro, mas a ação proposta pelo artista, que integra texto e imagem. Uma vez levada a público, a obra podia ser reproduzida por qualquer pessoa, independentemente do artista. Assim, as relações entre arte e vida tornavam-se diretas.

Observe, a seguir, outra proposta do artista.

Inserções em circuitos ideológicos – Projeto Coca-Cola (1970), de Cildo Meireles. Garrafas de refrigerante, decalque em serigrafia, 24,5 cm × 6,1 cm.

Em *Inserções em circuitos ideológicos – Projeto Coca-Cola* (1970), Cildo Meireles levou a público mensagens impressas em tinta branca em garrafas retornáveis do refrigerante, como a frase "Yankees go home!" (que pode ser traduzida como "Americanos, vão para casa!"). Com as garrafas vazias, era difícil ver o que estava escrito, mas, quando cheias do líquido escuro, a mensagem tornava-se clara. Nas garrafas, também estava escrito: "Gravar nas garrafas informações e opiniões críticas e devolvê-las à circulação". Dessa forma, outras pessoas tornavam-se coautoras da obra, multiplicando a força da ação. O artista escolheu justamente uma marca muito popular de refrigerante originária dos Estados Unidos. Essa escolha pode ser considerada simbólica em relação à influência estadunidense na política e na cultura de outros países, como seu papel na implantação das ditaduras militares em vários países latino-americanos, nas décadas de 1960-1970.

FOCO NA PRÁTICA

Agora, você e os colegas irão propor ações baseadas nas propostas de Cildo Meireles. A ideia é encontrar uma forma de provocar um questionamento publicamente, no ambiente da escola. Uma sugestão é inserir cartazes em locais de grande circulação, como os banheiros. Pensem em propostas que possam contar com a participação das pessoas. Por exemplo: propor um questionamento com uma instrução para as pessoas deixarem suas respostas ou instruir que as pessoas façam as próprias ações e as compartilhem.

Sigam as etapas.

1. Formem grupos de quatro integrantes. Cada grupo levantará um problema, um incômodo social que gostaria de questionar na proposta.
2. Pensem em como podem levar esse questionamento a público, inserindo-o de forma anônima no cotidiano das pessoas da escola. Planejem a proposta de modo que ela integre imagem e texto. Pensem em como as pessoas podem se apropriar da proposta e reagir a ela de alguma forma.
3. Compartilhem as propostas com os colegas e professor, para juntos pensarem se ela é viável.
4. Para colocar as propostas em prática, é preciso ter a autorização da direção e da coordenação da escola e avisar os responsáveis pela limpeza para que não joguem fora o que fizerem.
5. Organizem o melhor dia e horário para começar as ações. Vocês podem continuar inserindo-as em circulação por certo tempo, de modo a despertar a curiosidade do público. Se possível, registrem em vídeo ou fotografia as inserções das pessoas como respostas às suas propostas.

Ao final, façam um encontro para analisar os resultados.

Havia outras formas de driblar a censura da ditadura militar. Na música, uma atitude comum entre os artistas era se expressar por meio de metáforas e de linguagem figurada. Falavam uma coisa para na verdade se referir a outra. As canções, em uma leitura superficial, tinham um sentido simples, mas, se interpretadas a fundo, considerando-se o contexto, veiculavam conteúdos de resistência, de provocação ao regime e de convite à reflexão. Muitas músicas foram aprovadas em um primeiro momento, mas, depois de lançadas, quando a censura percebia seu conteúdo implícito, eram proibidas.

Observe, a seguir, a imagem com o documento que mostra a censura à música "Cálice", de Chico Buarque de Hollanda e Gilberto Gil. Leia a letra apresentada no documento.

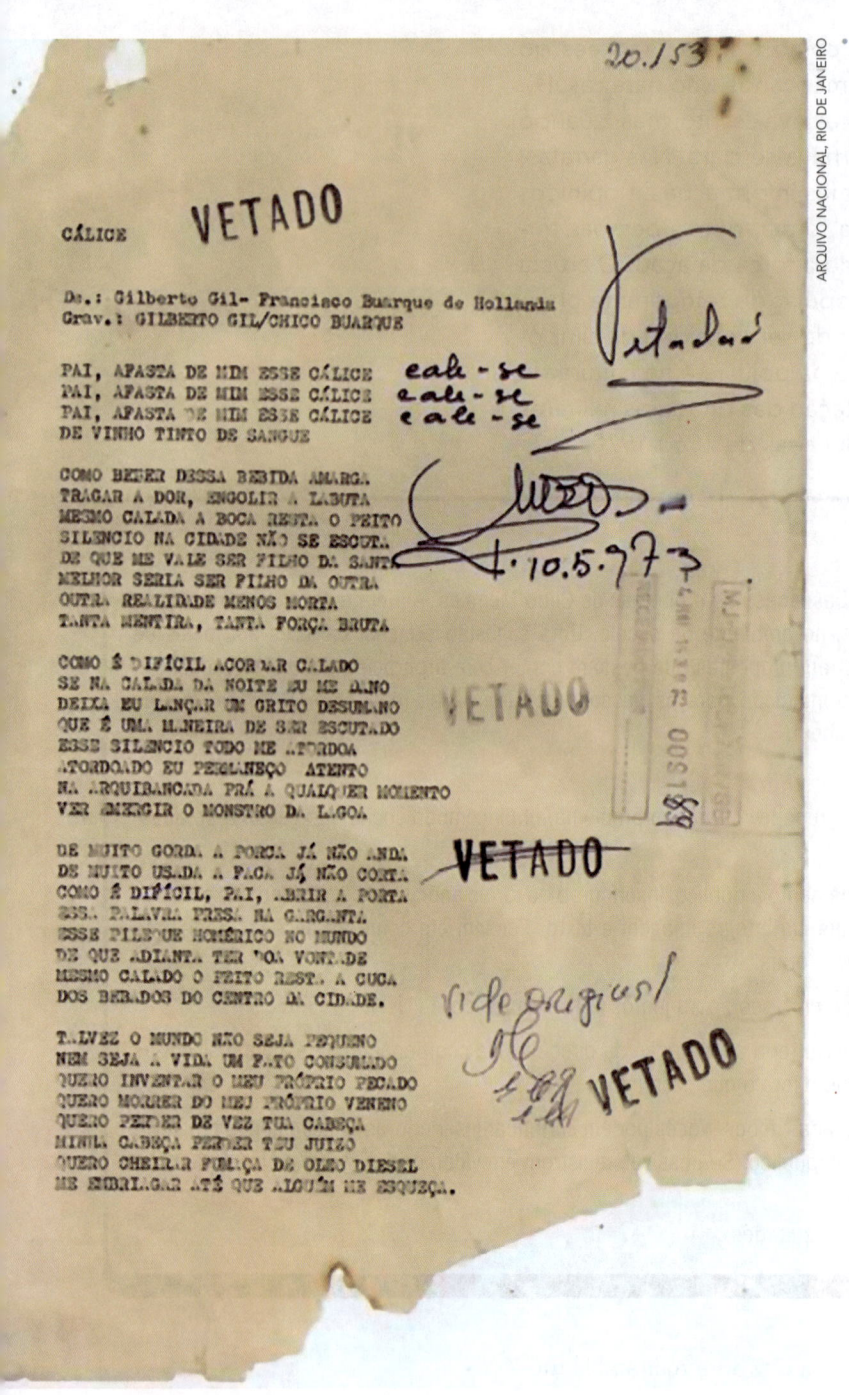

Cópia do documento com a letra da canção "Cálice", de Gilberto Gil e Chico Buarque, escrita em 1973 e censurada pelo regime militar. Ao lado, veja a letra transcrita.

Cálice

Pai, afasta de mim esse cálice
Pai, afasta de mim esse cálice
Pai, afasta de mim esse cálice
De vinho tinto de sangue

Como beber dessa bebida amarga
Tragar a dor, engolir a labuta
Mesmo calada a boca, resta o peito
Silêncio na cidade não se escuta
De que me vale ser filho da santa
Melhor seria ser filho da outra
Outra realidade menos morta
Tanta mentira, tanta força bruta

Como é difícil acordar calado
Se na calada da noite eu me dano
Quero lançar um grito desumano
Que é uma maneira de ser escutado
Esse silêncio todo me atordoa
Atordoado eu permaneço atento
Na arquibancada pra a qualquer momento
Ver emergir o monstro da lagoa

De muito gorda a porca já não anda
De muito usada a faca já não corta
Como é difícil, pai, abrir a porta
Essa palavra presa na garganta
Esse pileque homérico no mundo
De que adianta ter boa vontade
Mesmo calado o peito, resta a cuca
Dos bêbados do centro da cidade

Talvez o mundo não seja pequeno
Nem seja a vida um fato consumado
Quero inventar o meu próprio pecado
Quero morrer do meu próprio veneno
Quero perder de vez tua cabeça
Minha cabeça perder teu juízo
Quero cheirar fumaça de óleo diesel
Me embriagar até que alguém me esqueça

• O documento traz indícios de por que a música foi censurada. Quais são eles? Transcreva em seu caderno as passagens que podem conter ideias de resistência e protesto.

Agora, leia a letra de outra canção de Chico Buarque.

Roda-viva

Tem dias que a gente se sente
Como quem partiu ou morreu
A gente estancou de repente
Ou foi o mundo então que cresceu

A gente quer ter voz ativa
No nosso destino mandar
Mas eis que chega a roda-viva
E carrega o destino pra lá

Roda mundo, roda-gigante
Rodamoinho, roda pião
O tempo rodou num instante
Nas voltas do meu coração

A gente vai contra a corrente
Até não poder resistir
Na volta do barco é que sente
O quanto deixou de cumprir

Faz tempo que a gente cultiva
A mais linda roseira que há
Mas eis que chega a roda-viva
E carrega a roseira pra lá

Roda mundo, roda-gigante
Rodamoinho, roda pião
O tempo rodou num instante
Nas voltas do meu coração

A roda da saia, a mulata
Não quer mais rodar, não senhor
Não posso fazer serenata
A roda de samba acabou

A gente toma a iniciativa
Viola na rua, a cantar
Mas eis que chega a roda-viva
E carrega a viola pra lá

Roda mundo, roda-gigante
Rodamoinho, roda pião
O tempo rodou num instante
Nas voltas do meu coração

O samba, a viola, a roseira
Um dia a fogueira queimou
Foi tudo ilusão passageira
Que a brisa primeira levou

No peito a saudade cativa
Faz força pro tempo parar
Mas eis que chega a roda-viva
E carrega a saudade pra lá

Roda mundo, roda-gigante
Rodamoinho, roda pião
O tempo rodou num instante
Nas voltas do meu coração

BUARQUE, Chico. Roda-viva. *Chico Buarque de Hollanda volume 3*. Rio de Janeiro: RGE, 1967. Disco.

1. A música começa com o verso "Tem dias que a gente se sente" e prossegue com a descrição do sentimento. Como ele é?

_____
_____
_____

2. "Mas eis que chega a roda-viva" é um verso que se repete várias vezes na canção. O que ele indica? O que seria a roda-viva?

_____

_____

_____

3. Em sua opinião, a canção pode ser associada ao contexto social da ditadura? Por quê? Cite um trecho da letra que justifique sua resposta.

_____

_____

_____

_____

A música "Roda-viva", de Chico Buarque, foi composta em 1967 para uma peça teatral de mesmo nome. A peça foi a primeira escrita por Chico Buarque. Foi encenada pelo grupo Teatro Oficina, sob direção de José Celso Martinez Corrêa. A peça estreou no início de 1968 e seu texto não falava diretamente de política: era uma crítica à situação do artista na mídia. O personagem principal é um cantor, um ídolo popular que decide mudar de nome para agradar ao público. Com a aprovação de Chico, a montagem de José Celso, no entanto, foi chocante. Era provocadora e foi considerada ofensiva pelos mais conservadores, com uma agressividade proposital, que se relacionava com o contexto político e cultural conturbado da época. A peça também rompia com a divisão tradicional entre palco e plateia e entre ator e espectador, uma estética teatral inovadora para a época. Em sua montagem em São Paulo (SP), foi atacada pelo grupo paramilitar Comando de Caça aos Comunistas (CCC). Na ocasião, os atores foram agredidos e o cenário destruído.

Episódio semelhante ocorreu na apresentação da peça em Porto Alegre (RS). Depois disso, ela foi proibida pela censura. Mesmo sem tratar diretamente de política, a peça *Roda-viva* tornou-se um apelo à liberdade artística e de expressão e símbolo de resistência contra a ditadura.

FOCO NA PRÁTICA

Em grupos de seis a oito integrantes, você e os colegas realizarão uma pesquisa sobre músicas brasileiras que buscam protestar e provocar reflexão no público sobre diversas situações sociais e políticas. Com base no resultado da pesquisa, vocês prepararão uma apresentação para a turma.

Se possível, utilizem várias mídias e diversos tipos de material para a pesquisa e para a apresentação, como vídeos, gravações, entrevistas e notas de jornal. Sigam as etapas:

1. Pesquisem e escolham uma música que apresente algum protesto. O período da ditadura militar apresenta muitas músicas desse tipo, mas é possível encontrar em diferentes épocas, inclusive na atual.
2. Busquem informações sobre intérprete e compositor.
3. Identifiquem a forma básica da canção, as estrofes e o refrão. É importante perceber semelhanças e diferenças nas melodias nesse passo. Observem também outros aspectos musicais, como ritmo, melodias, instrumentos.
4. Extraiam as passagens principais que incluam ideias de protesto. Identifiquem também outros trechos que considerem importantes. Durante a apresentação, explicitem os motivos pelos quais escolheram os trechos.
5. Escolham uma gravação da música e identifiquem suas características: quantos músicos tocam, quais instrumentos são utilizados, se é um único cantor ou cantora ou se é um grupo que canta.
6. Reproduzam a gravação escolhida e, no dia da apresentação, apresentem o resultado da pesquisa para a turma.
7. Reproduzam a gravação escolhida novamente. Se possível, cantem a música com o restante da turma.
   Sugestão: Se alguns colegas tocarem instrumentos, podem cantar e tocar sem a gravação da música.

Uma das manifestações mais comuns de crítica e reflexão sobre os acontecimentos políticos e sociais são as charges e as tirinhas de jornal. Atualmente, elas também são bastante veiculadas pela internet, muitas vezes em páginas independentes dos grandes veículos de comunicação.

Observe as charges a seguir.

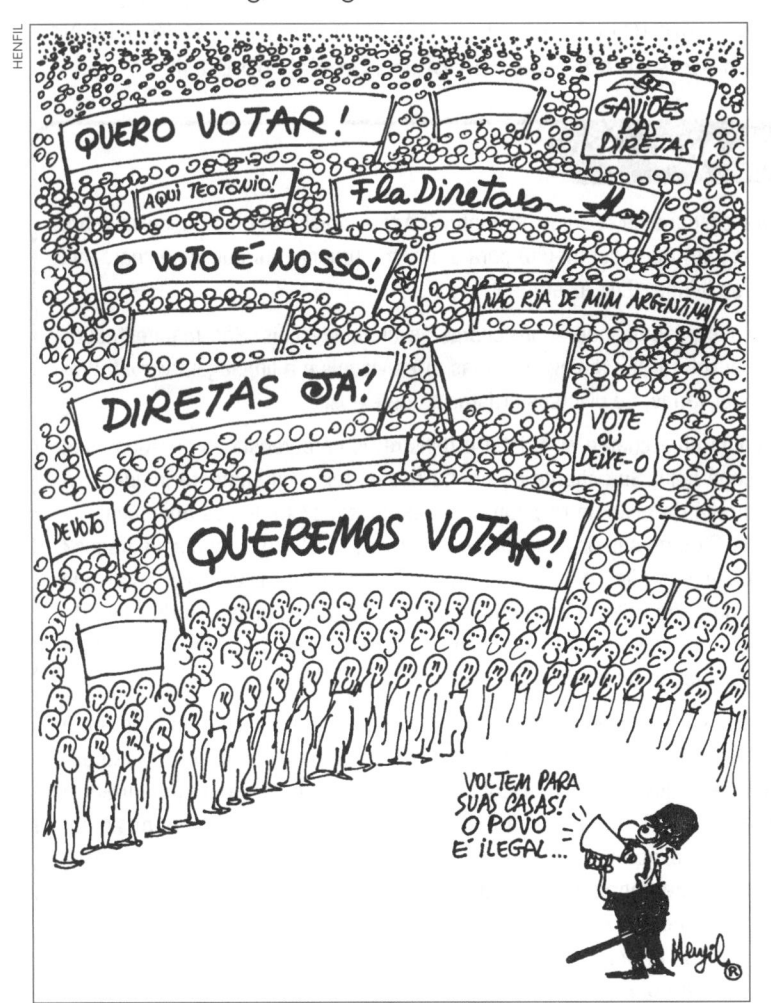

Charges de Henfil.

• Quais relações você estabelece entre essas imagens e o período da ditadura militar no Brasil?

As charges e tirinhas costumam refletir a situação política e social, geralmente dialogando com acontecimentos atuais. Exploram a sátira e a ironia para comunicar com humor. Em geral, as charges fazem uso de caricaturas na criação de personagens, muitas vezes ridicularizando líderes políticos e personalidades. As charges possuem um formato simples que inclui, em sua maioria, a combinação das linguagens verbal e visual em um quadro com imagem e texto, podendo apresentar a fala de personagens em balões. Já nas tirinhas as situações ocorrem em sequências de quadrinhos que podem sugerir passagem do tempo. Vários artistas trabalham com ambos os formatos.

As charges anteriores foram feitas por Henrique de Souza Filho (1944-1988), conhecido como Henfil, atuante como cartunista e jornalista na luta pelo fim do regime militar. Ele criou Graúna (uma ave), Zeferino (um cangaceiro) e Orelana (um bode intelectual), que discutiam e explicitavam criticamente os problemas políticos, sociais e econômicos do país em suas charges e tiras. Esses três personagens aparecem na charge da direita na página 241. Os personagens, feitos com poucas linhas e traços rápidos, geralmente sem cor, habitavam o Alto da Caatinga e podem ser entendidos como metáforas da população brasileira excluída dos avanços propagandeados pelo governo da ditadura, em uma época em que a seca e a fome na Região Nordeste eram dois dos enormes problemas sociais no Brasil.

PARA AMPLIAR

Você costuma ler charges ou tirinhas? Agora, você fará uma pesquisa sobre elas. Esta atividade contribuirá para a próxima prática, em que você criará sua charge ou tirinha. Siga as etapas.

1. Comece pesquisando sobre charges e tirinhas atuais. São manifestações que envolvem um diálogo entre as artes visuais e a linguagem verbal. Procure ler várias, de diversos artistas e contextos.

2. Escolha uma charge ou tirinha e registre as características artísticas que percebe nela: Sua charge ou tirinha possui texto ou somente imagem? A tipografia do texto se relaciona com as imagens? Os textos aparecem em balões? Como são os desenhos dos personagens? Como são seus traços? Os desenhos são coloridos ou em preto e branco? É possível notar que materiais são utilizados nos desenhos: lápis, tintas, pincel ou desenho digital? Como os desenhos preenchem o espaço das tirinhas e charges? Há representação de fundo?

3. Em um dia combinado com o professor, compartilhe suas impressões sobre a charge ou tirinha com a turma, abordando sua percepção sobre a temática e a estética do artista escolhido: O que perceberam em comum entre todas elas? Há temas da atualidade que se repetem? Todas possuem texto ou há aquelas que usam somente imagem? Como são os desenhos dos personagens? Há cores? É um desenho de linhas ou as massas prevalecem? Como os autores usam os recursos gráficos? Como as imagens se relacionam à tipografia? É possível notar estilos diferentes em cada autor? Identificaram-se com algum cartunista ou mesmo personagem em particular?

Agora, leia a tirinha a seguir.

QUADRINHOS DOS ANOS 10

| JOGO LIXO NAS RUAS | HUMILHO FUNCIONÁRIOS DE COMPANHIA AÉREA | GRITO PALAVRÕES NO TRÂNSITO | E SOU UM CARA LEGAL NO FACEBOOK |

ANDRÉ DAHMER

Tirinha da série *Quadrinhos dos anos 10*, de André Dahmer.

1. Como são os desenhos da tirinha? Como você a interpreta? Você acha que ela contém uma crítica?

_____
_____
_____

2. Você diria que a tirinha relaciona-se com a política? Por quê?

_____
_____

A série *Quadrinhos dos anos 10* é uma das várias criadas pelo cartunista carioca André Dahmer (1974). Ele começou a carreira divulgando suas tirinhas na internet com a série *Malvados*, que rapidamente alcançou milhares de seguidores e deu grande visibilidade a seu trabalho. Hoje, o cartunista também publica em jornais e revistas brasileiros. Com ironia, suas tiras abordam questões contemporâneas, contradições do ser humano e da sociedade. Seus personagens são desenhados com traços rápidos, geralmente em preto e branco, com cores somente no fundo, indefinido e uniforme.

FOCO NA PRÁTICA

Anteriormente, você fez uma pesquisa sobre charges e tirinhas. Agora, você criará a sua.

Siga as etapas:

1. Defina se você criará uma charge ou uma tirinha e utilize o mesmo tema da que analisou em sua pesquisa. Contudo, crie outras situações e personagens. Procure atribuir a eles uma opinião, uma visão de mundo, que pode ser a sua ou algo que pretenda criticar.

2. Os desenhos de charges e tirinhas costumam ser estilizados, criados com poucos elementos. Como será seu desenho? Realize alguns esboços antes de definir o resultado final. Escolha os materiais de acordo com o resultado estético que você quer em sua charge ou tirinha.

Ao final, mostrem as charges e as tirinhas uns aos outros e compartilhem suas impresssões sobre o processo de criação e as percepções sobre as produções dos colegas.

CAPÍTULO 4 • Ser humano, ser político

Vamos caminhando

Leia o texto a seguir.

> Talvez eu pense que o mundo está cheio de uma violência incrível, e tenha a impressão de que não podemos falar senão disso. Há uma tal violência feita sobretudo sobre pessoas que são muito frágeis, como na questão da fome no mundo, as doenças, a injustiça social. Vivemos num mundo que está cada vez mais levado a dois extremos, mais e mais miséria de um lado, mais e mais riqueza do outro.
>
> MARIN, Maguy. *Revista Obscena*, Portugal, ed. 21, 2009.

OBSERVE AS IMAGENS.
Que impressões elas lhe causam? Elas são suaves ou tensas? O que nas imagens passa essas impressões?

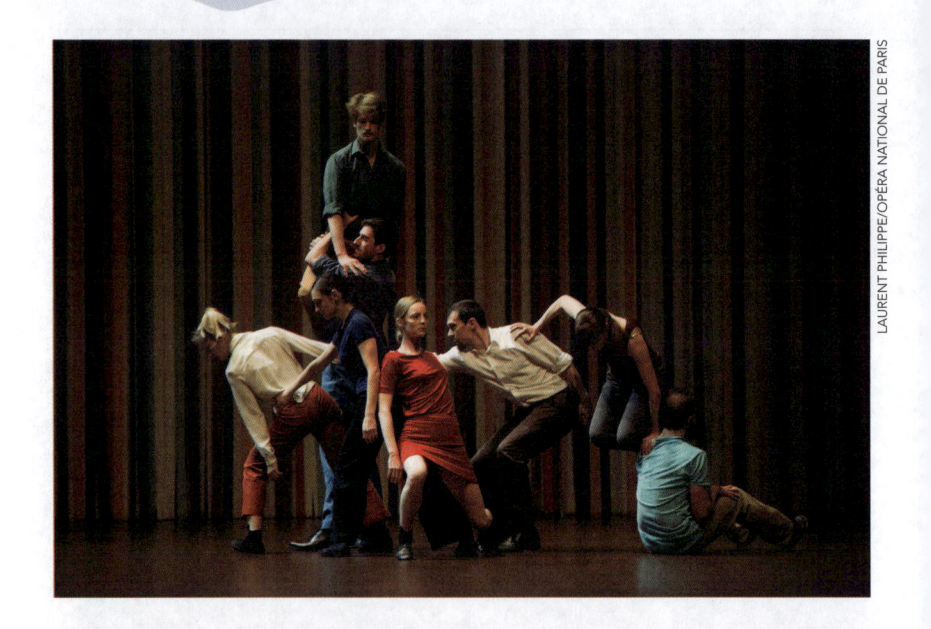

Cenas do espetáculo de dança *Os aplausos não se comem*, da coreógrafa Maguy Marin. Ópera Nacional de Paris, França, 2016.

Os aplausos não se comem (*Les applaudissements ne se mangent pas*, no original em francês) é um espetáculo da coreógrafa francesa Maguy Marin, que estreou em 2002 na Bienal de Dança de Lyon, França, e fez temporada no Brasil em 2003. O espetáculo discute de forma dura as relações entre opressores e oprimidos na América Latina, contrariando o estereótipo amplamente difundido de que este é um continente puramente alegre e dócil. Não há qualquer traço regional tanto na trilha sonora como nos figurinos. Como um leve toque do caráter vibrante dos povos latino-americanos, o cenário é feito de faixas coloridas pelas quais os bailarinos entram e saem de cena. Muitas vezes a cortina funciona como meio para que os bailarinos se escondam ou sumam uns com os outros, representando os desaparecidos do período da ditadura militar.

Em geral, os movimentos são fortes e pouco fluidos. Nas ações predominam o puxar e o empurrar, além da utilização dos apoios do corpo do outro para se impulsionar. Esses aspectos, somados a um ritmo intenso, revestem a coreografia de um caráter opressivo e aflito. Este resultado é obtido pela combinação criada na coreografia dos **fatores do movimento**: peso, tempo, espaço e fluência. A assosciação desses fatores confere a dinâmica do movimento. Combinações variadas deles alteram as dinâmicas e sensações que se tem do movimento e, por consequência, da coreografia criada.

FOCO NA PRÁTICA

Você e os colegas explorarão várias formas de fazer movimentos relacionados a uma mesma ação. Para isso, organizem-se em oito grupos. Cada grupo deverá criar uma sequência simples de movimentos baseada nas ações de dormir, despertar e levantar. Para cada grupo, o professor entregará um papel dizendo como essas ações deverão ser desempenhadas considerando as dinâmicas que trabalham peso, tempo e espaço. Depois de ensaiar, apresentem-se para toda a turma. Por fim, discutam as apresentações e impressões sobre esta prática.

Leia, a seguir, um depoimento de Maguy Marin sobre a obra *Os aplausos não se comem*.

Faz tempo que presto atenção na América Latina; tive muitos bailarinos chilenos (agora só tem um) e também mexicanos e argentinos. Ao trabalhar sobre esse continente o que saiu com mais força é isso de... bom, o contrário do que as pessoas imaginam, que é um universo sorridente, com música e cores. Reconheço que de alegria tem pouco nessa obra. É que tem outra parte, menos alegre, nesse continente explorado há 500 anos, desde o descobrimento, primeiro pela Espanha e depois pelos Estados Unidos.

MARIN, Maguy. Maguy Marin: danza con compromiso. *La Nación*, Argentina, 21 nov. 2003. Disponível em: <www.lanacion.com.ar/547122-maguy-marin-danza-con-compromiso>. Acesso em: 15 abr. 2016. Texto traduzido pelos autores do original em espanhol para o português.

Nascida na cidade de Toulouse, em 1951, Marin é filha de espanhóis que emigraram para a França fugidos da Guerra Civil Espanhola (1936-1939). Esse histórico familiar marcou a obra de Maguy Marin de modo que, até os dias de hoje, seus trabalhos apresentam fortes preocupações políticas.

Outra situação que impulsiona o caráter político dos trabalhos da coreógrafa é o período e o lugar em que ela começou a criar. Nos anos 1960 e 1970, em grande parte do mundo e principalmente na França, houve uma revolução dos costumes, marcada por uma enorme liberação dos corpos e dos hábitos e por muitas transformações políticas, como o surgimento do Movimento Estudantil.

Dessa efervescência e desse clima de mudança surge a Nouvelle Danse Française (Nova Dança Francesa), com influências da dança norte-americana, alemã e japonesa, da qual Maguy Marin faz parte. A Nova Dança Francesa é bastante diversa nos modos expressivos dados aos movimentos e à dança como um todo. Abarca diferentes formas de treinamento e visões coreográficas, incluindo as mais cotidianas e menos comuns ao universo tradicional da dança, como o do balé clássico ou da dança moderna. Nela, o foco principal se torna o caráter expressivo do movimento, de modo que é também chamada de "Teatro do Movimento".

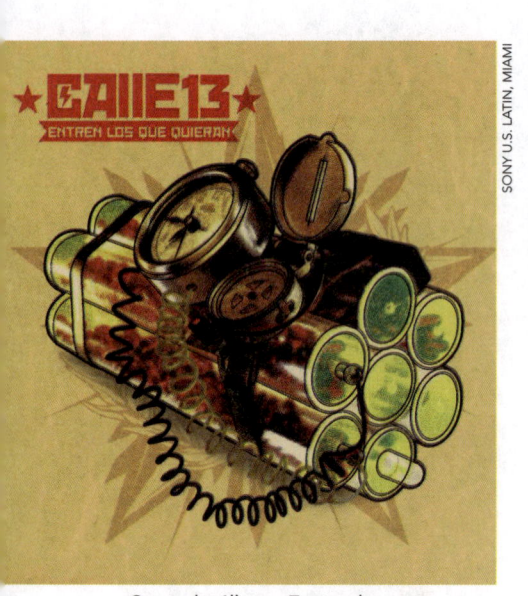

A Nova Dança Francesa acontece impelida por forte apoio do governo, que distribui de forma descentralizada centros de pesquisa e difusão da dança pelo território francês.

Maguy Marin, que trabalhou como bailarina ao lado de coreógrafos mundialmente renomados, envolvida nesse contexto recém-citado, iniciou seus trabalhos como coreógrafa no fim da década de 1970.

Sempre questionadora, a artista tornou-se um dos maiores nomes da dança mundial.

Capa do álbum *Entren los que quieran*, do trio porto-riquenho Calle 13, lançado em 2010.

América Latina

Ouça, na **faixa 74 do CD**, a música "Latinoamérica" ("América Latina", em português), da banda porto-riquenha Calle 13.

1. Que línguas você reconhece na canção? Você identifica o tema principal e outros detalhes aos quais a música se refere?
2. Você reconhece o gênero musical ao qual a música pertence? Conhece músicas parecidas no Brasil?
3. Leia a letra original da música a seguir com seus colegas e anotem as ideias principais que conseguirem entender. Sigam a orientação do professor e, juntos, criem uma tradução alternativa. Não precisa ser uma tradução perfeita. O importante é entenderem melhor do que trata a canção.
4. Ouça a música mais uma vez, agora acompanhando a letra. Marque e numere as estrofes e o refrão com suas repetições. Preste atenção nos minutos finais da música, quando aparece mais uma seção, com estrofes diferentes das iniciais. Marque-a. Veja se consegue distinguir quantas pessoas estão cantando e em que momentos cada uma delas canta.

Latinoamérica

Soy... soy lo que dejaron
Soy toda la sobra de lo que te robaron
Un pueblo escondido en la cima
Mi piel es cuero, por eso aguanta cualquier clima

Soy una fábrica de humo
Mano de obra campesina para tu consumo
Frente de frío en el medio del verano
El amor en los tiempos del cólera, mi hermano!

Soy el sol que nace y el día que muere
Con los mejores atardeceres
Soy el desarrollo en carne viva
Un discurso político sin saliva

Las caras más bonitas que he conocido
Soy la fotografía de un desaparecido
La sangre dentro de tus venas
Soy un pedazo de tierra que vale la pena

Una canasta con frijoles,
Soy Maradona contra Inglaterra anotándote dos goles
Soy lo que sostiene mi bandera
La espina dorsal del planeta, es mi cordillera

Soy lo que me enseñó mi padre
El que no quiere a su patria, no quiere a su madre
Soy América Latina, un pueblo sin piernas, pero que camina
Oye!

Tú no puedes comprar al viento
Tú no puedes comprar al sol
Tú no puedes comprar la lluvia
Tú no puedes comprar el calor

Tú no puedes comprar las nubes
Tú no puedes comprar los colores
Tú no puedes comprar mi alegría
Tú no puedes comprar mis dolores

Tú no puedes comprar al viento
Tú no puedes comprar al sol
Tú no puedes comprar la lluvia
Tú no puedes comprar el calor

Tú no puedes comprar las nubes
Tú no puedes comprar los colores
Tú no puedes comprar mi alegría
Tú no puedes comprar mis dolores

Tengo los lagos, tengo los ríos
Tengo mis dientes pa' cuando me sonrío
La nieve que maquilla mis montañas
Tengo el sol que me seca y la lluvia que me baña

Un desierto embriagado con peyote
Un trago de pulque para cantar con los coyotes
Todo lo que necesito
Tengo a mis pulmones respirando azul clarito

La altura que sofoca,
Soy las muelas de mi boca, mascando coca
El otoño con sus hojas desmayadas
Los versos escritos bajo la noche estrellada

Una viña repleta de uvas
Un cañaveral bajo el sol en Cuba
Soy el mar Caribe que vigila las casitas
Haciendo rituales de agua bendita

El viento que peina mi cabellos
Soy, todos los santos que cuelgan de mi cuello
El jugo de mi lucha no es artificial
Porque el abono de mi tierra es natural

Tú no puedes comprar al viento
Tú no puedes comprar al sol
Tú no puedes comprar la lluvia
Tú no puedes comprar el calor

Tú no puedes comprar las nubes
Tú no puedes comprar los colores
Tú no puedes comprar mi alegría
Tú no puedes comprar mis dolores

Não se pode comprar o vento
Não se pode comprar o sol
Não se pode comprar a chuva
Não se pode comprar o calor

Não se pode comprar as nuvens
Não se pode comprar as cores
Não se pode comprar minha alegria
Não se pode comprar minhas dores

No puedes comprar el sol...
No puedes comprar la lluvia...

Vamos caminando
No riso e no amor
Vamos caminando
No canto e na dor
Vamos dibujando el camino
No puedes comprar mi vida
Vamos caminando
Mi Tierra no se vende

Trabajo bruto, pero con orgullo
Aquí se comparte, lo mío es tuyo
Este pueblo no se ahoga con marullo
Y si se derrumba yo lo reconstruyo

Tampoco pestañeo cuando te miro
para que te recuerde de mi apellido
La operación Condor invadiendo mi nido
Perdono pero nunca olvido
Oye!
Vamos caminando
Aquí se respira lucha
Vamos caminando
Yo canto porque se escucha
Vamos dibujando el camino
Vozes de um só coração
Vamos caminando
Aquí estamos de pie
Que viva la América!
No puedes comprar mi vida...

CABRA, Eduardo; ARCAUTE, Rafael Rafa; PÉREZ, René (composição). Intérprete: Grupo Calle 13. Latinoamérica. *Entren los que quieran*. Sony BMG, 2011. CD.

"Latinoamérica" é uma música do grupo porto-riquenho Calle 13, formado pelos músicos René Pérez Joglar "Residente", Eduardo Cabra Martínez "Visitante" e Ileana Cabra Joglar "PG-13" ou "Ile". Residente e Visitante são irmãos de criação, seus pais se casaram quando eles eram pequenos e Ileana é meia-irmã de ambos. O grupo é conhecido por uma temática satírica, provocadora e polêmica. Embora tenham começado com foco no *reggaeton*, um gênero latino derivado do *hip-hop*, foram ampliando suas influências, que vão desde o *rock* até diferentes gêneros de música latino-americana regional. Até 2015, o grupo ganhou 21 prêmios Grammy Latino, o recorde desde a criação da premiação, em 1999. Dois desses prêmios foram pela música "Latinoamérica". Na premiação, apresentaram uma versão ao vivo da canção, acompanhados da orquestra sinfônica da Venezuela.

A gravação da música teve a participação da colombiana Totó La Momposina, da brasileira Maria Rita e da peruana Susana Bacca. Todas as artistas convidadas são conhecidas por valorizar os gêneros populares de seus países. Tanto Totó quanto Susana têm mais de 70 anos e uma longa trajetória artística, em especial com música afro-colombiana e afro-peruana, respectivamente.

A música tem elementos rítmicos de gêneros latino-americanos com base em seis tempos (também chamado de binário composto: dois grupos de três tempos). Essa base é muito comum na música popular do Cone Sul, região que inclui o sul do Brasil, a Argentina, o Uruguai, o Paraguai e o Chile. Ritmos em seis tempos incluem a chacarera, o chamamê, a polca paraguaia e a guarânia, entre outros. Um dos elementos mais interessantes desses ritmos, resultado de anos de miscigenação musical com influências europeias, africanas e indígenas, é a riqueza rítmica e harmônica.

Pode-se ter uma ideia melhor disso na melodia do refrão. Observe a frase cantada por Maria Rita.

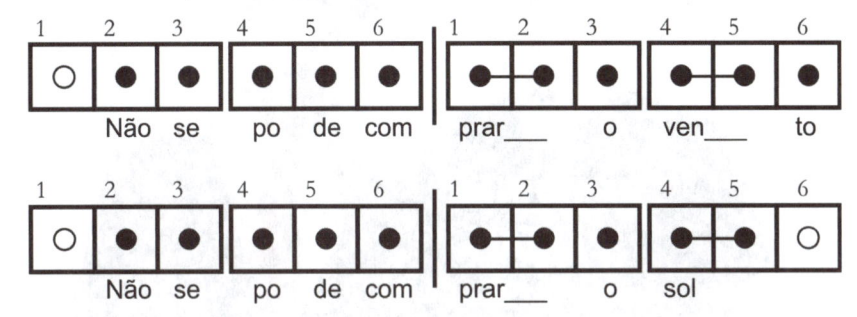

1	2	3	4	5	6	1	2	3	4	5	6
○	●	●	●	●	●	●—●		●	●—●		●
	Não	se	po	de	com	prar___		o	ven___		to

1	2	3	4	5	6	1	2	3	4	5	6
○	●	●	●	●	●	●—●		●	●—●		○
	Não	se	po	de	com	prar___		o	sol		

A música apresenta boa parte da letra em uma mistura de declamação e canto, recurso de influência evidente do *hip-hop*, caracterizado por letras longas com algumas rimas. Não existem regras fechadas para esse tipo de escolha, cada artista propõe diversas misturas de canto e fala e vários tipos de rimas.

Outro elemento importante é a parte final da canção, que é diferente das demais. Essa terceira parte é uma *coda* (palavra italiana que em português significa "cauda"), que em música é um termo empregado para designar seções finais.

FOCO NA PRÁTICA

Organizados em duplas, vocês realizarão a tradução e a interpretação da música "Latinoamérica". Depois, compartilharão o resultado com toda a turma. Cada dupla ou trio ficará responsável por uma ou duas estrofes. Esta atividade é preparatória para a prática seguinte. Sigam as etapas:

1. Primeiro, procurem traduzir do espanhol para o português o trecho selecionado para seu grupo. Escrevam em um papel com letra grande, pois depois colarão no quadro para todos lerem. Em seguida, interpretem o que o trecho selecionado significa. A música apresenta várias referências geográficas, históricas, políticas e até esportivas que dizem respeito à América Latina. Pesquisem procurando descobrir de que se tratam. Por fim, debatam o significado de cada verso, as simbologias e as metáforas que percebem neles.

Se surgirem várias interpretações, anotem todas, pois um mesmo trecho pode despertar diversos significados.

2. Analisem também como é a parte musical do trecho. Quem está cantando? Que instrumento é tocado? É um trecho com poucos ou vários elementos musicais? Descrevam.

3. Fixem no quadro ou na parede os trechos traduzidos de toda a turma, pela ordem das estrofes. Cada grupo apresentará a tradução de seu trecho para a turma e explicará como o interpretaram. Para cada trecho, o restante da turma também poderá dizer que significados lhe atribuem. O professor mediará a conversa.

René Pérez e Eduardo Cabra Martínez, integrantes da banda porto-riquenha Calle 13, na premiação do Grammy Latino de 2011.

Eduardo Cabra Martínez, Ileana Cabra Joglar e René Pérez, integrantes da banda porto-riquenha Calle 13, se apresentando no palco do Grammy Latino de 2011.

FOCO NA PRÁTICA

Em roda, você e os colegas criarão movimentos baseados na música "Latinoamérica", formando uma grande coreografia coletiva.

Para criarem o movimento, vocês poderão se inspirar nas diversas práticas de dança executadas ao longo do capítulo. Podem utilizar movimentos que descobriram na prática de empurrar o chão ou na ação "dormir, despertar e levantar", mas não precisam ficar restritos a elas. Busquem colocar em prática as várias formas de fazer um mesmo movimento (leve ou firme, rápido ou lento, direto ou sinuoso), fazendo relações com a letra e a sonoridade da música. Atentem para o nível que o corpo ocupa no espaço (baixo, médio ou alto), relacionando-o também aos significados da música.

Ao final, conversem sobre o desenvolvimento da atividade e suas sensações ao realizar a coreografia.

PRÁTICA FINAL

Mostra cultural

Nesta atividade, você e os colegas organizarão uma mostra cultural aberta à comunidade. Nela, serão apresentados alguns trabalhos produzidos no capítulo, envolvendo também a participação do público.

Juntos, você e os colegas pensarão em um nome para a mostra. Algo que se relacione com o conteúdo do capítulo e com os trabalhos produzidos.

Combinem previamente com o professor e com a direção da escola a melhor data para realizar a mostra. Verifiquem também quais espaços poderão ser utilizados. Se possível, explorem vários espaços da escola. Assim, o público percorrerá o ambiente escolar, tomando contato com os trabalhos em diversos momentos.

Para a divulgação do evento, elaborem cartazes com nome da mostra, data, horários e atividades. Esses cartazes podem ser espalhados pelo entorno. Outra possibilidade é elaborar uma filipeta eletrônica, contendo as mesmas informações, para ser distribuída por *e-mail* e outros meios eletrônicos. Em ambos os casos, é interessante que se pense, além das informações, em imagens que chamem a atenção e, ao mesmo tempo, se relacionem à ideia da mostra.

Para a organização, dividam-se em seis grupos. Cada grupo ficará responsável por organizar uma atividade da mostra. A divisão dos grupos deve ser feita por áreas de interesse. De qual (ou quais) atividades você gostaria de participar?

Destinem um dos espaços da escola para cada atividade, pensando em qual é mais adequada a cada proposta.

Grupo 1 – Teatro-Imagem

Do mesmo modo como em sala de aula foram criadas imagens para discutir e propor mudanças sobre situações que não estão de acordo, durante a mostra vocês convidarão o público a praticar o mesmo exercício, no qual vocês serão os condutores. Para isso:

- Refaçam o exercício antes da mostra para se lembrarem das etapas e da dinâmica.
- Durante a mostra, reúnam algumas pessoas do público para participar.
- Desenvolvam o exercício com as mesmas etapas que fizeram em aula. O professor auxiliará nessa parte.
- Vocês poderão programar sessões para repetir a atividade durante o período da mostra.

Grupo 2 – Cenas

Este grupo organizará a apresentação das cenas criadas com base no texto *Aquele que diz sim e Aquele que diz não*, de Bertolt Brecht. Não é necessário que todas as cenas sejam apresentadas. Vocês poderão selecionar algumas, de acordo com o interesse de cada um.

- Ensaiem previamente a cena no espaço em que será feita a mostra, agregando elementos como objetos, figurinos, acessórios, músicas, efeitos sonoros e iluminação, se acharem necessário.

- Verifiquem quantos grupos se apresentarão e organizem uma sequência para as apresentações. Lembrem-se de incluir intervalos para preparar o espaço da próxima apresentação. Uma opção é não fazê-las em sequência, criando intervalos entre as sessões ao longo do dia.
- Ao fim de cada apresentação, proponham um breve bate-papo com o público para discutir as questões abordadas na cena.

Grupo 3 – Exposição de artes visuais

Este grupo organizará as imagens criadas ao longo do capítulo para uma exposição. Para isso, recolham as imagens, pelo menos uma de cada estudante. Depois, observem-nas, estabelecendo um critério de montagem para a exposição. Os critérios devem levar em conta aspectos temáticos, formais, materiais ou outros. O objetivo é escolher a melhor forma de organizar e apresentar as obras. Esse trabalho é chamado de "curadoria". Criem legendas para os trabalhos com o nome dos autores, técnica, materiais e título da obra, se houver. Vocês também podem dar um título para a exposição.

Durante a mostra, disponibilizem um caderno em local visível no espaço e convidem o público, ao fim da visita, a registrar suas impressões, se quiserem.

Grupo 4 – Apresentação musical

Este grupo organizará as apresentações das músicas pesquisadas sobre a ditadura militar. Não é necessário que sejam apresentadas todas as músicas, nem que os mesmos estudantes que fizeram a pesquisa as apresentem. Vocês podem ensaiar músicas que foram pesquisadas por outros grupos, caso prefiram.

- Pensem no modo como cada música será apresentada. Serão tocadas? Serão cantadas? Dubladas? Cada música pode ser apresentada de uma forma diferente, se quiserem.
- Ensaiem as músicas previamente. Pensem em elementos que podem ser agregados à apresentação, como objetos, figurinos, acessórios, efeitos sonoros e iluminação.
- Organizem o horário da apresentação. É interessante pensar em um horário que não coincida com outras apresentações. Assim, o público poderá participar de todas as atividades da mostra.

Grupo 5 – Tirinhas e charges

Este grupo organizará as charges e tirinhas criadas em aula e as preparará para uma exposição. Para isso, os trabalhos dos estudantes que quiserem expô-los devem ser recolhidos e submetidos a um critério de organização, como na exposição dos outros trabalhos de artes visuais. Disponibilize um caderno de registro para o público colocar suas impressões sobre a exposição. Vocês também podem reproduzir as tirinhas em fotocópias e distribuí-las pelo espaço da escola, como uma intervenção.

Grupo 6 – Dança

Este grupo ficará responsável por organizar a apresentação da coreografia de dança criada com base na música "Latinoamérica". Você e os colegas não precisam fazer a coreografia toda, podem escolher trechos, mudar a dinâmica dos movimentos, além de não precisar fazer todos os movimentos ao mesmo tempo. Existem inúmeras maneiras, usem aquela que acharem mais interessante.

Uma parte muito importante da organização será pensar na distribuição dos dançarinos no espaço. Por exemplo, o que será comunicado se todos os dançarinos estiverem bem próximos no centro do palco? E se um estiver no canto direito, bem próximo da plateia, e todos os outros estiverem no canto esquerdo, bem atrás? E se um dançarino estiver de frente para o outro? As possibilidades são múltiplas.

Depois de pensar na distribuição dos dançarinos, ensaiem a coreografia no espaço em que será a apresentação da mostra. Agreguem elementos como figurino, iluminação, cenário e o que mais quiserem.

Ao fim da apresentação, você e seus colegas poderão propor um breve bate-papo com o público, procurando discutir como fizeram as relações entre os movimentos, suas dinâmicas, sua distribuição no espaço, a escolha do figurino e da iluminação, com o sentido da música.

IDEIAS EM FLUXO

Você sabe o que é crítica?

Normalmente, entendemos essa palavra como o julgamento de algo pelos aspectos negativos. Mas criticar pode ser apontar algo positivo, pois tem a ver com pensar sobre uma situação ou uma obra.

A palavra "crítica" também significa refletir sobre todos os aspectos de algo. A crítica pode ser construtiva para quem a recebe. Ao perceber o que alguém apontou sobre o que fizemos, podemos considerar o que há para ser melhorado.

No circuito das produções artísticas, criticar pode ser uma profissão. O crítico de arte, a partir de seu conhecimento e de sua experiência, escreve a respeito de uma obra artística ou evento, como uma exposição ou festival, para revistas, jornais, internet. Ele, geralmente, se especializa em uma linguagem: crítico de cinema, de teatro, de dança, de música etc. Sendo um especialista na área em que atua e reconhecido como um formador de opinião, com sua crítica, pode influenciar o público e seu interesse pela obra em questão, chamando a atenção para questões e peculiaridades que muitas vezes podem passar despercebidas.

Você também realiza um tipo de crítica ao julgar e avaliar uma obra de arte. E ela pode ser mais ou menos aprofundada e significativa de acordo com seus conhecimentos a respeito da obra, do artista e do contexto de produção.

Toda crítica é um ponto de vista. Mesmo nos casos dos críticos profissionais, que conhecem a fundo a linguagem artística sobre a qual escrevem, a crítica é sempre uma opinião e, por isso, passa por critérios pessoais de avaliação.

Agora, você escreverá, no caderno, uma crítica sobre a mostra cultural realizada por sua turma.

Considere as seguintes questões:

- Como foi o processo de organização?
- Como foi o processo de divulgação?
- Qual foi o resultado das exposições e apresentações em particular? Considere cada uma delas.
- O que cada obra trouxe de novo ou interessante?
- Qual foi o resultado da mostra como um todo?
- Qual foi a relação da mostra com o tema do capítulo?
- Como foi a recepção do público?
- Qual foi sua percepção particular da mostra?

Para todas essas questões, considere os aspectos que você acha satisfatórios e os que poderiam melhorar. Se algo não aconteceu como planejado, pense nas razões para isso e ofereça soluções.

Depois de escrever sua crítica, compartilhe-a com os colegas e discutam o resultado da mostra e suas relações com o tema do capítulo.

MANIFESTAÇÕES ANTROPOFÁGICAS

CAPÍTULO 5

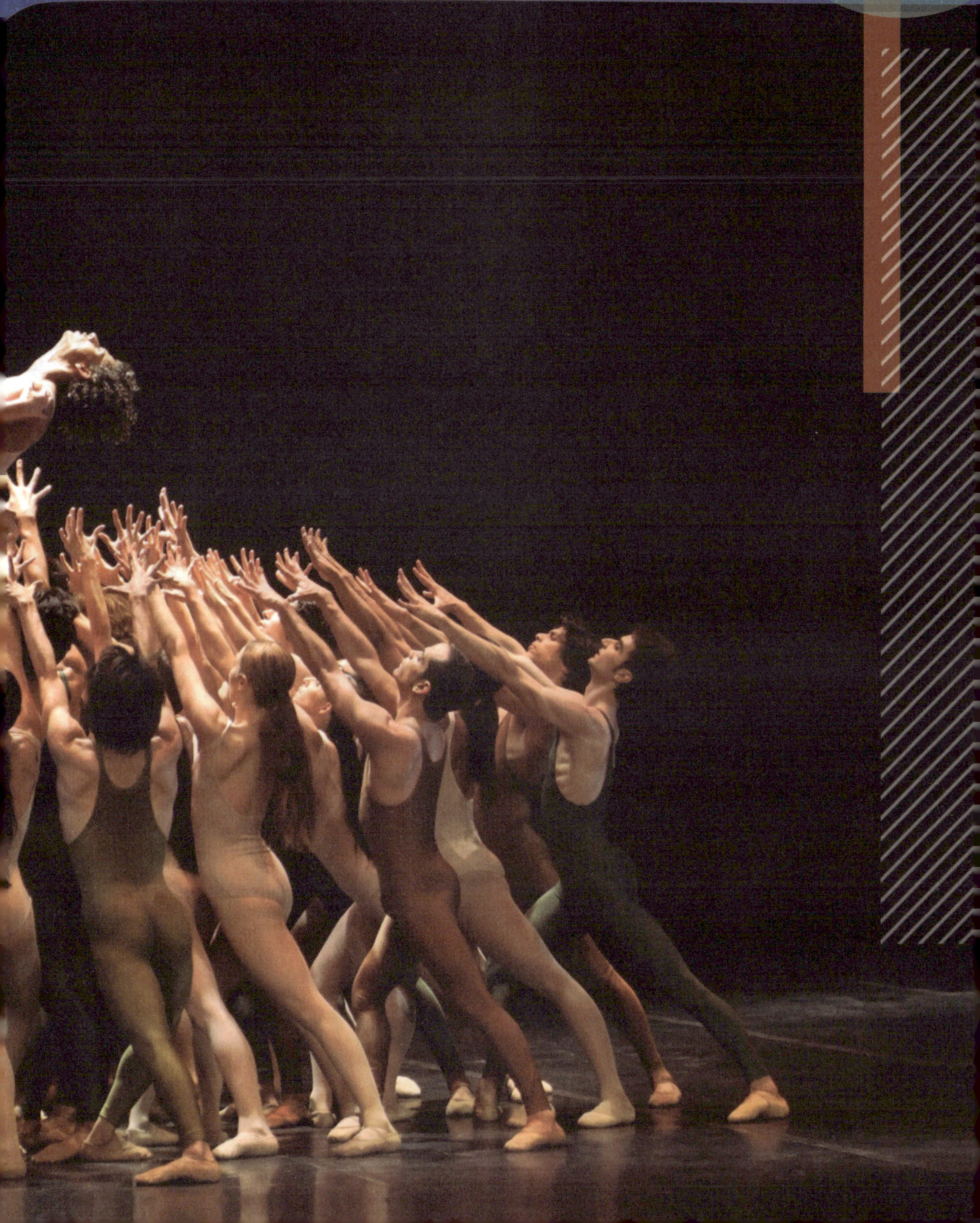

ABRA A JANELA

OBSERVE AS IMAGENS.

Cenas do espetáculo *Mané Gostoso*. Direção de Marika Gidali e coreografia de Décio Otero. Apresentação da companhia de dança Ballet Stagium. São Paulo (SP), 2007.

> O que chama sua atenção nas imagens? Quais são as semelhanças e as diferenças entre os movimentos mostrados nelas?

> Como são os movimentos dessa dança? Eles se parecem com movimentos de danças que você conhece?

CAPÍTULO 5 • Manifestações antropofágicas

DIVERSOS BRASIS

"A cultura é viva". Você já ouviu essa expressão? Dizer que algo tem vida, mesmo que não seja de fato um ser vivo, significa considerar que algo se modifica constantemente e se transforma com o passar do tempo. Diversos fatores colaboram para a transformação cultural de um povo: contato com outras culturas, transmissão de geração para geração e mudanças dos costumes e da tecnologia, por exemplo.

A cultura brasileira é resultado de uma mistura de culturas e sofreu influência dos diversos povos formadores do nosso país. Mas não é um resultado estático, ela está em constante transformação. Algumas manifestações artísticas são resultado de misturas mais espontâneas, reflexos dessa multiculturalidade. Outras surgem de uma intenção, da reflexão a respeito da própria arte em suas relações com a cultura, a sociedade e a História. Tendo como referência essa e outras questões, diversos artistas, grupos e movimentos se dedicam a pensar e se manifestar esteticamente sobre a identidade da arte brasileira.

Mistura singular

O espetáculo visto nas imagens anteriores chama-se *Mané Gostoso* e foi realizado pelo Ballet Stagium. Trata-se de uma obra de 2007, que presta homenagem ao músico pernambucano Luiz Gonzaga (1912-1989). Ela contém elementos de vários contextos, que vão do balé clássico às danças e músicas brasileiras. Na imagem 1, ao mesmo tempo que uma bailarina dá um salto típico do balé clássico, o bailarino à esquerda faz um movimento que se aproxima bastante da capoeira. Na imagem 2, as bailarinas desempenham um deslocamento de quadril que está presente em muitas danças brasileiras, como o forró, o baião ou o xaxado.

Em *Mané Gostoso*, uma banda toca ao vivo e divide o palco com os bailarinos. Nesse espetáculo, as saias floridas e o colorido das roupas aproximam o figurino do universo dos salões de forró espalhados por todo o Brasil em uma referência à obra do artista homenageado.

Cena do espetáculo *Mané Gostoso*. Direção de Marika Gidali e coreografia de Décio Otero. Apresentação da companhia de dança Ballet Stagium. São Paulo (SP), 2007.

O Ballet Stagium foi fundado em 1971 pelos bailarinos Marika Gidali e Décio Otero, na cidade de São Paulo (SP). Com o país no auge da ditadura militar, o Stagium surgiu com uma proposta de forte cunho político e que buscava conectar-se à identidade brasileira. Temas como o racismo, a violência e a opressão no Brasil passaram a ser discutidos pela primeira vez na dança. O Stagium foi a primeira companhia de dança a utilizar a música popular brasileira nas trilhas sonoras de seus espetáculos, criando um balé com traços ao mesmo tempo universais e brasileiros, em uma dança que procura dialogar com a cultura de todo o país.

- Observe novamente as imagens da abertura deste capítulo nas páginas 256 e 257. Você identifica nelas movimentos característicos do balé clássico e também de danças brasileiras? Quais?

FOCO NA PRÁTICA

Você e os colegas criarão uma sequência de movimentos por meio da exploração da *kinesfera*, conceito abordado no Capítulo 1, a partir das orientações do professor. Esta atividade é preparatória para o próximo **Foco na prática**.

1. Imaginem que estão dentro de uma bolha e alonguem as extremidades do corpo ao máximo para tocar os limites dela, ao mesmo tempo em que se deslocam pelo espaço.

2. Explorem os movimentos utilizando diferentes apoios no chão e toquem as diversas direções com as várias partes do corpo. Atentem para não se manterem sempre na posição vertical, ou seja, a cabeça poderá tocar a parte de baixo da bolha e vice-versa.

3. Depois da exploração, escolham de quatro a cinco movimentos que mais gostaram de fazer, para compor uma sequência na próxima prática de dança.

Observe as imagens a seguir.

Cena do espetáculo de dança *Kuarup ou A questão do índio*. Coreografia de Décio Otero. Apresentação da companhia de dança Ballet Stagium. São Paulo, 2007.

Cenas do espetáculo de dança *Kuarup ou a questão do índio*. Coreografia de Décio Otero. Apresentação da companhia de dança Ballet Stagium. São Paulo, à direita em 2007 e abaixo em 1977.

As imagens anteriores são do espetáculo de dança *Kuarup ou a questão do índio*, criado em 1977 pelo coreógrafo Décio Otero. O espetáculo, que buscou discutir o genocídio indígena, quebrou padrões enraizados da linguagem da dança da época. Leia, a seguir, o depoimento do coreógrafo.

Imagens começaram a surgir, fazendo meu racional perceber que, na obra, não deveria enfocar somente a sociedade indígena, mas todas as outras sociedades.

De uma forma ou de outra, todos estamos sendo dizimados pelas guerras ideológicas, as guerras religiosas, a poluição dos grandes centros e as guerras bacteriológicas. Não seriam índios. Seriam trabalhadores dos centros urbanos lutando pela sobrevivência.

Seria impossível enfocar um assunto que nos toca tão de perto por meio das formas codificadas dos balés estrangeiros, com piruetas e *glissades*.

Pesquisei o gestual dos índios, suas crenças e cerimônias religiosas e suas danças, com múltiplas conotações sociológicas, mitológicas, religiosas.

OTERO, Décio. *Stagium*: as paixões da dança. São Paulo: Hucitec, 1999. p. 139-140.

glissades: do verbo francês *glisser* ("deslizar"). Nesse movimento, o bailarino desliza os pés pelo chão.

• Como você entende a opção do coreógrafo? Por que o artista disse que por meio dos "balés estrangeiros" seria impossível fazer sua obra? Qual foi a solução encontrada por ele?

O Ballet Stagium sustenta alguns padrões característicos da dança clássica, como o uso prioritário do nível alto do espaço, uma postura muscular ativa e o desenho geométrico e frontal dos corpos. Ainda assim, na época de seu surgimento, foi precursor de revoluções estéticas que redesenharam o modo como o bailarino se colocava em cena. Entre eles, um modo menos etérico, mais humano e concreto de desempenhar as ações, aproximando o posicionamento do bailarino ao do ator. Outra mudança na estética do espetáculo é o uso de figurinos em substituição aos tradicionais *collants* e *tutus* do balé clássico.

> **etérico:** relativo ao etéreo. Refere-se ao que é considerado sublime, puro ou delicado e não faz parte da existência material.
>
> ***collant*:** roupa usada por bailarinos e bailarinas. É ajustável ao corpo, o que permite ao público visualizar o movimento dos artistas da melhor forma.
>
> ***tutu*:** saia tradicional das bailarinas, formada por uma estrutura que a mantém em volta do quadril e por várias camadas de tecidos leves.

Cena do espetáculo de dança *Kuarup ou a questão do índio*. Coreografia de Décio Otero. Apresentação da companhia de dança Ballet Stagium. São Paulo, 2009.

FOCO NA PRÁTICA

Nesta prática, sob orientação do professor, você e os colegas refarão a sequência de movimentos criada na atividade anterior. Em seguida, se dividirão em duplas e, enquanto um integrante bater palmas, o outro executará sua sequência buscando acompanhar os ritmos propostos pelo colega. As palmas devem alterar ao máximo os padrões rítmicos, utilizando, por exemplo, palmas muito lentas, muito rápidas ou, ainda, sem qualquer padrão. Antes de mudarem o padrão rítmico utilizado, deem um tempo até que o colega possa adaptar a coreografia às suas palmas, só então passem para uma próxima proposta de ritmo. Na sequência, invertam os papéis na dupla. Ao final da atividade, converse com os colegas e o professor. Como a alteração do ritmo transformou seu corpo e seus movimentos?

Realidades plurais

OBSERVE AS IMAGENS.

Você identifica elementos característicos da cultura brasileira nessas imagens? Quais? Por quê? Alguns deles estão presentes no seu dia a dia? Que outros traços que você considera característicos do Brasil estão presentes no seu bairro ou na comunidade em que você mora?

Cena do filme *Deus e o Diabo na Terra do Sol*. Direção de Glauber Rocha. Rio de Janeiro, Copacabana Filmes, 1964.

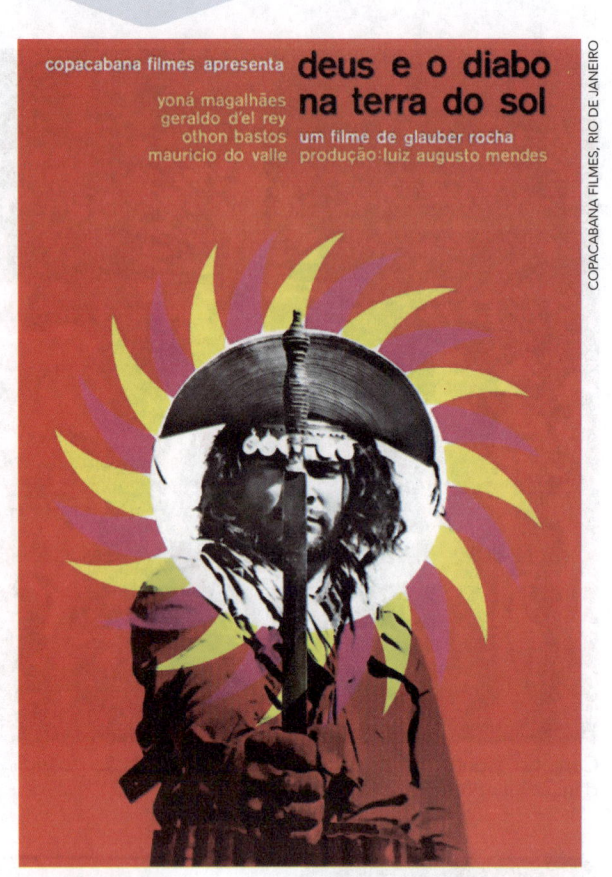

Cena do filme *Deus e o Diabo na Terra do Sol*. Direção de Glauber Rocha. Rio de Janeiro, Copacabana Filmes, 1964.

Cartaz do filme *Deus e o Diabo na Terra do Sol*. Direção de Glauber Rocha. Rio de Janeiro, Copacabana Filmes, 1964.

Glauber Rocha (à direita, com as mãos levantadas e abertas) durante a filmagem de *Deus e o Diabo na Terra do Sol*, em 1963.

As imagens anteriores são do cartaz e de cenas do filme *Deus e o Diabo na Terra do Sol*, do diretor baiano Glauber Rocha (1939-1981). O filme traz fatos e personagens reais da história do Brasil, como o cangaço, o coronelismo, o misticismo religioso e faz referência à literatura de cordel brasileira. No filme, o casal Rosa e Manuel, ao se verem em uma situação extrema, fogem da seca e da exploração. Nesse percurso, deparam-se com personagens e situações que remetem a fatos históricos de maneira que o filme acaba por dissecar o contexto social, político e cultural do Nordeste brasileiro da época.

Lançado durante a ditadura militar, o filme foi levado clandestinamente para o exterior, onde fez muito sucesso e foi indicado à Palma de Ouro, prêmio máximo no principal festival de cinema da França, o Festival de Cannes. No filme, Glauber Rocha compõe alegorias de elementos tradicionais da cultura brasileira. Por meio desses símbolos, temas como opressão, violência e miséria são tratados de forma atemporal, ou seja, como questões que fazem parte da sociedade brasileira de qualquer tempo. Leia, a seguir, um trecho de um depoimento de Glauber Rocha sobre o ponto de partida para a criação do filme.

> Eu parti do texto poético. A origem de *Deus e o Diabo...* é uma língua metafórica, a literatura de cordel. No Nordeste, os cegos, nos circos, nas feiras, nos teatros populares, começam uma história cantando: eu vou lhes contar uma história que é de verdade e de imaginação, ou então que é imaginação verdadeira. Toda minha formação foi feita nesse clima. A ideia do filme me veio espontaneamente.
>
> DEPOIMENTO de Glauber Rocha. *Tempo Glauber*. Disponível em: <www.tempoglauber.com.br/indexp.html>. Acesso em: 28 abr. 2016.

Com esse longa-metragem, Glauber Rocha tornou-se um dos principais diretores do Cinema Novo e um dos maiores de toda a história do cinema brasileiro.

O **Cinema Novo** foi um importante movimento cinematográfico que surgiu durante a década de 1950. Os diretores desse movimento voltaram suas lentes para o Sertão, para as comunidades e para os subúrbios brasileiros, criando um cinema direcionado para as questões sociais do país como uma forma de tomada de consciência a respeito do subdesenvolvimento da sociedade brasileira da época. O Cinema Novo procurava abordar a realidade do país por meio de uma nova estética cinematográfica, que fosse original e autenticamente brasileira.

---

coronelismo: nome popular dado a um sistema que vigorou no Brasil entre o fim do século XIX e o início do século XX, em que a política era controlada por coronéis (ricos fazendeiros).

literatura de cordel: literatura popular do Nordeste do Brasil, narrada em rima e impressa em pequenos livretos originalmente expostos pendurados em cordas, em feiras e praças, daí seu nome, "cordel".

metafórico: que diz respeito à metáfora, figura de linguagem que usa uma palavra ou expressão em sentido diferente do usual, a fim de revelar uma característica comum a duas ideias que a princípio não se relacionam.

longa-metragem: filme de longa duração. Não há uma definição precisa sobre a duração mínima de um longa-metragem, com cada país adotando uma regra, mas costuma ser em torno de 70 ou 80 minutos. Além dos longas-metragens, os filmes também podem ser classificados como curtas-metragens (no Brasil, até 15 minutos) e média-metragens (cuja duração está entre o curta e o longa).

E VOCÊ?

Você costuma assistir a filmes brasileiros? A quais filmes você se lembra de ter assistido? Eles abordam diferentes contextos sociais do país? Na sua avaliação, é importante que os filmes tratem de diferentes realidades sociais? Por quê?

TANTAS HISTÓRIAS

No fim do século XIX, os irmãos franceses Auguste Lumière (1862-1954) e Louis Lumière (1864-1948) desenvolveram um aparelho que tinha a capacidade de registrar e projetar em uma tela imagens fotográficas em sequência, o cinematógrafo. Em 1895, foi realizada na França a primeira exibição cinematográfica pública, na qual mostraram filmes de curta duração. Era o início do cinema.

Cena do filme *Viagem à Lua*, considerado o primeiro filme de ficção científica da história do cinema. Direção de Georges Méliès. França, Star Film, 1902.

Os irmãos Lumière entendiam que o interesse do invento era principalmente científico. Assim, faziam filmagens documentais em várias partes do mundo. O primeiro a usar o aparelho para contar histórias de ficção foi o também francês Georges Méliès (1861-1938). Ele usou efeitos inovadores de filmagem e animação, criando situações fantasiosas.

Desde cedo, o cinema se desenvolveu como uma nova linguagem artística, com características particulares, mas mostrou-se de execução complexa e cara, em especial para a ficção, com a necessidade do uso de vários equipamentos e do trabalho de muitas pessoas. Ao mesmo tempo, teve forte apelo popular, o que o tornava lucrativo, dando origem ao que se chama de indústria cinematográfica. Já em 1911, surgia o primeiro estúdio em Hollywood, na Califórnia (EUA), cidade que se tornou, na década seguinte, o principal e mais lucrativo polo da indústria cinematográfica no mundo. Atualmente, Hollywood movimenta bilhões de dólares por ano e filmes produzidos lá alcançam o público de muitos países.

Em suas primeiras décadas, o cinema era mudo, pois limitações técnicas dos equipamentos não permitiam a captação e a reprodução de sons junto às imagens. Mesmo assim, os filmes eram geralmente acompanhados por música ao vivo. O cinema sonoro, que conciliava som e imagem, tornou-se possível no fim da década de 1920 e em poucos anos fazia parte da maioria das produções.

No Brasil, diversos filmes foram realizados desde o surgimento do cinema. No entanto, a concorrência com a indústria estadunidense sempre foi um empecilho para as produções nacionais. Embora não exclusivamente, o cinema de Hollywood sempre exerceu forte influência estética na produção brasileira.

Com o *slogan* "Do planalto abençoado para as telas do mundo" e o lema "Produção brasileira de padrão internacional", foi fundada em 1949, na cidade paulista de São Bernardo do Campo, a Companhia Cinematográfica Vera Cruz. Seu objetivo era implantar uma indústria do cinema nacional baseada em padrões difundidos principalmente pela indústria cinematográfica dos Estados Unidos.

A Vera Cruz investiu recursos em alta tecnologia da época e trouxe profissionais do exterior, como diretores e técnicos. Ela foi muito importante na formação de novos profissionais para o cinema brasileiro. O primeiro filme produzido foi *Caiçara*, em 1951, dirigido pelo italiano Adolfo Celi (1922-1986). Em 1952, o filme *O cangaceiro*, dirigido pelo paulista Lima Barreto (1906-1982), trouxe o tão almejado reconhecimento internacional, sendo premiado no Festival de Cannes, na França. A partir de 1954, a empresa passou por grandes crises financeiras, o que a levou, aos poucos, a deixar de produzir filmes.

Um dos mais populares atores da história do cinema brasileiro, Amácio Mazzaropi (1912-1981), trabalhou em filmes produzidos pela Vera Cruz. Ele ficou muito conhecido por interpretar o personagem Jeca (criado por Monteiro Lobato) no filme *Jeca Tatu*, de 1959. Representava o estereótipo do caipira, que trajava calças "pula-brejo", botinas, paletó apertado e camisa xadrez. Além de ator de cinema, Mazzaropi trabalhou como ator e diretor em circo, rádio, teatro e em um dos primeiros programas de televisão. Em 1958, fundou a Produções Amácio Mazzaropi (PAM Filmes), adquirindo depois uma sede própria, a Fazenda Santa, em Taubaté (SP). Seus filmes abordavam aspectos da cultura brasileira com linguagem popular e humor.

> **documental**: uma imagem documental é aquela que procura registrar (documentar) uma situação da realidade. No cinema, o tipo de filme que usa linguagem documental é chamado de "documentário".

O Cinema Novo procurou encontrar um modo brasileiro de se expressar cinematograficamente, negando as fórmulas impostas pelos filmes estadunidenses. Glauber foi o autor de uma frase que ficou muito conhecida, "uma câmera na mão e uma ideia na cabeça", segundo a qual para fazer um bom cinema o que importava não era ter um orçamento alto, mas uma boa ideia a ser desenvolvida. Em busca de uma estética brasileira, os filmes desse período são de baixo orçamento e caracterizam-se por trazer para a ficção modos artísticos típicos do documentário. Aboliram-se os grandes movimentos de câmera e todos os outros recursos que visavam dar aos filmes um teor espetacular, como cenários luxuosos e iluminações artificiais. O Cinema Novo procurava mostrar a realidade do país por meio de uma nova estética cinematográfica, relacionando-se com diversos outros movimentos de renovação cultural do período.

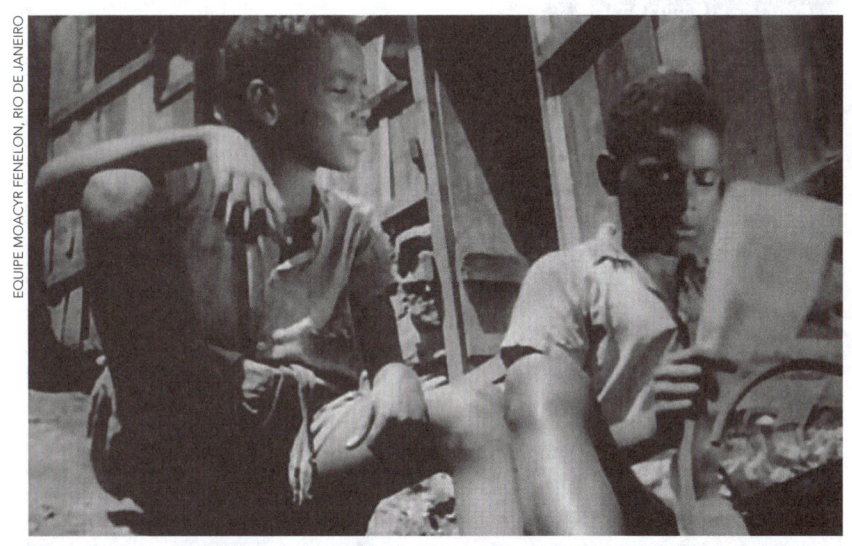

Cena do filme *Rio 40 graus*. Direção de Nelson Pereira dos Santos. Rio de Janeiro, 1955.

OBSERVE AS IMAGENS.

O que elas têm em comum? Se você fosse contar a história de cada um dos filmes retratados, qual seria? Observe a incidência da luz nas imagens. Você diria que ela é natural ou artificial? Por quê?

Cena do filme *A princesa e o plebeu*. Direção de William Wyler. Estados Unidos, Paramount Pictures, 1953.

A primeira imagem é do filme *Rio 40 graus* (1955), dirigido por Nelson Pereira dos Santos, cineasta referência do Cinema Novo. A segunda imagem é do filme hollywoodiano *Roman Holiday* (1953), intitulado, no Brasil, *A princesa e o plebeu*, do diretor William Wyler. Apesar de as duas imagens serem em preto e branco, existem diferenças fundamentais que determinam características importantes dos dois modos de fazer cinema. Os temas são bastante diversos. Enquanto o primeiro trata de questões sociais, o segundo lida com a temática amorosa. O primeiro se apropria de condições naturais para a filmagem, como locações reais e luz natural, enquanto o segundo se utiliza prioritariamente de estúdio e equipamentos de luz. Esses aspectos, que decorrem, em um primeiro momento, de diferenças exorbitantes no orçamento disponível para os cinemas brasileiro e estadunidense, acabam por se tornar estilo e por caracterizar as duas filmografias.

FOCO NA PRÁTICA

Você e os colegas criarão a sinopse de um filme com base no bairro ou na comunidade onde moram. O objetivo é vivenciar a experiência de criar histórias a partir de suas experiências associando-as a imagens. O professor conduzirá a atividade. Uma **sinopse** é um pequeno texto que conta os pontos principais de um filme, de modo que seja possível entender sua história em três ou quatro linhas. Ela pode ser utilizada tanto como base para a criação do roteiro como para a divulgação do filme. Um **roteiro** é o texto que descreve as cenas de forma minuciosa: o tempo e o espaço dos acontecimentos, assim como todas as ações e diálogos dos personagens. Em uma sinopse e em um roteiro, os verbos devem sempre ser colocados em terceira pessoa e no tempo presente. Por exemplo: "Juliana caminha em direção à rua e abraça Joaquim". No dia da atividade, tragam uma revista, tesoura e cola para a aula. Após a atividade, conversem com os colegas e o professor. Como seria a história do filme: agitada, engraçada, triste ou romântica? Como vocês filmariam essa história: de um modo mais realista ou de maneira mais metafórica? Por quê?

OBSERVE A IMAGEM.

Observe o cenário e os figurinos. Você diria que há traços da cultura brasileira neles? Que parte do país você acha que a imagem mostra?

Cena do filme *O som ao redor*. Direção de Kleber Mendonça Filho. Brasil, Cinema Scópio Produções, 2012.

O cinema brasileiro costuma abordar repetidamente temas que tratam do Sertão, das comunidades e do mar para discutir a realidade do país. Alguns estudiosos criticam isso, pois, apesar de esses contextos serem traços da cultura brasileira, pelo grau da repetição acabam criando uma representação cinematográfica limitada do país. Na contracorrente, em Pernambuco, têm surgido produções que, além dos traços mais tradicionais da cultura brasileira, mostram relações cotidianas das grandes cidades. Um exemplo é o filme *O som ao redor*, do diretor Kleber Mendonça Filho (2012). O filme trata do cotidiano de um bairro de classe média em Recife (PE), o mesmo em que o diretor viveu grande parte da vida. Com poucos diálogos, aborda muitas questões sociais importantes do país. Imagens em preto e branco do interior do Nordeste do início do século passado, seguidas de uma placa na qual está escrito "cerca" dão início à narrativa. A partir daí aparecem inúmeras cercas, portarias, portas fechadas e ambientes vigiados que apontam para o fato de que, até hoje, a sociedade brasileira segue criando separações para se defender das consequências da imensa desigualdade social que persiste historicamente no Brasil.

Observe as imagens a seguir.

Cenas do filme *O som ao redor*. Direção de Kleber Mendonça Filho. Brasil, Cinema Scópio Produções, 2012.

CAPÍTULO 5 • Manifestações antropofágicas

Em determinado momento do filme, são descobertos vínculos entre os vigias do bairro da grande metrópole e um fazendeiro, sugerindo, mesmo nas grandes cidades e ainda hoje, relações sociais baseadas no coronelismo. Assim como em *Deus e o Diabo na Terra do Sol*, o filme de Mendonça lida com questões brasileiras como opressão, miséria e violência, mas sem se valer dos modelos recorrentes na produção cinematográfica brasileira. Para tanto, o diretor de *O som ao redor* volta-se para a experiência do seu contexto, abordando o próprio bairro e percebendo as nuances que dizem respeito a todo o Brasil com base em sua realidade.

- Considerando o que você estudou, quais são as diferenças entre os filmes *Deus e o Diabo na Terra do Sol* e *O som ao redor* em relação à representação da realidade brasileira? Que recursos ambos usam nessa representação?

CONEXÃO

Manguebeat

Leia, a seguir, um trecho da música "Maracatu atômico".

MARCO ANTONIO SÁ/PULSAR IMAGENS

Maracatu atômico

O bico do beija-flor, beija-flor, beija-flor
E toda fauna flora grita de amor
Quem segura o porta-estandarte,
tem a arte, tem a arte
E aqui passa com raça eletrônico maracatu atômico

Manamauê auêa aê
Manamauê auêa aê
Manamauê auêa aê
Manamauê
[...]

MAUTNER, Jorge; JACOBINA, Nélson. Maracatu atômico. *Chico Science & Nação Zumbi – Afrociberdelia*. Sony Music, 1996. CD.

Alfaia, instrumento musical utilizado em apresentações de Maracatu.

- Você conhece essa música? Já a escutou ou conhece outra da mesma banda? Conhece os artistas que a compuseram e os que a interpretam?

A canção anterior foi composta pelos músicos Nélson Jacobina e Jorge Mautner em 1974. Em 1996, o pernambucano Chico Science (1966-1997), que iniciou a carreira participando de grupos de dança e música, regravou-a, transformando-a em símbolo do movimento Manguebeat. Chico Science integrou bandas que se inspiravam na música *soul*, no *funk* e no *hip-hop* – gêneros musicais dos Estados Unidos, todos de origem afro-americana.

Em 1991, formou a banda Chico Science & Nação Zumbi, cuja proposta era fundir essas influências aos estilos musicais tradicionais do Nordeste do Brasil, em especial o Maracatu, misturados também à música eletrônica. O Maracatu é uma festa popular de origem afro-brasileira que inclui música e dança em um cortejo com personagens e histórias específicos. A música se caracteriza por um ritmo peculiar, bastante diferente de outras manifestações similares. Ouça a **faixa 30 do CD** e observe como os toques, em especial nos tambores graves, criam um efeito muito especial pelo tipo de batida. Os conjuntos de Maracatu usam vários instrumentos, como caixas, ganzás e agogô (às vezes chamado de gonguê). O instrumento mais característico do estilo é um tambor de pele chamado "alfaia", que pode ser observado na imagem acima.

No início, uma das particularidades da Nação Zumbi foi o uso exclusivo de instrumentos de percussão para a base rítmica de suas músicas, substituindo a tradicional bateria usada pela maioria das bandas.

Foi assim que se desenvolveu na cidade de Recife, capital de Pernambuco, o movimento cultural Manguebeat, que se manifestou por meio da mistura elementos da cultura regional, como o Maracatu, com elementos da cultura *pop*. Os idealizadores do movimento foram Chico Science, Fred Zero Quatro, Renato L., Mabuse e Héder Aragão. Com o tempo, outros artistas se juntaram a eles, como Jorge du Peixe, Pupilo, Lúcio Maia, Toca Ogan, Gilmar Bola 8, Gustavo da Lua e Otto, entre outros. Em suas apresentações, os artistas do Manguebeat utilizam figurinos que expressam a mistura de culturas e estilos musicais presentes nas músicas. Geralmente usam chapéu de palha e acessórios da cultura *pop*, como óculos escuros, camisas estampadas, tênis e colares coloridos. Muitas vezes, também usam a fantasia de caboclo do Maracatu.

O termo "Manguebeat" agrega a palavra "mangue", considerado um ecossistema costeiro de transição entre os ambientes terrestre e marinho. Característico de regiões tropicais e subtropicais, está sujeito ao regime das marés, dominado por espécies vegetais típicas que se associam a outros componentes vegetais e animais, como o caranguejo. No Brasil, existem cerca de 25 000 km^2 de manguezais e, em Pernambuco, 270 km^2. Os manguezais estão distribuídos desde o Amapá até Laguna, em Santa Catarina, no litoral brasileiro. Ao termo "mangue" associa-se a palavra *beat*, do inglês, que significa "batida", mas também remete aos dígitos binários utilizados na informática (bits).

Em 1992, o pernambucano Fred Zero Quatro, músico da banda Mundo Livre S/A, escreveu o *Manifesto Caranguejos com Cérebro* para difundir as ideias do movimento Manguebeat.

Além da fusão musical, marcou o movimento a crítica social das letras das músicas, com metáforas que faziam referência à miséria, à fome, à desigualdade social e à busca por uma identidade cultural.

O manifesto fala das riquezas do mangue e de sua vegetação. Também apresenta uma crítica sobre alguns problemas sociais, comparando os rios que circundam a cidade de Recife, apelidada de Manguetown (cidade do mangue) com veias obstruídas: "Emergência! Um choque rápido ou o Recife morre de infarto!". Por fim, declara os objetivos do movimento: "O objetivo era engendrar um 'circuito energético', capaz de conectar as boas vibrações dos mangues com a rede mundial de circulação de conceitos *pop*. Imagem símbolo: uma antena parabólica enfiada na lama." (ZERO QUATRO, Fred. *Manifesto Caranguejos com Cérebro*. Disponível em: <www.recife.pe.gov.br/chicoscience/textos_manifesto1.html>. Acesso em: 28 abr. 2016.)

E VOCÊ?

Que relações você estabelece entre o movimento Manguebeat e o estudo anterior sobre o filme *O som ao redor*? E de que maneira isso fica evidente nas proposições estéticas das duas obras?

_____

_____

_____

O cinema é uma linguagem **audiovisual**, ou seja, elementos sonoros e visuais atuam juntos na percepção do público. Apesar disso, é muito comum que as pessoas pensem primeiro na parte visual do cinema: as imagens, as paisagens, os atores, os efeitos especiais etc. Contudo, o áudio não é menos importante. O som exerce um papel fundamental na forma como os espectadores percebem os filmes e outras manifestações audiovisuais.

E VOCÊ?

Você já reparou nos sons e nas músicas de um filme a que tenha assistido? Em sua opinião, como esses elementos influenciam na percepção de um filme?

_____

_____

_____

O som é muito importante no audiovisual. A produção cinematográfica trabalha com tantos detalhes que costuma classificá-lo em três tipos principais. Cada tipo tem uma equipe responsável por ele:

1. Voz humana: o que os personagens falam por meio dos atores e dubladores. Grande parte das histórias é contada pelos diálogos e falas, que são gravados, normalmente, com a filmagem das cenas. Às vezes, os atores precisam regravar apenas o áudio e dublar a si mesmos. Embora menos comuns, há produções sem uso da voz.

Gravação de um episódio da série de televisão "Hold on to the clouds". Minsk, Bielorrússia, 2015.

2. Sons dos ambientes/efeitos sonoros: são os sons dos ambientes onde acontecem as cenas e os sons complementares. Muitos deles são criados e gravados depois de a cena ser filmada.

Técnico soltando uma bola de boliche para gravação do som do impacto, em um estúdio de produção de efeitos sonoros. Vancouver, Canadá, 2011.

3. **Trilha sonora:** são as músicas dos filmes. É uma das ferramentas mais importantes para emocionar o público, aumentando a dramaticidade das cenas. Quase sempre é feita ou arranjada após as filmagens. Em muitos casos, é uma das últimas etapas da produção, quando o filme está quase pronto.

Orquestra gravando trilha sonora. Praga, República Tcheca, 2004.

Embora essa classificação possa ser aplicada a muitos filmes e produtos audiovisuais, em *O som ao redor* o diretor trabalhou o som de maneira diferente.

Primeiro, minimizou o uso de trilha sonora. Há pouca música no filme. Já o som ambiente é trabalhado com muito cuidado para aumentar seu efeito nas cenas e no desenrolar da história. Às vezes o som parece ter importância até maior que as imagens, o que se relaciona, aliás, com o título do filme. Muitas ideias e outros elementos do filme são mostrados ou sugeridos pela paisagem sonora de cada cena.

Os sons são trabalhados em detalhes, complementando elementos da história, como o latir de um cachorro do vizinho de uma das personagens e os sons de grades das casas abrindo e fechando. O som indica a todo tempo que algo pode acontecer, adianta situações e cria perspectivas para a história, que nem sempre são mostradas com imagens.

Pode-se dizer que a trilha sonora do filme *O som ao redor* é feita majoritariamente pelas paisagens sonoras de suas cenas.

> **paisagem sonora:** conjunto de sons de determinado ambiente. É a versão sonora da palavra "paisagem", incluindo todos os sons presentes, perto ou longe, sempre que sejam audíveis. Termo criado na década de 1960 pelo educador e músico canadense R. Murray Schaefer.

CAPÍTULO 5 • Manifestações antropofágicas

FOCO NA PRÁTICA

Você costuma prestar atenção aos sons do seu entorno? Todo som está relacionado a sua fonte sonora: um cachorro que late, um ventilador ligado, uma vassoura quando alguém está varrendo, um carro aproximando-se de um lado específico da rua. Isto é, cada elemento apresenta uma identidade sonora. Da mesma maneira, cada lugar tem uma identidade própria, resultado do conjunto de sons presentes nela, ou seja, sua paisagem sonora. Nesta atividade, você criará, com os colegas, uma composição coletiva baseada na paisagem sonora da casa de vocês. Sigam as etapas:

1. Primeiro, façam um levantamento dos sons da paisagem sonora escolhida. Você criará um histórico da paisagem sonora de sua casa em determinado horário. Durante uma semana, faça uma lista dos sons que consegue ouvir todos os dias em determinado horário. Escolha um horário que tenha mais movimento ou mais pessoas em sua casa ou do lado de fora dela. Anote todos os sons: os de perto e de longe, de pessoas, animais, máquinas etc.

    Faça uma lista e anote os sons por 60 segundos. Lembre-se de que é importante repetir a atividade no mesmo horário durante uma semana. Só assim você terá um histórico com as mudanças na paisagem sonora. Organize os sons nos seguintes grupos: a) máquinas e objetos; b) natureza; c) seres humanos.

2. Na escola, converse sobre o resultado com os colegas e o professor. Quais sons se repetem e quais não? Você já havia prestado atenção neles? Também aparecem músicas nas listas de vocês? Há muitas diferenças entre as suas listas e as dos colegas? Quais sons mais se repetem entre elas? Algum estudante criou uma lista muito diferente? Por que isso ocorreu?

3. Você criará um registro gráfico com base em suas anotações da paisagem sonora caseira. Para tanto, precisará de uma folha de papel e de lápis coloridos. Escolha três cores de lápis, uma para cada grupo de som listado anteriormente: de máquinas e objetos, da natureza e de seres humanos. Você transformará cada som que escuta em sinais gráficos no papel, usando a cor correspondente para cada tipo. Preste atenção a cada anotação de som. Tente relembrá-los. Recrie os sons em sua mente. Eles mudaram com o passar dos dias? Como eles são? Pense nos parâmetros sonoros de cada um deles. Como seria sua representação visual? Como eles se relacionam entre si? Utilize linhas, pontos, formas e rabiscos diversos; repetidos, sobrepostos ou um ao lado do outro, de acordo com sua percepção de cada som e de suas características. Estabeleçam os critérios de organização, utilizem a classificação de fontes sonoras e os parâmetros intensidade, duração, altura e timbre, conceitos abordados no Capítulo 1, se considerarem pertinente.

4. Formem uma roda e, no centro, coloquem os registros gráficos de todos os integrantes. Que impressões cada uma delas passa? Que tipos de sons evocam? A forma como cada estudante representou um tipo de som é percebida pelos demais colegas? Se alguém tocasse esses registros gráficos como se fossem partituras, que tipos de músicas poderiam surgir?

5. Organizem a turma em grupos de quatro a seis integrantes. Cada grupo criará uma composição curta, de dois ou três minutos, inspirada nos registros gráficos dos integrantes. Elaborem uma paisagem sonora com elementos inspirados nas listas de sons e partituras de escuta de cada colega. Os novos elementos podem ser de todo tipo: trechos melódicos, sons de instrumentos, percussão corporal, gravações etc.

6. Analisem juntos as listas e partituras do grupo e decidam como realizarão a atividade. Vejam os tipos de sons anotados, as mudanças nos sons, as partituras de escuta, o número de eventos, as cores escolhidas, as formas etc. Cada grupo definirá os próprios critérios.

    Por exemplo: se alguém mora perto do mar e tiver anotado o som das ondas na praia, ele pode ter sido desenhado em forma de linhas. Essas linhas podem inspirar uma ideia musical a ser cantada em um vai e vem melódico. Ouça a **faixa 75 do CD**, que ilustra essa ideia.

7. Após decidirem as principais ideias e os critérios para sua composição, criem uma partitura gráfica. Isso ajuda a organizar a composição e a ensaiar. Pensem em uma estrutura simples. Não se limitem à reprodução dos sons das listas, usem vários tipos de som: sons corporais, canto ou outros sons produzidos com a voz ou a boca, instrumentos, gravações etc. Ensaiem e apresentem aos colegas.

Após as apresentações, conversem e analisem os resultados. Conversem primeiro sobre os resultados gerais de cada peça musical. Foi fácil reconhecer os elementos e a estrutura de cada música? É provável que muitos sons originais de cada paisagem sonora sejam similares entre alguns estudantes ou entre os grupos. Comparem algumas dessas situações similares e analisem o tipo de ideia musical que geraram. São similares também ou diferentes? E o contrário? Houve situações diferentes que geraram ideias musicais similares?

Observe a imagem ao lado.
1. Você conhece esse personagem? E seu criador?
2. Você já assistiu a algum filme do cinema mudo? Que recursos eram usados nele para contar a história?

Anterior ao cinema sonoro, o **cinema mudo** tinha características muito particulares. Muitas vezes havia música, tocada ao vivo, que reforçava determinadas emoções no público. Os filmes geralmente contavam com textos exibidos ao longo das cenas como forma de transcrever diálogos, narrar ou comentar os acontecimentos.

O personagem Carlitos, criado pelo ator, diretor, produtor e roteirista inglês Charlie Chaplin (1889-1977) é um dos mais populares ícones do cinema mudo. Carlitos é originalmente conhecido como The Tramp, que significa "O Vagabundo", ou seja, não tem um nome próprio, como o que ganhou na tradução para o português. Suas características são típicas do cinema mudo, com gestual, figurino e maquiagem bastante definidos, elementos importantes para a comunicação sem o som da fala. Essa forma de interpretação, que usa a mímica (comunicação por gestos e expressões faciais bem marcados) como principal recurso de expressão é um gênero cênico chamado **pantomima**, originária do teatro mas bastante difundida e incorporada pelo cinema mudo, principalmente por Chaplin.

Charlie Chaplin, em foto de 1925.

FOCO NA PRÁTICA

Agora, você e os colegas realizarão uma atividade sobre as relações entre som e imagem sem usar fala, somente outros tipos de som.

Sigam as etapas:

1. Formem grupos de quatro integrantes. Se tiverem acesso a computadores e a programas de edição de vídeo, realizem filmagens curtas, de apenas alguns segundos. Se não tiverem como filmar, podem usar imagens estáticas: fotografias, pinturas, imagens de revistas ou jornais etc. O importante é pensarem em como uma mesma imagem pode ser interpretada de formas diferentes de acordo com os sons que se escutam ao visualizá-la. No caso de filmagens, vocês podem fazer com ou sem pessoas e até atuar nas cenas criando personagens. Mas lembrem-se de que a cena não terá falas, somente outros tipos de som, então se fizerem um personagem devem trabalhar de forma que suas expressões e gestos sejam bastante comunicativos.

2. Associem vários tipos de som às imagens. Podem ser gravações de paisagens sonoras, músicas ou efeitos sonoros diversos. Usem o mesmo trecho filmado ou a mesma imagem três vezes, associando sons diferentes e pensem nas sensações que a relação entre som e imagem pode gerar. Procurem utilizar sons bem diferentes, que possam gerar sensações até contrárias. Caso não possam editar em vídeo associando som e imagem, vocês podem apresentar a filmagem sem som, reproduzir o som ao mesmo tempo em um aparelho ou até fazer sons ao vivo.

3. Apresentem o resultado do trabalho aos colegas. Para cada uma das três possibilidades apresentadas pelos grupos, o restante da turma deve pensar em um título, como se fosse um filme. Se as imagens e os sons fossem parte de um filme (por exemplo, a cena inicial) que título vocês dariam a ele? Ao final, conversem sobre os resultados e sobre as impressões provocadas pelas diversas combinações entre imagens e sons.

TEMPOS MODERNOS

OBSERVE AS IMAGENS.

1. Como são essas obras? Converse com o professor e os colegas sobre o que chama a atenção em cada uma delas, suas particularidades e semelhanças. Há nelas elementos estéticos que você relacione com outras obras que já tenha visto?

2. Há aspectos dessas obras que você associa à cultura brasileira? Quais?

Morro da favela (1924), de Tarsila do Amaral. Óleo sobre tela, 64 cm × 76 cm.

Menino com lagartixas (1924), de Lasar Segall. Óleo sobre tela, 98 cm × 61 cm.

Cinco moças de Guaratinguetá (1924), de Di Cavalcanti. Óleo sobre tela, 100 cm × 64 cm.

Tropical (1917), de Anita Malfatti. Óleo sobre tela, 77 cm × 102 cm.

As imagens anteriores são de quatro importantes artistas do chamado **Modernismo brasileiro**. No início do século XX, o Brasil passava por um processo acelerado de urbanização e industrialização.

A cidade de São Paulo, ainda provinciana, crescia e se urbanizava em um ritmo intenso com a contribuição dos trabalhadores imigrantes que chegavam. Esse foi o cenário para as primeiras manifestações de um grupo de artistas, escritores e intelectuais que procuravam modernizar a cultura brasileira e romper com os padrões artísticos vigentes na época, os modernistas.

Em 1922, aconteceu no Teatro Municipal de São Paulo um evento chamado Semana de Arte Moderna, que se tornou marco simbólico do Modernismo no Brasil. Entre 13 e 18 de fevereiro, exposições de pinturas e esculturas e apresentações literárias e musicais arrancaram muitas vaias do público e provocaram críticas negativas na imprensa. Os modernistas conseguiram o que queriam: chocar o público e questionar o gosto e os valores burgueses que se baseavam nas manifestações tradicionais europeias.

Alguns de seus participantes que se tornaram mais conhecidos são Mário de Andrade (1893-1945), Oswald de Andrade (1890-1954), Menotti Del Picchia (1892-1988) e Manuel Bandeira (1886-1968), na literatura; Anita Malfatti (1889-1964) e Di Cavalcanti (1897-1976), na pintura; Victor Brecheret (1894-1955), na escultura; e Heitor Villa-Lobos

(1887-1958), na música.

E VOCÊ?

- Você já tinha ouvido falar da Semana de Arte Moderna? O que conhece sobre ela? Já estudou seu impacto na literatura?

OBSERVE A IMAGEM.

1. O que você vê nela? Quais são as características da pintura? Você identifica o tema que ela retrata? Como o tema é mostrado?

2. O que recebe mais destaque na obra? Como o artista obteve esse resultado? Que significados você atribui a essa composição?

3. Que diferenças você observa entre essa obra e as pinturas dos modernistas que viu anteriormente?

Capa do catálogo e cartaz da Semana de Arte Moderna de 1922, elaborados por Di Cavalcanti.

Primeira missa no Brasil (1860), de Victor Meirelles. Óleo sobre tela, 270 cm × 357 cm.

Agora, leia o poema a seguir.

Erro de português

Quando o português chegou
Debaixo duma bruta chuva
Vestiu o índio
Que pena!
Fosse uma manhã de sol
O índio tinha despido
o português.

ANDRADE, Oswald de. *Poesias reunidas*. 5. ed. Rio de Janeiro: Civilização Brasileira, 1978.

1. A que fato histórico o poema está relacionado? Como o autor aborda esse fato? Como você interpreta o poema? Como você interpreta o título "Erro de português"?
2. A expressão "vestir o índio", no poema, é uma metáfora. Quais significados você atribui a ela?
3. Que relações você percebe entre o poema e a pintura de Victor Meirelles?

O poema de Oswald de Andrade e a pintura de Victor Meirelles são inspirados no mesmo fato histórico tendo referência o mesmo relato, a carta de Pero Vaz de Caminha, escrita em 1500, comunicando ao rei português, dom Manuel, o descobrimento do Brasil. Oswald de Andrade e Victor Meirelles abordam o mesmo fato da história do Brasil por diferentes visões e diferentes manifestações artísticas. A pintura de Victor Meirelles, feita no século XIX, segue regras de representação acadêmicas e oficiais que o escritor Oswald de Andrade e outros intelectuais do início do século XX procuraram combater. Em seu caso, isso ocorreu na literatura. Um exemplo é o uso que o autor faz do verso livre em seu poema.

Em vários momentos da história brasileira, especialmente depois da Independência, artistas procuraram manifestar em suas obras elementos e reflexões sobre a cultura do país. Até por volta da passagem do século XIX para o XX, a maioria dessas manifestações se baseava em uma visão europeia de mundo. A obra de Victor Meirelles faz parte dessa tradição. Esse pintor catarinense foi um dos mais importantes artistas acadêmicos brasileiros de sua época, especialista em pintura histórica. Esse gênero da pintura, durante a monarquia de Dom Pedro II, buscava, por meio da arte, criar imagens simbólicas da história brasileira.

> **verso livre:** refere-se à criação em poesia que não se baseia em regras de métrica.

CONEXÃO

Nessa terra, em se plantando, tudo dá (2015), de Jaime Lauriano. Madeira, vidro, reservatório de água, climatizador, termômetro, sistema de irrigação e fertilização, temporizadores, terra, adubo e muda de pau-brasil, 200 cm × 50 cm × 50 cm.

ISABELLA MATHEUS

Observe a imagem.
1. O que chama sua atenção nessa obra?
2. Que elementos a compõem?
3. Que sentidos você atribui a ela?
4. Observe seu título e os materiais com os quais foi realizada: Eles influenciam sua percepção da obra?

"Nessa terra, em se plantando, tudo dá"

Nessa obra do artista paulistano Jaime Lauriano também há uma referência à carta de Caminha. Essa obra, no entanto, traz um olhar e uma estética contemporâneos. A frase que dá nome a ela faz referência a um trecho da carta, que se tornou bastante conhecido, sobre como Caminha percebeu a terra brasileira. O trecho original diz: "Águas são muitas; infindas. E em tal maneira é graciosa que, querendo-a aproveitar, dar-se-á nela tudo, por bem das águas que tem".

Em seu trabalho, Jaime Lauriano realiza propostas de revisão da história e da arte brasileiras a partir do ponto de vista de sua própria identidade afro-brasileira. A obra *Nessa terra, em se plantando, tudo dá* pertence ao acervo da Pinacoteca de São Paulo, um dos mais importantes museus de arte brasileira do país, e fez parte da exposição "Territórios: artistas afrodescendentes no acervo da Pinacoteca" entre 2015 e 2016.

Leia, a seguir, um trecho de uma crítica sobre a mostra, que aborda a obra de Jaime Lauriano:

Outra obra de destaque da exposição é *Nessa terra, em se plantando, tudo dá* (2015), de Jaime Lauriano, um jovem e talentoso artista paulista. Nela, uma pequena muda de pau-brasil vai crescendo no interior de uma vitrine de vidro, aos olhos do espectador e aparada por um sistema de irrigação, ventilação, iluminação e fertilização. Quando crescer, o pau-brasil, com sua madeira de cerne vermelho, raízes e galhos, vai romper a própria estrutura que, no momento, possibilita seu desenvolvimento, destruindo-a (e a si mesma, no longo prazo). Se não sobreviver, morrerá sufocada dentro da estufa que lhe serve tanto de sustentação quanto de clausura, conformando uma raiz quadrada, literal e figurada, de difícil solução. Releitura de uma história pouco contada do (pau-)Brasil, em que repressão, violência e dominação sociais convivem dialeticamente, e sem pretensões de síntese, com a germinação, florescimento e reprodução de nossos bens culturais.

MENEZES, Hélio. O lado negro da arte: sobre "Territórios – artistas afrodescendentes no acervo da Pinacoteca". *Carta maior*, 31 jan. 2016. Disponível em: <http://cartamaior.com.br/?/Editoria/Cultura/O-lado-negro-da-arte-sobre-Territorios-artistas-afrodescendentes-no-acervo-da-Pinacoteca-/39/35408>. Acesso em: 28 abr. 2016.

Agora, leia trechos de uma entrevista de Jaime Lauriano à revista *O Menelick 2º ato*, em que o artista trata da relação de sua identidade com seu trabalho artístico:

> **OM2ATO: O QUE TE INFLUENCIA NO SEU PROCESSO CRIATIVO EM RELAÇÃO A ESSE MUNDO QUE NOS CIRCUNDA?**
>
> **JM:** Eu diria que todas as proposições e projetos de trabalhos aos quais me submeto têm relação direta com o contexto que estou inserido. Seja as manifestações das culturas populares, seja aspectos das disputas políticas, ou até mesmo o comportamento dos sujeitos nos diversos arranjos sociais. Todos esses aspectos são chaves essenciais para as perguntas e indagações que faço sobre as Histórias do Brasil.
>
> Além disso, toda a experiência corporal que passo diariamente, neste caso, e não somente, o racismo institucionalizado da sociedade brasileira, não consegue ficar descolado das minhas proposições. [...] Por isso, estes aspectos voltam em diversos trabalhos, seja indagando a sua relação direta com a escravidão, seja problematizando as suas relações com a disputa e configuração da terra brasileira. Ou seja, tudo que construo está diretamente ligado com a minha experiência corporal nas cidades que frequento ou vivo.
>
> [...]
>
> **EM QUE MEDIDA É IMPORTANTE PARA VOCÊ QUE O JAIME LAURIANO, HOMEM NEGRO BRASILEIRO, APAREÇA EM SEU TRABALHO?**
>
> **JM:** [...] acho importante, e não só para mim ou para as questões da herança da diáspora, que os autores se coloquem mais nos trabalhos que agenciam temas políticos e sociais. Para ser mais preciso, acho totalmente relevante que o público saiba que o autor está intrinsecamente e corporalmente ligado com as questões por ele levantadas.
>
> [...]
>
> Por isso tudo que resolvi falar mais abertamente disso e com isso construir um outro lugar de fala. Um lugar que muitas vezes é dissonante ou contraditório, mas que busca trazer sempre ao seu lado a responsabilidade de falar da herança africana. Pois, se eu cheguei até onde estou hoje foi por conta de muita luta e morte de diversos irmãos, que sacrificaram as suas vidas para que conseguíssemos ter esse mínimo de liberdade de continuar existindo nesse país tão desigual. Essa responsabilidade me acompanha em cada gesto e trabalho que apresento. Às vezes não consigo, mas sempre tento trazer comigo todas as pessoas e histórias que estão inscritas na minha ou na sua pele."
>
> FELINTO, Renata. Jaime Lauriano: uma conversa com um representante do tímido revisionismo da história da arte do Brasil. *O Menelick 2º ato*, São Caetano do Sul, dez. 2015. Disponível em: <http://omenelick2ato.com/artes-plasticas/ENTREVISTA-JAIME-LAURIANO/>. Acesso em: 28 abr. 2016.

1. Após a leitura dos textos, converse com os colegas e o professor sobre as relações que você percebe entre eles e a obra de Jaime Lauriano. Eles influenciaram ou mudaram sua percepção sobre a obra?
2. Como a obra *Nessa terra, em se plantando, tudo dá*, de Jaime Lauriano, se relaciona ao poema de Oswald de Andrade e à pintura de Victor Meirelles, vistos anteriormente?

Baseados nos rompimentos propostos pela Arte Moderna europeia, os primeiros modernistas brasileiros pregavam liberdade de expressão, sem as regras rígidas do passado, ao mesmo tempo em que buscavam na natureza e no povo brasileiro e em suas manifestações culturais uma identidade nacional.

Depois da Semana de Arte Moderna, os modernistas divulgaram suas ideias em artigos de jornais e revistas, como a revista *Klaxon* (1922-

Capa da primeira edição da revista *Klaxon*, de 1922. A revista teve nove edições e, além de apresentar novas propostas artísticas, procurou inovar na linguagem gráfica.

-1923). Artistas que não participaram da Semana, como Tarsila do Amaral (1886-1973) e o lituano Lasar Segall (1891-1957), recém-chegado ao Brasil, passaram a fazer parte do grupo de modernistas em São Paulo, enquanto artistas de outros estados começavam a tomar parte das discussões e manifestações.

Os modernistas buscaram levar para suas obras a representação de uma cultura brasileira muito diferente daquela que era vista até então na maioria das obras de arte, em que predominavam os padrões acadêmicos europeus.

A expressão dessa mudança se deu principalmente pela forma, que se tornou livre das regras de imitação da natureza, com cada artista atuando de acordo com seus interesses, e pela cor, elemento que se destaca na obra de vários desses artistas. Os modernistas, como Tarsila do Amaral, Anita Malfatti, Di Cavalcanti e Lasar Segall, cujas obras você viu anteriormente, procuraram representar as cores brasileiras que, na visão deles, eram vivas e vibrantes, cores da fauna e da flora exuberantes de um país tropical, reflexo de uma luz intensa. Buscaram também a cor da diversidade étnica brasileira, refletida nas diferentes cores e nos tons de pele da população, resultado da mistura e convivência de povos de origens diversas.

ENQUANTO ISSO... NO MÉXICO

Vários países passaram por processos de modernização em sua produção artística no início do século XX, influenciados pelas vanguardas europeias e também por necessidades locais. No México, essas mudanças estão ligadas diretamente à Revolução Mexicana (1910-1920), movimento que tirou do poder o ditador Porfírio Diaz (1830-1915), por beneficiar politicamente somente as elites, e iniciou um período de valorização da cultura popular e da ancestralidade indígena.

Os artistas engajaram-se em uma produção com fins sociais e educacionais. Uma das formas de maior repercussão foi o **Muralismo**, que substituiu pinturas de cavalete por grandes pinturas murais. A arte, assim, deixava os espaços privados para ocupar lugares públicos, como os edifícios do governo. Os artistas muralistas preocupavam-se em abordar temáticas do cotidiano mexicano, retratando o povo em sua diversidade. Uma das principais características de sua produção era o caráter narrativo: procuravam contar a história do país exaltando a identidade da população e os feitos da revolução. Além disso, usavam uma paleta de cores que se relacionava à realidade local. Alguns dos mais importantes artistas do Muralismo mexicano são José Clemente Orozco (1883-1949), David Alfaro Siqueiros (1896-1974) e Diego Rivera (1886-1957).

A grande cidade de Tenochtitlán (1945), de Diego Rivera. Mural, 4,92 m × 9,71 m. Detalhe.

> **OBSERVE A IMAGEM.**
>
> 1. A imagem é um detalhe de uma pintura mural de Diego Rivera, para quem a arte era instrumento de luta contra a opressão. De acordo com o que você leu sobre o assunto, quais características do Muralismo mexicano você identifica nela? Que relações você estabelece entre essa imagem e as do Modernismo brasileiro vistas anteriormente?
>
> 2. Observe, na legenda da imagem, a dimensão do mural. Em sua opinião, que impacto seu tamanho causa em quem o vê? No Capítulo 4, foram abordadas as pinturas *Guerra e Paz*, de Candido Portinari, que possuem características do Muralismo. Observe-as novamente. Que relações você estabelece entre elas e essa obra de Rivera?

FOCO NA PRÁTICA

Para você, quais são as cores e as formas da cultura brasileira?

Agora, você participará de uma prática, estruturada em dois momentos, com base nessa temática. Siga as etapas:

1. Você criará, com os colegas, escalas tonais que reproduzam os tons das cores de pele da turma. A tonalidade é resultado da variação de luminosidade de uma mesma cor. Você já procurou observar qual é a cor da sua pele? Procure, em imagens de revistas, a cor de pele mais próxima à sua e recorte um quadrado, para depois formar uma escala com os colegas.

2. A seguir, procure reproduzir sua cor usando misturas de tintas.

3. Com base no estudo anterior, crie uma imagem que represente algum aspecto da cultura brasileira com base em sua experiência, com foco nas cores. Pense tanto nas cores de pele da população brasileira como nas cores que você considera que refletem sua realidade. Quais são as cores do seu Brasil?

Ao final, organizem uma exposição das pinturas, para que toda a turma as observe e reflita sobre elas: Quais foram as percepções sobre o conjunto de pinturas? Elas apresentam elementos em comum? Como vocês trabalharam as cores? O resultado dos estudos sobre os tons de pele é visível nas pinturas? Como? O uso das cores reflete uma abordagem sobre a diversidade?

Na música, a obra do carioca Heitor Villa-Lobos também segue os conceitos modernistas. Em suas composições é perceptível a inovação de incluir pequenos trechos (melodias, por exemplo) de música popular. A isso somam-se complexas estruturas harmônicas que fogem das regras tradicionais da música clássica que se ouvia no período e que era consumida, principalmente, pela burguesia. Convidado a se apresentar na Semana de 1922, Villa-Lobos participou com peças de música moderna que chocaram o público pelo grande número de dissonâncias.

Embora a obra do compositor seja intencionalmente nacionalista, seu primeiro reconhecimento aconteceu no exterior. No Brasil, os intérpretes se negavam a executar suas composições, em especial por receio da resposta do público mais tradicional e conservador.

> **atonal:** que não segue as regras do sistema tonal. Esse tipo de música é considerado muito dissonante quando comparado às músicas tonais.
>
> **dança-teatro:** manifestação da dança que se aproxima do teatro, buscando criar movimentos coreográficos que se relacionem com o tema abordado, pautados pela subjetividade do artista. Mantém-se o foco no uso do corpo como ferramenta principal na construção da narrativa, mas, assim como no teatro, pode-se fazer uso de outros elementos cênicos na obra, como cenário, figurinos e eventualmente a própria voz.

CÁPSULAS

Chocando o público

Succés de scandele ("sucesso decorrente de escândalo") foi a expressão utilizada em Paris, no início do século XX, para se referir a obras artísticas que ficaram conhecidas na época por causar escândalos. Da mesma maneira que no Brasil, na Europa o público resistiu a muitas das propostas dos artistas modernos.

Na música, por exemplo, muitas obras causaram choque no público e na crítica. Algumas das mais marcantes nesse período são o balé *A sagração da primavera* (de Igor Stravinsky), a ópera *Salomé* e a peça orquestral *Assim falou Zaratustra* (ambas de Richard Strauss, 1864-1949), e as obras atonais do compositor Arnold Schoenberg (1874-1951).

Em suas primeiras apresentações, muitas dessas obras chegaram a ser interrompidas pelas vaias e pelo acender das luzes da plateia durante o espetáculo. No caso de *A sagração da primavera* (1913), abordada no Capítulo 2, tanto os dançarinos como a orquestra foram vaiados pelo público, que ficou chocado com a coreografia de Nijinsky e com a música de Stravinsky.

O balé de Stravinsky provocaria outro momento de choque em 1975, dessa vez com coreografia da alemã Pina Bausch (1940-2009). Na versão de Pina, o palco é coberto de terra e o sacrifício encenado na peça faz uma crítica à misoginia (desprezo ao gênero feminino). Algumas cenas podem ser vistas no documentário *Pina* (2009), do diretor alemão Wim Wenders. Pina Bausch ficou muito conhecida pelo seu trabalho com a dança-teatro.

Cena do balé *A sagração da primavera*, de Igor Stravinsky. Coreografia de Pina Bausch. Lausana, Suíça, 2011.

TEMPOS MODERNOS

Lentas transformações

A Arte Moderna no Brasil não surgiu com a Semana de 22. Alguns anos antes, manifestações modernistas já ocorriam no país. A mais conhecida é provavelmente a exposição da artista Anita Malfatti, em 1917.

Observe as imagens a seguir.

O homem amarelo (1915-1916), de Anita Malfatti. Óleo sobre tela, 61 cm × 51 cm.

A estudante (1915-1916), de Anita Malfatti. Óleo sobre tela, 76 cm × 61 cm.

- Quais são as características delas? Lembre-se do que você já conhece sobre a Arte Moderna: O que você percebe de próprio do Modernismo nessas obras?

Depois de estudar na Alemanha e nos Estados Unidos, Anita Malfatti apresentou em sua exposição obras de forte influência expressionista.

O **Expressionismo** foi um dos movimentos mais importantes na Arte Moderna. Tomou força especialmente na Alemanha, nos primeiros anos do século XX, em um contexto social e político de guerra e pessimismo. Sua proposta traz a ideia da arte como expressão dos sentimentos e anseios do ser humano (daí o nome "Expressionismo"), uma forma de expressar externamente o que o indivíduo vive por dentro, isto é, sua subjetividade.

Esse movimento artístico manifestou-se em várias linguagens. Nas artes visuais, caracterizou-se pelo rompimento com a imitação da natureza por meio da deformação das figuras; pelo uso de cores intensas e puras (sem misturas) ou por imagens somente em preto e branco, estas geralmente em gravura, técnica bastante usada pelos expressionistas; e pela execução aparentemente inacabada (em gestos rápidos e rigorosos, como se fossem a expressão imediata dos sentimentos do artista).

OBSERVE AS IMAGENS.

Estas são obras de dois importantes artistas expressionistas alemães. Com base no que você estudou, que características do Expressionismo você identifica nessas imagens e nas de Anita Malfatti?

Fränzi em frente a uma cadeira cinzelada (1910), de Ernst Ludwig Kirchner. Óleo sobre tela, 71 cm × 49.5 cm.

Ceifador (1910), de Karl Schmidt-Rottluff. Xilogravura, 17 cm × 11 cm.

PARA AMPLIAR

Para conhecer melhor a obra de alguns artistas visuais modernistas brasileiros, você fará uma pesquisa com os colegas, em grupos de três pessoas. Cada grupo deverá investigar um artista diferente. Pesquisem principalmente o que o caracteriza como moderno. Levantem os dados biográficos principais, características de sua obra e atuação no contexto da arte moderna brasileira, se houve preocupação com uma estética e temática brasileiras. Investiguem também as influências externas que recebeu: se viajou, conheceu ou estudou com outros artistas, por quais movimentos ou artistas foi influenciado etc. Caso não conheçam esses movimentos, realizem uma pesquisa breve para identificá-los. Selecionem algumas imagens (pelo menos três) que considerem significativas da produção do artista pesquisado. Essa pesquisa fará parte de outras atividades propostas posteriormente.

Em sua exposição de 1917, Anita também abordou em suas obras a discussão da identidade nacional, que começava a tomar força, como em *Tropical*, vista anteriormente, pintada depois que a artista voltou ao Brasil.

A exposição foi duramente criticada em um artigo de Monteiro Lobato (1882-1948), escritor influente no período, que revela o impacto que a Arte Moderna provocou no Brasil. Leia trechos da crítica a seguir.

Reprodução de trecho da crítica "A propósito da exposição Malfatti", de Monteiro Lobato, publicada no jornal *O Estado de S. Paulo*, em 20/12/1917.

Há duas espécies de artistas. Uma composta dos que veem normalmente as coisas e em consequência disso fazem arte pura, guardando os eternos ritmos da vida, e adotados para a concretização das emoções estéticas, os processos clássicos dos grandes mestres. Quem trilha por esta senda, se tem gênio, é Praxíteles na Grécia, é Rafael na Itália, é Rembrandt na Holanda [...]. A outra espécie é formada pelos que veem anormalmente a natureza, e interpretam-na à luz de teorias efêmeras, sob a sugestão estrábica de escolas rebeldes, surgidas cá e lá como furúnculos da cultura excessiva. [...]

[...] Todas as artes são regidas por princípios imutáveis, leis fundamentais que não dependem do tempo nem da latitude. As medidas de proporção e equilíbrio, na forma ou na cor, decorrem de que chamamos sentir. Quando as sensações do mundo externo transformam-se em impressões cerebrais, nós "sentimos"; para que sintamos de maneiras diversas, cúbicas ou futuristas, é forçoso ou que a harmonia do Universo sofra completa alteração, ou que o nosso cérebro esteja em "pane" por virtude de alguma grave lesão. Enquanto a percepção sensorial se fizer anormalmente no homem, através da porta comum dos cinco sentidos, um artista diante de um gato não poderá "sentir" senão um gato, e é falsa a "interpretação" que do bichano fizer um "totó", um escaravelho ou um amontoado de cubos transparentes. Estas considerações são provocadas pela exposição da Sra. Malfatti, onde se notam acentuadíssimas tendências para uma atitude estética forçada no sentido das extravagâncias de Picasso e companhia. Essa artista possui talento vigoroso, fora do comum. Poucas vezes, através de uma obra torcida para a má direção, se notam tantas e tão preciosas qualidades latentes.

LOBATO, Monteiro. A propósito da exposição Malfatti.
O Estado de S. Paulo, São Paulo, 20 dez. 1917.

> **futurista:** o Futurismo foi um movimento da Arte Moderna surgido na Itália. Suas propostas foram lançadas com a publicação do Manifesto Futurista, assinado pelo poeta Filippo Marinetti (1876-1944). Foi um movimento principalmente literário, que valorizava tudo o que se relacionava à modernidade e ao progresso, como máquinas e velocidade, negando o passado. No Brasil, os críticos ao Modernismo chamavam de "futurista" tudo o que se relacionava à Arte Moderna, mesmo o que não fosse, necessariamente, ligado ao movimento italiano.

1. Qual era a posição de Monteiro Lobato sobre a arte? Selecione, no texto, um trecho que justifique sua resposta.
2. Por que a obra de Anita Malfatti não se encaixava na posição defendida por Lobato? Por que sua obra seria, na visão dele, "torcida para a má direção"?

A atitude de Anita Malfatti e dos modernistas da Semana foi chocante ao propor uma forma de fazer arte com a qual o público não estava acostumado. Contudo, a própria arte acadêmica, com a qual a elite da época mais se identificava, já vinha sofrendo mudanças.

> **OBSERVE A IMAGEM.**
> Você identifica, nessa obra, características da arte acadêmica? Há, nela, elementos de ruptura com essa tradição?

Caipira picando fumo (1893), de José Ferraz de Almeida Jr. Óleo sobre tela, 202 cm × 141 cm.

José Ferraz de Almeida Júnior (1850-1899) foi um artista de formação acadêmica que, no século XIX, inseriu em sua produção elementos que não faziam parte dessa tradição artística. *Caipira picando fumo* segue regras acadêmicas de composição: a figura está centralizada no espaço do quadro, as partes superior e inferior se equilibram (a linha da base da casa divide a composição ao meio), o emprego de luz e sombra dão volume e profundidade à imagem.

Apesar disso, ela aborda um tema incomum à arte brasileira do século XIX: o homem do campo, o caipira. Almeida Júnior era natural de Itu, cidade do interior do estado de São Paulo, e suas obras provavelmente foram inspiradas por uma realidade com a qual ele estava familiarizado. Na obra, o homem, sentado em frente a uma casa de pau a pique, é retratado em um aparente momento de lazer e descanso, com os pés descalços no chão. Não há, nele, a idealização recorrente das pinturas da época, nas quais prevaleciam imagens de heróis históricos, seres mitológicos e alegorias. Também não se vê o *status* dos retratos de figuras da alta sociedade (que Almeida Júnior também pintava, por encomenda). Sua obra dialoga com o Realismo europeu, ao mostrar o caipira e seu entorno como o artista os via: a roupa suja de terra por causa do trabalho, a pele enrugada e queimada de sol, a casa precisando de reparos. *Caipira picando fumo* é retratado em tamanha harmonia com seu ambiente que as cores utilizadas para representá-lo são as mesmas que as da terra e da casa, criando uma unidade com tons terrosos e quentes.

O **Realismo** foi um movimento surgido na Europa na metade do século XIX e pregava uma arte livre da idealização e da artificialidade da arte acadêmica. Os realistas voltaram seus olhos para a vida cotidiana, como cenas de trabalho, procurando dar às imagens uma aparência de realidade, sem tanta idealização, como era comum à arte acadêmica. Observe, a seguir, uma obra do artista realista francês Jean-François Millet (1814-1875).

As *respigadeiras* (1857), de Jean-François Millet. Óleo sobre tela, 83,5 cm × 110 cm.

A forte luminosidade da obra *Caipira picando fumo* também não é comum na arte acadêmica. Ela parece buscar uma luz brasileira, própria de um país tropical. Embora Almeida Júnior costumasse, como a maioria dos artistas da época, realizar suas obras no espaço interno de um ateliê após muitos esboços e estudos preparatórios, a luminosidade da pintura remete às inovações do Impressionismo europeu. Observe a imagem a seguir.

Mulher com sombrinha (1875), de Claude Monet. Óleo sobre tela, 100 cm × 81 cm.

O **Impressionismo** é outro movimento precursor da Arte Moderna. O nome deriva de uma obra do artista francês Claude Monet (1840-1926) chamada *Impressão, sol nascente* (1872). Os impressionistas buscavam captar o instante presente, o movimento e a luz natural ao ar livre por meio de efeitos que iam contra as sóbrias regras acadêmicas. Usavam, nas pinturas, pinceladas rápidas e sobrepostas para registrar a luz que muda constantemente, misturando a tinta na própria tela, sem contornos definidos. Como os realistas, registravam cenas simples do cotidiano, com enquadramentos não convencionais, influência da fotografia, surgida na década de 1830. Na escultura, percebem-se marcas da mão do artista, registros do trabalho e das características do material, elementos que rompem com a representação idealizada da escultura acadêmica, com suas formas lisas e acabamento "perfeito". Observe essas características na imagem ao lado, do artista francês Edgar Degas (1834-1917).

Bailarina vestida, descansando, com as mãos nos quadris e a perna direita para a frente (1919-1932), de Edgar Degas. Escultura em bronze. Altura: 43,5 cm.

TANTAS HISTÓRIAS

Abstração no Brasil

Nas primeiras décadas do Modernismo brasileiro, as artes visuais foram fundamentalmente figurativas. A Abstração, que na Europa foi uma corrente da Arte Moderna desde o início, só ganhou força no Brasil entre 1940 e 1950. A 1ª Bienal Internacional de São Paulo, em 1951, trouxe para a exposição artistas como o suíço Max Bill (1908-1994), que ganhou o primeiro prêmio de escultura e ampliou no país o interesse pela abstração.

Na Arte Moderna, a **Abstração** relaciona-se a diversas correntes estéticas que procuraram afastar a arte da figuração e da imitação do mundo, da representação da realidade. Alguns artistas se interessaram por uma abstração mais livre, muitas vezes chamada de lírica ou informal, criando obras de formas mais orgânicas e soltas, próximas a uma ideia da arte como expressão da subjetividade do artista.

Outros artistas assumiram a abstração geométrica, representada no Brasil pela chamada **Arte Concreta** (ou **Concretismo**), abordada no Capítulo 1. Essa tendência buscava afastar da arte qualquer relação simbólica, entendendo a obra de arte como objeto autônomo e com valor em si mesmo, construída por elementos visuais e suas relações matemáticas. Enquanto os primeiros modernistas buscaram uma arte de características locais e brasileiras, os concretistas fizeram uma arte distanciada dessas questões.

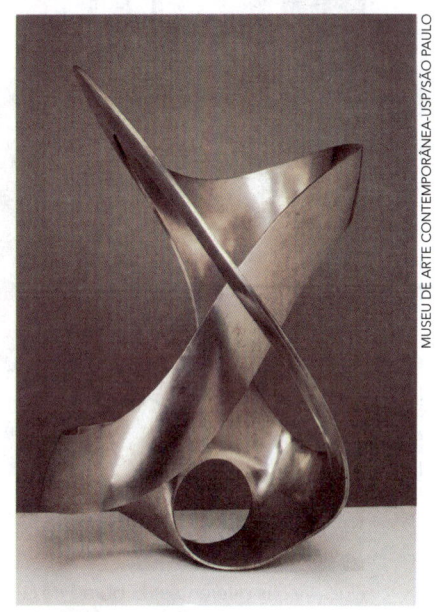

Unidade tripartida (1948-1949), de Max Bill. Aço inoxidável, 114 cm × 88,3 cm × 98,2 cm.

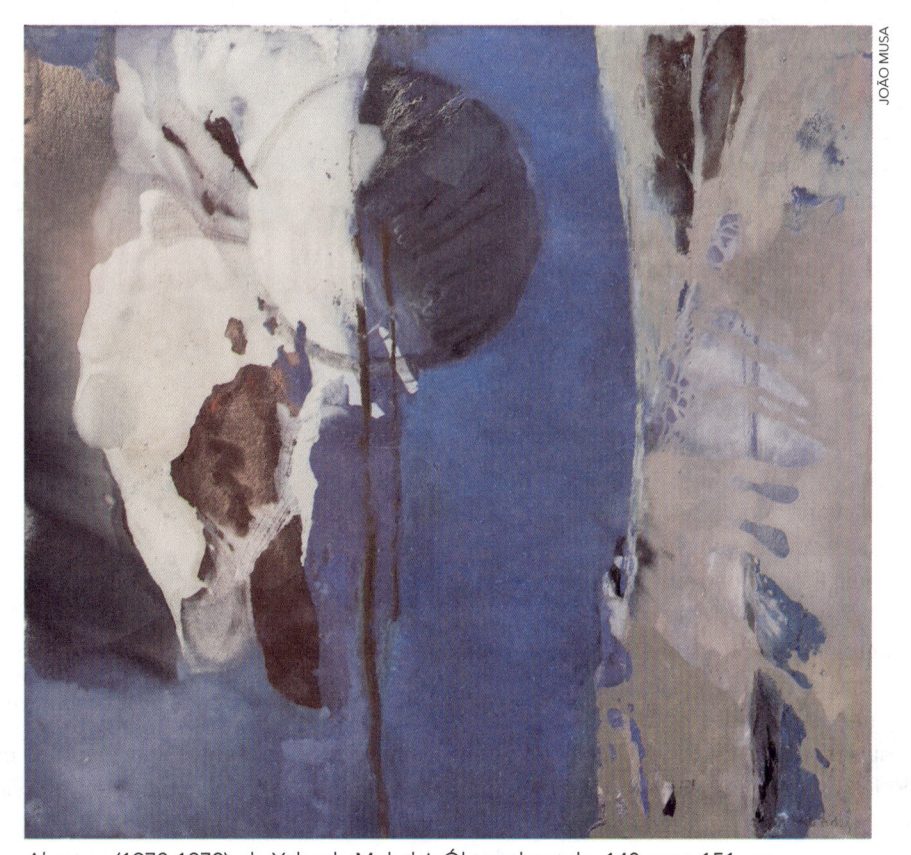

Abertura (1970-1972), de Yolanda Mohalyi. Óleo sobre tela, 140 cm × 151 cm.

CAPÍTULO 5 • Manifestações antropofágicas

Duas visões diferentes da obra *Fita* (1985), de Franz Weissmann. Parque da Luz, Pinacoteca do Estado de São Paulo, SP. Aço pintado, 142 cm × 151 cm × 150 cm.

A exposição do Grupo Ruptura em São Paulo (SP), em 1952, marcou o início da Arte Concreta brasileira. O grupo pregava, entre outras diretrizes, a proximidade entre trabalho artístico e produção industrial. A Arte Concreta brasileira esteve ligada à poesia concreta, com destaque para os poetas Haroldo de Campos (1929-2003), Augusto de Campos (1931) e Décio Pignatari (1927--2012), que procuraram criar experiências poéticas que integrassem a sonoridade, o sentido e a visualidade das palavras.

No Rio de Janeiro, em 1954, a Arte Concreta foi adotada pelo Grupo Frente, do qual fizeram parte Hélio Oiticica e Lygia Clark. A rigidez do Concretismo incomodou alguns artistas do grupo carioca que, defendendo, entre outras questões,

Impossível (1974), de Augusto de Campos e Julio Plaza. Poema-objeto de papel cartonado articulado em móbile-página. *Poemóbiles* é um livro-poema ou livro-objeto que contém doze poemas articuláveis e dobráveis na página, como um móbile. São estruturas de papel cartonado que podem ser abertas e fechadas na página, formando figuras tridimensionais móveis.

uma maior subjetividade na produção artística, articularam o movimento Neoconcreto, cujo manifesto, de 1959, critica a "perigosa exacerbação racionalista" concreta. Os neoconcretistas propõem um retorno às intenções expressivas do artista, à valorização de sua intuição e subjetividade. Pregam a liberdade de experimentação na arte e experiências integradas entre arte e vida, relacionando diferentes linguagens e propondo a participação do público.

> **OBSERVE A IMAGEM.**
> Como são as formas? E o espaço no qual elas estão? Imagine essas formas dançando balé. Como seria?

Cenário do *Balé neoconcreto I* (1958), de Lygia Pape. *Performance* realizada no Sesc Bom Retiro, São Paulo (SP), 2012.

Essa é uma imagem do *Balé neoconcreto I*, da artista Lygia Pape (1927-2003), um dos nomes mais importantes do Neoconcretismo. Nessa obra, de 1958 (a foto é da montagem de 2012), ela criou uma coreografia para formas geométricas, inspirada em um poema de Reynaldo Jardim (1926-2011). Dentro de formas tridimensionais coloridas, os bailarinos não são visíveis e as formas parecem se mover de modo autônomo, em uma sequência de movimentos lenta e em um percurso que explora as diversas possibilidades de deslocamento no espaço.

Hoje, a abstração não é mais uma novidade entre os artistas e, com a liberdade de experimentação artística própria da arte contemporânea, ela é explorada de várias formas. Observe a imagem a seguir.

Sem título (2015), de Sonia Gomes. Costura, amarrações e tecidos diversos sobre arame, 430 cm × 120 cm × 50 cm. Série "Torção".

CAPÍTULO 5 • Manifestações antropofágicas

A mineira Sonia Gomes (1948) cria obras com tecidos que são torcidos, amarrados, costurados e às vezes aplicados sobre outros materiais, como arame, geralmente em composições de aspecto abstrato. Estampas, rendas e texturas diversas, de tecidos e roupas já usados, muitos doados por outras pessoas, são combinadas na criação de suas obras e atribuem a ela sentidos relacionados à sua materialidade, como as memórias associadas às roupas e ao fazer artesanal. Sonia Gomes leva para seu trabalho elementos de sua história de vida. Interessada por tecidos, roupas e costura desde criança, a artista trabalhava criando bolsas e adereços, até que começou a criar obras de arte com os mesmos materiais, iniciando sua carreira artística aos 45 anos.

E VOCÊ?

Para você, quais são as principais diferenças entre uma obra abstrata informal e uma abstrata geométrica? E entre uma obra abstrata e uma figurativa? O que muda na sua maneira de olhar, perceber e atribuir sentidos à obra? E quais são as diferenças entre uma obra estática, como a escultura de Franz Weissmann ou de Sonia Gomes, e uma proposta que inclui movimento, como o *Balé neoconcreto I*, de Lygia Pape?

FOCO NA PRÁTICA

Agora, você realizará uma atividade prática em duas etapas, integrando artes visuais e dança. Primeiro, você explorará as possibilidades de criação abstrata tridimensional construindo um objeto. Depois, com base nos objetos que fizer, você e os colegas criarão sequências coreográficas.

Parte 1

Você usará materiais variados e poderá criar seu objeto com base na abstração informal, geométrica ou combinando elementos das duas. A ideia é usar um ou mais materiais que possibilitem explorar as variedades de formas e suas combinações. Para direcionar seu trabalho, você se baseará nas mesmas questões propostas na prática de pintura anterior. Para você, quais são as cores e formas do Brasil? Agora, no entanto, sua resposta não será figurativa, mas abstrata. Como você relaciona a percepção de sua realidade a formas tridimensionais abstratas?

Sugestão de materiais

- caixas de papelão (embalagens, por exemplo);
- arames de espessuras variadas, encapados ou não;
- papéis de cores e tipos variados;
- placas de EVA de cores e espessuras diversas;
- papel-alumínio;
- tecidos de diferentes texturas e cores e outros que achar interessantes;
- tesoura para recortar; cola, fitas adesivas e outros materiais para colar ou juntar as partes;
- tinta acrílica, pincéis, rolinhos de espuma e outros materiais para pintar, se considerar necessário.

Etapas

1. Você pode começar fazendo um desenho como projeto de seu objeto. Pense e desenhe seus diferentes ângulos, já que você o concretizará de forma tridimensional. Se preferir, comece explorando os materiais, pensando nas possibilidades de dobrá-los, esticá-los e combiná-los entre si, verificando a resistência de cada um deles e planejando as melhores soluções para unir as partes, se necessário.

2. Ao executar o trabalho, pense também nas cores e em suas relações. Você pode aproveitar as cores próprias dos materiais ou colorir usando tinta ou colagem de papéis coloridos ou tecidos, por exemplo.

3. Planeje como seu objeto se manterá em pé. Para isso, é importante testar as relações de pesos dos materiais usados. Em vez de colocá-lo em pé, você pode optar por fazer um objeto de pendurar.

Ao final, organizem as produções em uma exposição. Dediquem um tempo para observá-las e trocar suas impressões sobre elas. Que sensações elas passam? Como foram trabalhadas as relações entre as formas, as cores e o espaço tridimensional? Como os materiais influenciam no resultado? Quais aspectos dos materiais se destacam na forma final? Vocês percebem diferenças entre abstrações informais e geométricas.

Parte 2

Agora, você e os colegas, em grupos de quatro estudantes, criarão movimentos de dança inspirados nas formas de seus objetos, sejam informais, geométricas ou as duas combinadas. Atentem também para a sensação que as cores dos trabalhos geram em vocês e deixem que essa sensação transforme os movimentos criados. Em um momento posterior, vocês apresentarão esses movimentos para toda a turma, quando, também inspirados pelas formas e cores, escolherão o figurino e a música da apresentação. Para o desenvolvimento dessa atividade, seu professor irá detalhar os procedimentos.

Antropofagia

OBSERVE A IMAGEM.

1. Você conhece essa pintura? Como ela é?

2. Que significados você atribui a essa obra? Procure refletir sobre o que vê: Onde a figura representada está? Por que estaria nua? O que ela está fazendo? Por que seu corpo tem essa forma?

Abaporu (1928), de Tarsila do Amaral. Óleo sobre tela, 85 cm × 73 cm.

CAPÍTULO 5 • Manifestações antropofágicas

Leia a frase a seguir.

Tupi or not tupi, that is the question!

ANDRADE, Oswald de. Manifesto Antropófago (1928). Disponível em: <http://nossabrasilidade.com.br/manifesto-antropofago-oswald-de-andrade/>. Acesso em: 28 abr. 2016.

Esse trecho de Oswald de Andrade faz referência à famosa frase do personagem Hamlet, na peça de mesmo nome, do dramaturgo inglês William Shakespeare: "Ser ou não ser, eis a questão" ("To be or not to be, that is the question").

- Considerando o que você já viu até aqui sobre as propostas modernistas, reflita: Que significado você atribui à frase, em que *to be* ("ser"), transforma-se em "tupi"? Que relações você estabelece entre ela e a imagem anterior?

Em 1928, Oswald de Andrade lançou o Manifesto Antropófago, no qual propôs uma definição da identidade brasileira por meio da assimilação consciente das influências estrangeiras.

Leia, a seguir, o início do manifesto.

Só a ANTROPOFAGIA nos une. Socialmente. Filosoficamente. Economicamente.

ANDRADE, Oswald de. Manifesto Antropófago (1928). Disponível em: <www.ufrgs.br/cdrom/oandrade/oandrade.pdf>. Acesso em: 28 abr. 2016.

- O que você entende do trecho? Você sabe o que é "antropofagia"? Em sua opinião, que significado essa palavra assume no trecho?

O Manifesto Antropófago foi inspirado na obra *Abaporu*, de Tarsila do Amaral. Oswald, ao ser presenteado com a tela por Tarsila, na época sua esposa, ficou impressionado com aquela estranha e enorme figura nua, sentada em uma paisagem sob o sol forte, em posição de reflexão. Ele e o escritor Raul Bopp (1898-1984) consideraram que ela lembrava uma figura indígena, antropófaga. Assim, Tarsila recorreu ao seu dicionário de tupi-guarani e chamou a obra, que ainda não tinha nome, de *Abaporu*, que significa "homem que come gente" ("aba-" = "homem"/"-poru" = "comer, devorar").

A antropofagia, ato de canibalismo humano, comportamento comum entre os Tupinambá que viviam na costa brasileira à época da chegada dos portugueses, era uma atividade simbólica e ritual: ao devorar a carne do inimigo, os indígenas acreditavam absorver suas qualidades, ou seja, comer a carne do adversário os tornava mais fortes.

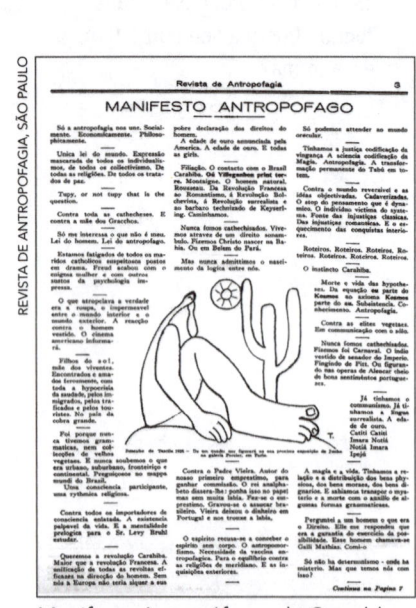

Manifesto Antropófago, de Oswald de Andrade, publicado na *Revista de Antropofagia* em 1928, com ilustração do *Abaporu* (1928), de Tarsila do Amaral.

A antropofagia foi tomada por Oswald como metáfora para sua ideia sobre a identidade cultural brasileira e sua relação com as culturas estrangeiras. Ele observa a presença indígena na cultura brasileira, apesar do processo de colonização:

Nunca fomos catequizados. Fizemos foi o Carnaval.

Em vez de negar o que vem de fora, o Manifesto Antropófago propôs "devorar" as influências estrangeiras, absorvê-las e transformá-las em uma cultura singular. Oswald nega a importação de valores estrangeiros prontos, ou seja, sem que haja o processo de reflexão crítica:

Contra todos os importadores de consciência enlatada.

Em vez da imposição de uma cultura estrangeira pela colonização, essa poderia ser transformada e assimilada pela cultura local de acordo com seu interesse. O colonizado passa, então, da postura passiva e submissa para a atitude ativa ao devorar a cultura do colonizador e fazer dela parte de sua força.

Só me interessa o que não é meu. Lei do Homem. Lei do antropófago.

Com um humor crítico que é característico de sua obra, Oswald expõe em frases fragmentadas, aparentemente desconexas, as contradições sociais, políticas e culturais brasileiras, abordando a alegria como manifestação de resistência:

A alegria é a prova dos nove.

O **movimento antropófago** foi uma revisão crítica das ideias do Modernismo brasileiro. O manifesto foi lançado com o primeiro número da *Revista de Antropofagia* e ao mesmo tempo foi criado o Clube de Antropofagia, meios pelos quais foram divulgadas as ideias do movimento.

E VOCÊ?

Que trabalho artístico atual poderia ser considerado antropofágico? Por quê?

CONEXÃO

Teatro antropófago

Cena da peça *Zumbi or not Zumby*, baseada no musical *Arena conta Zumbi*, de Augusto Boal e Gianfrancesco Guarnieri, de 1965. Montagem da Cia. Antropofágica. Direção de Thiago Reis Vasconcelos, São Paulo (SP), 2009.

    A Antropofágica é um grupo de teatro de São Paulo criado em 2002 que tem a antropofagia como princípio motivador de seu processo socioartístico. Em 14 anos de trabalho coletivo contínuo, destaca-se uma clara opção por pesquisar procedimentos, gêneros, autores e textos ligados à tradição das formas híbridas, muito propícias ao ideal antropófago que nos move. Composta por mais de trinta integrantes – entre direção, atuação, música, pesquisa, produção e registro – o grupo realiza espetáculos, intervenções artísticas, oficinas e estudos, atuando tanto em sua sede como em espaços culturais, escolas públicas e ruas da cidade de São Paulo.

    HISTÓRICO da Cia. Antropofágica. Disponível em: <www.antropofagica.com/historico.html>. Acesso em: 28 abr. 2016.

    A imagem anterior mostra uma cena da peça *Zumbi or not Zumby*, da Cia. Antropofágica de São Paulo.
    O grupo é composto por três núcleos. O Núcleo ATP conduz os processos de pesquisa teóricos e práticos sobre os temas investigados pelo grupo e desenvolve as funções de atuação, direção, dramaturgia, iluminação, confecção de cenário e figurino. Além disso, ministra o que chamam de "Oficinas do Ator Antropofágico", cursos com foco no trabalho do ator.
    Outro pilar da pesquisa do grupo é o diálogo entre linguagem musical e teatro, o que originou o Núcleo de Música. Composto por músicos profissionais, o núcleo participa diretamente do trabalho de criação, investigando a música como elemento estrutural das cenas.
    O terceiro é o Núcleo Py, um desdobramento das turmas das Oficinas do Ator Antropofágico. Esse núcleo se renova ciclicamente com a entrada de novos integrantes provenientes das oficinas.
    Com base nos estudos feitos pelo Núcleo Py sobre textos da dramaturgia brasileira que tratam da história do Brasil Colônia e seguindo a estética e os procedimentos da Cia. Antropofágica, surgiu a peça *Zumbi or not Zumby*.

O espetáculo já no título faz referência direta ao Manifesto Antropófago, aludindo ao trecho "Tupi or not tupi, that is the question!", visto anteriormente.

A peça é uma adaptação do texto *Arena conta Zumbi*, de Augusto Boal e Gianfrancesco Guarnieri, que trata da história de Zumbi dos Palmares, líder afrodescendente à frente da resistência dos quilombolas à escravidão e à dominação portuguesa. Foi escrita durante a ditadura militar e tratava do tema da liberdade por intermédio de alusões e metáforas, trazendo a escravidão como a histórica ausência dela.

Zumbi or not Zumby, que é apresentado em espaços não convencionais, retoma essa discussão na atualidade. Segundo o grupo, a peça:

> [...] propõe uma análise crítica do Brasil escravocrata, levando temas e situações que extrapolam uma época específica e continuam a permear a história das lutas e das revoltas populares.
>
> SINOPSE de *Zumbi or not Zumby*. Cia. Antropofágica. Disponível em: <www.antropofagica.com/zumbi.html>.
> Acesso em: 28 abr. 2016.

FOCO NA PRÁTICA

Nas obras dos primeiros artistas modernos percebe-se uma preocupação com a representação da identidade cultural. São obras figurativas, que podem facilmente ser percebidas de forma narrativa, às quais associamos diferentes histórias sobre as pessoas e os locais que representam.

Com base na pesquisa que fez dos artistas e das obras na atividade anterior, agora você fará um exercício com foco na criação de cena teatral e dramaturgia, a partir dos elementos espaço, ação e personagem. Para isso, oriente-se pelas etapas a seguir:

1. Reúna-se com o grupo e selecione uma obra de artes visuais que pode se tornar uma narrativa. Para orientar essa seleção, observe novamente as obras, procurando identificar seus elementos. Ao observá-las, tente responder às seguintes perguntas: Quem é ou são os personagens, o que está ou estão fazendo, em que local está ou estão? Selecionem a obra que possuir mais variedade de respostas a essas perguntas, pois provavelmente ela terá mais possibilidade de criação da narrativa.

2. Depois, novamente reunido com o grupo, observe a imagem escolhida. Faça outra vez o exercício de observação, procurando responder às perguntas anteriores, mas agora anotem tudo o que for dito, mesmo que a princípio algo pareça desconexo.

3. Com base nas anotações, vocês pensarão na ampliação do que a obra mostra. Para isso, criem respostas para as seguintes questões: De onde o personagem veio e o que estava fazendo? Para onde o personagem vai e o que fará? A obra não mostra diretamente essas respostas. Elas devem ser criadas por vocês com base no que veem. Novamente, anotem tudo o que surgir nesta etapa.

4. Com todos esses elementos em mãos, vocês criarão o texto da cena. Esse texto pode ter falas ou não, dependendo do que querem mostrar. O número de personagens também dependerá da necessidade de cada trabalho. Primeiro, ordenem a sequência de ações, espaços e personagens que imaginaram, definindo:
   a) de onde vieram e o que estavam fazendo;
   b) o que estão fazendo e onde estão no momento da obra;
   c) para onde vão e o que farão depois do momento mostrado na obra.

Para cada um desses momentos, criem a cena e escrevam falas de cada personagem ou somente ações, se for o caso. Um recurso que também poderá ser usado é a rubrica. Depois, unam os três momentos. Ao final, releiam todo o texto, várias vezes, conversando sobre as impressões de vocês do trabalho e avaliando se há coerência no desenvolvimento da história e nas características dos personagens criados. A partir dessa análise, modifiquem o que considerarem necessário.

Leia e observe a imagem da capa do livro a seguir.

Capa da primeira edição do livro *Experiência nº 2* (1931), de Flávio de Carvalho. Na imagem, pode-se ler o subtítulo "Realizada sobre uma procissão de Corpus Christi: uma possível teoria e uma experiência".

E VOCÊ?

Você já participou de alguma procissão religiosa? Imagine a seguinte situação: durante uma procissão de Corpus Christi, um homem, vestindo um boné verde, anda em meio à multidão, porém em sentido contrário. O que você imaginaria diante dessa situação? Que reação acha que teria?

Flávio de Carvalho (1899-1973), autor do livro cuja capa aparece na imagem anterior, foi um dos artistas que literalmente se contaminou com as ideias da Arte Moderna. Pode-se dizer que ele foi "a vanguarda em pessoa". Tendo vivido na Inglaterra entre 1911 e 1922, retornou ao Brasil logo após a Semana de Arte Moderna de 1922 e se instalou em São Paulo (SP).

Transitou por diversas linguagens, como pintura, desenho, arquitetura, cenografia, literatura e artes cênicas. Seu interesse não estava focado em uma linguagem artística específica, e sim na experimentação. Anos antes do que depois foi nomeado *performance*, *happening*, intervenção etc., realizou ações que misturavam as linguagens artísticas.

Em 1931, por exemplo, realizou a situação descrita anteriormente na seção **E você?** Ele chamou essa ação de *Experiência nº 2*. O ato causou forte reação negativa por ter sido entendido como um desrespeito à cerimônia religiosa. Nesse dia, Flávio quase foi linchado pela multidão, conforme consta na capa do livro escrito por ele com base no ocorrido, em que analisa o comportamento das massas. O livro tem uma série de desenhos em preto e branco feitos também por ele, como o da imagem anterior.

Da fusão entre seus desejos de experimentação e do contato com as ideias antropofágicas de Oswald de Andrade e Tarsila do Amaral, entre outros artistas da época com os quais convivia, surgiu, em 1933, o **Teatro da Experiência**, voltado à experimentação e a pesquisas em arte. Flávio de Carvalho assim explicou a função do seu teatro:

. . . .

O teatro seria um laboratório e funcionaria com o espírito imparcial das pesquisas de laboratório. Lá seria experimentado o que surgia de vital no mundo das ideias: cenários, modos de dicção, mímica, dramatização de novos elementos de expressão, problemas de iluminação e de som conjugados ao movimento de formas abstratas, aplicação de predeterminados testes (irritantes ou calmantes) para observar a reação do público com o intuito de formar uma base prática da psicologia do divertimento, realizar espetáculos-provas só para autores, espetáculos de vozes, de luzes, promover o estudo esmerado da influência da cor e da forma na composição teatral, diminuir ou eliminar a influência humana ou figurada na representação, incentivar elementos alheios à rotina e escrever para o teatro... e muito mais coisas que no momento me escapam.

CARVALHO, Flávio de. O teatro de experiência. Disponível em: <www.mac.usp.br/mac/templates/projetos/seculoxx/modulo2/modernidade/eixo/cam/teatro.html>. Acesso em: 15 abr. 2016.

. . . .

Observe a imagem a seguir.

Cena do espetáculo experimental de teatro e dança *O bailado do deus morto*. Texto, cenário, figurino, produção e direção de Flávio de Carvalho. Apresentação do grupo Teatro da Experiência no Clube dos Artistas Modernos. São Paulo (SP), 1933.

A primeira peça a ser encenada pelo Teatro da Experiência seria *O homem e o cavalo*, de Oswald de Andrade, mas, como o texto não ficou pronto a tempo, Flávio de Carvalho concebeu a peça *O bailado do deus morto*. A peça foi apresentada pela primeira vez em 1933, no Clube dos Artistas Modernos (CAM), um espaço cultural voltado à promoção de encontros de artistas e a manifestações culturais diversas. O CAM foi fundado em 1932 por Flávio de Carvalho, Antônio Gomide (1895-1967), Di Cavalcanti (1987-1976) e Carlos Prado (1908-1992), porém logo depois, em 1934, foi fechado pela polícia a mando da censura.

CAPÍTULO 5 • Manifestações antropofágicas 299

> **CÁPSULAS**
>
> **Spam**
>
> Um dia antes da fundação do CAM, foi criada também a Sociedade Pró-Arte Moderna (Spam). Esse grupo era formado por artistas do Modernismo diretamente ligados à Semana de 22, como Anita Malfatti, Tarsila do Amaral e Menotti Del Picchia, tendo como principal representante o artista plástico Lasar Segall. A Sociedade durou até 1934 e tinha como objetivo promover exposições, concertos, reuniões literárias e dançantes e festas.

O bailado do deus morto tratava, por meio de metáforas, da relação humana com os deuses. O espetáculo não era nada tradicional na dramaturgia, na interpretação e nos elementos visuais. No cenário, sombras eram projetadas em um tecido. A música, realizada por instrumentos de percussão, dava à obra um tom ritualístico. Com uma estética próxima ao Expressionismo, enfatizava as expressões corporais e as ações, misturando também elementos da dança, da tragédia clássica e efeitos visuais. A maioria dos atores era afrodescendente e usava máscaras de alumínio, como na imagem da página 299, o que conferia ao espetáculo um aspecto futurista.

> **CÁPSULAS**
>
> Leia a seguir um trecho da matéria "Em busca da arte total", publicada no *Jornal da Unicamp* em 2010.
>
> [...]
>
> O multifacetado Flávio de Carvalho – pintor, arquiteto, *designer*, escultor, escritor, cenógrafo, fazendeiro, empresário – tinha acabado de se formar engenheiro em Newcastle (Inglaterra) e trabalhava no escritório de Ramos Azevedo, em São Paulo. Costumava circular por ali só de *short*, um despudor para a época, alheio à indignação das finíssimas senhoras. Diante de um abaixo-assinado para que deixasse o prédio, reagiu: "Vocês só me tiram daqui a bala..., mas vai ser difícil, porque vou instalar uma metralhadora em meu ateliê". No dia seguinte, um anúncio em destaque no *Diário Popular* provocou um frêmito de pânico no velho edifício: "Compra-se uma metralhadora. Tratar com Flávio de Carvalho no Instituto".
>
> [...]
>
> SUGIMOTO, Luiz. Em busca da arte total. *Jornal da Unicamp*, Campinas, ano XXIV, n. 475, 20-26 set. 2010. Disponível em: <www.unicamp.br/unicamp/unicamp_hoje/ju/setembro2010/ju475_pag12.php>. Acesso em: 15 abr. 2016.

O tom sempre irreverente e provocador permeava a vida e a obra de Flávio de Carvalho. O artista realizou outras ações polêmicas, as quais também chamou de "experiências".

> **OBSERVE AS IMAGENS.**
>
> 1. Qual seria sua reação ao se deparar, nos dias atuais, com a situação retratada nelas?
> 2. Considerando que isso ocorreu na década de 1950, como deve ter sido a repercussão?

Cena da *performance Experiência nº 3*, de Flávio de Carvalho. São Paulo (SP), 1956.

Roupas usadas por Flávio de Carvalho em sua *Experiência nº 3* (1956). Traje "new look" de verão para homens. Blusa: 60 cm. Saia: 60 cm × 50 cm.

As imagens anteriores mostram uma cena da *Experiência nº 3* e as roupas utilizadas na *performance*, que propunha um novo traje masculino para os dias quentes de verão.

Segundo relatou Flávia Carneiro Leão, do Centro de Documentação "Alexandre Eulalio" (Cedae), Campinas/SP, para a matéria "Em busca da arte total", o projeto foi explicado assim por Flávio de Carvalho:

. . . .

A blusa tem mangas largas e um mecanismo que bombeia o ar para dentro da roupa, conforme o movimento dos braços. Ele explica que o tecido se lava em três minutos e seca em três horas, com maior higiene e economia. A meia é para esconder as varizes. E as cores vivas do traje substituem desejos de agressão, tendendo a evitar guerras.

SUGIMOTO, Luiz. Em busca da arte total. *Jornal da Unicamp*, Campinas, ano XXIV, n. 475, 20-26 set. 2010. Disponível em: <www.unicamp.br/unicamp/unicamp_hoje/ju/setembro2010/ju475_pag12.php>. Acesso em: 15 abr. 2016.

. . . .

Flávio de Carvalho, nessa experiência, saiu pelas ruas da cidade de São Paulo (SP) exibindo sua criação, o que, obviamente, chamou a atenção das pessoas e causou grande polêmica.

CONEXÃO

Em 2010, José Celso Martinez Corrêa, diretor da Associação Teat(r)o Oficina Uzyna Uzona (também conhecido apenas como Teatro Oficina), realizou a *performance* itinerante *Experiência Flávio de Carvalho nº 6*, inspirada no texto *O bailado do deus morto*. A encenação foi criada especialmente para a 29ª Bienal de Artes de São Paulo e foi realizada por cerca de quarenta atores-dançarinos. Leia a seguir um trecho da matéria que foi escrita na ocasião da apresentação:

Bailado do deus morto – a Antropofagia une Flávio de Carvalho e Teatro Oficina

No primeiro domingo da 29ª Bienal, o Teatro Oficina, dirigido por José Celso Martinez Corrêa, encenou a peça *Bailado do deus morto*, de autoria de Flávio de Carvalho. O texto de 1933, inaugurador da ideia de "Teatro da Experiência", a partir da qual o multiartista defendia a assimilação da vida e da cidade como instâncias cênicas, mobilizou a adaptação feita por um conjunto de cerca de 40 atores, músicos e bailarinos pelo espaço expositivo da mostra. [...]

Cena da *performance Experiência Flávio de Carvalho nº 6*, baseada na peça teatral *O bailado do deus morto*, de Flávio de Carvalho. Direção de José Celso Martinez Corrêa. Apresentação do Teat(r)o Oficina Uzyna Uzona na 29ª Bienal de São Paulo. São Paulo (SP), 2010.

O *Bailado* proposto pelo Teatro Oficina, assim como o original, feito em dois atos e responsável pelo fechamento do Teatro da Experiência pela polícia de censura, em 1933, pulsou em resposta às condições do momento cênico, aos efeitos de ocupar um lugar e enfrentar os estímulos e resistências ali contidos. Combinou recriação e ritualística, ruptura e volta à ancestralidade, ressignificando a experiência antropofágica que Flávio de Carvalho perseguiu não só nesta peça, mas em todos os seus trabalhos, seja no teatro-dança, nas artes visuais, na arquitetura ou na carreira ensaística que cultivou em escritos, principalmente na imprensa.

Por volta das 16h, o cortejo adentrava pelo primeiro andar do prédio da Bienal. [...]

O código de estar naquele lugar, ao menos durante a extensão daquele Bailado, haveria de mudar. As paredes, as regras, as expectativas de um espaço museológico controlado, todas elas conviveriam com a celebração do contato, da flexibilização, da contaminação e do desvio.

Celebraria Flávio, se vivo estivesse, entre afrontas e seduções, o tanto de energia vital dissipada naquela ocasião. Uma energia tematizada logo no primeiro momento da *performance*, em que uma malha humana constituída no chão ao redor de uma deusa grávida: a "Mulher inferior" tremulava a fertilidade da espécie e preparava um nascimento simbólico, que, logo que aconteceu, explodiu em canto e dança anunciando a subida do grupo pelas rampas.

[...] José Celso conduz o percurso, primeiro representando a si próprio e dirigindo em cena, depois assumindo a persona de Flávio de Carvalho ao vestir o irreverente "New Look" – o traje de saiote e blusão criado para o homem dos trópicos em 1956 (*Experiência nº 3*).

[...] Das rampas circundadas por uma plateia cada vez mais ativa e imbricada na apresentação, José Celso e os personagens do Bailado disparavam provocações sobre a disciplina de um espaço expositivo como aquele; comentavam as obras da Bienal e sua repercussão na imprensa; parodiavam ícones da música *pop* e do futebol demarcando suas presenças divergentes no agendamento de um imaginário cultural brasileiro. [...]

BAILADO do deus morto: a antropofagia une Flávio de Carvalho e Teatro Oficina.
Disponível em: <www.emnomedosartistas.org.br/FBSP/pt/29Bienal/Canal29/Paginas/Noticia.aspx?not=103>.
Acesso em: 15 abr. 2016.

FOCO NA PRÁTICA

Agora, você apresentará o resultado das duas atividades anteriores: a pesquisa que fez sobre um artista modernista e a cena que criou inspirada em uma das obras escolhidas. Para a apresentação da cena, ensaie previamente com o grupo.

Vale lembrar que, em ensaios de teatro, é comum que os grupos façam jogos teatrais antes das cenas com o objetivo de aquecimento e de aumento da concentração. É habitual que esses jogos sejam repetidos a cada dia de ensaio, estabelecendo-se uma espécie de ritual de concentração. Além de jogos, também é comum fazer exercícios de preparação corporal e vocal e improvisações a partir do tema a ser trabalhado na peça. Assim, antes de iniciar cada ensaio, você e seu grupo podem fazer alguns dos jogos já realizados em outras atividades do livro, tanto de teatro como de dança ou música.

Além de repassar a cena algumas vezes, procurem, durante os ensaios, agregar outros elementos, como figurinos, músicas ou sons diversos e objetos que possam servir como cenografia. Retomando o que viram no Capítulo 3, lembrem-se de que é possível pensar o uso desses elementos de diversas formas. Vocês podem retratar a época e o ambiente dos quais a cena trata ou inserir simbologias à cena, como ressaltar algum aspecto psicológico do personagem. Por exemplo, se o personagem é extrovertido e exagerado e vocês pretendem frisar essa característica, como poderiam ser as roupas e os adereços dele? Se o ambiente que vocês querem retratar é triste e sombrio, pode-se pensar em sons que acompanhem essa ideia. Vale lembrar que composições contrastantes geram resultados interessantes. As possibilidades são muitas, dependendo da intenção de vocês.

Depois da apresentação da cena, você e seu grupo mostrarão a obra que serviu de inspiração para a criação dela. Ao final, conversem sobre todas as etapas desta prática, desde a escolha das obras até a apresentação das cenas. Usaram algum critério específico para a escolha da obra? Qual? Como foi o processo de construção da dramaturgia e da cena? Tiveram dificuldades? Quais? Como criaram os personagens? Usaram figurinos, cenografia e som na cena? Como esses elementos foram escolhidos, criados e agregados à cena? Como foi a experiência da apresentação? Quais as dificuldades? Para quem assistiu, quais foram as impressões sobre os trabalhos?

GELEIA GERAL

Leia a letra da música a seguir. Converse sobre ela com os colegas e esclareçam as dúvidas mais gerais sobre palavras desconhecidas, ideias apresentadas e possíveis interpretações. Em seguida, em grupos de três integrantes, conversem sobre seu significado de maneira mais aprofundada. Ouçam a música que está na **faixa 76 do CD**. A primeira vez sem acompanhar a letra, só ouvindo. Depois, ouçam novamente, agora acompanhando a letra e, depois, respondam às perguntas.

Geleia geral

Um poeta desfolha a bandeira
E a manhã tropical se inicia
Resplandente, cadente, fagueira
Num calor girassol com alegria
Na geleia geral brasileira
Que o *Jornal do Brasil* anuncia

Ê, bumba-yê-yê-boi
Ano que vem, mês que foi
Ê, bumba-yê-yê-yê
É a mesma dança, meu boi

Ê, bumba-yê-yê-boi
Ano que vem, mês que foi
Ê, bumba-yê-yê-yê
É a mesma dança, meu boi

A alegria é a prova dos nove
E a tristeza é teu porto seguro
Minha terra é onde o Sol é mais limpo
E Mangueira é onde o samba é mais puro
Tumbadora na selva-selvagem
Pindorama, país do futuro

Ê, bumba-yê-yê-boi
Ano que vem, mês que foi
Ê, bumba-yê-yê-yê
É a mesma dança, meu boi

Ê, bumba-yê-yê-boi
Ano que vem, mês que foi
Ê, bumba-yê-yê-yê
É a mesma dança, meu boi

É a mesma dança na sala
No Canecão, na TV
E quem não dança não fala
Assiste a tudo e se cala
Não vê no meio da sala
As relíquias do Brasil:
Doce mulata malvada
Um LP de Sinatra
Maracujá, mês de abril
Santo barroco baiano
Superpoder de paisano
Formiplac e céu de anil
Três destaques da Portela
Carne-seca na janela
Alguém que chora por mim
Um carnaval de verdade
Hospitaleira amizade
Brutalidade jardim

Ê, bumba-yê-yê-boi
Ano que vem, mês que foi
Ê, bumba-yê-yê-yê
É a mesma dança, meu boi

Ê, bumba-yê-yê-boi
Ano que vem, mês que foi
Ê, bumba-yê-yê-yê
É a mesma dança, meu boi

Plurialva, contente e brejeira
Miss linda Brasil diz "bom dia"
E outra moça também Carolina
Da janela examina a folia
Salve o lindo pendão dos seus olhos
E a saúde que o olhar irradia

Ê, bumba-yê-yê-boi
Ano que vem, mês que foi
Ê, bumba-yê-yê-yê
É a mesma dança, meu boi

Ê, bumba-yê-yê-boi
Ano que vem, mês que foi
Ê, bumba-yê-yê-yê
É a mesma dança, meu boi

Um poeta desfolha a bandeira
E eu me sinto melhor colorido
Pego um jato, viajo, arrebento
Com o roteiro do sexto sentido
Voz do morro, pilão de concreto
Tropicália, bananas ao vento

Ê, bumba-yê-yê-boi
Ano que vem, mês que foi
Ê, bumba-yê-yê-yê
É a mesma dança, meu boi

Ê, bumba-yê-yê-boi
Ano que vem, mês que foi
Ê, bumba-yê-yê-yê
É a mesma dança, meu boi

GIL, Gilberto; NETO, Torquato. Geleia geral. *Tropicalia ou panis et circencis*. São Paulo: Philips, 1968. Disco.

1. Você já tinha ouvido essa música? Conhece os autores? Depois de ler a letra e ouvir a música, comente com os colegas suas impressões sobre ela.
2. Observe a expressão "bumba-yê-yê-boi". Para você, o que ela significa?
3. Quais elementos da canção você apontaria como tipicamente brasileiros? Quais poderiam ser considerados internacionais? E quais seriam modernos?
4. Depois da reflexão da atividade anterior, como você entende a expressão "bumba-yê-yê-boi"?
5. Considerando o que você viu sobre a Antropofagia, como você interpreta o nome da música: "Geleia geral"? Nela, há uma citação do Manifesto Antropófago. Você a identifica?
6. Ouçam a música novamente, atentando para suas partes. Quais são as estrofes e quais são os refrãos? Há uma seção diferente, o que a diferencia das estrofes e do refrão?
7. Quais elementos musicais você reconhece na canção como brasileiros e quais são estrangeiros? Quais são os instrumentos utilizados e quantas pessoas cantam?

Nos anos 1960, surgiu no Brasil um movimento cultural que reuniu artistas e intelectuais de várias linguagens: a **Tropicália**. A música "Geleia geral" fez parte dele. O movimento destacou-se principalmente na música, com Gilberto Gil, Caetano Veloso, Gal Costa, Tom Zé, Nara Leão, Rogério Duprat e o grupo Os Mutantes, entre outros. A música tropicalista não tinha uma sonoridade característica única, mas era o resultado de criações que envolviam elementos de estilos diferentes. Assim, não havia problema ter uma guitarra elétrica, um berimbau, um violino e um violão na mesma música, por exemplo. Embora hoje isso seja comum, na época esse tipo de hibridismo era visto como "esquisito" e até de mau gosto pelos mais conservadores.

No capítulo anterior, foram apresentados alguns exemplos de músicas de protesto na época da ditadura, como "Cálice" e "Roda-viva". É nesse mesmo contexto cultural, social e político que surge a Tropicália, com uma postura contestatória, bem-humorada e irreverente, questionando o que era considerado o bom gosto da época e assimilando influências culturais diversas por meio de uma atitude antropofágica.

Capa do disco *Tropicalia ou panis et circencis*, gravado por Caetano Veloso, Gilberto Gil, Gal Costa, Os Mutantes, Tom Zé, Nara Leão e Rogério Duprat. São Paulo, Philips, 1968.

Da esquerda para a direita, Os Mutantes (Sérgio Dias, Rita Lee e Arnaldo Baptista) e Gilberto Gil no III Festival da Música Popular Brasileira da TV Record. São Paulo (SP), 1967.

A televisão, que chegou ao Brasil nos anos 1950, popularizou-se na década seguinte e transformou-se em um dos principais veículos de divulgação musical, em especial por meio dos Festivais da Música Popular Brasileira.

No III Festival da Música Popular Brasileira da TV Record, em 1967, Caetano Veloso e Gilberto Gil apresentaram as canções "Alegria, alegria" e "Domingo no parque", respectivamente. Essas composições criaram um primeiro rompimento com a música tradicional e apresentavam elementos característicos do Tropicalismo, mesmo antes de o movimento receber esse nome. No festival, Gil ficou em segundo lugar. Sua música, que apresentava diversas misturas estilísticas características do Tropicalismo, tinha arranjo de Rogério Duprat e era tocada por uma orquestra, pela banda de rock Os Mutantes, por um percussionista no berimbau e por Gilberto Gil no violão e na voz.

O festival foi um dos mais emblemáticos da época, com cinco finalistas que representavam muito bem a diversidade musical do período. Do primeiro ao quinto lugar ficaram, respectivamente, Edu Lobo, Gilberto Gil, Chico Buarque, Caetano Veloso e Roberto Carlos.

E VOCÊ?

1. Pergunte na sua família se alguém conhece algo a respeito desses festivais. Aprofunde sua pesquisa perguntando sobre os artistas e sua produção na atualidade.
2. Você assiste a programas similares a esses festivais? Se sim, quais são as semelhanças e as diferenças?

CÁPSULAS

Na primeira pessoa e no feminino

Joyce Moreno é uma compositora brasileira. Aos 19 anos, conseguiu classificar uma música no concorrido Festival Internacional da Canção, promovido pela Rede Globo e realizado também em 1967, competindo com consagrados nomes da música brasileira do momento, como Edu Lobo, Chico Buarque e Milton Nascimento. Provocou grande polêmica na época, sendo inclusive vaiada quando começou a cantar, simplesmente por ter cantado uma música com letra escrita na primeira pessoa e no feminino.

A compositora chegou a receber ofensas de jornalistas, quando, segundo ela, só queria se expressar no seu gênero, como vira antes em artistas como Billie Holiday (1915-1959) e Edith Piaf (1915-1963). A primeira frase da música começa com "Já me disseram/ que meu homem não me ama/me contaram que tem fama/de fazer mulher chorar".

Capa do disco Joyce, gravado pela cantora e compositora Joyce Moreno. Philips Records, 1968.

E VOCÊ?

1. O que acha da postura do público e desses jornalistas? Você percebe ainda hoje algum tipo de barreira ou discriminação contra artistas mulheres?
2. Você conhece mulheres compositoras? Elas se expressam na primeira pessoa e no feminino nas suas músicas? Em grupos de três colegas, façam uma pesquisa e criem uma pequena lista com mulheres compositoras brasileiras na atualidade. Ouça suas músicas e comente com os colegas.

Concomitantemente ao Tropicalismo, destacavam-se na música brasileira dois outros movimentos bastante distintos e populares na época. Um deles era a **Jovem Guarda**, que teve como principais ícones Roberto Carlos e Erasmo Carlos. O iê-iê-iê da Jovem Guarda é a versão brasileira do *rock* dos anos 1960, um gênero musical muito influenciado pela produção estrangeira.

Capa do disco *Luz Das Estrelas*, da cantora Elis Regina. Som Livre, Rio de Janeiro, lançado em 1984.

Capa do disco *Jovem Guarda!*, lançado pela Revista Contigo em 2004, em uma edição especial sobre esse movimento musical nos anos 1960. Na foto, os músicos Eduardo Araújo, Erasmo Carlos, Wanderléa, Roberto Carlos, Martinha e Wanderley Cardoso. Abril, Contigo/EMI Music, 2004.

Outro movimento foi a Música Popular Brasileira (**MPB**). Apesar de o nome, de forma geral, se referir a todas as formas de música popular brasileira, a expressão ganhou força associada aos festivais e por sua sonoridade característica. Embora com fortes elementos da música popular tradicional, é um tipo de música urbana. Foi desenvolvida com muita influência de gêneros brasileiros, mas com melodias e harmonia complexas e elaboradas. Muitos pesquisadores consideram a música "Arrastão" fundadora da MPB. Ela foi composta por Edu Lobo, com letra de Vinicius de Moraes (1913-1980) e interpretada em 1965 pela cantora Elis Regina (1945-1982).

Os artistas dessa fase da MPB tinham um ponto de vista mais conservador e bastante nacionalista, negando influências externas como o *rock*, que na época fazia muito sucesso, com bandas como The Beatles.

TANTAS HISTÓRIAS

Nos anos 1960, o Brasil estava em um momento de contradições sociais, políticas e culturais. Depois de ter passado por um clima de otimismo e modernização na década de 1950, o país vivia, a partir de 1964, os primeiros anos do autoritarismo da ditadura militar.

O contexto cultural dos anos 1950 havia gerado um dos gêneros mais marcantes da música popular brasileira do século XX: a bossa nova. Em 1958, o cantor e compositor João Gilberto (1931) lançou o disco *Chega de saudade*, com composições próprias, de Antônio Carlos Jobim (1927-1994) e de Vinicius de Moraes. No disco, João canta músicas que contêm elementos que misturam o *cool jazz* estadunidense (um tipo de *jazz* mais suave e de harmonia com menos contrastes) com uma espécie de samba, mas com melodias mais simples. Além das novidades na estrutura musical, João cantava baixinho e de maneira intimista, muito diferente do cantar quase operístico dos boleros, tangos e mesmo sambas que até então dominavam os meios de comunicação, com uma apresentação que podia ser resumida pela expressão "um banquinho e um violão". João Gilberto apresentou-se dessa maneira durante quase toda a carreira. Outros artistas incrementaram o tamanho dos grupos, mas a maneira de cantar música popular no Brasil nunca mais seria a mesma. Ouça, na **faixa 77 do CD**, um trecho de base musical no estilo bossa nova.

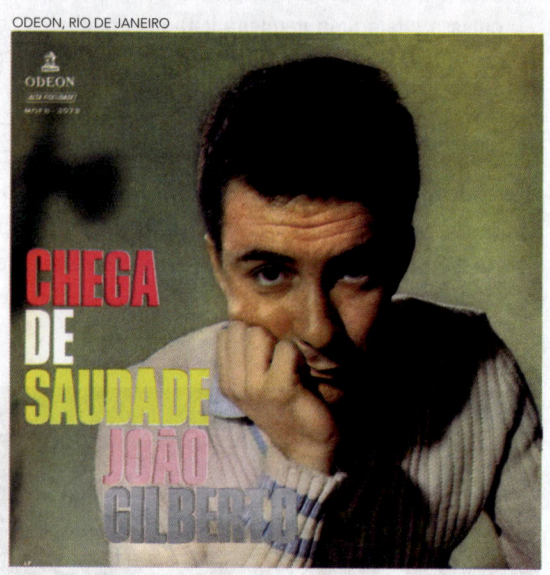

ODEON, RIO DE JANEIRO

Capa do primeiro álbum do cantor e compositor João Gilberto, lançado em 1959. Odeon, Rio de Janeiro (RJ).

Em um Brasil otimista e moderno, o momento histórico era propício a esse tipo de música descontraída, de cantar leve e de grande potencial de exportação. O gênero rapidamente ganhou o mundo, tornando-se o cartão-postal musical que definiu a década, usado e apoiado inclusive pelo governo como símbolo de uma brasilidade moderna, multirracial e multicultural na virada da década de 1950 para 1960.

E VOCÊ?

1. Você já ouviu alguma música do gênero bossa nova? Como você descreveria sua sonoridade para alguém que nunca ouviu bossa nova? Você gosta desse tipo de música? Por quê?

2. A bossa nova já foi considerada um dos gêneros mais representativos do Brasil. Você acha que ainda é? Que outros gêneros você incluiria?

FOCO NA PRÁTICA

Nesta atividade, você e os colegas, em grupos de seis integrantes, recriarão ou realizarão uma versão ou adaptação de uma música da bossa nova. O objetivo é criar um diálogo entre esse gênero e outros que vocês irão escolher. Sigam as etapas:

1. Pesquisem e ouçam algumas músicas desse gênero. Escolham uma. Com base na letra, vocês recriarão a música em um gênero diferente.
2. Escolham um gênero de música popular que seja do gosto do grupo. Vocês podem recriar a canção com outra melodia ou escolher uma música específica do outro gênero e adaptar a letra e a melodia.
3. A versão não precisa ser longa. Escolham uma estrofe e o refrão, por exemplo. Pensem em outros detalhes do arranjo, como uso de percussão corporal, quantas pessoas cantarão, só na estrofe ou durante o refrão etc.
4. Anotem todas as decisões. Ensaiem até que considerem, com o professor, que estão prontos para compartilhar a experiência com os colegas.
5. Apresentem a música para a turma.

Conversem sobre o resultado musical após todos os grupos terem se apresentado. Analisem as apresentações, avaliem quais foram os melhores momentos e o que pode ser melhorado.

Para os tropicalistas, não interessava nem a negação do que era estrangeiro nem sua versão brasileira. Em um processo antropofágico, eles procuravam romper as barreiras entre o tradicional e o moderno; o nacional e o internacional; o erudito e o popular. Ao assumir essas influências estrangeiras em suas músicas, os tropicalistas causaram um grande impacto no público e em muitos artistas da música popular brasileira. Utilizando guitarras elétricas, teclados elétricos e sonoridades experimentais, eles explicitavam, em suas letras, os contrastes da realidade brasileira.

ENQUANTO ISSO... NA INGLATERRA

The Beatles

Os Beatles foram uma banda de *rock* inglesa formada em 1960. Até hoje é considerado um dos grupos mais famosos e bem-sucedidos de toda a história da música popular. A banda era formada por John Lennon (1940-1980), Paul McCartney (1942), George Harrison (1943-2001) e Ringo Starr (1940). Em 1966, os Beatles pararam de realizar apresentações e todos os discos lançados passaram a ser feitos completamente em estúdio, fechando o período conhecido como "iê, iê, iê" (do inglês "yeah, yeah, yeah"), expressão muito presente nas músicas do grupo na época. Nesse primeiro momento, as músicas da banda tinham um caráter mais leve e simples e lhe renderam reconhecimento e fama mundial. A partir de 1966, o grupo adotou uma linha de trabalho com mais pesquisas e complexidade musical.

O álbum *Sgt. Pepper's Lonely Hearts Club Band* (1967) é o mais emblemático dessa nova fase. A produção do disco levou mais de setecentas horas de

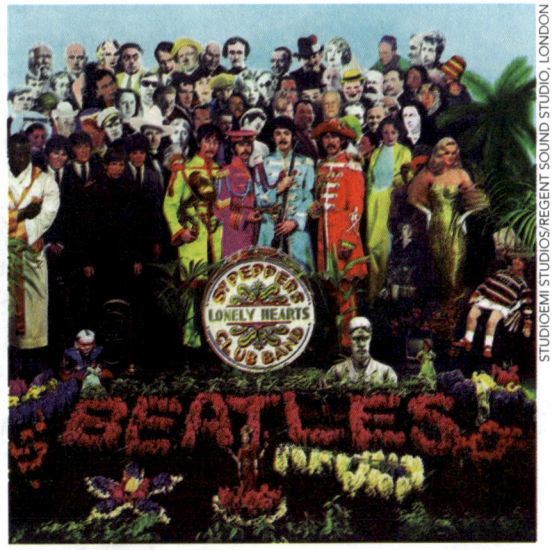

Capa do disco *Sgt. Pepper's Lonely Hearts Club Band* (*Banda do Clube dos Corações Solitários do Sargento Pimenta*, em português), gravado pelos Beatles. Inglaterra, Parlophone, 1967.

CAPÍTULO 5 • Manifestações antropofágicas

trabalho só no estúdio. *Sgt. Pepper's* foi o primeiro álbum de *rock* a ganhar o prêmio de Melhor Álbum do Ano, além de Melhor Álbum Contemporâneo, Melhor Capa e Melhor Engenharia de Som no Grammy, o maior prêmio da indústria fonográfica estadunidense.

A capa do disco é uma colagem de vários personagens importantes para o grupo, sendo muito simbólica dessa mistura de ideias e influências presente no disco e que mudou de forma determinante a indústria fonográfica da época. Destacam-se questões técnicas nunca antes feitas para músicas comerciais, como manipulação das fitas magnéticas de gravação com cortes e colagens, uso de fones como microfones, microfones dentro de instrumentos e não na frente deles, uso de osciladores para modificar o som de instrumentos e vozes etc. O disco ainda contou com instrumentos orientais, em particular originários da Índia. É sem dúvida o álbum mais reconhecido da banda, indicado como melhor disco de *rock* da história por várias publicações especializadas.

De maneira própria, o disco apresenta elementos similares aos discutidos nos processos usados pelos tropicalistas, embora os resultados sonoros sejam diferentes. Os Beatles se separaram em 1970, mas suas músicas continuam sendo executadas e regravadas até os dias de hoje.

E VOCÊ?

Você gosta de *rock*? Já ouviu ou conhece músicas desse gênero? Conhece grupos brasileiros de *rock*?

_____
_____
_____

O movimento tropicalista não nasceu de forma organizada nem com esse nome. Muitos artistas da época manifestavam em suas obras interesses de ruptura e renovação: cineastas, escritores e intelectuais. O nome "Tropicália" foi sugerido pelo cineasta Luiz Carlos Barreto para uma música do disco de 1967 de Caetano Veloso, ao ver nela relações com uma obra de mesmo nome de Hélio Oiticica.

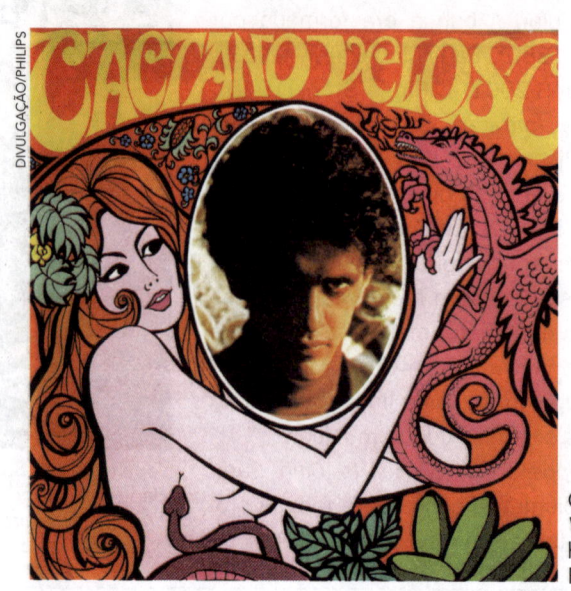

Capa do disco *Caetano Veloso*, gravado pelo artista homônimo. São Paulo, Philips, 1967.

Observe as imagens a seguir.

Tropicália (1967), de Hélio Oiticica. Penetráveis PN2 "A pureza é um mito" e PN3 "Imagético". Instalação, técnica mista. Ambiente labiríntico composto por penetráveis associados a plantas, areia, poemas-objetos, araras e capas de parangolé. Tate Gallery, Londres. (primeira imagem). Universidade Estadual do Rio de Janeiro (RJ) (segunda imagem).

A instalação *Tropicália*, de Hélio Oiticica, é composta por vários "penetráveis" que, segundo o artista, são "labirintos com ou sem placas movediças nos quais o espectador penetra, cumprindo um percurso". Só com as fotos não é possível ter a experiência de percorrer a *Tropicália*. Mas pode-se ter uma ideia dos elementos que a compõem. O artista Hélio Oiticica, abordado anteriormente, criou, a partir da década de 1960, diversas obras que propõem a participação do público. Os penetráveis são algumas delas. Preocupado com uma relação intuitiva e espontânea do público com as propostas artísticas, sua interação e participação, ele demonstrou interesse por manifestações como o carnaval e o samba, aproximando-se da realidade das comunidades e tornando-se inclusive passista da escola de samba Estação Primeira de Mangueira. Leia um trecho de uma declaração do artista em uma entrevista ao *Jornal do Commercio*, em 1967, sobre a obra *Tropicália*:

CAPÍTULO 5 • Manifestações antropofágicas 311

[...] para entrar em cada penetrável era o participador obrigado a caminhar sobre areia, pedras de brita, procurar poemas entre as folhagens, brincar com araras etc. – o ambiente criado era obviamente tropical, como que num fundo de chácara, e, o mais importante, havia a sensação de que se estaria pisando a terra. Essa sensação, senti-a eu anteriormente ao caminhar pelos morros, pela favela, e mesmo o percurso de entrar, sair, dobrar pelas quebradas da *Tropicália*, lembram muito as caminhadas pelo morro [...]

No penetrável maior, o participador entra em contato com uma multiplicidade de experiências referentes à imagem: a tátil, fornecida por elementos dados para manipulação, a lúdica, a puramente visual [...] até chegar ao fim do labirinto, no escuro, onde um aparelho de televisão (receptor) encontra-se ligado permanentemente: é a imagem que absorve o participador na sucessão informativa, global.

FILHO, César Oiticica; VIEIRA, Ingrid (Org.). *Hélio Oiticica*. Rio de Janeiro: Beco do Azougue, 2009. p. 50-51. (Coleção Encontros).

- Com base nas imagens da instalação *Tropicália* e nas descrições sobre ela, que sensações você imagina que teria ao percorrê-la? Como os diversos elementos presentes na obra influenciam sua percepção?

Agora, leia alguns trechos da música "Tropicália", de Caetano Veloso.

Tropicália

Sobre a cabeça os aviões
Sob os meus pés os caminhões
Aponta contra os chapadões
Meu nariz
Eu organizo o movimento
Eu oriento o Carnaval
Eu inauguro o monumento no planalto central
Do país

Viva a bossa-sa-sa
Viva a palhoça-ça-ça-ça-ça
Viva a bossa-sa-sa
Viva a palhoça-ça-ça-ça-ça

O monumento é de papel crepom e prata

Os olhos verdes da mulata
A cabeleira esconde atrás da verde mata
O luar do Sertão
O monumento não tem porta
A entrada de uma rua antiga, estreita e torta
E no joelho uma criança sorridente, feia e morta
Estende a mão

Viva a mata-ta-ta
Viva a mulata-ta-ta-ta-ta
Viva a mata-ta-ta
Viva a mulata-ta-ta-ta-ta

[...]

No pulso esquerdo bang-bang
Em suas veias corre muito pouco sangue
Mas seu coração balança a um samba de tamborim
Emite acordes dissonantes
Pelos cinco mil alto-falantes
Senhoras e senhores ele põe os olhos grandes
Sobre mim

Viva Iracema-ma-ma
Viva Ipanema-ma-ma-ma-ma
Viva Iracema-ma-ma
Viva Ipanema-ma-ma-ma-ma

[...]

VELOSO, Caetano. Tropicália. *Caetano Veloso*. São Paulo: Philips, 1967. Disco.

- Assim como Luiz Carlos Barreto, você percebe relações entre a música "Tropicália", de Caetano Veloso, e a instalação *Tropicália*, de Hélio Oiticica? Quais? Você identifica na obra de Hélio elementos que podem ser associados ao movimento tropicalista?

Cena da peça teatral *O rei da vela*, de Oswald de Andrade. Direção de José Celso Martinez Corrêa. Montagem do Teatro Oficina, São Paulo (SP), 1967.

> **OBSERVE A IMAGEM.**
> Observe o cenário, os figurinos e os adereços na foto do espetáculo. Há elementos tipicamente brasileiros nela? Quais?

Em 1967, a montagem do espetáculo *O rei da vela* foi considerada um marco da Tropicália. Ainda sob os fortes abalos do golpe de 1964, a peça teve enorme repercussão. Essa foi a primeira encenação do texto, escrito trinta anos antes, em 1937, por Oswald de Andrade. Na década de 1930, ele escreveu outras duas obras, *O homem e o cavalo* (1934) e *A morta* (1937), propondo uma dramaturgia antropofágica, com referências a outros textos e contextos políticos e estéticos. Na história de *O rei da vela*, o personagem central é Aberlado I, um agiota e produtor de velas endividado pelos empréstimos. A dramaturgia, aliada à encenação ousada de Zé Celso, que combinava elementos cenográficos com referências modernistas e expressionistas e satirizava os costumes burgueses da época, tornou a peça extremamente atual, trazendo questões pertinentes e convergentes com o pensamento tropicalista.

Caetano Veloso, apesar de ter lançado a música "Tropicália" antes de assistir à peça, ainda não havia vinculado as ideias do Tropicalismo às de Oswald e da Antropofagia. Foi somente depois de assistir ao espetáculo que ele declarou, em entrevista:

....

Atualmente componho depois de ter visto *O rei da vela* [...]. Acho a obra de Oswald enormemente significativa [...]. Fico apaixonado por sentir dentro da obra de Oswald um movimento que tem a violência que eu gostaria de ter

CAPÍTULO 5 • Manifestações antropofágicas

contra as coisas de estagnação, contra a seriedade [...]. Todas aquelas ideias dele sobre poesia pau-brasil, antropofagismo realmente oferecem argumentos atualíssimos que são novos mesmo diante daquilo que se estabeleceu como novo [...] O Tropicalismo é um neoantropofagismo.

CAMPOS, Augusto de. *O balanço da bossa e outras bossas*.
São Paulo: Perspectiva, 1974. p.161.

Até os dias de hoje, a Antropofagia é uma das principais diretrizes do trabalho de Zé Celso e seu grupo, sempre misturando o novo com o tradicional, o ritualístico com o tecnológico e questionando padrões e tabus sociais.

Observe a imagem ao lado e leia as informações que ela traz.

Macumba antropófaga (estreado em 2011) é o título de um dos espetáculos de Zé Celso no Teatro Oficina. Como cita o cartaz, o texto foi elaborado com base no Manifesto Antropófago, de Oswald de Andrade. A peça mistura trechos do manifesto, personagens que representam os artistas da época, fragmentos de outras obras de Oswald, personagens históricos de diversas épocas e referências artísticas atuais, além de rituais de celebrações indígenas, africanas e da Antiguidade clássica grega. O espetáculo rompe com os limites do teatro por meio de uma encenação móvel nas ruas do bairro do Bixiga, em São Paulo (SP), em que os moradores e o espaço tornam-se parte do espetáculo.

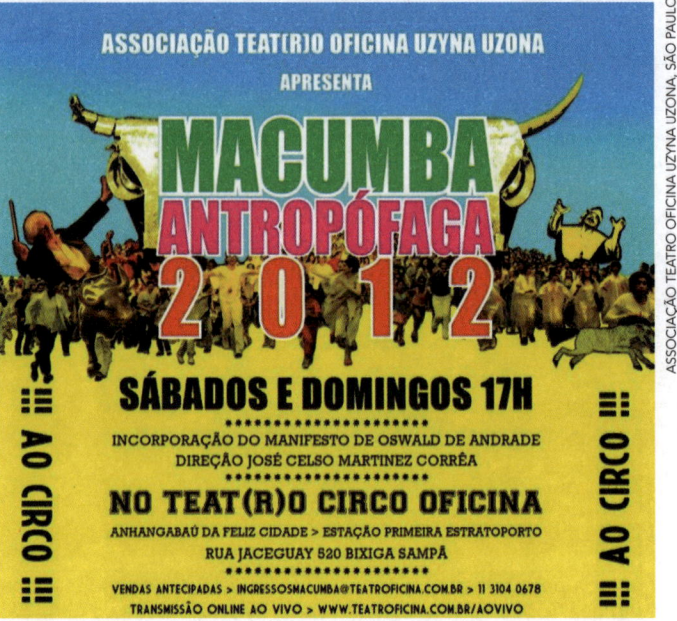

Cartaz da peça *Macumba antropófaga*. Direção de José Celso Martinez Corrêa. Teat(r)o Oficina Uzyna Uzona. São Paulo (SP), 2012.

CAIXA DE FERRAMENTAS

O diretor e os diferentes processos de criação

Neste capítulo, você conheceu um pouco mais do trabalho de um importante e atuante diretor teatral, José Celso Martinez Corrêa, mais conhecido como Zé Celso. Viu que sua forma de encenação ousada influenciou os tropicalistas nos anos 1960 e ainda hoje chama a atenção.

Por definição, diretor é aquele que dirige ou orienta. É uma função que aparece em boa parte das atividades profissionais. É provável que sua escola tenha um diretor, por exemplo.

Na arte, a figura do diretor está presente em diversas linguagens, principalmente as que necessitam unir elementos ou profissionais na composição da obra, como na dança, na música, no cinema e no teatro.

De forma geral, o diretor é o responsável por fazer a ponte entre esses vários profissionais, para que tudo faça sentido na obra. O princípio do trabalho de direção é ser um olhar externo, que conduza o que está sendo construído para se chegar ao resultado pretendido.

No teatro, o diretor conduz a encenação e os ensaios, dá diretrizes sobre a interpretação dos atores e sobre a concepção geral do espetáculo.

No amplo universo da criação convivem inúmeras formas de processos, alguns mais experimentais e abertos, outros mais tradicionais.

No teatro tradicional, o texto deve ser seguido à risca e condiciona os demais elementos da cena a uma divisão de trabalho bem delimitada e definida, que é comandada pelo diretor. Atores, cenógrafos, figurinistas, iluminadores, maquiadores e demais integrantes da equipe têm seus trabalhos orientados e conduzidos pelo diretor, de forma hierarquizada.

Mas há processos em que cada integrante do grupo contribui com a concepção do espetáculo e as barreiras entre as diversas funções são mais maleáveis e se entrecruzam. Um exemplo é o chamado processo colaborativo.

O **processo colaborativo** surgiu nos anos 1960 como um desdobramento de outra forma de organização teatral chamada **criação coletiva**. Nessa época, em meio a muitos movimentos políticos e sociais contestadores, diversas companhias, refletindo o contexto em que se encontravam, optaram por desenvolver seus trabalhos de maneira mais livre, tanto nos processos de criação como em suas organizações internas. A criação coletiva é caracterizada pela participação, de forma igualitária, de todos os integrantes do grupo em todas as etapas da criação do espetáculo.

O processo colaborativo intensificou-se no começo dos anos 1990. Como na criação coletiva, também prima pela horizontalidade nas relações, com liberdade de criação e sem hierarquização. Todos os artistas envolvidos são criadores e colocam experiência e conhecimento a serviço do espetáculo, trazendo para a discussão teorias, visões estéticas, impressões, sentimentos, informações etc. Contudo, preservam-se as funções de cada artista. Ou seja, embora exista liberdade para fazer interferências e qualquer um do grupo possa discutir, sugerir mudanças e propor diálogos e cenas, continua cabendo ao diretor, por exemplo, a função de gerir a criação do espetáculo. O Teatro da Vertigem, grupo que você viu no Capítulo 1, sob a direção de Antônio Araújo, trabalha com base nesse processo.

Utilizando fontes diversas, como livros, internet, revistas ou grupos da região, faça uma pesquisa sobre um diretor de teatro. Procure saber como é o seu trabalho, seu processo de criação e de condução de seu grupo.

Leia o trecho da música a seguir.

Tropicália lixo lógico

O lixo lógico cresce, cresce, cresce.
O que fazer com tanto lixo lógico?

Aprendemos a jogá-lo
No poço do hipotalo*
Mas o lixo, duarteiro,
O córtex invadiu:
Caegitano entorta rocha
Capinante agiu."
(* versão óbvia de nosso mais velho amigo, o hipotálamo)

Capa do CD *Tropicália lixo lógico*, de Tom Zé. Brasil, gravadora independente, 2012.

TOM ZÉ. Tropicália lixo lógico. In: *Tropicália lixo lógico*. Brasil: gravadora independente, 2012. CD.

Esse é um trecho da música "Tropicália lixo lógico", do compositor, cantor, *performer*, arranjador e escritor baiano Tom Zé (1936). Ela faz parte do CD de mesmo nome, lançado em 2012. Tom Zé foi um importante integrante da Tropicália, ao lado de Caetano Veloso, Gilberto Gil e outros artistas já citados neste capítulo. Para o disco *Tropicalia ou panis et circencis* (1968), considerado um disco-manifesto da Tropicália, ele compôs a música "Parque industrial". No CD *Tropicália lixo lógico*, Tom Zé revisita o movimento tropicalista.

Irreverente e de personalidade marcante, suas músicas são repletas de senso de humor, assim como sua atitude de palco. Tom Zé sempre teve a experimentação, muito além de somente musical, como uma das marcas de seu trabalho. Ele já experimentou sonoridades diferentes usando os mais diversos objetos em suas músicas: eletrodomésticos, enceradeiras, buzinas, martelos, capacetes, esmeris, entre muitos outros. No forró "Xique-xique", do CD *Com defeito de fabricação* (1998), por exemplo, é usada uma pequena bexiga cheia, friccionada nos dentes, para tocar o trecho inicial. Já no CD *Jogos de armar* (2000), as músicas são tocadas em instrumentos inventados pelo compositor.

O músico Tom Zé posa para foto, após a sabatina com fãs feita pelo jornal *Folha de S.Paulo*. São Paulo (SP), 2014.

FOCO NA PRÁTICA

Nesta atividade, você e os colegas farão intervenções sonoras em músicas. A atividade consiste em acompanhar a música escolhida inserindo sons que dialoguem com ela enquanto é reproduzida. Sigam as etapas:

1. Reunidos em grupos de quatro integrantes, escolham uma música.
2. Ouçam-na prestando atenção aos diferentes elementos musicais e à letra.
3. Pensem nas intervenções. Para isso, reproduzam a música várias vezes e experimentem durante a execução. Nessa fase da pesquisa, vocês podem fazer sons com a boca imitando objetos, mas deem preferência a sons produzidos com objetos reais.
4. Estabeleçam os tipos de som que podem ser inseridos. Esses sons podem ser de qualquer natureza, mas precisam incluir sons originalmente "não musicais", como sons feitos com objetos, máquinas, com o corpo etc. As intervenções devem ter alguma relação com a música. Pode ser a sonoridade, o ritmo, a letra, a estrutura ou a forma da canção.
5. Ensaiem experimentando várias maneiras de incluir as intervenções e estabeleçam seu arranjo. Depois, apresentem os resultados aos demais grupos.

Após as apresentações, conversem sobre os resultados. Apontem os momentos mais musicais e os menos musicais nas apresentações. É uma análise com elementos objetivos, como sincronicidade e ritmo, por exemplo, mas também subjetivos, com sons que se relacionem com interpretações pessoais da letra ou de elementos musicais (melodia, vozes, instrumentos, por exemplo). Justifiquem suas análises. Valorizem os melhores momentos e vejam o que pode ser melhorado também.

CONEXÃO

> Entre, querido, e me dê logo um abraço! Fique à vontade. Há quanto tempo, não? Valha-me Nosso Senhor Jesus Cristo! Faz o quê? Dez anos? Quinze? Você não mudou nada. Mudou? Seus cabelos ganharam alguns fios brancos? Alguns, não – muitos? Pode ser, pode ser. Que importa? Minha barba também branqueou um pouco. Já meus cabelos continuam escuríssimos. Se os tinjo? De jeito maneira! Não preciso.
>
> ANTENORE, Armando. A Tropicália segundo Tom Zé. Revista *Bravo*, São Paulo, ano 14, ed. 179, p. 24, jul. 2012.

Assim começa a entrevista "A Tropicália segundo Tom Zé", concedida pelo artista à revista *Bravo* por ocasião do lançamento do CD *Tropicália lixo lógico*. Leia, a seguir, outros trechos da entrevista. Nela, o jornalista optou por omitir as perguntas, o que destaca o caráter bem-humorado da fala de Tom Zé:

Da esquerda para a direita, Rodrigo Amarante, Tom Zé, Mallu Magalhães e Emicida, músicos que participaram do CD *Tropicália lixo lógico* (2012).

Gostaria apenas de falar mais duas besteirinhas: 1) Batizei o disco de *Tropicália lixo lógico*. 2) Pegue caneta e papel, seu Repórter! Um único papel não basta, não. Trate de arranjar uma batelada. Aposto que você terá milhares de indagações para anotar. [...]

Que lero-lero, meu Santíssimo! Vamos nos concentrar no que interessa, não é? O disco novo. Veja: todo mundo trombeteia que o Tropicalismo não existiria sem a influência do Oswald de Andrade, o poeta modernista. E do José Celso Martinez Corrêa, o diretor de teatro. E do Hélio Oiticica, o artista plástico. E do José Agrippino de Paula, o escritor. E dos Mutantes. E do *rock* internacional. E... Sempre me chateei com esse papo. [...] Eles exerceram, claro, um papel fundamental no Tropicalismo. Mas alardear que o originaram? Comigo não, violão! Afirmações do gênero me pareciam incompletas. Uma facilitação, um engano, uma irresponsabilidade! Levei um tempão refletindo sobre o assunto. A ostra remoendo a pedra. Até que, uma hora, brotou a pérola.

Descobri um negócio incrível: o Tropicalismo – o movimento cultural que Caetano Veloso e Gilberto Gil, dois gênios da raça, capitanearam em 1967, 68 e 69 – nasceu do lixo lógico! Oswald, Zé Celso, Oiticica, Agrippino, Mutantes e o *rock* internacional desempenharam somente a função de gatilho disparador. O verdadeiro pai da criança é o lixo lógico!

Ô, Neusa [esposa de Tom Zé], espie a angústia do rapaz. Ficou perdidinho, o desvalido. "Eu tô te explicando/pra te confundir./Eu tô te confundindo/pra te esclarecer." Lembra-se da minha velha canção?

Pois bem, vou retomar o raciocínio por outro caminho: o Tropicalismo botou guitarra na música brasileira e a fez dialogar com o que havia de mais revolucionário fora do país – com os Beatles, os Rolling Stones, o cinema francês, a cultura *pop*. [...]

Como ia dizendo, por causa do Tropicalismo, Gil e Caetano contribuíram para modernizar o país, mesmo nadando contra a corrente das esquerdas, que desejavam um Brasil eternamente bucólico [...].

Ocorre que nem Gil nem Caetano agiram sozinhos. Eu, Gal Costa, os poetas Torquato Neto e José Carlos Capinam, o artista gráfico Rogério Duarte e, de certa maneira, o Glauber Rocha aderimos às ideias dos dois e também participamos do movimento. Agora repare bem: de onde todos nós procedíamos? Do mato, do interior nordestino. O quê? Gal nasceu em Salvador? Veio do litoral, não do interior? Correto, correto, querido. Estou cometendo uns deslizes, fazendo umas generalizações poéticas... Erro nos detalhes e acerto no conjunto. O fato é que o pessoal do Sul, figuras com a magnitude de um Chico Buarque, um Edu Lobo e um Vinícius de Moraes, não chegava perto da Tropicália. Tinha horror à nossa maneira de enxergar a sociedade. Não pescava nada daquela bagunça. Por quê? Responda! Seria mera coincidência? Eles, do Sul, e nós, do Nordeste? [...]

Chico é um lorde! Mas nasceu no Rio de Janeiro, e a Tropicália soava esquisita para o povo do Sul. O motivo da estranheza? Os sulistas não dispunham do lixo lógico. Rodei, rodei e caí no danado de novo! Pareço um pião bêbado, né? Pois continue me acompanhando: quando Caetano, Gil e os demais tropicalistas éramos pequenos, imperava uma cultura nada aristotélica nas casas e nas ruas do interior nordestino. Você sabe: Aristóteles inaugurou a filosofia ocidental com... Me fugiram os nomes... Memória dos infernos! Neusa, meu amor, como se chamavam os intelectuais que perambulavam pela Grécia nos primórdios da filosofia? [...]

Correto, correto. Sócrates, Platão e Aristóteles construíram as bases do pensamento ocidental ou, se você preferir, os alicerces do racionalismo. Entretanto, no interior do Nordeste, consumíamos uma prosódia, um saber oral, uma visão de mundo que não advinha dos gregos, e sim dos árabes. Qual o espanto? Os árabes, inventores do zero e donos de uma arquitetura fantástica, de uma medicina sofisticadíssima, dominaram a península Ibérica ao longo de séculos. Contaminaram, portanto, as ideias dos portugueses [...]. Não banque o rigoroso, seu Jornalista! Não procure contradições em meu raciocínio. O importante é que a meninada do Nordeste bebia daquele caldo não aristotélico até entrar na escola. Por isso, costumo dizer que a creche tropical acolhia uma porção de analfatóteles, os analfabetos em Aristóteles. Com 7 ou 8 anos, a garotada enveredava pelo colégio e, só então, tomava conhecimento da cultura ocidental. Calcule a surpresa, o fascínio. Descobrir os livros, as ciências e todo um palavreado diferente! Hipnotizadas por tamanho tesouro, as crianças jogavam fora o aprendizado anterior e deixavam que Aristóteles assumisse as rédeas em definitivo. De onde extraí tantas premissas? Eu trabalho, seu Doutor! Leio à beça e, depois, junto os pauzinhos. [...] Retomando: como frequentei muito divã, aprendi umas coisinhas sobre o cérebro. Sei, por exemplo, que nossa cabeça abriga o córtex e o hipotálamo. Tudo o que é desprezado pelo córtex – a camada cerebral mais externa, riquíssima em neurônios – migra para o hipotálamo. Nada desaparece, bicho! Nada! Já sacou aonde pretendo chegar? Aquilo que os meninos do Nordeste jogavam fora quando travavam contato com Aristóteles escapulia do córtex, se aninhava no hipotálamo e ali adormecia. Tornava-se lixo, só que um lixo dotado de lógica própria – a lógica dos árabes, do Oriente, do interiorzão. Um lixo lógico!

Na década de 1960, Caetano e Gil ouviram Beatles e Mutantes, leram Oswald e Agrippino, assistiram às peças de Zé Celso, conheceram as pirações de Oiticica e se incomodaram, como a ostra diante da pedra. Sentiram que um mar de inovações os convocava à luta e que a tal da MPB necessitava abraçar de vez a modernidade. Foi daí que o lixo lógico abandonou o hipotálamo deles e reinvadiu o córtex. Em outras palavras: os dois perceberam que tinham de resgatar o aprendizado do interior, a herança dos árabes, a tradição oral e uni-los à cultura pop do Ocidente, filha direta do pensamento aristotélico. Conseguiram, assim, engendrar um ser inteiramente original, a dona Tropicália.

[...] O quê? Ando excessivamente bonzinho? Passei a conversa inteira só tecendo loas à Tropicália? Ô, Neusa, o moço resolveu me atiçar. Quer que eu desça a lenha em Deus e o mundo. Não tem problema. Bote o gravador mais perto de mim. Lá vai: Tropicalismo, tu é feio! Tu é sem-vergonha! Tu é descarado!

ANTENORE, Armando. A Tropicália segundo Tom Zé. Revista *Bravo*, São Paulo, ano 14, ed. 179, p. 24, jul. 2012.

E VOCÊ?

1. O que você compreendeu da entrevista de Tom Zé? Comente com os colegas sua impressão geral sobre o texto.
2. Que temas da Tropicália estudados aparecem na fala de Tom Zé?
3. Tom Zé cria um conceito para fundamentar sua teoria para a Tropicália. Qual é ele? Como o artista o fundamenta? Que conteúdos de outras áreas do conhecimento ele usa para embasar sua teoria artística?
4. Como o artista aborda sua teoria no trecho da música "Tropicália lixo lógico", que você leu anteriormente? Você considera a teoria de Tom Zé válida? Por quê? Justifique com base no que aprendeu sobre a Tropicália.

PRÁTICA FINAL

Nesta atividade, você irá construir uma cena como diretor e participar de outra, dirigida por um colega. Forme um grupo com mais quatro estudantes. Cada grupo montará cinco cenas curtas, sendo que cada uma delas será concebida e dirigida por um dos integrantes e realizada pelos outros. As cenas devem ter como tema a cultura brasileira. Por meio da cena você pode, por exemplo, retratar alguma manifestação que considere importante, propor reflexões ou criticar algo com o qual não concorde, apresentar uma manifestação que você conheça etc.

Orientações para direção

1. Entre as obras que você conheceu neste capítulo, selecione uma para servir de ponto de partida e inspiração. Valem obras de qualquer linguagem.
2. Escolha com qual linguagem você quer trabalhar: teatro, dança, música ou a mistura de mais de uma. Você pode usar ou não falas.
3. Pense no que você quer dizer com sua cena. Não é necessário representar a obra escolhida, ela será ponto de partida para o que você deseja dizer sobre a cultura brasileira. Você pode agregar referências de outras obras que conheça e tratem do tema.
4. Pense na maneira de elaborar a cena. Uma possibilidade é construí-la previamente, escrevendo um texto ou roteiro. Outra é criá-la em conjunto. Na primeira possibilidade, considere que podem surgir outras ideias durante o ensaio, tanto do grupo como suas. Para a segunda opção, pense na ideia principal que a cena deve retratar. Com base nela, você pode propor estímulos para que o grupo faça improvisações sobre sua ideia, para só depois compor a cena. Por exemplo, se você escolheu uma música como ponto de partida, pode selecionar trechos dela que considere mais interessantes e propor que o grupo elabore cenas curtas improvisadas com base nesses trechos. Se a obra escolhida foi um filme, pode selecionar cenas ou diálogos de que goste para criar a partir deles; caso seja uma pintura, é possível dispor elementos que estejam na imagem para que cada membro do grupo proponha uma cena curta com eles. Tudo isso servirá de material para que você componha a cena final. Lembre-se de que a cena pode ser simbólica, ou seja, a ideia central não precisa estar explícita e pode pressupor a interpretação do público.
5. Realize a montagem da cena organizando o que cada integrante fará. Se você partiu de improvisações, procure extrair delas o que achou interessante para compor a cena, reelaborando o que for preciso e organizando todo o material levantado com as improvisações em um texto ou roteiro. Se você optou por escrever o texto independente de improvisações, distribua os personagens entre os integrantes do grupo. Realize leituras do texto antes da montagem da cena, procurando deixar clara a sua intenção com cada passagem e com os personagens.
6. Pense em outros elementos que podem fazer parte da cena, como figurinos, cenários e sons.
7. Ensaie algumas vezes. Procure perceber se há algo que precisa ser modificado. O trabalho de direção representa um olhar externo à obra, de forma a fazer a ponte entre o que está sendo construído e o que se objetiva na apresentação. Observe se sua intenção está presente no trabalho ou se precisa de alterações.

Orientações para a participação

Procure compreender qual é a intenção do colega que está na direção para viabilizar a construção da cena. É importante contribuir com ideias, já que um ator, bailarino ou músico nunca é mero executor de tarefas. Ele também é um artista e faz parte da obra. Ainda assim, lembre-se de que o objetivo é realizar o trabalho proposto pelo colega.

Após a finalização das montagens, você e o grupo apresentarão a cena para o restante da turma.

IDEIAS EM FLUXO

Depois das apresentações da atividade anterior, forme uma roda com os colegas e conversem sobre o que foi feito. Quais foram as impressões sobre os trabalhos? Quais foram as obras escolhidas como ponto de partida? De que forma foram colocadas as ideias? Quais fatores influenciaram na concepção das cenas? Quais linguagens foram utilizadas? O que foi abordado sobre a cultura brasileira? Como cada trabalho dialoga com o conteúdo do capítulo? E com as várias estéticas apresentadas nas obras deste capítulo? Foi possível perceber diversos "Brasis" na pluralidade dos trabalhos? E características antropofágicas? Quais relações podem ser estabelecidas entre os trabalhos? Considerando os trabalhos que partiram das mesmas obras, como cada grupo abordou o tema?

ARTE, TECNOLOGIA E TRANSFORMAÇÃO

CAPÍTULO 6

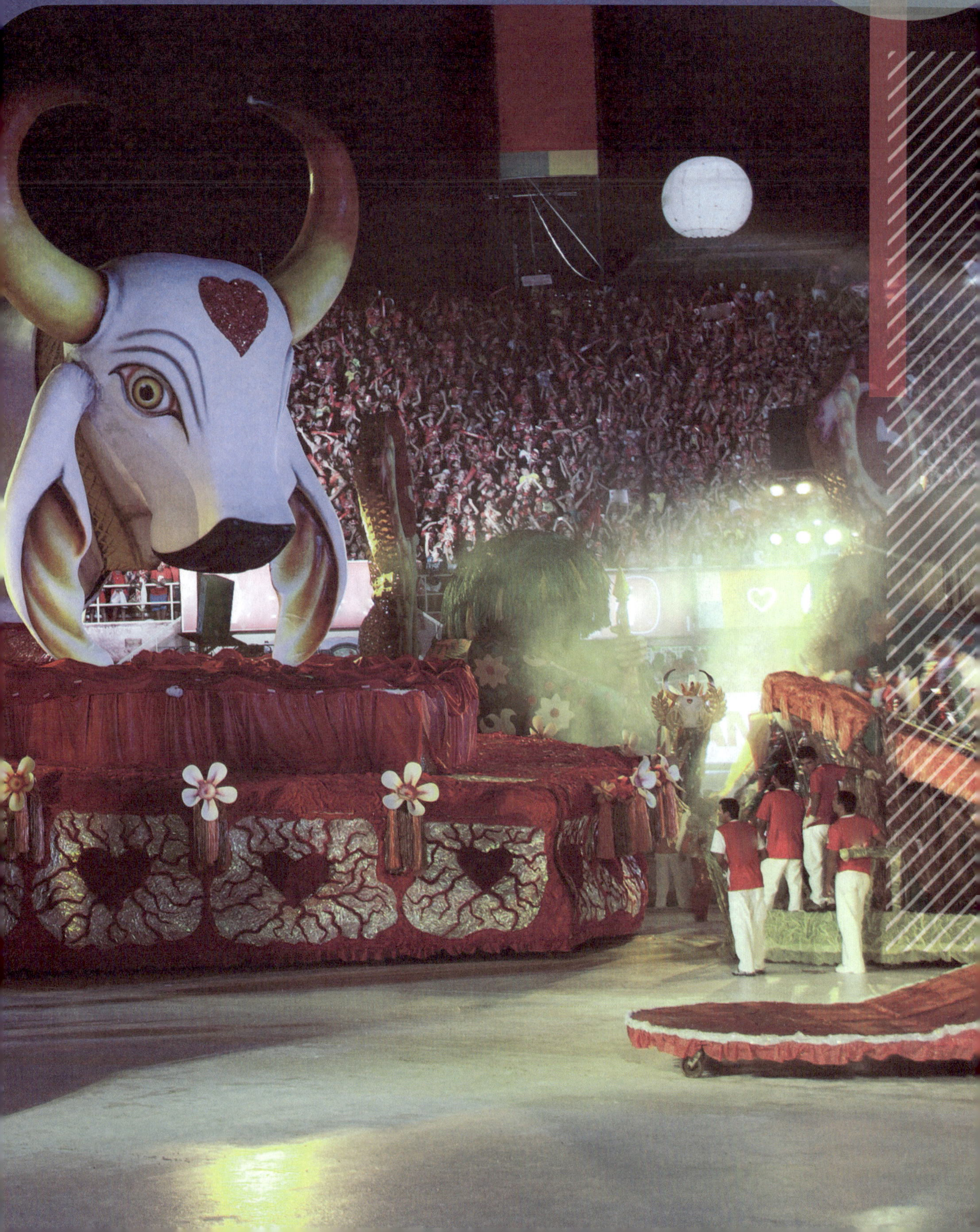

ABRA A JANELA

OBSERVE AS IMAGENS.

Cena de pessoas interagindo com a instalação *OP_ERA: Sonic Dimension* (2005), de Rejane Cantoni e Daniela Kutschat.

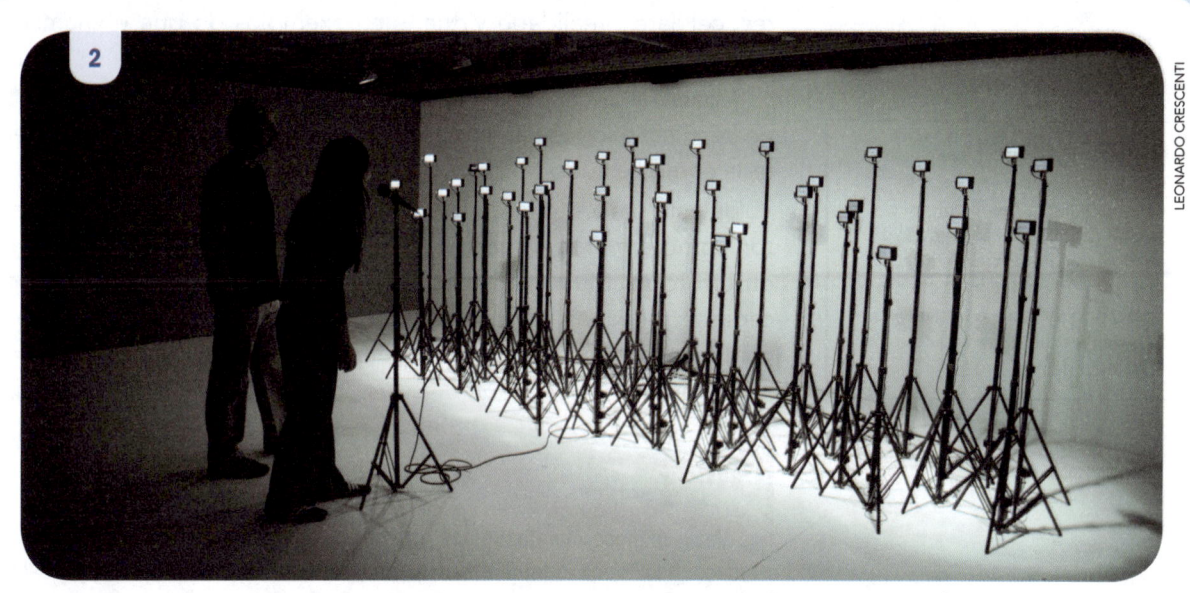

Pessoas interagindo com a instalação *Fala* (2012), de Rejane Cantoni e Leonardo Crescenti.

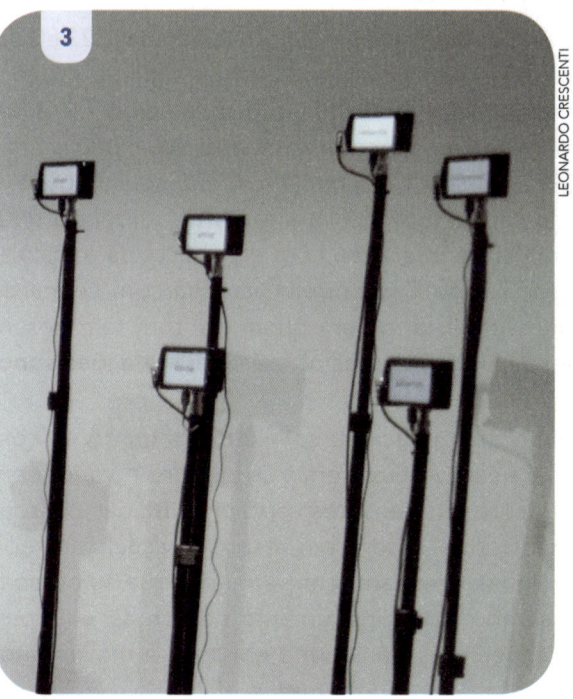

Instalação *Fala* (2012), de Rejane Cantoni e Leonardo Crescenti. Detalhe.

As fotos mostram duas instalações diferentes. Como são essas obras? Que elementos fazem parte de cada uma delas? Elas se parecem com algo que você conheça? Elas lembram outras manifestações artísticas?

Como ocorre a interação do público com as instalações?

Quais tecnologias você percebe presentes nas obras? Elas usam tecnologias que fazem parte de seu cotidiano? Como elas são usadas nas obras?

CAPÍTULO 6 • Arte, tecnologia e transformação

TUDO SE TRANSFORMA

O que é tecnologia? Qual é sua relação com a arte? Quando pensamos a respeito de tecnologia, é comum a associarmos a computadores, celulares, realidade virtual etc., exemplos do que é chamado de alta tecnologia.

A palavra "tecnologia" vem da junção de dois termos gregos, *techne* (técnica) e *logos* (estudo). Assim, "tecnologia" poderia ser interpretada como "estudo de técnicas".

Ela está presente tanto na roda, alavanca ou nos pincéis de um pintor, como em uma câmera digital, uma estação espacial, um foguete ou um robô. Muitas manifestações artísticas surgem ou são modificadas e recriadas pelo uso da tecnologia, que influencia a maneira como pensamos, sentimos, experienciamos e entramos em contato com a arte.

> **alta tecnologia:** termo que alude à tecnologia de ponta, aos mais recentes avanços tecnológicos. É comum utilizar o termo abreviado em inglês, *high-tech* (de *high technology*, "alta tecnologia"). Com o passar do tempo e o surgimento de novas tecnologias, o que era alta tecnologia deixa de sê-lo.

E VOCÊ?

Você conhece manifestações artísticas criadas com base em algum invento tecnológico? Você identifica, nelas, mudanças influenciadas pela tecnologia?

A reprodução dos sons

As obras mostradas no início deste capítulo, nas páginas 322 e 323, são duas instalações que usam novas tecnologias em sua criação. *OP_ERA: Sonic Dimension* (que pode ser traduzida como *OP_ERA: Dimensão Sonora*) foi criada em parceria entre as artistas paulistanas Rejane Cantoni (1959) e Daniela Kutschat (1964). Em seus trabalhos, elas exploram relações entre a tecnologia e a arte utilizando diferentes mídias e incentivam a interação com o público. Já a instalação *Fala* foi criada por Rejane Cantoni em parceria com Leonardo Crescenti (1954), artista paulistano com quem Cantoni tem desenvolvido propostas desde 2007. As duas obras são **instalações sonoras interativas**.

OP_ERA: Sonic Dimension relaciona som e imagem, conta com projeções de linhas paralelas verticais em três paredes e vários sensores de som e movimento. Os sensores captam a voz das pessoas e um computador transforma o som em resposta visual, percebida nas vibrações das linhas. Eles também permitem que as pessoas "toquem" as linhas, como em um instrumento de cordas: um computador capta essas ações e as transforma em sons e movimentos das linhas.

A obra *Fala* é composta por quarenta celulares e um microfone. Os celulares foram posicionados segundo a organização das pessoas na formação de um coral. Ao captar a fala das pessoas no microfone, os celulares retornam respostas audiovisuais em vinte idiomas diferentes. Leia, a seguir, o que os artistas dizem sobre a instalação:

....

Fala é uma máquina de falar autônoma e interativa, desenhada para estabelecer comunicação e sincronização automáticas entre humanos e máquinas, e entre máquinas e máquinas.

Disponível em: <www.cantoni-crescenti.com.br/speak/>. Acesso em: 28 abr. 2016.

....

A máquina analisa as informações escutadas e apresenta um resultado com significado semântico similar ao som captado: cada celular "fala" e exibe em sua tela uma palavra idêntica ou semelhante à escutada. Os celulares integram um coro, como se fossem instrumentos de uma orquestra.

- Essas informações sobre as obras ampliam sua percepção a respeito delas? Como? Que sentidos você atribui a essas instalações? Como a tecnologia contribui para esses significados? Use elementos das obras para justificar sua opinião.

A tecnologia influencia o fazer artístico em diversos níveis. Pode ser um dos elementos principais, como nessas obras que usam alta tecnologia, mas também pode passar quase despercebida. Ao ouvir música, por exemplo, não é muito comum as pessoas prestarem atenção detalhada nos instrumentos musicais. Desde a flauta de mais de 30 mil anos encontrada em cavernas da Europa até os computadores e celulares utilizados como instrumentos, a tecnologia acompanha e influencia os tipos de sons usados para se fazer música.

- Agora, ouça a **faixa 78 do CD**. Depois, responda às questões a seguir.

1. Você conhece a canção ou sua intérprete? Qual é o gênero musical? Há, nessa música, elementos que tradicionalmente não são comuns a esse gênero? Quais?
2. A música faz parte do disco *A mulher do fim do mundo* (2015), de Elza Soares. Leia o trecho a seguir, extraído de uma matéria sobre a artista:

....

[...] É incrível como o trabalho de Elza pode soar tão familiar, tão tradicional, tão samba, e ainda assim, tão diferente e inovador. Sua voz nesse álbum, suja, pesada, carrega seus 60 anos de carreira, bem como seus 78 anos de dor – desde sua infância difícil até a recente morte de seu quinto filho. E ainda assim, Elza se mostra mais empoderada do que nunca, o que fica bem claro na terceira faixa do álbum: "**Maria da Vila Matilde** – Porque Se a da Penha é Brava, Imagine a da Vila Matilde", faixa que mistura um samba sujo com *rock*.

RITA, Aria. A cantora do milênio é mulher, negra, brasileira e feminista: Elza Soares. Revista *Capitolina*, 13 dez. 2015. Disponível em: <http://www.revistacapitolina.com.br/a-cantora-do-milenio-e-mulher-negra-brasileira-e-feminista-elza-soares/>. Acesso em: 28 abr. 2016.

....

- O trecho se refere à música que você acabou de ouvir. Como você interpreta a passagem "mistura um samba sujo com *rock*"? Justifique.

Capa do CD *A mulher do fim do mundo*, de Elza Soares. São Paulo, Circus Produções Culturais, 2015.

3. Você reconhece os instrumentos presentes no arranjo? Quais sons ou instrumentos você considera estranhos ou diferentes se comparados com outros sambas?

4. Leia a letra da canção a seguir.

Maria da Vila Matilde

(Porque Se a da Penha é Brava, Imagine a da Vila Matilde)

Cadê meu celular? Eu vou ligar prum oito zero
Vou entregar teu nome e explicar meu endereço
Aqui você não entra mais eu digo que não te conheço
E jogo água fervendo se você se aventurar

Eu solto o cachorro e, apontando pra você,
Eu grito: péguix guix guix guix, eu quero ver
Você pular, você correr na frente dos vizim
Cê vai se arrepender de levantar a mão pra mim
(repete as duas estrofes)

E quando o samango chegar eu mostro o roxo no meu braço
Entrego teu baralho, teu bloco de pule
Teu dado chumbado, ponho água no bule
Passo e ofereço um cafezim
Cê vai se arrepender de levantar a mão pra mim

(solo)
Cadê meu celular? Eu vou ligar prum oito zero
Vou entregar teu nome e explicar meu endereço
Aqui você não entra mais eu digo que não te conheço
E jogo água fervendo se você se aventurar

Eu solto o cachorro e, apontando pra você,
Eu grito: péguix guix guix guix, eu quero ver
Você pular, você correr na frente dos vizim
Cê vai se arrepender de levantar a mão pra mim
(repete as duas estrofes)

E quando tua mãe ligar eu capricho no esculacho
Digo que é mimado, que é cheio de dengo
Mal acostumado, tem nada no quengo
Deita, vira e dorme rapidim
Cê vai se arrepender de levantar a mão pra mim
(repete o último verso quatro vezes)

Mão, cheia de dedo
Dedo, cheio de unha suja
E pra cima de mim?
Pra cima de muá? Jamé, mané!
(solo vocal)

Cê vai se arrepender de levantar a mão pra mim
(repete nove vezes)

GERMANO, Douglas (compositor). Intérprete: Elza Soares. Maria da Vila Matilde (Porque Se a da Penha é Brava, Imagine a da Vila Matilde). *A mulher do fim do mundo*. São Paulo: Circus Produções Culturais, 2015. CD.

A cantora Elza Soares no lançamento do disco *A mulher do fim do mundo*. Teatro Oi Casagrande, Rio de Janeiro (RJ), 2015.

5. Analise a estrutura da canção. Ouça-a novamente, se necessário. Identifique as seções e marque-as com as letras A, B e C.

6. Ouça a música novamente, prestando atenção às mudanças de instrumentação e arranjo desde a introdução até os momentos de maior intensidade. Essas mudanças estão relacionadas com a estrutura? Explique.

7. Leia a letra novamente. Qual é o tema da canção? Você distingue uma relação entre o tema e o arranjo inovador desse samba? Conhece outras canções que abordem denúncias de problemas sociais? Converse com os colegas a respeito.

A tecnologia está presente na música desde que o primeiro instrumento foi inventado. Na atualidade, ela pode ser vista em diversos níveis, como nos instrumentos eletroeletrônicos e nos computadores usados para criar música digitalmente, quando não se toca um único instrumento, tudo feito com cliques de um *mouse* que controla os arquivos de som digital.

No CD *A mulher do fim do mundo*, por exemplo, pode-se reconhecer o uso de instrumentos como guitarras e baixo elétricos, assim como de aparelhos eletrônicos para modificar sons, incluída a voz da cantora em alguns momentos. Os sambas apresentados no CD têm uma sonoridade contemporânea e, passados mais de cem anos desde os primeiros sambas, isso cria uma experiência nova no ouvinte.

A cantora Elza Soares durante apresentação para a televisão, 1972. Um exemplo de superação pessoal e qualidade musical, em 2002 foi considerada a cantora do milênio pela BBC, a maior rede britânica de TV, sendo comparada a Tina Turner e Célia Cruz. O CD *A mulher do fim do mundo*, lançado em 2015, foi muito bem recebido pelos críticos e pelo público. Além dos arranjos fora do padrão, as músicas abordam temas polêmicos.

FOCO NA PRÁTICA

Agora, você e os colegas criarão uma proposta inspirada na instalação *Fala*, dos artistas Rejane Cantoni e Leonardo Crescenti e na música "Maria da Vila Matilde", de Elza Soares. O trabalho deve ser feito segundo a ideia de um coro de celulares e utilizando os recursos dos aparelhos. Também precisa ser interativo, isto é, a participação do público influenciará a forma de perceber o trabalho. Caso a turma não tenha aparelhos suficientes, organizem-se para emprestá-los entre os grupos. Vocês podem gravar vídeos ou áudios; usar palavras, frases ou fotografias; apropriar-se de trechos da música ou, ainda, transformá-los. O importante é que o trabalho seja uma expressão audiovisual de vocês, provocada pela música, e conte com a participação do público em sua forma final.

Sigam as etapas:

1. Organizem a turma em grupos de seis a oito integrantes.

2. Primeiro, cada estudante deve ouvir e analisar a música individualmente, pensando nos aspectos dela que considera mais significativos. Anote suas considerações. Em que a música o faz pensar e o que o faz sentir? Como você poderia se expressar a respeito dessas sensações usando os recursos do celular?

3. Depois, conversem em grupo sobre suas impressões a respeito da música e discutam como suas ideias podem se integrar na criação do trabalho. Lembrem-se de que em um coro há muitas vozes e, nesse caso, elas podem se manifestar de diversas formas. Por exemplo: enquanto em um celular aparece uma palavra ou frase, em outro pode haver uma filmagem de um de vocês cantando, dançando, fazendo um gesto ou uma cena. Em um celular, pode haver um vídeo só com imagens, sem som, enquanto outro toca trechos da música. Procurem explorar os diferentes sentidos e linguagens usando os recursos dos aparelhos.

4. Organizem-se e filmem, gravem ou ensaiem o que cada estudante fará e definam como será a disposição final dos celulares. Vocês podem colocá-los na horizontal, sobre uma mesa, por exemplo, ou levantá-los com o uso de algum suporte. Eles podem estar um ao lado do outro, formar um círculo ou se sobrepor. Essa disposição final pode afetar como serão tocados pelas pessoas.

CAPÍTULO 6 • Arte, tecnologia e transformação

5. Antes da apresentação, façam testes dispondo os celulares do modo idealizado e verifiquem as possibilidades de participação do público.

6. No dia combinado, os grupos devem montar os trabalhos em diferentes locais da sala. Deixem cada celular pronto para ser tocado pelas outras pessoas. Ao interagirem com a proposta, elas serão, de certa forma, suas cocriadoras, interferindo na ordem em que os celulares são tocados e na formação do "coro". Se uma pessoa, por exemplo, colocar um celular de cada vez para tocar, terá um resultado, vendo e ouvindo cada um com nitidez. Se colocar todos ao mesmo tempo, terá outro, com uma simultaneidade de manifestações. Se começar com um celular e, aos poucos, ligar os demais, criará uma sensação do "coro" se formando, aumentando suas "vozes". Observem e participem das diferentes propostas.

Ao final, promovam um debate sobre o que criaram. Quais foram as sensações e ideias provocadas por cada uma das propostas? Como foi a participação das pessoas? Que expressões foram combinadas em cada uma? Quais foram as relações estéticas entre elas? Como as propostas se relacionam com a música "Maria da Vila Matilde"? Algum aspecto da música foi mais destacado em suas manifestações? Tudo funcionou conforme o planejado? Que expressões, vistas individualmente, em cada celular, se relacionam com outras, dos outros grupos? Façam o exercício de pensar e realizar novas combinações misturando as manifestações dos diferentes grupos. Mudam os resultados? Como ficam?

CONEXÃO

Mulheres do samba

No artigo "Raízes do samba: Qual foi a importância histórica das mulheres negras no samba?", a jornalista Ana Gennari, citando estudos da cientista social Kelly Adriano de Oliveira, mostra o papel das mulheres afrodescendentes no samba e na resistência da cultura negra. Leia alguns trechos a seguir.

A cantora Clementina de Jesus em apresentação musical de 1963.

O samba é o ritmo símbolo de **resistência da cultura negra**. E as **mulheres negras** foram essenciais para que ele pudesse seguir existindo no período pós-escravidão. Se não fosse por elas, o samba não existiria hoje. [...]

"O período pós-abolicionista marcou a forte perseguição de quaisquer sonoridades, sotaques, danças e religiosidades afro-brasileiras, que visavam manter tradições que a sociedade brasileira queria tanto apagar. Nesse contexto, a importância das mulheres negras foi fundamental, porque além de manterem economicamente suas famílias – já que continuaram a trabalhar como empregadas domésticas nas casas-grandes –, foram essenciais para a resistência do samba. No Rio de Janeiro, a Tia Ciata, que hoje seria o que é comumente conhecido como mãe de santo, se destaca como memória coletiva. Na sua casa acontecia o samba que era proibido, onde nomes como Pixinguinha, Sinhô e tantos outros se conheceram e puderam compor."

Kelly Adriano de Oliveira, doutora em ciências sociais pela Unicamp, afirma que tanto as mulheres quanto a religiosidade afro-brasileira tiveram um grande papel para que o samba conseguisse resistir, porque era dentro dos terreiros das casas das tias baianas – cujo símbolo ficou marcado em Tia Ciata –, no espaço privado e escondido, que o samba podia acontecer.

Mulheres pioneiras na história do samba

A antropóloga conta que apenas depois da década de 1930 o samba passou a ser aceito como cultura popular, reforçado por Getúlio Vargas "com o movimento de valorização do que era brasileiro, o que faz o Brasil o Brasil, e a tentativa de incorporar uma falsa democracia racial, de um país que supostamente aceita sua negritude e suas raízes".

"Assim que saiu do privado onde se mantinha como resistência e foi para o âmbito público como símbolo nacional, as mulheres passaram a ter menos participação nesse processo, por causa de todo aparato machista da época, em que rua não era lugar de mulher, dentre outras questões... Daí começa a predominância masculina nos espaços de samba".

[...]

Porém, só mesmo depois da década de 1960 que mulheres puderam ter alguma visibilidade dentro do espectro musical do samba e aí começam a surgir nomes vindos do Rio de Janeiro, como Clementina de Jesus e Dona Ivone Lara – a segunda que é, na opinião de Kelly, o principal símbolo desse contexto.

Cenário atual do samba para as mulheres

O samba continua sendo hoje um gênero musical no qual há a predominância de homens, tanto dentro da indústria como nos espaços onde ele é tocado popularmente. [...]

Integrantes do grupo Sambadas, após apresentação na Virada Cultural, São Paulo, 2016.

Como forma de seguir resistindo – e existindo – nesse cenário, algumas sambistas independentes vêm se organizando em grupos e rodas de samba só para mulheres. O grupo paulista Sambadas é um exemplo disso.

"Não é preciso conhecer tudo de samba pra saber que à sombra de sua 'amistosidade' se escondem muitos conflitos. O preconceito de gênero é um deles. Mesmo protagonizando a história dessa manifestação popular, muitas cantoras, compositoras, líderes de escola de samba etc. foram, e são, caladas", afirma Carolina Nascimento, compositora e violonista do grupo. [...]

Durante toda nossa conversa, ficou perceptível como o histórico de resistência do samba para a cultura negra sobrevive fortemente dentro da força dessas sambistas mulheres e negras. [...]

O que falta – e muito – na visão de ambas, porém, é a representação da mulher negra na indústria musical e na mídia. Para finalizar, Carol lamenta: "Enquanto a nossa visibilidade não for meio de enriquecer os mais ricos, continuaremos nos deparando com globelezas e outros padrões que com certeza não são os nossos".

GENNARI, Ana Júlia. Raízes do samba: qual foi a importância histórica das mulheres negras no samba? Centro de Estudos das Relações de Trabalho e Desigualdades, 11 fev. 2016. Disponível em: <www.ceert.org.br/noticias/historia-cultura-arte/10178/raizes-do-samba-qual-foi-a-importancia-historica-das-mulheres-negras-no-samba>. Acesso em: 22 abr. 2016.

1. Qual é sua percepção a respeito desse tema? Com base no texto anterior, como o samba reflete questões sociais? Converse com os colegas sobre o que interpretou do texto.

2. Cite um exemplo de um gênero musical no qual há predominância masculina. Você conhece mulheres que atuem nesse gênero? Quem? A questão de gênero aparece na produção dessa artista? Como?

A tecnologia, além de criar ferramentas que permitem novas maneiras de fazer música, também pode ser tema de inspiração e trazer para o presente referências tecnológicas de um passado distante. Leia os trechos das músicas a seguir e, depois, responda às perguntas:

Pelo telefone (1917)
Donga

O chefe da polícia pelo telefone manda lhe avisar
Que na Carioca tem uma roleta
para se brincar [...]

> DONGA (Ernesto Joaquim Maria dos Santos); ALMEIDA, Mauro de (compositor). Intérprete: Bahiano. Pelo telefone. Rio de Janeiro: Fábrica Odeon, 1917. Disco em 78 rpm. Lado A.

Pela internet (1997)
Gilberto Gil

O chefe da polícia carioca avisa pelo celular
Que lá na praça Onze tem um videopôquer
Para se jogar [...]

> GIL, Gilberto. Pela internet. *Quanta gente veio ver*. Brasil: Warner Music, 1997. CD.

citação: recurso por meio do qual se inclui, em uma obra, um trecho de outra. Na arte, muitas vezes, os artistas usam pequenos trechos de outros nas próprias obras como homenagem ou referência. Em geral, essas citações são reconhecíveis e criam um diálogo entre as obras.

1. Em 1997, Gilberto Gil escreveu a música "Pela internet", em que faz uma citação da música de Donga, especificamente na estrofe acima. Quais são as similaridades e as diferenças entre os trechos? Qual seria a razão para as mudanças na letra que Gil fez em 1997?

2. Para responder essa questão, considere que o disco de vinil da música "Pelo telefone" (1917), segundo o autor, foi o primeiro em cujo rótulo a palavra "samba" foi impressa, e que a canção de Gilberto Gil (1997) é um samba rock gravado em CD. Diante dessas informações, quais são as diferenças tecnológicas presentes nos trechos das letras transcritos acima e nas mídias de cada uma das canções?

FOCO NA PRÁTICA

Gilberto Gil utilizou, na composição da música "Pela internet", termos relacionados às tecnologias mais recentes da época, inclusive no trecho onde faz a citação de "Pelo telefone". Agora, em grupos de três integrantes, vocês criarão uma versão atualizada do mesmo fragmento.

Sigam as estapas:

1. Ouçam a **faixa 79 do CD**, na qual há um trecho de "Pelo telefone".
2. Escrevam uma versão do trecho fazendo referência às tecnologias e aos meios de comunicação atuais. Cuidem dos detalhes musicais acertando a melodia e o ritmo com a nova versão.
3. Escolham algumas versões e cantem juntos.

Após a atividade, conversem sobre o resultado. Compartilhem as dificuldades e as soluções a que chegaram para produzir as novas versões e conseguir encaixar as letras, mantendo a musicalidade. Mais à frente, será realizada uma atividade similar de criação de textos para músicas que já existem.

Considerando a relação entre arte, tecnologia e transformação cultural, que é tema do capítulo, respondam, em duplas, às perguntas a seguir.

1. Vocês escutam mais música gravada ou ao vivo? Considerando que, há pouco mais de cem anos, só era possível ouvir canções ao vivo, como vocês acham que o surgimento da música gravada influenciou na quantidade e na variedade de gêneros musicais que existem no mundo?
2. Vocês ouvem música feita ao vivo? Quando foi a última vez? Lembram-se do nome do artista? Que tipo de música ele fez? Caso vocês assistam a muitas apresentações ao vivo, elaborem uma lista.
3. Você conhece algum dos aparelhos mostrados nas imagens a seguir? Qual é a relação deles com a música?
4. Você grava sons e músicas? Qual é a tecnologia utilizada? Pergunte em sua casa se seus familiares, pais e avós gravavam músicas antes da tecnologia digital e como faziam. Registre seus relatos (você pode, inclusive, gravar em áudio) e compartilhe suas descobertas com a turma.

A DJ brasileira ANNA, durante apresentação em uma discoteca. Romênia, 2015.

Detalhe de um aparelho que toca discos de vinil, conhecidos como LPs, do nome em inglês *Long Play*.

CAPÍTULO 6 • Arte, tecnologia e transformação

Do gramofone ao *streaming* pela internet

Até a metade do século XIX, só era possível ouvir música ao vivo. Nessa época, tiveram início as pesquisas que levaram, até o fim do século, às primeiras gravações e reproduções por meio dos fonógrafos e gramofones. Esses aparelhos, no entanto, produziam sons ruidosos e distorcidos, com baixa qualidade, isto é, sem fidelidade aos originais.

Fonógrafos do fim do séc. XIX e início do séc. XX.

CÁPSULAS

Reprodutor de uso pessoal

Hoje em dia, uma pessoa pode carregar, em um *smartphone*, mais músicas do que conseguiria ouvir pelo resto da vida. Isso só foi possível em virtude do avanço tecnológico nas áreas de armazenamento digital e reprodução de sons. Mas o acesso à música nem sempre foi tão fácil.

Fita cassete (às vezes abreviada K-7).

Walkman de 1979.

Um dos primeiros aparelhos pessoais que permitiram escutar música a qualquer momento foi o reprodutor portátil de fitas magnéticas, também chamado de gravador K-7. Esse tipo de aparelho foi vendido massivamente a partir dos anos 1980, contribuindo para que a fita cassete superasse as vendas de discos de vinil como principal suporte comercial de gravações.

Desses primeiros aparelhos até o acesso via internet, muitas tecnologias seriam criadas e se tornariam obsoletas muito rapidamente durante o século XX. No entanto, o avanço tecnológico definitivo viria com a digitalização do som na década de 1970, hoje padrão em praticamente todas as áreas que manipulam sons. Em 1982, a partir do som digital, foi criado o *compact disc*, também chamado de CD.

Essa tecnologia só se tornou padrão a partir dos anos 1990 e ainda é utilizada para comercializar álbuns em virtude da alta fidelidade das reproduções. Mas a tecnologia continua mudando e o avanço da internet facilita o acesso da música *on-line*.

Antes da digitalização do som e da invenção do CD, em meados do século XX, um invento muito significativo para a música foi a **fita magnética**, que permitia regravar sons com facilidade. Essa tecnologia de gravação e reprodução atendia a necessidades tanto dos ouvintes como dos músicos.

- A invenção da fita magnética introduziu conceitos e procedimentos, alguns deles ainda utilizados, como os *samples*. Você sabe se seus artistas ou grupos favoritos fazem uso deles? Já prestou atenção em quais partes das músicas são feitas dessa maneira?

A invenção da fita magnética foi fundamental para duas linhas de pensamento musical completamente novas surgidas no século XX: a **música concreta**, na França; e a **música eletrônica**, na Alemanha.

A partir da década de 1950, essas duas "escolas" de composição experimental inovaram com suas ideias e influenciaram profundamente a música feita a partir de então. Atualmente, toda música produzida em estúdio está relacionada, de alguma maneira, com os processos inventados nessa época.

Na França, a chamada *musique concrète* é resultado de pesquisas feitas em gravações de sons do dia a dia. Os compositores focaram seu trabalho em modificar sons gravados da realidade, ou seja, falas de pessoas, sons de trânsito, paisagens sonoras etc. Isso foi revolucionário se considerarmos que, antes, nunca se considerou que sons coloquiais da nossa realidade poderiam ser usados como materialidade da música. Antes desse tipo de apropriação, somente os instrumentos musicais e o canto tinham a função de materializar a criação musical.

No caso da música eletrônica na Alemanha, o foco era sobre a criação de sons eletronicamente por meio de aparelhos conhecidos como geradores de tons e sua posterior **manipulação** nas fitas em que os sons eram gravados. Nesse caso, o conceito de controle máximo inspirava os compositores. Ao criar suas obras eletronicamente, eles exerciam controle absoluto sobre o que seria produzido. Isso nunca havia sido realizado, isto é, antes do surgimento dessas máquinas, esses sons não existiam no mundo. Quando o compositor escreve, cada intérprete tem uma interpretação própria, ou seja, sempre há diferenças quando músicos distintos tocam uma mesma obra.

Embora hoje esses conceitos pareçam óbvios, na época criaram muitas mudanças na maneira de pensar a música, o lugar dos intérpretes e dos compositores e como a tecnologia rapidamente alterava o modo como eles se relacionavam e eram criadas as novas músicas.

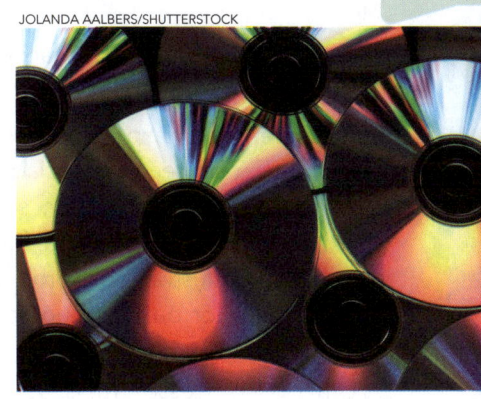

Compact discs (discos compactos), conhecidos pela sigla CD.

sample: palavra inglesa que significa "amostra". Refere-se a pequenos trechos de gravações que são tocados no meio de outras músicas. Eles podem ser usados para criar escalas, outros sons ou em *looping*, isto é, repetidamente, como base rítmica.

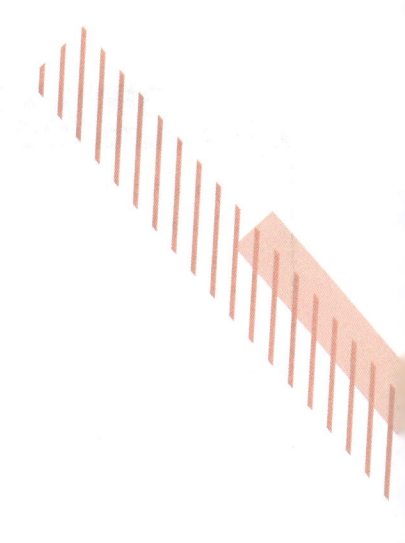

• Ouça os exemplos das **faixas 80 e 81 do CD** e observe a sonoridade diferente desses tipos de música.

Atualmente, a expressão "música eletrônica" é um termo associado, em geral, à música para dançar, sempre com um pulso muito marcado, feita de sons quase exclusivamente produzidos por computador ou aparelhos eletroeletrônicos.

Um dos processos mais utilizados por esses compositores era, literalmente, copiar, cortar e colar pedaços de fita para montar suas obras. Outros procedimentos incluíam modificações com velocidade, tocar sons de trás para frente, virar a fita de lado etc. Ainda hoje todos esses processos são comuns nas produções musicais, porém realizados nos computadores e em formato digital.

O compositor alemão Karlheinz Stockhausen (1928-2007), em 1959, com gravador/reprodutor de fita magnética. Ele trabalhou misturando sons gravados com sons produzidos eletronicamente ao mesmo tempo, em peças como *O canto da juventude*, de 1956.

FOCO NA PRÁTICA

Agora, você e os colegas criarão uma nova versão de uma música que conheçam. A atividade será feita de modo similar a uma paródia, como no exercício realizado com a música "Pelo telefone", mas agora com mais etapas.

Paródia é uma imitação, geralmente cômica, de diversas formas artísticas (filmes, músicas etc.). Na música, o procedimento mais comum é a troca da letra por outra, mas mantendo a melodia e outros elementos musicais.

O tema da paródia será as relações do ser humano com o meio e as tecnologias. Pensem em como eram essas situações no passado e como são agora. O que mudou na forma de as pessoas se relacionarem? Qual foi o papel desempenhado pelos meios de comunicação nesse processo? A letra não precisa ser cômica, como é característico da paródia.

Sigam as etapas:

1. Formem grupos de quatro ou cinco colegas e escolham uma canção da preferência de vocês. Decidam, em grupo, o teor da letra conforme a temática proposta.
2. Analisem a letra original e observem a relação dela com a melodia e o ritmo da música. Prestem atenção às sílabas e em sua relação com as notas, já que por meio delas será feita a adaptação da nova letra. Vocês podem mudar um pouco a melodia quando criarem a nova letra, mas procurem manter relações similares. Um dicionário pode ser muito útil para ajustar a rima e as

sílabas da nova letra. Isso se refere à prosódia, que é o estudo dos acentos, do ritmo e da entonação de palavras e é muito importante para os compositores de canções. A prosódia é estudada pela linguística, que é uma especialização da área de linguagem.

3. Finalizada a letra, ensaiem e leiam juntos, primeiro ritmicamente. Isso é importante para interiorizar a nova letra com seu ritmo próprio. Quando estiver bem claro, façam a mesma prática, agora cantando. Alguns aplicativos de celulares, aparelhos ou programas de computador podem ajudar, pois oferecem versões de músicas sem a voz principal, em um formato similar ao *karaoke*. Vocês podem utilizá-los caso considerem necessário.

4. Pensem em aumentar a complexidade da apresentação, acompanhando a música com percussão corporal ou usando objetos da sala de aula como instrumentos. Caso algum colega saiba tocar, vocês podem usar instrumentos musicais e criar arranjos próprios.

5. Ensaiem a versão final.

6. Realizem a apresentação da música.

Se vocês tiverem acesso a computadores, produzam a base ou trechos da música. Será necessário utilizar um programa conhecido como DAW (sigla de *digital audio workstation*), que significa "estação de trabalho de áudio digital". Há vários programas desse tipo, muitos deles têm módulos gratuitos e podem ser baixados da internet. Eles permitem gravar várias pistas e sequenciar ideias musicais. Ao finalizar a atividade, conversem e reflitam sobre os resultados.

OBSERVE AS IMAGENS.

1. Descreva o que elas mostram?
2. Na imagem 2, a atenção das pessoas está voltada para que objeto?

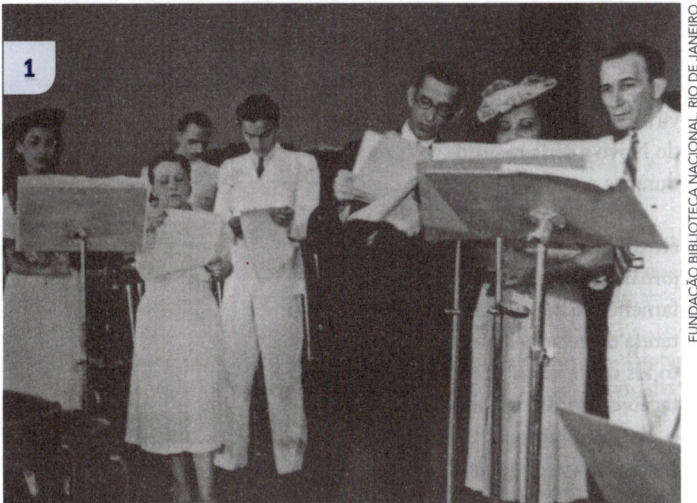

Hoje em dia, a maioria das músicas que se ouve em todo o mundo chega por meio de reproduções de gravações, seja pelos reprodutores de uso pessoal (nos casos de transmissão de música), seja pela internet ou pelo rádio. Nos primórdios do rádio, no entanto, a música, assim como toda a programação, era feita ao vivo, nos estúdios onde eram realizadas as transmissões.

Um tipo de programa artístico que se destacou na programação das rádios daquela época foi a **radionovela**, uma dramatização sonora similar às novelas de televisão, mas exclusivamente em áudio. A radionovela era um dos programas de rádio de maior audiência e fazia muito sucesso. Como era preciso contar as histórias somente por meio de sons, havia dois fatores fundamentais: a interpretação dos atores, exclusivamente pelas falas; e a sonorização, isto é, os efeitos sonoros e as músicas, algumas vezes também chamada de **sonoplastia** (termo emprestado do teatro).

O rádio, inventado pelo italiano Guglielmo Marconi (1874-1937), foi o primeiro meio de transmissão de sons a se popularizar e transformou-se no primeiro meio de comunicação de massa. As informações são enviadas e recebidas praticamente em tempo real (dependendo da distância, pode existir um atraso de alguns segundos). No Brasil, a primeira transmissão de rádio foi a apresentação da ópera *O guarani*, de Carlos Gomes, em 1922. Durante os trinta anos seguintes, o rádio passou a ser o principal meio de divulgação de música até a popularização da televisão, a partir do fim da década de 1950.

CÁPSULAS

Carinhoso

A difusão de música pelo rádio foi fundamental para estabelecer os gêneros brasileiros no começo do século XX. Um dos mais importantes foi o choro, ritmo brasileiro associado ao samba por similaridades de história e estruturas musicais. Ele pode ser cantado, mas a maioria das composições interpretadas pelos chorões, como são chamados os músicos que o executam, é de caráter instrumental. Como todo gênero instrumental, o virtuosismo é muito presente, com peças que exigem muita experiência e qualidade técnica dos músicos. O grupo de choro costuma ter a seguinte formação: violão de sete cordas, violão, bandolim, flauta, cavaquinho e pandeiro.

Pixinguinha (1897-1973) é um dos mais conhecidos compositores do estilo. Ele não compôs apenas choros, mas também canções de várias outras vertentes e outros gêneros, e fez o arranjo de músicas para o rádio e outros meios. Uma de suas obras mais conhecidas é "Carinhoso", composta em 1917. Inicialmente instrumental, sua letra foi escrita posteriormente por João de Barro (1907-2006), também conhecido como Braguinha, em 1937.

O instrumentista e compositor Pixinguinha (ao centro), tocando com outros músicos no 2º Festival da Velha Guarda, no Clube dos Artistas, conhecido como "Clubinho", em São Paulo (SP), 1955.

E VOCÊ?

1. Você ouve rádio? Que tipo de programa? Alguém da sua família escuta rádio todo dia? Quantos desses programas tocam música e de que tipo?

2. As emissoras comunitárias costumam ter um alcance menor, normalmente de poucos quilômetros, e as produções dos programas estão mais focadas na realidade local e cultural da comunidade. Na região onde você mora há alguma rádio desse tipo? Que tipo de programação ela transmite? Ela valoriza a produção artística local? Pesquise e compartilhe com os colegas.

3. Atualmente, é comum que programas de rádio sejam transmitidos pela internet. Você conhece algum? Já ouviu falar de *podcasts*? Pesquise sobre programas brasileiros transmitidos exclusivamente pela internet, em especial os que tratem de arte (artes visuais, dança, teatro ou música).

FOCO NA PRÁTICA

Histórias sonoras

Agora, você e os colegas, em grupos de oito a dez estudantes, criarão e contarão uma história exclusivamente com sons, como era feito nas radionovelas. Para tanto, vocês utilizarão várias das ferramentas abordadas em todo o livro até agora.

Sigam as etapas:

1. Para começar, criem um breve roteiro que contenha a história e os personagens. Para o desenvolvimento dessa narrativa, criem os diálogos entre os personagens e a sequência de acontecimentos. Considerem que será uma história contada exclusivamente com sons, ou seja, a sequência de acontecimentos deverá ser compreendida pelos diálogos, pelos efeitos sonoros, pelas músicas e pelas paisagens sonoras. O texto pode conter rubricas que indiquem as ações, as emoções dos personagens ou o local onde a cena se passa. Elas também serão demonstradas por meio de sons. Por exemplo:

    MARIA (*Mexendo o café*.) – Bom dia!

    JOSÉ (*Entrando e tirando o casaco*.) – Bom dia!

    Pensem em quais soluções sonoras poderiam ser utilizadas para indicar a ação de mexer o café. É possível, por exemplo, pedir emprestado um copo ou uma taça na própria escola ou trazer um de casa, sem a necessidade de ter líquido. Basta bater nas bordas com uma caneta enquanto a estudante que interpreta Maria fala. Quando o estudante que interpreta José estiver respondendo, outros devem criar os sons dele entrando no lugar. Pode ser o som de uma porta se abrindo ou de alguém tirando um casaco. Lembrem-se de que é necessário que as cenas sejam reconhecíveis apenas pelos sons, sem referências visuais.

2. Façam a leitura do roteiro várias vezes e pensem em quais inserções sonoras são necessárias para executá-lo. Durante a leitura, anotem ideias junto ao texto, indicando possíveis paisagens sonoras, efeitos necessários, trilhas musicais ou alterações nos diálogos. Vocês também podem criar algum tipo de notação gráfica para os sons. Pensem juntos nas possíveis soluções. É provável que a maior parte do grupo se encarregue dos efeitos sonoros e da trilha.

3. Organizem o grupo e criem três equipes, que ficarão responsáveis pelos diálogos e pela narração, pelos efeitos sonoros e pela trilha musical. Pensem em como os sons serão realizados. Alguns serão feitos ao vivo, mas outros podem ser gravados antes e tocados no momento da apresentação.

4. Primeiro, ensaiem separadamente, cada equipe resolvendo seus problemas específicos. Com relação ao diálogo, pensem no que é necessário agregar ao personagem para que as características dele sejam perceptíveis somente por meio do som.

    Qual é a entonação da voz? E o andamento? Tenham cuidado com a intensidade dos outros sons para que estejam equilibrados com as falas e não atrapalhem o entendimento da história. Acertem os detalhes e o tempo de cada ação, as falas e os sons.

    Os efeitos sonoros podem ser bem elaborados, exigindo vários objetos para reproduzir e criar o ambiente de cada diálogo. Lembrem-se de que alguns sons podem ser gravados, mas procurem reproduzi-los de várias maneiras.

    A trilha pode ser feita com músicas prontas, mas se o grupo quiser também é possível realizá-la ao vivo. Nesta atividade, é importante que a história seja bem clara. Organizem o grupo com isso em mente. Ensaiem até que as equipes tenham resolvido todas as pendências.

5. Ensaiem unindo todos esses elementos. Equilibrem a intensidade de sons, sempre prestando atenção no desenrolar

da história. Repitam até que se sintam confortáveis para apresentar a história pronta.

6. Se possível, gravem o resultado e publiquem na internet. Hoje em dia, existem muitos *sites* nos quais o trabalho pode ser exposto, como áudio ou como programa de rádio. Caso vocês tenham acesso a emissoras de rádio (comerciais ou comunitárias) na região onde vivem, consultem se é possível transmitir o trabalho.

Após cada apresentação, conversem com os colegas sobre os exercícios. Analisem juntos se todos os objetivos foram atingidos, se os efeitos sonoros foram reconhecidos e se as trilhas ajudaram a contar as histórias. Como foi o processo de criação da história e dos personagens? Como foi apresentar? Quais foram as dificuldades? Para o público, houve entendimento da história? Ao longo da escuta, foi possível perceber as características dos personagens, os espaços em que se encontravam em cada passagem e as ações que realizavam?

A reprodução de imagens

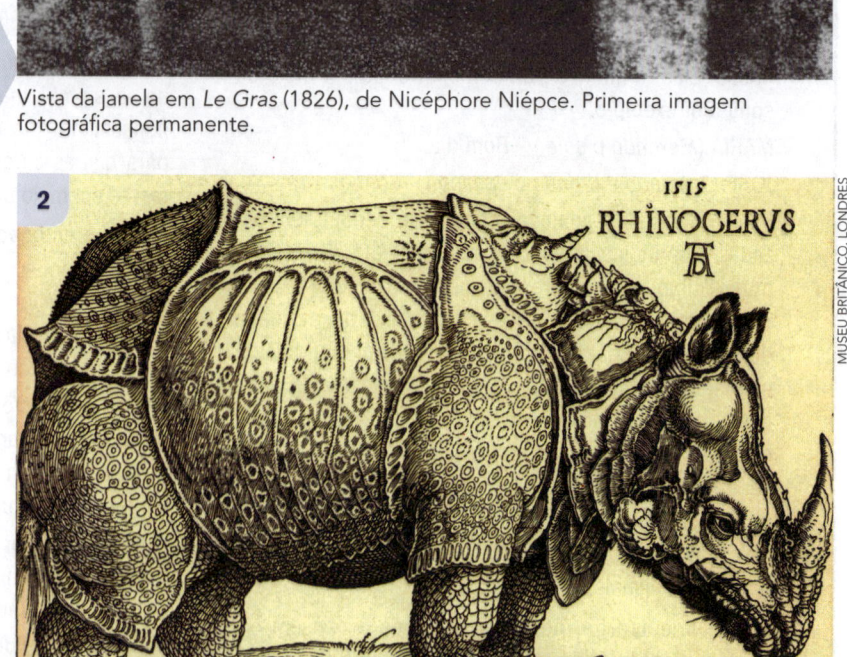

OBSERVE AS IMAGENS.

1. Como é cada uma delas? O que elas mostram?
2. Quais diferenças e semelhanças você vê entre elas? Você identifica como cada uma delas foi feita?
3. Você já viu um rinoceronte pessoalmente ou em reproduções? A imagem de Albrecht Dürer retrata o animal como ele é? Cite elementos dela para justificar sua resposta.

Vista da janela em *Le Gras* (1826), de Nicéphore Niépce. Primeira imagem fotográfica permanente.

Rinoceronte (1515), de Albrecht Dürer. Xilogravura, 21,3 cm × 30 cm.

As imagens anteriores são exemplos de como a tecnologia de cada época pode influenciar a forma de perceber o mundo e as diversas manifestações artísticas.

Em 1515, chegou a Portugal o primeiro rinoceronte a pisar na Europa desde a época do Império Romano. Era um rinoceronte indiano que Afonso de Albuquerque (1453-1515), governador da Índia Portuguesa, havia enviado de presente ao rei de Portugal, Dom Manuel I (1469-1521).

A **gravura** de Albrecht Dürer (1471-1528), que na época vivia em Nuremberg, na Alemanha, foi baseada em uma descrição escrita e em um esboço de autoria desconhecida. Segundo consta, ele nunca viu um rinoceronte de verdade. Apesar de não ser realista, a imagem tornou-se referência para os europeus até por volta do século XVIII. O reconhecimento de Dürer como grande artista provavelmente contribuiu para isso. Seu rinoceronte foi amplamente reproduzido e copiado, inclusive sendo usado para ilustrar livros científicos.

A imagem 1 é a vista de uma janela, a primeira **fotografia** permanente conhecida, realizada pelo francês Nicéphore Niépce (1765-1833) em 1826 com o uso de uma câmara escura.

CÁPSULAS

Na primeira metade do século XIX, diversas pessoas realizaram experimentos físicos e químicos que desencadearam no surgimento da fotografia, procedimento técnico que registra imagens reais por meio da luz (*foto*, em grego, significa "luz"; já *grafia* significa "registro"). O processo fotográfico baseia-se no registro de uma imagem projetada com o uso de uma câmara escura sobre uma superfície fotossensível (sensível à luz). A câmara escura é um equipamento utilizado desde o Renascimento para projetar imagens da realidade e foi utilizada por artistas em várias épocas.

Ilustração que mostra o princípio da câmara escura. A luz que entra pelo orifício projeta dentro da câmara escura a imagem externa invertida.

Niépce utilizou uma placa de estanho coberta com betume, uma substância fotossensível. A imagem exigiu oito horas de exposição à

O daguerreótipo, primeira câmera fotográfica, lançada em Paris, em 1839.

luz solar para ser fixada sobre a placa, ou seja, a câmara criada por ele precisou ficar oito horas aberta para captar a imagem. Observe como a luz está simultaneamente em posições opostas, como se viesse da direita e da esquerda ao mesmo tempo e registrasse a luz do sol em posições diferentes.

Ele chamou o invento de "heliografia" (*hélio*, em grego, significa "sol"). Outro francês, Louis-Jacques Daguerre (1787-1851), também realizava experimentos com a câmara escura. Daguerre e Niépce se associaram a fim de desenvolver um novo invento. Depois da morte de Niépce, Daguerre conseguiu aperfeiçoar o processo, criando, em 1837, o daguerreótipo. Na daguerreotipia, a imagem era fixada em uma placa de metal revestida de iodeto de prata, com menos tempo de exposição, tornando possível, na década de 1840, a realização comercial de retratos de pessoas. O daguerreótipo, no entanto, formava uma única imagem positiva, da qual não era possível fazer cópias. Na mesma época, o inglês William Fox Talbot (1800-1877) desenvolveu um processo com o uso de papel, criando negativos que possibilitavam a reprodução das imagens em várias cópias.

E VOCÊ?

1. Se você tiver uma câmera em mãos, tire uma foto da vista da janela da sala de aula. O que a sua fotografia possui em comum com a realizada por Niépce, em 1826?

2. Você já imaginou como era o mundo antes das tecnologias de captação e reprodução de imagens da realidade, como fotografias e vídeos? Pense em lugares que você nunca visitou, mas dos quais já viu imagens. Qual é o papel das fotografias e dos vídeos sobre o que você imagina a respeito deste lugar?

ENQUANTO ISSO... NO BRASIL

Na década de 1830, vivia no Brasil, na cidade de Campinas (SP), o cientista e artista francês Hércules Florence (1804-1879). Ele desenvolveu técnicas fotográficas mais avançadas do que Daguerre e foi o primeiro a usar a palavra "fotografia" para se referir ao processo, antes que o termo fosse empregado na Europa. Contudo, seu pioneirismo só se tornou público na década de 1970 com as pesquisas do fotógrafo brasileiro Boris Kossoy (1941).

A câmera Kodak Box Brownie teve milhões de unidades produzidas nos Estados Unidos e Reino Unido entre 1901 e 1935, se tornando uma das primeiras câmeras portáteis utilizadas em larga escala.

Ao longo do século XIX, por meio das pesquisas de várias pessoas, o processo fotográfico se desenvolveu permitindo a reprodução de uma mesma imagem várias vezes com base nos **negativos**. Durante décadas foi necessário contratar o serviço de um fotógrafo para obter um retrato. No fim do século XIX, foi lançada a primeira câmera portátil, com negativos em rolo, iniciando o processo de popularização do invento. A câmera digital só seria inventada na década de 1970.

FOCO NA PRÁTICA

Nesta atividade, você explorará o uso da fotografia capturando aspectos da realidade de seu entorno. Use o equipamento que tiver disponível: câmera, celular e, se necessário, compartilhe-o com os colegas.

Sigam as etapas:

1. Organizem saídas fotográficas em grupo para registrar imagens do ambiente da escola ou da região em que vivem. Observem e registrem os diferentes aspectos do que veem: o ambiente natural ou construído, as pessoas e suas atividades, as plantas e os animais, a arquitetura dos espaços, as máquinas e as mudanças de tempo. Explorem as possibilidades que o equipamento fotográfico oferece e tirem tanto fotos coloridas como em preto e branco. Façam algumas fotos que mostrem uma visão geral do ambiente e outras de detalhes, de perto.
2. Depois, se possível, imprimam as fotos para mostrá-las aos colegas. Selecionem pelo menos três imagens das que mais gostarem. Se não tiver como imprimir, mostrem-nas na tela da própria câmera ou do celular, em um computador ou em um *tablet*. Observem e comentem os resultados entre todos.
3. Agora, vocês farão uma nova rodada de fotografias com base na conversa anterior.

Ao final, observem novamente o que fizeram e comparem as diferenças entre as fotografias da primeira e da segunda rodadas.

Desde seu surgimento, a **fotografia** é usada tanto para propósitos documentais como artísticos, influenciando fortemente o desenvolvimento das artes visuais. Ela liberou os artistas de representar com fidelidade a realidade e apresentou às pessoas novas formas de enxergar e conhecer o mundo visível, congelando a imagem de um momento no tempo.

A fotografia dialoga com a pintura ao possibilitar um olhar artístico para os elementos visuais. Um fotógrafo não cria com pincéis e tinta, mas ao recortar o que vê, ao pensar na luz e na sombra, nas cores, nas texturas e nas formas de seu enquadramento.

OBSERVE AS IMAGENS.

Que aspectos dessas fotografias mais chamam sua atenção? Que elementos da composição se destacam? Você percebe como a fotógrafa organizou os elementos que via ao enquadrar cada fotografia? Como você percebe a presença da luz em cada uma delas?

Interior da oca com tora decorada (c. 1975), de Maureen Bisilliat. Fotografia em cores.

Mulher na cerimônia do Yamaricumã (c. 1975), de Maureen Bisilliat. Fotografia em cores.

CAPÍTULO 6 • Arte, tecnologia e transformação

Maureen Bisilliat nasceu na Inglaterra em 1930 e mudou-se para o Brasil na década de 1950, naturalizando-se brasileira. Antes de dedicar-se à fotografia, a partir da década de 1960, havia estudado pintura. Viajou para diversas regiões do Brasil, fotografando a cultura e o povo brasileiros, especialmente a vida de indígenas e sertanejos. Em seu trabalho fotográfico realista, em preto e branco ou colorido, Maureen explora os contrastes de claro e escuro e a intensidade das cores.

OBSERVE AS IMAGENS.

1. O que chama sua atenção em cada uma delas? Em sua opinião, como elas foram feitas?

2. Quais são as diferenças entre essas imagens e as fotografias de Maureen Bisilliat, vistas anteriormente?

Sem título (1948), de Geraldo de Barros. Matriz em negativo da série "Fotoformas".

Os trinta Valérios (1901), de Valério Vieira. Fotografia.

As imagens anteriores mostram as obras de dois fotógrafos brasileiros que fazem fotografias de forma diferente. Assim como a pintura não representa necessariamente a realidade, na fotografia também são utilizadas diversas técnicas para criar efeitos únicos explorando a imaginação e a fantasia.

Geraldo de Barros (1923-1998) foi um artista paulista que atuou em muitas linguagens, como pintura, gravura, fotografia e *design* de móveis. Em suas fotografias, trabalhou com diversas formas de **manipulação**. Sua produção fotográfica concentrou-se entre as décadas de 1940 e 1950 e foi altamente experimental. O artista recortava, riscava e remontava as imagens fotográficas, muitas vezes interferindo sobre o negativo da imagem. Na série "Fotoformas", percebe-se o interesse de Geraldo de Barros em procurar formas nos objetos do cotidiano, às vezes criando imagens figurativas, como a fotografia anterior, outras vezes sugerindo imagens abstratas, como a que aparece a seguir.

Sem título (1951), de Geraldo de Barros. Matriz em negativo, da série "Fotoformas".

Valério Vieira (1862-1941), artista fluminense, foi um pioneiro em experimentações fotográficas no Brasil. Começou a trabalhar como fotógrafo itinerante na década de 1880 e, na década seguinte, mudou-se para São Paulo, onde abriu, em 1899, o estúdio Photographia Valério. Além de retratos convencionais, ele tornou-se conhecido por fazer intervenções nas fotografias colorindo-as manualmente, por criar vistas panorâmicas

CAPÍTULO 6 • Arte, tecnologia e transformação

e, principalmente, por suas fotomontagens, como em *Os trinta Valérios*, sua obra mais conhecida. Trata-se de um **autorretrato**, no qual o artista repete a própria imagem trinta vezes, inclusive nos quadros da parede e na escultura de um busto, em uma cena que representa um sarau. Em suas fotomontagens, Valério utilizava seus conhecimentos técnicos e colocava várias imagens fotográficas em uma mesma composição

FOCO NA PRÁTICA

Você já fez um autorretrato? E uma fotomontagem? Muitos artistas da fotografia e da pintura realizam autorretratos, que, como o nome diz, são retratos de si mesmo. Hoje em dia, com a popularização das câmeras digitais, presentes na maioria dos celulares, é muito comum as pessoas fazerem e compartilharem seus autorretratos na internet. Eles receberam o apelido de *selfie*, abreviação de *self portrait* em inglês ("autorretrato", em português), ainda que eles não costumem ter um propósito artístico.

Agora, você realizará uma fotomontagem com autorretrato, ou seja, com a própria imagem. Você pode usar apenas uma fotografia de si mesmo ou várias, como fez Valério. Para isso, deverá se fotografar, imprimir, recortar e colar, criando a montagem. Caso não tenha como imprimir, você pode fotocopiar retratos que já existem, recortar e colar. A ideia é interferir nas imagens fotográficas. Então, além de usar as fotografias, você pode desenhar, pintar, recortar e colar outras imagens preexistentes, como fotografias de revistas, combinando diferentes técnicas na sua fotomontagem. Pode também fazer outras fotografias próprias, além de autorretratos, combinando-as. Lembre-se de pensar em toda a composição, nas relações entre formas, cores e linhas entre si e com o todo e nas ideias que você quer expressar.

Ao final, promovam uma exposição dos trabalhos da turma e dediquem um tempo para observar o que cada um fez. Conversem sobre suas percepções acerca das imagens, o que queriam fazer e as soluções encontradas por cada um de vocês.

TANTAS HISTÓRIAS

Antes da invenção da fotografia, era necessário um processo lento e artesanal para fazer a reprodução de uma imagem.

Uma das mais antigas técnicas de reprodução de imagens e textos é a xilogravura, a mesma utilizada para a criação do rinoceronte de Dürer, que você viu anteriormente. Acredita-se que a técnica tenha surgido na China, não se sabe ao certo quando, inicialmente para estampar tecidos. Depois, foi adaptada ao papel, uma invenção chinesa do ano 105.

Gravura é a técnica de reprodução em que a imagem é gravada em uma matriz, que pode ser de materiais diversos, e a partir dela as imagens são impressas em papel ou em outro suporte. **Xilogravura** é a gravura cuja matriz é uma placa de madeira (*xilo*, em grego, significa "madeira"). Na xilogravura, o desenho é entalhado na matriz

Matriz de xilogravura sendo entintada. Porto Alegre (RS), 2015.

por meio de uma ferramenta cortante. Depois, com um rolo, passa-se tinta sobre a matriz, geralmente tinta gráfica, à base de óleo. Por fim, pressiona-se o papel sobre a placa de madeira coberta de tinta com a ajuda de uma colher de pau ou bambu. Assim, a imagem gravada é impressa no papel. A impressão também pode ser feita com o uso de um prelo (prensa), equipamento em que uma pesada placa de metal exerce pressão sobre o papel e a madeira.

Somente muitos séculos depois de sua invenção, tanto o papel como a xilogravura chegaram ao Ocidente. O papel começou a ser utilizado na Europa no século XI e a xilogravura se popularizou somente no século XV. Ela era usada para reproduzir imagens (no início, cartas de baralho e folhetos religiosos) e textos. Cada página de livro era gravada em uma prancha de madeira, letra por letra, em que muitas vezes também havia ilustrações. Não demorou muito e percebeu-se que, se as letras fossem separadas em blocos individuais, os chamados "tipos móveis", seria muito mais fácil imprimir uma página. Os tipos, feitos primeiro em madeira e, depois, em metal, eram reunidos para formar o texto a ser impresso, o que era feito com uma prensa. Foi a origem da imprensa na Europa, atribuída ao alemão Johannes Guttenberg (c.1395-1468), ocorrida por volta de 1439. Isso provocou uma revolução na reprodução e divulgação de textos e imagens, mudando cada vez mais a relação das pessoas com o conhecimento.

Caixa de tipos móveis, fotografia de 2010.

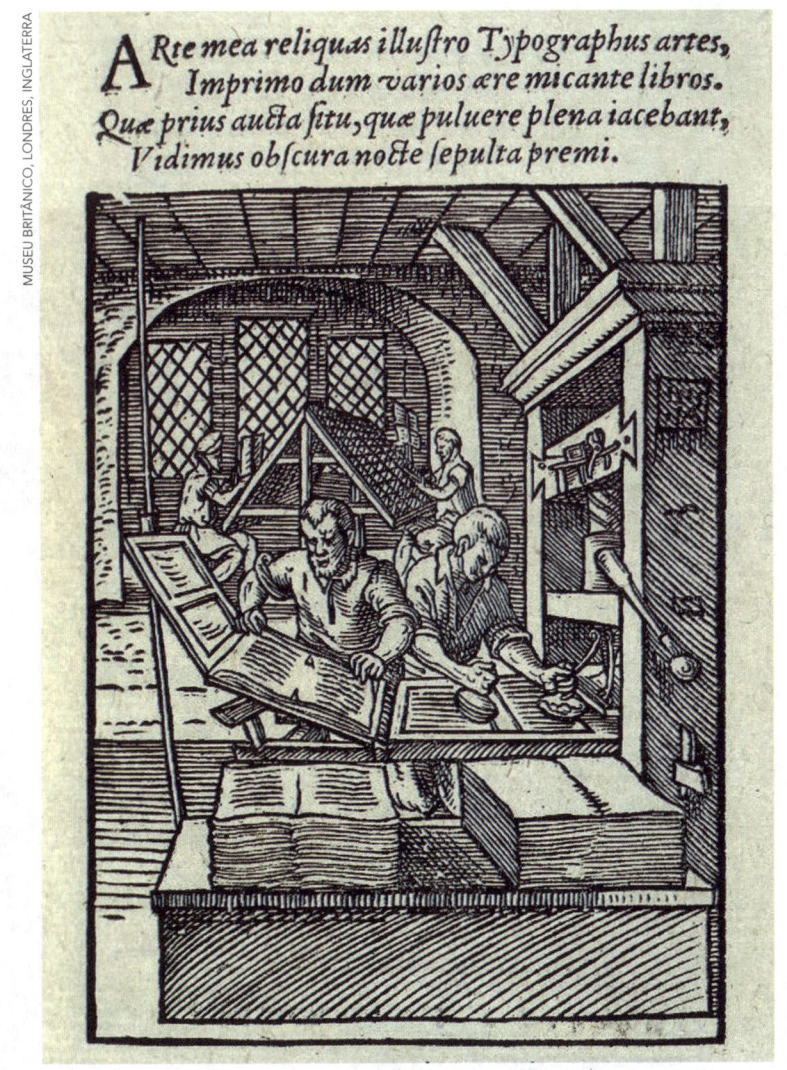

Tipógrafo, de Jost Amman. Xilogravura publicada no Livro das profissões. Frankfurt, 1568.

OBSERVE AS IMAGENS.

Ambas são gravuras, feitas com duas técnicas diferentes: a xilogravura e a gravura em metal, técnica inventada no século XV.

Você percebe diferenças no resultado dessas obras? Pense nas formas, nas linhas e nas relações entre luz e sombra.

Os quatro cavaleiros do apocalipse (1497-1498), de Albrecht Dürer. Xilogravura, 39,1 cm × 28,2 cm.

Cristo curando os doentes ou *A gravura de cem florins* (c. 1649), de Rembrandt van Rijn. Gravura em metal, 28 cm × 39 cm.

A **gravura em metal** é uma técnica em que a imagem é gravada em uma placa de metal, geralmente em cobre, e transferida para o papel depois de receber tinta, também à base de óleo. As primeiras técnicas consistiam na incisão, com uma ferramenta de ponta, no metal, criando um sulco no qual se deposita a tinta. Depois, surgiram técnicas em que a placa é gravada por meio de processos químicos, permitindo uma maior variação nas espessuras das linhas e outras marcas deixadas no metal, como se vê na gravura de Rembrandt. A tinta é transferida da placa para o papel com uma prensa, um equipamento em que a placa e o papel são colocados sob um pesado cilindro de metal, que rola sobre eles.

Gravura após impressão na matriz em metal. Rose Hill, EUA, 2008.

No início, as gravuras foram usadas principalmente como meio de reprodução de imagens feitas originalmente por outras técnicas, como as pinturas.

Quem reproduzia a imagem de uma obra em gravura não era o próprio artista, mas outros que se especializavam nisso. No Capítulo 3, há o detalhe de uma gravura feita por Marcantonio Raimondi (c.1480-1534) com base em uma obra de Rafael Sanzio (1483-1520).

Aos poucos, os artistas foram se interessando pela gravura. Albrecht Dürer e o holandês Rembrandt van Rijn (1606-1669) são artistas que, além de pintar, também criaram diretamente em gravura.

Outro motivo de interesse para os artistas produzirem suas obras utilizando a técnica da gravura é a possibilidade de baratear e popularizar suas obras por causa da facilidade de reprodução. Por não ser única, como uma pintura, uma imagem em gravura custa menos, além de seu suporte, o papel, ser um material mais perecível e barato.

No fim do século XVIII, surgiu uma nova técnica de reprodução de imagens, inventada pelo alemão Alois Senefelder (1771-1834): a

litografia. Do grego *lito* ("pedra") e *grafia* ("escrita", "registro"), essa é uma técnica de gravura cuja matriz é uma pedra calcária. Na litografia, a pedra não recebe incisões e o desenho é feito com material gorduroso, lápis ou tinta. Depois de processos químicos que fixam a imagem na pedra, ela é entintada para a impressão, que também é feita por uma prensa. Assim, na litografia, a imagem é muito mais parecida com um desenho ou pintura do que em outras formas de gravura. Ela foi e ainda é adotada por vários artistas. A série *Touro*, de Pablo Picasso, vista no Capítulo 2, foi feita em litografia. Foi também um processo muito usado em imagens de reprodução: rótulos, documentos, cartazes etc.

Observe a imagem a seguir.

Sem título (1970), de Lotus Lobo. Litografia sobre papel de jornal e cartão, 180 cm × 180 cm.

A artista mineira Lotus Lobo (1943) dedica-se, desde a década de 1960, a explorar as possibilidades da litografia em sua obra. Ao descobrir, no ateliê de gravura onde trabalhava, antigas matrizes usadas para a estamparia de mapas, diplomas e rótulos, ela iniciou um trabalho que se apropria dessas imagens industriais realizando superposições e intervenções sobre elas, com impressões em diferentes suportes.

No século XIX, com a invenção da fotografia, alcançou-se um registro visual mais preciso da realidade. Mas isso não impediu que essas e outras técnicas de reprodução de imagens continuassem a ser usadas e materializassem meios de expressão artística.

Estuário (2008-2009), de Fabrício Lopez. Xilogravura sobre papel, 220 cm × 480 cm.

Chromointerférence Oval A2 (2008), de Carlos Cruz-Diez. Cromografia sobre PVC e serigrafia sobre acrílico fundido, 50 cm × 60 cm. Edição com 8 exemplares.

Mundus Admirabilis (2007), de Regina Silveira. Instalação com adesivos recortados em vinil. Caixa: 20 m × 20 m. Altura da parede: 7 m. Centro Cultural Banco do Brasil (CCBB). Brasília (DF).

OBSERVE AS IMAGENS.

1. As três obras anteriores foram feitas com diferentes técnicas de reprodução de imagens. O que chama mais sua atenção em cada uma delas? Que sensações elas despertam em você e que significados atribui a elas?

2. Você identifica qual é a técnica utilizada em cada uma dessas obras? Leia as informações das legendas para complementar sua observação.

3. Como formas, linhas e cores foram utilizadas nessas obras? De que maneira elas ocupam o espaço? Como influenciam sua percepção?

Muitas das obras da artista gaúcha Regina Silveira (1939) são realizadas com a **impressão de adesivos de vinil**, técnica utilizada na instalação *Mundus Admirabilis*. Figuras de insetos gigantes foram coladas nas paredes e nos pisos do local de exposição, uma caixa de 20 m × 20 m e paredes de vidro de 7 m de altura no jardim de uma instituição cultural em Brasília. As imagens de insetos daninhos foram apropriadas de ilustrações em publicações de história natural do século XVIII, anteriores à fotografia, e trabalhadas digitalmente em grande formato, em vinil adesivo recortado.

A obra do artista venezuelano Carlos Cruz-Diez (1923) foi realizada com **serigrafia**, uma técnica de reprodução de imagens surgida no século XX. Na serigrafia, a matriz é uma tela de náilon, na qual a imagem é gravada por meio de processos químicos que fazem parte da tela permitir a passagem de tinta na impressão. Várias telas com formas que se encaixam ou se sobrepõem são utilizadas para incluir cores variadas em uma mesma obra. A serigrafia também é chamada *silkscreen*, do inglês *silk* (seda) e *screen* (tela), uma vez que tradicionalmente as telas eram feitas de seda, em vez de náilon.

A tinta sendo passada na tela de seda, processo de impressão da serigrafia. São Caetano do Sul (SP), 2015.

Cruz-Diez, em suas obras, trabalha as relações entre as cores e sua percepção pelo público utilizando técnicas variadas, como serigrafias e intervenções urbanas. Ele é um importante nome da chamada **Arte Cinética**, tendência surgida no século XX que explora o movimento nas artes visuais, tanto o real como o provocado por ilusão de óptica.

Já a obra de Fabrício Lopez (1977), artista de Santos (SP), é realizada em xilogravura, porém de forma não convencional. No trabalho de muitos gravadores usa-se somente uma matriz de madeira, imprimindo com uma só cor, geralmente em preto. Fabrício utiliza várias matrizes em cores diversas e realiza impressões em grandes dimensões, algo que também não é muito comum na gravura.

CÁPSULAS

A xilogravura popularizou-se no Brasil ao ser utilizada para ilustrar as capas de literatura de cordel, uma manifestação artística da cultura popular nordestina surgida durante o período colonial. São livretos com histórias contadas em rimas, com narrativas ou diálogos, em que são exploradas, muitas vezes, situações cômicas que falam tanto de personagens tradicionais nordestinos como de assuntos atuais dos mais diversos. As xilogravuras do cordel geralmente são feitas em uma única matriz e impressas em uma única cor.

Capa do folheto de cordel *A peleja virtual de uma mulher valente com um cabra cismado* (2008), de Antonio Barreto e Creusa Meira.

Para fazer xilogravuras em várias cores, pode-se utilizar mais de uma matriz (uma para cada cor), encaixando-as na impressão com precisão, ou imprimir uma mesma matriz mais de uma vez, cada impressão com uma cor. Fabrício Lopez realiza experimentos com as possibilidades de sobreposições entre matrizes e cores diferentes. *Estuário* se relaciona com sua cidade, Santos, onde o artista instalou seu ateliê na região do Valongo, uma área portuária. Muitas vezes, para expor suas obras, o artista utiliza a técnica do lambe-lambe, criando também gravuras para intervenções urbanas.

O chamado **lambe-lambe** é uma técnica popular de divulgação de textos e imagens, geralmente utilizada em publicidade e também muito comum em imagens e dizeres críticos. Cartazes impressos em papel são colados em postes, muros e paredes em espaços públicos, com uma mistura de água e cola passada com um pincel espesso ou rolo sobre a superfície e a folha. Atualmente, muitos artistas se apropriam dessa técnica, geralmente em manifestações de arte urbana.

Cartaz da série *Contra as palavras de ordem* (2006), da dupla de artistas chamada Poro, formada por Brígida Campbell e Marcelo Terça-Nada! Intervenção urbana em cartazes lambe-lambe com imagens de pássaros impressos em serigrafia e afixados sobre publicidade, 100 cm × 70 cm. Exposição realizada em Belo Horizonte (MG) e Vitória (ES).

Colagem de cartazes lambe-lambe. São Lourenço do Sul (RS), 2015.

FOCO NA PRÁTICA

Agora, você experimentará dois processos que se assemelham com a xilogravura e a serigrafia. Você criará uma matriz com EVA (placa de borracha) e um estêncil.

A xilogravura é uma técnica de reprodução de imagens em relevo. Ao entintar a matriz de madeira, somente a parte elevada, ou seja, a superfície, recebe tinta. Assim, as partes que foram escavadas com ferramentas formam as áreas brancas da imagem impressa, que é chamada de "estampa". A xilogravura não é um processo complicado, mas exige ferramentas cortantes e deve ser feita com treinamento adequado. Ao fazer uma matriz com EVA, você experimentará um processo parecido, porém mais simples, uma espécie de carimbo. Você não escavará para criar a imagem, mas para recortar e colar as placas de EVA, formando vãos entre elas.

Material para a matriz e impressão em EVA
- placa de madeira ou papelão;
- folha de EVA fina (pelo menos 3 mm de espessura);
- tesoura;
- rolinho de espuma;
- tinta guache;

- cola;
- papéis de cores e tipos variados (seda, sulfite ou jornal, por exemplo) – os mais finos são mais adequados, pois aderem melhor à matriz;
- bandeja de isopor;
- água;
- pote;
- tecido;
- esponja.

Já o estêncil é um processo que possui aspectos em comum com a serigrafia, pois a tinta passa por um espaço vazado em um papel. A técnica do estêncil é muito usada no grafite.

Material para o estêncil
- papel rígido ou acetato (podem ser chapas de raio X usadas);
- tesoura;
- tinta;
- rolinho de espuma;
- papéis (seda, sulfite ou jornal) – podem ser de várias cores.

Essa atividade será realizada em quatro etapas. Depois de fazer imagens individuais, você combinará o que criou com as imagens feitas pelos colegas, formando juntos novas composições e sobrepondo as matrizes na impressão.

Siga as etapas:

1. Matriz de EVA (carimbo)

Você fará a imagem recortando e colando pedaços de EVA sobre a placa de madeira ou o papelão. É possível formar linhas brancas ao colar partes de EVA próximas, deixando um vão entre elas, ou recortar tiras finas de EVA fazendo que elas formem as linhas. Elabore um esboço antes, definindo quais partes serão feitas de EVA e, portanto, receberão tinta no momento da impressão. Isso criará, na imagem, a relação de contraste entre a cor da tinta e a cor do papel. Pense na ocupação do espaço do papel que você usará e se o fundo será preenchido (com áreas impressas) ou vazio com a cor do papel. Aproveite para experimentar o uso de tintas e papéis coloridos e estudar suas relações.

A tinta deve ter uma consistência pastosa, mas não muito grossa (dilua-a um pouco com água, na bandeja, se necessário). Passe-a com o rolinho sobre a matriz e pressione o papel sobre ela, transferindo a imagem do EVA. Se necessário, realize várias impressões até conseguir a melhor consistência da tinta. Teste qual é o melhor tipo de papel.

Você pode incluir texto na imagem, mas lembre-se de que ele deve ser invertido na matriz para aparecer correto na impressão.

2. Estêncil

Para fazer o estêncil, primeiro desenhe, sobre o papel rígido ou acetato, a imagem que será recortada. Lembre-se de que tanto as áreas coloridas como as sem tinta farão parte da imagem, complementando-se em alto-contraste. Depois, recorte as áreas que receberão tinta. Para imprimir, posicione o estêncil sobre o papel e passe tinta com o rolinho sobre as áreas recortadas.

3. Composições coletivas

Depois de fazer suas imagens individualmente, você as combinará com as criadas pelos colegas, fazendo composições coletivas (experimentem usar papéis de grandes dimensões, como A2 ou A1). Juntem-se em grupos de quatro estudantes. Todas as matrizes da turma, das duas técnicas, devem ficam disponíveis para que os demais grupos possam usá-las, se quiserem. Organizem-nas para que fiquem em um lugar onde todos consigam vê-las.

Escolham as matrizes que querem usar. Antes de imprimir, pensem na composição. Como as imagens serão colocadas no papel? Irão se sobrepor? Serão postas lado a lado? Alguma delas se repetirá? Serão impressas com cores diferentes? Qual será a cor do papel? Lembrem-se de que, depois de cada impressão, vocês devem dar um intervalo para a tinta secar antes de fazer uma nova.

4. Exposição

Colem as impressões em algum espaço da escola, se possível, usando a técnica do lambe-lambe. Para isso, vocês precisam de autorização da direção, que designará uma área específica.

Ao final, observem o que fizeram e comentem suas percepções sobre os resultados, os diferentes processos e as experiências.

Novas tecnologias, novos olhares

Com o constante aperfeiçoamento da técnica fotográfica nas décadas seguintes à sua invenção, logo surgiram experimentos que buscavam representar imagens em movimento, o que deu origem ao cinema. Várias pessoas trabalhavam com esse objetivo. Um dos primeiros a obter sucesso foi o inglês Eadweard Muybridge (1830-1904), que vivia nos Estados Unidos. Em 1878, ele captou uma sequência de imagens de um cavalo em movimento utilizando 24 câmeras que mostravam passo a passo o deslocamento do animal.

Cavalo a galope (1877-1878), de Eadweard Muybridge. Essa é uma das pranchas de uma série sobre locomoção humana e animal e foi produzida por meio de um disparador elétrico que capta a sequência dos movimentos. Foi publicada no livro *Locomoção animal* (1887) pela Universidade da Pensilvânia, Estados Unidos.

Em 1879, Muybridge criou o zoopraxioscópio, invento considerado o precursor do projetor de cinema, já que o equipamento projetava uma sequência rápida de imagens em um disco, passando a impressão de movimento.

O surgimento do cinema e, posteriormente, do vídeo, não provocou o desaparecimento de outras manifestações que exploram as imagens em movimento. Um dos princípios da linguagem cinematográfica é a projeção, ou seja, uma imagem é reproduzida em uma superfície, chamada "anteparo", por meio da luz.

Disco de zoopraxioscópio, de Eadweard Muybridge (1893), que reproduz o movimento de um cavalo galopando.

Réplica de 1880 do zoopraxioscópio do mesmo fotógrafo, que projetou o instrumento em 1879.

Existe um tipo de teatro que também utiliza esse recurso: o **teatro de sombras**. É uma manifestação muito antiga que, aderindo ou não a novas tecnologias, permanece até hoje.

E VOCÊ?

Você já assistiu a algum espetáculo de teatro de sombras? Como foi?

No teatro de sombras, que é um tipo de teatro de animação, podem ser utilizados diversos recursos: marionetes, bonecos, objetos, máscaras e até os próprios atores.

CAPÍTULO 6 • Arte, tecnologia e transformação

CÁPSULAS

Cena do espetáculo de teatro de sombras *Shadowland*, da companhia estadunidense Pilobolus. The Peacock Theatre, Londres, Inglaterra, 2014.

A companhia estadunidense de dança Pilobolus, criada em 1971, mistura dança e teatro de sombras no espetáculo *Shadowland* (2009). Utilizando basicamente uma tela branca, o corpo dos atores, alguns adereços e música, explora as múltiplas formas que podem surgir da sombra de imagens de diversos tamanhos e tipos, gerando efeitos visuais que dão ao espectador a ilusão de estar vendo algo próximo a um filme de cinema.

O teatro de sombras pode ser feito com recursos tecnológicos bastante simples: uma fonte de luz, como uma lanterna ou um holofote; uma superfície na qual as sombras serão projetadas, geralmente um tecido claro ou um papel; e os personagens, cujas sombras aparecerão no anteparo.

No teatro de sombras, de forma geral, priorizam-se a imagem e a trilha sonora. O texto serve como suporte para complementar o entendimento do espetáculo.

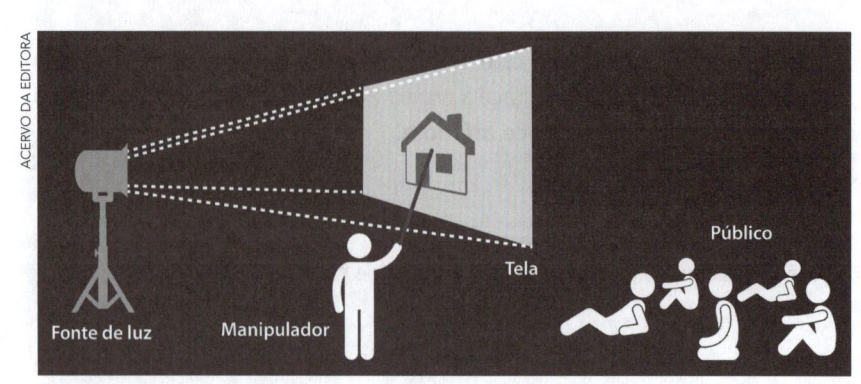

Esquema da posição dos elementos no teatro de sombras.

FOCO NA PRÁTICA

Agora, vocês realizarão uma experimentação prática com sombras na própria sala de aula. O objetivo é explorar, utilizando as mãos e objetos disponíveis na sala de aula, possibilidades de formas e composições de sombras. Será necessário um ponto de luz: pode ser um retroprojetor, se houver um em sua escola, ou uma lanterna.

Sigam as etapas:

1. Liguem o ponto de luz e voltem-no para uma parede branca ou clara. Depois, apaguem as luzes da sala de aula.
2. Coloquem as mãos na frente da luz e observem a sombra projetada na parede. Procurem descobrir formas usando uma ou duas mãos ou componham outras com as mãos de um colega.
3. Utilizem também alguns objetos, descobrindo o que a sombra deles forma na parede. Combinem vários elementos para criar outras sombras.
4. Formem duplas e, após a experimentação das etapas anteriores, escolham uma sombra para cada um. Para isso, vocês podem usar as formas que obtiveram utilizando as mãos, os objetos ou ambos. Criem uma improvisação breve que relacione essas duas sombras.

Ao longo da prática, observem as variações de tamanho que podem ser obtidas aproximando e afastando as mãos ou os objetos do ponto de luz. Quanto mais perto da luz, maior e menos definida será a sombra. Quanto mais longe, mais definidos serão os contornos, porém o tamanho será menor.

Ao término, conversem sobre a experiência. O que vocês descobriram? Que composições fizeram? O que consideraram mais interessante? Na quarta etapa, como foi estabelecido o diálogo entre as sombras?

Cenas do espetáculo de teatro de sombras *A salamanca do Jarau*. Direção de Alexandre Fávero. Apresentação da Cia. Teatro Lumbra de Animação, 2008. Livre adaptação da lenda gaúcha recolhida por João Simões Lopes Neto no livro *Lendas do Sul* (1913).

OBSERVE AS IMAGENS.

Que outros recursos são utilizados, além das sombras? Como você imagina que são feitos os cenários que aparecem compondo com as sombras?

CAPÍTULO 6 • Arte, tecnologia e transformação

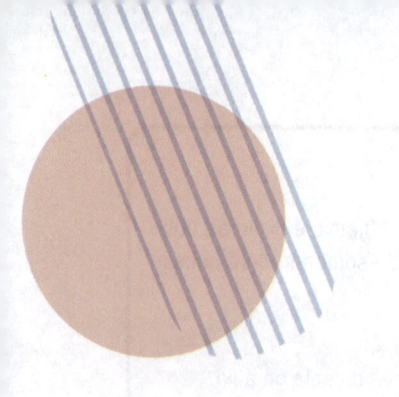

A Cia. Teatro Lumbra, de Porto Alegre (RS), une experimentações com o teatro de animação a pesquisas de lendas brasileiras. No espetáculo *A salamanca do Jarau*, o grupo inspirou-se no conto homônimo de João Simões Lopes Neto (1865-1916). Nesse trabalho, a companhia alia outros recursos tecnológicos audiovisuais aos manufaturados. São utilizadas telas com vários formatos, grandes e pequenos, nas quais projetam-se imagens que remetem, por exemplo, à arquitetura de igrejas missioneiras. Essas telas são sustentadas por uma estrutura de bambu que, ao ser rapidamente movimentada, forma outras paisagens.

Três atores-manipuladores se dividem entre os muitos personagens, dando a impressão de se multiplicarem. Além de fazer a manipulação, os integrantes do grupo, trajados como gaúchos, também brincam com a sombra dos próprios corpos.

Cena do espetáculo de teatro de sombras *A salamanca do Jarau*. Direção de Alexandre Fávero. Apresentação da Cia. Teatro Lumbra de Animação, 2008. Livre adaptação da lenda gaúcha recolhida por João Simões Lopes Neto no livro *Lendas do Sul* (1913).

Para a montagem, os integrantes da companhia visitaram a cidade onde Lopes Neto nasceu, Pelotas, e as localidades nas quais o conto se passa, os municípios de Uruguaiana e Quaraí, todos no estado do Rio Grande do Sul.

Por meio da trajetória do personagem Blau Nunes, o espetáculo traz os segredos e lendas do gaúcho da Campanha, região pastoril da América do Sul. A trilha sonora é inspirada nos diversos ritmos populares do Rio Grande do Sul.

O espetáculo é destinado a jovens e adultos, o que também é algo inovador, já que, no Brasil, o teatro de sombras geralmente é associado ao teatro infantil.

TANTAS HISTÓRIAS

Não se sabe exatamente quando e onde surgiu o teatro de sombras. Em países como China, Indonésia, Índia e Turquia, essa atividade é comum há séculos.

Conta uma lenda chinesa, datada aproximadamente do século II, que o imperador Wu Ti, desesperado com a morte de sua bailarina favorita, teria ordenado ao mago da Corte que a trouxesse de volta do "Reino das Sombras", sob a ameaça de ser decapitado.

Como não poderia trazer a bailarina de volta à vida, o mago pensou em um modo de satisfazer o imperador. Usando uma pele de peixe transparente, confeccionou a silhueta de uma bailarina. No jardim do palácio, armou uma cortina branca contra a luz do sol.

No dia da apresentação ao imperador, ao som de uma flauta, fez surgir a sombra de uma bailarina, que dançava com leveza e graciosidade. O imperador gostou tanto que passou a assistir ao espetáculo todos os dias. Daí teria surgido o teatro de sombras na China.

Sob a luz de velas ou lamparinas, o teatro de sombras chinês adquiria efeitos mágicos, o que era muito propício aos assuntos de que tratava, como religião e mitologia. Os bonecos eram considerados reencarnações de espíritos. Assim, os bonequeiros, sacerdotes com poderes mediúnicos, eram os únicos que podiam controlá-los. Os bonecos, quando não estavam sendo utilizados, eram trancados em caixas e seus rostos cobertos para que não fossem reanimados por si mesmos, pela encarnação dos espíritos. A confecção dos bonecos era muito rica em detalhes, muitas vezes trazendo fios de ouro em suas vestes. Observe a quantidade e diversidade de detalhes na imagem a seguir de dois bonecos chineses do século XVIII.

Dois guerreiros, jogo de bonecos de teatro de sombras que pertenceu ao imperador chinês Qianlong (1711-1799).

CAPÍTULO 6 • Arte, tecnologia e transformação

FOCO NA PRÁTICA

Nesta atividade, você e os colegas, organizados em grupos de quatro ou cinco integrantes, farão um teatro de sombras. Sigam as etapas.

1. Criem a história que será contada na apresentação. Ela deverá ser breve, de cinco a dez minutos. Para isso:
   - antes de começar, lembrem-se de que, no teatro de sombras, a narrativa é contada mais pelas imagens do que pela linguagem verbal. Então, antes de escreverem os diálogos, elaborem o roteiro da história com começo, meio e fim. Ele deve ser um esboço geral que contenha os principais acontecimentos da história;
   - com base nesse roteiro, identifiquem, em cada passagem da narrativa, os personagens, as ações e os espaços que a compõem;
   - depois, pensem em como essa história poderia ser contada por meio de imagens em movimento. Para ajudar, vocês podem fazer um rascunho de cada passagem e pensar na sequência de imagens necessária.

2. Para a confecção dos personagens, utilizem uma cartolina ou outro papel firme. Apenas a sombra dos personagens aparecerá, por isso, não é necessário que eles sejam coloridos. Priorizem as formas. Quando se faz um boneco para projetar sua sombra, é preciso criar vãos, ou seja, buraquinhos do papel. Eles dão a ideia de textura e contornos, pois a luz só passará por entre os espaços da imagem. Se vocês desejarem obter uma figura colorida, cubram esses vãos com papéis coloridos com transparência, como celofane, para a luz passar e a cor aparecer na sombra. Observem novamente a imagem do teatro de sombras chinês. Os vãos e os traços finos dão a ideia de delicadeza e de textura para a roupa dos personagens. Traços grossos e cores fortes podem passar a impressão de algo assustador, por exemplo. Vocês poderão criar os objetos e outros elementos da história da mesma maneira.

3. Prendam uma vareta grande em cada personagem ou objeto, fixando-a no centro da parte de trás, de forma paralela ou perpendicular a ele. Observem os exemplos na imagem a seguir.

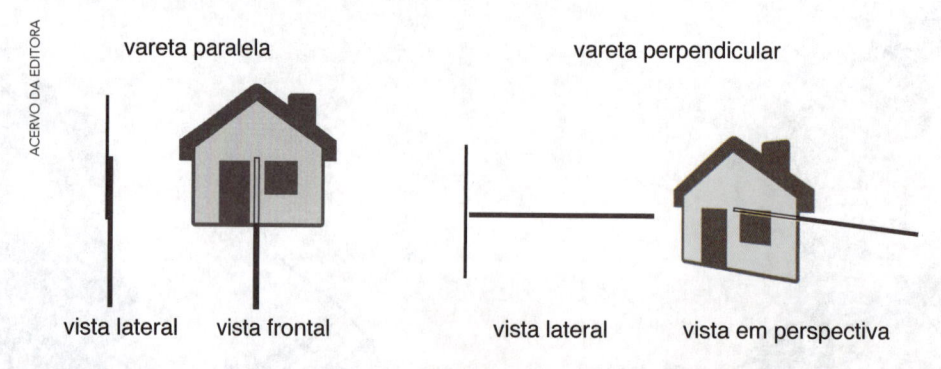

ACERVO DA EDITORA

vareta paralela   vareta perpendicular

vista lateral   vista frontal   vista lateral   vista em perspectiva

4. Para a projeção, vocês precisarão de uma fonte de luz e de um anteparo, como uma tela de cinema, em que será projetada a história. A fonte de luz pode ser uma lâmpada, uma lanterna forte, um abajur ou outra qualquer. O anteparo será confeccionado com papel-manteiga e cartolina. Façam uma tela de papel-manteiga com as bordas de cartolina para ficar firme. A luz deverá ser direcionada para a tela, por trás dela. Os personagens ficarão entre a tela e a luz. Você deverá se posicionar atrás ou abaixo da luz, tomando cuidado para que suas mãos não apareçam durante a manipulação. O público ficará do outro lado da tela, assistindo à apresentação. O ambiente onde ela acontecer deverá estar escuro, ficando acesa apenas a fonte de luz usada para a projeção.

5. Ensaiem algumas vezes antes da apresentação.
   - Retomem o roteiro e os rascunhos que fizeram na primeira etapa, com a sequência da narrativa, e, a partir deles, experimentem formas de movimentar e manipular os bonecos e cenários, e diferentes maneiras de contar essa história fazendo improvisações.
   - Escolham sons que poderão ser usados durante a apresentação. Vocês podem elaborar uma paisagem sonora e efeitos sonoros necessários para a história, como passos, portas abrindo e fechando, sons de um ambiente etc. Lembrem-se do que já estudaram sobre paisagem sonora no Capítulo 5. Vocês também podem preparar uma trilha sonora, caso considerem pertinente. Os sons poderão ser gravados antes e tocados durante a apresentação ou ser produzidos ao vivo.

- Depois acrescentem passagens de texto e diálogos, se for necessário.
- Repassem algumas vezes unindo todos os elementos. Sempre que o personagem estiver em ação ou falando, ele deve se movimentar, para não dar a impressão de que está "sem vida".

Depois das apresentações, conversem sobre a atividade. Como foi o processo de criação de cada grupo? Houve dificuldades? Os personagens e os cenários foram confeccionados de que maneira? Quais recursos, além das sombras, foram utilizados? Houve a necessidade de texto falado? O que vocês descobriram na experimentação prática sobre a linguagem do teatro de sombras? Para quem assistiu à apresentação, as histórias e os personagens ficaram claros?

Cenas do espetáculo de dança *Skinnerbox*. Direção e coreografia de Alejandro Ahmed. Montagem do grupo Cena 11 Cia. de Dança. Florianópolis (SC), 2005.

OBSERVE AS IMAGENS.

1. O que pode ser percebido nelas, além dos bailarinos?
2. Em sua opinião, que impacto os elementos presentes nessas imagens exercem no corpo das pessoas representadas? Como eles transformam o corpo delas? Eles mudam o olhar do espectador em relação à ação dos bailarinos?

As imagens acima são da companhia de dança Cena 11, de Santa Catarina, fundada em 1993 pelo diretor e coreógrafo Alejandro Ahmed. Desde sua criação, a companhia é conhecida pelo uso da tecnologia em suas obras, que, na concepção do grupo, tem um sentido amplo. No trabalho do grupo Cena 11, tudo o que transforma e permite ver o corpo de outra maneira pode ser considerado um tipo de tecnologia.

Cena do espetáculo *Pequenas frestas de ficção sobre realidade insistente (PFdFSRi)*. Direção e coreografia de Alejandro Ahmed. Montagem do grupo Cena 11 Cia. de Dança. Florianópolis (SC), 2007.

Cena do espetáculo *Violência*. Direção e coreografia de Alejandro Ahmed. Montagem do grupo Cena 11 Cia. de Dança, 2000.

Uma ideia trabalhada pelo grupo é a de que, ao forçar os limites corporais dos bailarinos, é possível sensibilizar o corpo do espectador em virtude do impacto sensorial provocado naquele que presencia a ação. Além do uso de próteses, objetos, robôs, vídeos e até animais (um cachorro foi treinado para participar dos espetáculos), as quedas são um recurso importante do grupo. Ao bater o corpo contra o chão das mais diversas alturas e em situações variadas, acoplando neles próteses e objetos, os integrantes do grupo Cena 11 Cia. de Dança criam no espectador a ideia de um corpo que não é humano. Em sua relação com os objetos, o corpo transforma-se em uma nova tecnologia.

FOCO NA PRÁTICA

Você e os colegas criarão uma sequência de movimentos para experimentar as mudanças que ocorrem nela e em seus corpos ao estabelecer diferentes relações com o espaço. Para tanto, o exercício será realizado em três etapas:

1. Primeiro, a exploração individual de movimentos de expansão e recolhimento do corpo todo ou de partes dele.
2. Depois, a escolha dos movimentos que vocês considerarem mais interessantes para criar uma breve sequência coreográfica.
3. Por fim, a formação de duplas e a experimentação das sequências individuais, dessa vez sem tirar os olhos do parceiro. Como seu colega de dupla estará em um deslocamento contínuo no espaço, você naturalmente estabelecerá diversas relações espaciais enquanto dança.

Ao término da atividade, converse com o professor e os colegas. Como a coreografia feita em dupla e em relação com seu colega mudou seus movimentos?

Cena do espetáculo *In'Perfeito*. Direção e coreografia de Alejandro Ahmed. Montagem do grupo Cena 11 Cia. de Dança. Florianópolis (SC), 1997.

TRADIÇÃO E TRANSFORMAÇÃO

Apresentação do Bumba meu Boi no Morro do Querosene, São Paulo (SP), 2016.

OBSERVE AS IMAGENS.

1. Você conhece alguma dessas manifestações, suas origens e seu significado?
2. O que as imagens têm em comum? E de diferente? Como é a participação do público em cada uma delas?
3. Como você percebe a presença de novas tecnologias na imagem 2? Que diferenças parecem existir em relação à tecnologia empregada em cada uma das manifestações mostradas?

Apresentação do Boi Garantido no Festival Folclórico de Parintins (AM), 2013.

As imagens anteriores mostram duas diferentes festas do boi: a primeira, o Bumba meu Boi do morro do Querosene, manifestação tradicional de rua de São Paulo; a segunda, o Festival Folclórico de Parintins (AM), que reúne milhares de pessoas entre participantes e público e mostra a disputa entre dois bois, o Garantido e o Caprichoso.

A festa ou brincadeira do boi, uma das mais tradicionais da cultura brasileira, faz parte dos ciclos festivos populares associados ao Natal, ao Carnaval e às festas juninas. É realizada em todo o país com diferentes nomes, como "Bumba meu Boi", no Maranhão; "Boi-bumbá", no Amazonas e no Pará; "Boi de Reis", "Bumba de Reis" ou "Reis de Boi", no Espírito Santo; "Boi de Mamão", em Santa Catarina; "Boi Calemba", no Rio Grande do Norte; "Cavalo-Marinho", na Paraíba; e "Boi Pintadinho", no Rio de Janeiro.

E VOCÊ?

Você já participou de alguma brincadeira de boi? Em que estado do Brasil? Como ela se chama nesse local? Quais são os personagens e suas características?

_____

_____

CÂMARA MUNICIPAL DE SÃO JOSÉ DE MIPIBU, RN

Apresentação de Boi de Reis na comunidade de Manimbu, no município de São José de Mipibu (RN), 2013.

Nessa festa, podem ser observadas várias linguagens artísticas. São manifestações em que dança, música, elementos visuais e representação de lendas se misturam e se complementam. Nas formas mais tradicionais, não costuma haver divisão entre palco e plateia, em que algumas pessoas se apresentam enquanto os espectadores assistem.

Acredita-se que a brincadeira do boi tenha surgido na Região Nordeste, no século XVIII, e, depois, se espalhado pelo país. Apesar da influência das festas ibéricas, seu desenvolvimento ocorreu a partir de aspectos brasileiros, com personagens de origem européia, indígenas e afrodescendentes. Na maioria dos casos, as manifestações desse folguedo possuem um caráter popular e local, sendo uma tradição passada de geração em geração.

PARA AMPLIAR

Na região onde você mora, existem manifestações da cultura tradicional? Você as conhece? Agora, você e os colegas farão uma pesquisa sobre manifestações culturais tradicionais da sua região para posterior divulgação. Essa pesquisa será importante para uma atividade posterior. Sigam as etapas:

1. Organizem-se em grupos de até seis estudantes e façam um levantamento prévio das manifestações da sua região.
2. Apresentem a listagem de manifestações para o professor, que designará uma para cada grupo.
3. Na coleta das informações, utilizem meios variados para o registro: fotografias, textos, gravações em vídeo ou áudio. Se possível, realizem filmagens das manifestações e entrevistas em áudio ou vídeo com pessoas que participam ou participaram delas. Essas pessoas são fontes de transmissão oral das memórias que mantêm a tradição viva.
4. Para divulgar as informações sobre as manifestações culturais tradicionais levantadas na pesquisa, se tiverem acesso à internet, vocês criarão um *blog*, que será o mesmo para toda a turma.
5. Definam qual grupo ficará responsável pela criação do *blog* e como vocês o alimentarão, ou seja, complementem-no com as imagens, os textos, os vídeos e as entrevistas que realizarem. A ideia é que o *blog* seja aprimorado ao longo do processo da pesquisa, registrando as ideias, os processos e os acontecimentos de cada grupo em diferentes mídias.

Se você está habituado com o uso das ferramentas e dos programas de computador da internet, auxilie os colegas que ainda não têm os mesmos conhecimentos. Se você não sabe utilizá-los, pode ser uma oportunidade para começar a aprender. Conforme realizam a pesquisa, vocês divulgarão o que estão fazendo, ao mesmo tempo em que ficarão conhecendo, por meio do *blog*, as descobertas dos outros grupos.

Ao final, promovam uma conversa sobre a experiência e viabilizem a divulgação do *blog* para toda a comunidade escolar.

OBSERVE AS IMAGENS.
Você percebe ou conhece a relação entre elas?

Vaqueiro com gibão (casaco de couro) completo. Distrito Pinhões, Juazeiro (BA), 2008.

Apresentação do grupo folclórico Bumba meu Boi da Liberdade. São Luís (MA), 2007.

O folguedo do boi envolve a encenação de uma lenda que fala da morte e da ressurreição do boi. Essa narrativa conta que o boi de um rico fazendeiro havia sido morto por um escravizado chamado Pai Francisco para satisfazer o desejo de sua esposa grávida, Mãe Catirina, de comer a língua do animal. O fazendeiro, ao perceber o sumiço do boi, manda um vaqueiro investigar e o crime é descoberto. Ele ordena que Pai Francisco seja capturado, e este, desesperado, busca a ajuda de indígenas e de um pajé (que também pode ser um médico ou padre) para ressuscitar o boi.

Esse núcleo de personagens é recorrente na maioria das encenações das festas do boi pelo país, mas quase sempre a história e as características dos personagens são adaptadas a contexto particulares, fato que contribui para o grande número de variações dessa manifestação. Nesse núcleo, é possível observar a representação das etnias formadoras do Brasil: o europeu, o afrodescendente e o indígena.

Durante a festa, é realizada a encenação da lenda do boi, em uma mistura de dança e representação, sempre acompanhadas por música ao vivo. Os personagens são alegorias da cultura popular. No Bumba meu Boi maranhense, os principais personagens são assim representados:

- **Boi:** é o personagem principal da encenação. Toda a história acontece em torno dele. A figura do boi, atrelada à importância da atividade pecuária na economia nordestina, é uma alegoria de força e resistência, por isso o animal é muito cultuado e aparece em várias mitologias brasileiras. A vestimenta do boi é o principal adereço da festa. Varia muito de uma região

Apresentação do grupo folclórico Bumba meu Boi da Liberdade. São Luís (MA), 2007.

CAPÍTULO 6 • Arte, tecnologia e transformação

para outra, mas costuma ser uma carcaça feita de bambu ou de madeira leve, coberta de tecido muito colorido, bordado com miçangas e pae-tês, e com uma máscara como cabeça. O boi é um boneco animado por manipulação. Ele é vestido por uma pessoa, chamada de "miolo", que se movimenta e lhe dá vida.

- **Vaqueiro:** esse personagem avisa ao dono da fazenda que o boi foi morto. Também é uma alegoria típica da Região Nordeste e representa o sertanejo. O vaqueiro usa roupas e chapéu de couro que o protegem do sol escaldante. No folguedo, o personagem ganha um figurino colorido. Seu chapéu é enfeitado por longas fitas, como mostrado na imagem da página anterior.
- **Fazendeiro:** representa o patrão. Na origem da lenda, era provavelmente o senhor de engenho. É ele quem ameaça o casal Francisco e Catirina de vingar o seu boi morto. Na festa, costuma ser o responsável pela organização da encenação.
- **Pai Francisco** (dependendo do lugar, também é chamado de **Mateus**) e **Mãe Catirina** (ou **Catarina**)**:** formam o casal de escravizados que desencadeia a história. Às vezes, são trabalhadores rurais. Em algumas versões, Mãe Catirina quer comer a língua de um boi, mas não de qualquer um, e sim do mais precioso da fazenda, para que seu filho não nasça com cara de língua. Esse personagem, muitas vezes, é interpretado por um homem vestido de mulher.

A festa do Bumba meu Boi é acompanhada por uma banda musical. Vários ritmos e instrumentos estão presentes. No Nordeste, existem centenas de grupos musicais que fazem as festas do boi. Os instrumentos utilizados geralmente são os de percussão: tambores, pandeiros, matracas (pedaços de madeira batidos um contra o outro), maracás (um tipo de chocalho) e tambor-onça (tipo de cuíca rústica, de som grave, que remete ao som de um boi ou de uma onça).

O grupo ou família de **instrumentos de percussão** é o mais numeroso em variedade e quantidade de instrumentos em todo o mundo. Relembre, a seguir, os tipos de instrumentos, classificados conforme o modo de produção do som:

- **cordofones:** também conhecidos como família das cordas (violino, violão e cavaquinho, por exemplo);
- **aerofones:** da família dos sopros (flauta, sanfona e gaita, por exemplo);
- **membranofones:** da família da percussão, mas que tem algum tipo de pele (tambor e pandeiro, por exemplo);
- **ideofones:** também da família da percussão, mas neste caso é o instrumento todo que produz som (chocalho, maracá e clave, por exemplo);
- **eletrofones:** instrumentos que produzem sons por meios eletroeletrônicos (teclado eletrônico e guitarra elétrica, por exemplo).

Uma característica comum da brincadeira do boi é a rivalidade entre grupos locais. Geralmente, a existência de um boi na região estimula a criação de outros. Esses grupos são genericamente chamados de "bois" e possuem nomes individuais, como "Boi Misterioso", "Tira-Teima", "Cana-Verde" e "Mimo de São João".

FOCO NA PRÁTICA

Nesta atividade, vocês construirão instrumentos e, depois, farão uma criação musical. Organizem-se em grupos de seis a oito estudantes. Sigam as etapas.

Construção dos instrumentos

Primeiro, você e os colegas construirão instrumentos relacionados às manifestações artísticas tradicionais que pesquisaram anteriormente na seção **Para ampliar**.

1. O professor compartilhará com vocês como é feita a construção de alguns instrumentos: pau de chuva, bexigofone, chocalho e flauta-d'água.
2. Façam um levantamento dos instrumentos típicos da cultura da região onde vivem.
3. Depois, escolham um instrumento e analisem sua construção. Vocês podem fazer versões mais simples deles caso os instrumentos sejam muito complexos. Aproveite as ideias dos exemplos dados pelo professor.
4. Vejam quais materiais podem ser utilizados. Podem ser materiais alternativos ou de reciclagem.
5. Construam e testem várias maneiras de produzir e controlar o som dos instrumentos.

Criação musical

Agora, vocês criarão uma música com base na partitura gráfica a seguir:

Partitura gráfica para a atividade.

1. A partitura começa na parte superior, na linha azul, e termina na parte inferior, na bola vermelha. Vocês devem seguir essa ordem de execução da música.
2. A partitura não indica quais sons correspondem a cada elemento visual (pontos, linhas, formas e cores). Com o grupo, estabeleçam quais elementos correspondem a cada instrumento e suas possibilidades de sons. Um mesmo instrumento pode fazer sons diferentes.
3. Exemplo de leitura: a linha azul pode ser feita por um instrumento aerofone. Começa agudo e fica mais grave com movimentos de vaivém, terminando no mais grave. Enquanto isso, a primeira mancha pode ser feita por uma mistura de sons, com todos os instrumentos juntos.
4. Experimentem primeiro livremente, mas definam critérios claros antes de montar a versão final. Vocês podem usar sons além dos produzidos pelos instrumentos para realizar sua parte.

5. Definam que parte da partitura será tocada por cada estudante e quais sons vocês podem realizar.

6. Ensaiem.

7. Apresentem à turma.

Após a apresentação, conversem sobre os resultados sonoros das peças. Quais foram os maiores desafios? As versões dos colegas foram similares ou diferentes? Comentem. Guardem os instrumentos para a prática final.

O Boi de Parintins é um exemplo de manifestação popular que tem origem na tradicional brincadeira do boi, mas se transformou e ganhou grandes proporções. Nesse processo, a agregação de novas tecnologias foi um fator importante para que o evento tivesse maior alcance e acesso.

O Festival Folclórico de Parintins, realizado no Amazonas, é uma celebração em massa que utiliza modernas tecnologias e pode ser comparado aos desfiles de Carnaval das escolas de samba do Rio de Janeiro.

A festa ocorre anualmente desde 1965, no fim de junho. Ela envolve toda a cidade e a região nos vários meses que antecedem o evento e atrai milhares de pessoas do Brasil e do mundo. As apresentações são televisionadas para todo o país e utilizam diversos recursos tecnológicos de luz e som, além de mecanismos elaborados para a movimentação de alegorias.

Com estrutura profissional, conta com o "bumbódromo", uma arena em forma de cabeça de boi construída em 1988 para receber as agremiações dos dois bois.

A apresentação mostra o duelo entre os bois concorrentes: o Garantido, de cor vermelha; e o Caprichoso, azul.

Carro alegórico do Boi Garantido, no Festival de Folclore de Parintins. Parintins (AM), 2010.

CÁPSULAS

A rivalidade é bastante acirrada entre as torcidas dos bois Caprichoso e Garantido. Uma curiosidade é que o torcedor de um boi nunca diz o nome do outro, tratando-o sempre por outras denominações, como "Contrário", "Rival", "O Outro" etc. Enquanto um boi se apresenta, a torcida adversária deve permanecer em silêncio. É proibido vaiar ou usar qualquer instrumento sonoro que interfira na apresentação do boi concorrente.

Carro alegórico do Boi Caprichoso, no Festival de Folclore de Parintins. Parintins (AM), 2010.

Em Parintins, a lenda tradicional do boi divide espaço com histórias e rituais que remetem à cultura indígena e cabocla em uma manifestação da identidade local.

O boi, manipulado pelo "tripa" (quem o movimenta acompanhado por efeitos especiais), é acompanhado pelo amo do boi, da sinhazinha da fazenda, da vaqueirada, do Pai Francisco e da Mãe Catirina.

No contexto cultural local, as passagens e os personagens relacionados à cultura indígena ganharam destaque e importância cada vez maior. As figuras centrais são:

- **Apresentador:** apresenta, narra e anima a festa.
- **Levantador de toadas:** representa, canta e conduz as toadas, isto é, músicas criadas para cada um dos bois, as quais são tocadas nas rádios e conhecidas pelas pessoas muito antes da data da competição.
- **Amo do boi:** personagem que representa o dono do boi e canta versos da cultura amazônica.
- **Rainha do folclore:** personagem que representa o folclore da região e a mistura cultural.
- **Porta-estandarte:** representa uma indígena guerreira, que carrega o estandarte da sua agremiação.
- **Cunhã Poranga:** mulher que apresenta as lendas amazônicas e os rituais indígenas.
- **Pajé:** personagem feiticeiro e curandeiro.
- **Sinhazinha da fazenda:** personagem que representa a filha do dono da fazenda.

CAPÍTULO 6 • Arte, tecnologia e transformação

Na festa de Parintins, uma comissão julgadora pontua e define o boi vencedor. Os quesitos envolvem análise da apresentação dos personagens, das passagens da história e de outros elementos da festa: coreografia, originalidade, evolução, organização, momento do ritual, alegorias, porta-estandarte, apresentação de lendas amazônicas e toadas, entre outros aspectos.

O espetáculo começa com a entrada do apresentador em cena, seguido pelo levantador de toadas e pela batucada, e termina com a encenação do ritual, quando aparece o personagem do pajé. Depois disso, o boi sai da arena em uma movimentação sempre circular. Fora essa definição fixa, cada agremiação articula os outros elementos de maneira livre. Os diversos personagens aparecem em uma sequência de quadros cênicos sem regra estabelecida, sendo que os principais são saudados com fogos de artifício, efeitos especiais e acompanhados por grandes alegorias e toadas especiais.

- Considerando o que você viu sobre as diferentes manifestações da brincadeira do boi, converse sobre as seguintes questões com os colegas e o professor: Quais são os elementos comuns entre os bois de Parintins e os de rua? De que maneira você acha que o uso de novas tecnologias pode influenciar na tradição?

CONEXÃO

"Atrás do trio elétrico só não vai quem já morreu"

O Carnaval é outra manifestação popular constantemente influenciada pelas tecnologias. Durante o Carnaval de 1950, surgiu, desfilando pelas ruas da cidade de Salvador (BA), um carro todo decorado e equipado com alto-falantes, o Fobica, que se vê na primeira imagem. Nele estavam Antônio Adolfo Nascimento (1923-1978) e Osmar Macedo (1920-1997), que depois se tornariam conhecidos como Dodô e Osmar. Os músicos tocavam marchinhas e frevos com uma espécie de guitarra elétrica que haviam inventado.

A versão eletrônica das músicas e a originalidade do evento entusiasmaram os foliões. Foi assim que nasceu o trio elétrico. Ele recebeu esse nome quando, em 1951, Temístocles Aragão (1928-1976) passou a tocar em cima do carro com Dodô e Osmar. Desde então, não houve mais um Carnaval na Bahia que não contasse com a presença de trios elétricos. Com o tempo e os avanços tecnológicos, carros maiores foram adaptados para se tornar grandes caixas de som e palco para as apresentações, como se vê na segunda imagem. As tecnologias de som dos trios elétricos transformaram pequenos desfiles em acontecimentos que reúnem multidões.

Fobica de Dodô e Osmar, o primeiro trio elétrico. Salvador (BA).

Trio elétrico "Armandinho, Dodô e Osmar" em apresentação de Carnaval. Salvador (BA), 2011.

O mestre Raul do Mamulengo, já se apresentou na maior parte dos municípios do estado do Rio Grande do Norte. Natal (RN), 2014.

> **OBSERVE AS IMAGENS.**
> 1. Como são esses bonecos? Que diferenças existem entre eles, considerando tanto a confecção como a forma de manipulação?
> 2. Você já assistiu a alguma apresentação de teatro de bonecos? Conte como foi.

Cena do espetáculo *Giz*. Grupo Giramundo, 1988.

No teatro, há diversas técnicas de manipulação para animação de personagens, variando conforme os diferentes tipos de bonecos. Os fantoches vestem as mãos do manipulador e ganham ação. As marionetes são manipuladas por meio de fios presos em suas articulações.

CAPÍTULO 6 • Arte, tecnologia e transformação

Mas não são apenas bonecos que podem ser usados no teatro de animação. Há também tipos de teatro em que objetos comuns do cotidiano ganham animação.

FOCO NA PRÁTICA

No início do tópico **Tradição e transformação**, você conheceu as brincadeiras do boi e viu que a movimentação dele, em geral, é feita por um tipo de manipulação tradicional dessa manifestação em que o artista veste o boneco.

Nesta prática, por meio da criação de exercícios cênicos, você e os colegas farão a animação de objetos comuns do dia a dia. O foco desta atividade consiste em experimentar de que maneira objetos comuns do cotidiano podem se transformar em recursos cênicos. Para começar, como aquecimento e introdução, vocês farão novamente um jogo de ressignificação de objetos, já realizado no Capítulo 1. O foco do jogo consiste em atribuir ao objeto funções diferentes da usual. Para isso, afastem as carteiras e sigam as etapas:

1. Formem uma roda com todos sentados no chão.
2. Coloquem um bastão no centro dela. Pode ser um cabo de vassoura.
3. Um a um, vocês devem ir até o centro, pegar o bastão e, com ele, fazer uma ação breve, dando-lhe uma nova função, sem utilizar falas. Depois, voltem ao lugar em que estavam na roda.
4. O jogo continua até que todos façam pelo menos uma ação diferente com o objeto.

Depois, continuem a atividade conforme as orientações do professor.

Ao final, conversem sobre a sequência de jogos com base nas questões que serão propostas pelo professor.

As duas imagens da página anterior representam formas de teatro de bonecos. A primeira é bastante tradicional, chamada de **teatro de mamulengos**. A segunda nasceu da tradição da confecção de bonecos artesanais que, ao entrar em contato com outras linguagens artísticas, novas tecnologias e outras culturas, sofreu transformações e ramificações, gerando novas propostas de pesquisa no campo do **teatro de animação**.

O teatro de bonecos tradicional da Região Nordeste é conhecido como teatro de mamulengos. É uma manifestação artística da cultura popular que trata de temas diversos como costumes, tradições, lendas e crenças populares. Como a literatura de cordel, as histórias do teatro de mamulengos são inspiradas no cotidiano e possuem caráter cômico e satírico.

Acredita-se que a palavra "mamulengo" tenha origem nas expressões "mão molenga" ou "brincadeira do molengo", que aludem à forma como os bonecos são manipulados: o corpo dos personagens é vestido na mão de quem movimenta os bonecos. Os mamulengos costumam ser feitos em madeira, pintados à mão e revestidos com roupas de tecidos. O artista que faz e manipula os bonecos é popularmente chamado de "bonequeiro", "mamulengueiro" ou "mestre". Geralmente, ele é o dono dos bonecos e o idealizador de quase tudo o que envolve a apresentação. O mestre mamulengueiro é poeta, ator, cantor e artesão.

CÁPSULAS

Reisado do teatro de mamulengos do mestre Valdeck de Garanhuns, de Pernambuco. O reisado é uma festa popular que acontece no início do ano, muito comum em várias regiões do país.

O teatro de mamulengos nordestino tem muitas semelhanças com a *commedia dell'arte*, gênero teatral estudado no Capítulo 3. Por esse motivo, acredita-se que tenha se originado dela. O teatro de mamulengos apresenta praticamente a mesma estrutura da *commedia dell'arte*: é totalmente improvisado; tem personagens fixos, que perpassam as histórias; baseia-se em roteiros não escritos; estabelece uma estreita relação com o público; e é sempre acompanhado por música ao vivo.

As representações, também chamadas de "brincadeiras", são itinerantes, ou seja, perambulam de cidade em cidade, onde são montadas as barracas, também conhecidas como "toldas", "empanadas" ou "tendas".

Simão e Marieta, personagens do teatro de mamulengos do mestre Valdeck de Garanhuns, de Pernambuco.

O mestre, o contramestre e os ajudantes manipulam os bonecos e fazem as vozes de dentro dessa barraca, deixando aparecer somente o fantoche.

Mateus, personagem apropriado do Bumba meu Boi, é um interlocutor entre os bonecos e o público, que participa ativamente de todo o espetáculo.

Do lado de fora da barraca ficam os instrumentistas, chamados popularmente de "instrumenteiros", "batuqueiros" ou "tocadores". Eles tocam principalmente sanfona, triângulo, ganzá e zabumba, instrumentos tradicionais das regiões Norte e Nordeste e presentes em vários gêneros. As músicas, muitas vezes, são criadas de improviso, de acordo com o que está acontecendo na cena apresentada.

CÁPSULAS

Assim, de repente...

O termo "**repente**", no Brasil, nomeia um gênero que é conhecido pelo improviso de letras, criadas de "repente", no momento. Muitas vezes, ele envolve uma disputa, um desafio entre dois repentistas. Muito comum na Região Nordeste, caracteriza-se por um tipo de refrão que se repete entre estrofes improvisadas, em geral de tom cômico. Em um meio-termo entre a fala e o canto, as letras do repente costumam ser rimadas e são similares aos textos de cordel, apresentando uma base rítmica. O repente pode ser acompanhado por pandeiro, viola caipira ou rabeca, que é um instrumento similar ao violino. Também costuma ser designado por nomes como "coco de embolada", "cantoria" ou "entoada". Outros gêneros similares são a trova e a pajada, mais comuns na Região Sul do país e em outros países da América Latina, sempre cantadas e acompanhadas pelo violão.

Gravura de J. Borges para a capa do disco *Nordeste: cordel, repente, canção*, de vários artistas. (1974).

Essa prática remonta à Idade Média, quando, na Europa, em especial na Península Ibérica, era comum a realização de disputas entre dois ou mais músicos ou poetas, conhecidos como "trovadores", em desafios feitos de rimas. Alguns gêneros atuais dialogam com esse tipo de improviso, como o *hip-hop freestyle* ("estilo livre"), em que duas pessoas participam de "batalhas" feitas por meio do improviso de letras sobre uma base rítmica. A prática também pode ser feita de forma cooperativa, com mais de uma pessoa criando versos. Esse tipo de improviso está presente em outros gêneros conhecidos, como o *funk* carioca.

No teatro de mamulengos tradicional, existem passagens recorrentes e marcantes desse tipo de manifestação. O pernambucano Valdeck de Garanhuns, mamulengueiro, poeta, compositor, ator e xilogravurista, explica algumas delas no texto a seguir.

[...]

Passagens pretexto: onde aparece um boneco, cumprimenta o público, diz uns gracejos, canta alguma coisa e sai. Sua aparição é independente de qualquer explicação.

Passagens narrativas: feitas com versos, como os dos poetas repentistas. Um ou dois bonecos narram fatos, acontecimentos ou estórias imaginárias.

Passagens de briga: geralmente são arbitrárias, onde os bonecos dão prova de verdadeira resistência artesanal devido ao grande número das pancadarias e violentas contorções que são típicas dessas passagens. As brigas e a violência dessas passagens não chegam, porém, a chocar ou agredir o público, por se valerem do humor, do ridículo e do caricatural nas representações.

Passagens de dança: servem como recurso para fazer ligação entre as outras passagens que compõem o brinquedo. São também totalmente arbitrárias e delas participam ativamente os tocadores e os bonecos dançarinos.

Passagens de peças ou tramas: são comédias, dramas, farsas, autos religiosos, sátiras sociais etc. que, seguindo a estrutura formal do espetáculo de teatro, podemos considerá-las pequenas peças. Essas pequenas passagens, embora não sejam escritas, acontecem dentro do mamulengo, igualmente ao teatro de revista, onde se sucedem como esquetes com assuntos cômicos, sociais, morais, religiosos etc., incorporando elementos que pertencem ao gênero dos musicais e ao gênero do circo.

[...]

GARANHUNS, Valdeck de. Teatro de mamulengos. Disponível em: <www.valdeckdegaranhuns.art.br/mamulengos.html>. Acesso em: 22 abr. 2016.

Observe as imagens e leia o texto a seguir.

Cartaz do espetáculo *A Bela Adormecida*. Montagem de 1971 do grupo Giramundo.

Cena do espetáculo *Aventuras de Alice no país das maravilhas*, inspirado no livro *Alice no país das maravilhas*, de Lewis Carroll. Montagem de 2013 do grupo Giramundo.

[...]

O Giramundo é um grupo tradicional, pois é depositário da experiência artística de um mestre do teatro de bonecos, Álvaro Apocalypse. Tradicional, mas não conservador, pois, na prática, o respeito e o cuidado com a história não se confundem com a repetição. Por isso, conservar suas origens sem perder o ímpeto criativo é um dos mais importantes impulsos do Giramundo.

[...]

GIRAMUNDO. Disponível em: <www.giramundo.org/grupo/apresentacao/>. Acesso em: 22 abr. 2016.

• Levando em consideração as duas imagens e a data de realização dos espetáculos, como você interpreta o trecho anterior?

As imagens da página anterior são do grupo Giramundo, de Belo Horizonte. Elas retratam dois momentos distintos do trabalho desse grupo. A imagem da esquerda, de 1971, mostra o cartaz do espetáculo *A Bela Adormecida*, quando o grupo iniciou suas atividades. Nela, é possível perceber semelhanças com o teatro tradicional de fantoches, como os mamulengos do mestre Valdeck, vistos anteriormente.

A imagem da direita é de uma montagem mais recente, *Aventuras de Alice no país das maravilhas*, de 2013, em que o grupo investiga a convivência entre a tradição e as novas tecnologias. No espetáculo, atores contracenam com bonecos reais e suas versões virtuais, misturando técnicas tradicionais de manipulação com a experimentação de bonecos digitais, que são manipulados em cena.

Um exemplo é o personagem Gato de Cheshire (Gato que Ri), representado por um boneco que se movimenta por meio da captura digital de gestos do marionetista. Esse recurso, chamado *motion capture*, é comum no cinema e em jogos virtuais.

Gato de Cheshire, personagem do espetáculo *Aventuras de Alice no país das maravilhas*. Montagem de 2013 do grupo Giramundo.

No espetáculo, há a inserção de vídeos por meio da técnica chamada *mapping projection* ("projeção mapeada"), recurso utilizado para projetar vídeos ou imagens em superfícies tridimensionais.

A música também foi criada de forma incomum. Invertendo o modo tradicional de criação de trilha sonora, ela surgiu antes dos outros elementos da peça. Segundo o grupo, antes mesmo dos bonecos. Só depois as cenas foram criadas e os movimentos dos bonecos e atores sincronizados à trilha sonora.

O grupo foi criado pelos artistas visuais Álvaro Apocalypse (1937- -2003), Terezinha Veloso (1936-2003) e Madu Vivacqua (1945). Uma característica dele é o apuro técnico na construção dos bonecos, que são criados com base em princípios de desenho, escultura e pintura aliados à tradição artesanal da construção de marionetes.

Depois de anos de pesquisa e intensa produção, o grupo tem em sua história mais de trinta espetáculos de teatro de animação, com cerca de 1500 bonecos, que integram o Museu Giramundo. Do contato com diversas linguagens de animação e tecnologia, desenvolveu um trabalho que rompe as fronteiras entre o teatro de bonecos, a animação, a música, a dança e as artes visuais, tornando-se um grupo multimídia.

O espetáculo *Giz*, de 1988, representou um marco na trajetória do grupo, quando a pesquisa começou a se voltar para o caminho experimental, influenciada por correntes das artes visuais e do teatro de bonecos europeu.

CONEXÃO

O texto a seguir trata de um espetáculo de bonecos diferente: *Velhas caixas* (2009). Nele, a atriz e bonequeira paulista Juliana Notari apresenta uma série de cinco minipeças de poucos minutos, para uma só pessoa. Ela usa como "palco" uma caixa com duas aberturas em lados opostos. Dentro dela está o cenário, o boneco e os objetos de cena. Juliana manipula o boneco e os objetos por uma das aberturas. O público assiste à peça pela abertura do lado oposto. Observe as imagens e leia o trecho da matéria a seguir.

Entrevista: Solista em todos os sentidos

A atriz e marionetista de 31 anos Juliana Notari ainda gosta de brincar com bonecas. Tanto que, em 2004, fundou o Duo-Anfíbios – Théâtre de Marionnettes Brésil/France, companhia independente de teatro de bonecos, e desde então sempre convida artistas parceiros para momentos intensos de criação. [...]

Natural de São Paulo, onde se formou no Instituto de Artes da Unesp, Notari diz que desde criança tem um espírito de artista nômade. Em 2008, recebeu uma bolsa de residência de pesquisa no Institut International de la Marionnette, na cidade de Charleville Mezieres, ao norte da França. Lá, estudou técnicas de manipulação e construção de bonecos para marionetistas solistas ("solista" em todos os sentidos: criação, construção, técnica, público e atuação). Dentro dessa residência, Juliana começou a esboçar o projeto *Vieilles boîtes* ou *Velhas caixas*, uma série de cinco miniespetáculos de teatro de bonecos apresentados individualmente, com cerca de 3 minutos de duração cada. Após a criação do primeiro espetáculo, *Sorriso no copo*, Notari foi convidada a fazer um laboratório e criar os outros quatro espetáculos em casas de repouso, ou seja, asilos.

Foram cinco meses vivendo em dois asilos franceses, onde Juliana instalou seu *atelier* de bonecos e lá viveu com os idosos, escutando, observando, desenhando estórias e gestos. O tema de todos os miniespetáculos é a velhice, e Juliana tenta retratá-la de maneira poética. O trabalho de Juliana é incrivelmente detalhista, o cenário das caixas reproduz perfeitamente os ambientes onde esses idosos vivem, não só pela decoração em miniatura, mas com a textura e olhares dos bonecos, cheiros, iluminação intimista; cada caixa é uma experiência de sinestesia.

Revista NANU! Arte *fashion*, ed. 14, 2011.

Cena do espetáculo de bonecos *Velhas caixas*, de Juliana Notari. Apresentação no Festival Internacional de Bonecos de Chuncheon, Coreia do Sul, 2011.

Espectador assiste a cena do miniespetáculo de bonecos *Velhas caixas*, de Juliana Notari. Turnê em casas de repouso, França, 2010.

CAPÍTULO 6 • Arte, tecnologia e transformação

FOCO NA PRÁTICA

Uma técnica bastante utilizada para confeccionar bonecos é o papel marchê ou machê, que é uma massa de papel. Nesta atividade, você aprenderá a fazer esse papel e criará um boneco de manipulação, elaborando uma cena com os colegas.

Siga as etapas:

1. Confecção do papel machê

O papel machê é uma massa feita à base de papel picado ou amassado, misturado com água e cola, podendo-se ou não adicionar gesso. É uma técnica bastante utilizada para produzir objetos decorativos, máscaras, brinquedos e outros materiais.

Existem várias receitas de massa de papel machê adequadas para fazer bonecos. A seguir, apresentamos uma delas.

Material

- 1 rolo de papel higiênico (pode ser do mais barato);
- 2 colheres de sopa de amido de milho;
- 1 colher de sopa de desinfetante do tipo lisofórmio (pode ser substituído por vinagre);
- 1 copo e meio de água;
- 1 guardanapo de cozinha;
- cola branca;
- liquidificador;
- bacia;
- panela;
- coador.

Preparo

- Pique o papel higiênico em pequenos pedaços e bata-o no liquidificador com bastante água (para não danificar o liquidificador, coloque pouco papel por vez).
- Coe a massa de papel para retirar o excesso de água. A massa deve ficar úmida, mas com uma consistência que esfarele na mão.
- Coloque essa massa em uma bacia e esfarele-a de modo a evitar que empelote depois. Adicione cola branca para dar liga. Use uma colher para ajudar a misturar. A massa ficará com uma consistência pegajosa. Adicione também lisofórmio ou vinagre para evitar que a massa crie fungos.
- À parte, faça um mingau com o amido de milho e a água.
- Quando a mistura estiver no ponto de mingau, adicione o papel já preparado com a cola e deixe cozinhar por alguns minutos. O ponto para retirar a massa do fogo é quando ela estiver desprendendo do fundo da panela, assim como fazemos com o brigadeiro.
- Deixe esfriar.

2. Modelagem e confecção do boneco

Com a massa pronta e fria, você modelará o boneco.

- Primeiro, pense nas características que você quer dar a ele: homem, mulher, jovem, mais velho, com ou sem cabelos etc.
- Use um pedaço de madeira ou cano de PVC como suporte para a cabeça.
- Na ponta do cano ou da madeira, fixe algo de formato redondo para servir de base, como uma bola de isopor ou de papel mais firme, ou outro objeto redondo e leve.
- Cubra essa base com a massa de papel para modelar a cabeça do boneco, dando as feições que desejar.
- Depois de pronto, deixe secar à sombra.
- Após a secagem, pinte a cabeça como preferir usando tinta à base de água ou plástica.
- Você pode adicionar cabelos usando lã, tiras de tecido e fitas. Também é possível confeccionar um chapéu ou um boné de cartolina, por exemplo.
- Para a roupa, use retalhos cortados de tecido e fixados na base da cabeça do boneco. Lembre-se de fazer as mangas. Na ponta de cada manga, você pode costurar ou colar outro pedaço de tecido para fazer as mãos. Você também pode fazê-las de papel ou modelá-las com o próprio papel machê.
- Deixe uma abertura por baixo do tecido, pela qual você colocará as mãos para manipular o boneco.

3. Criação da cena e apresentação

As técnicas de manipulação requerem prática e estudo. Porém, nesta atividade, você experimentará as possibilidades expressivas dessa linguagem usando o boneco que criou.

- Formem grupos de quatro integrantes.
- Reúnam os quatro bonecos que confeccionaram nesta atividade e os personagens/objetos que criaram na atividade anterior. Agora vocês criarão uma cena com eles. Para isso, podem se basear em alguma história da cultura popular que pesquisaram neste capítulo, em um cordel, em um conto curto, em uma poesia, em uma música ou criar a própria história. Vocês também podem agregar algumas passagens recorrentes do teatro de mamulengos, que viram anteriormente. Se necessário, leiam novamente esse conteúdo.
- Pensem nos personagens que serão representados na história. Com base neles, vocês podem elaborar outras características para o boneco e o objeto/personagem, como tom de voz, jeito de falar e se movimentar e outros trejeitos.
- Definam quais sons e músicas serão necessários para contar a história e como isso será feito. Alguém cantará ou tocará? Vocês usarão um CD, um *smartphone* ou caixas de som? Se criarem os sons ao vivo, quem os fará? Pensem em todas as possibilidades de intervenções sonoras nas cenas, seja com instrumentos, seja com objetos do cotidiano, criando os elementos das paisagens sonoras ou dando ênfase a algum acontecimento.
- Ensaiem a história algumas vezes, mas lembrem-se de que, se quiserem, podem fazer uma apresentação improvisada, tendo somente um roteiro como base.
- Sobre a manipulação do boneco, lembrem-se de que, toda vez que o personagem estiver realizando alguma ação ou fala, ele deve se movimentar, pois de forma estática ele passa a impressão de estar "sem vida".

Ao término das apresentações, conversem sobre a atividade. Como foi confeccionar os personagens? Tiveram dificuldades? Quais? Como foram os processos de criação das cenas e dos personagens? Vocês usaram alguma história da cultura popular como referência? Qual? O que modificaram? Se criaram a própria história, como foi esse processo? De que maneira vocês uniram os personagens/objetos criados na atividade anterior com os bonecos confeccionados nesta? Como foi a experiência da manipulação dos bonecos? Que outros recursos foram utilizados para compor a apresentação?

Leia a frase a seguir, retirada de uma entrevista de Antonio Nóbrega:

[...]
A nossa cultura popular é um espelho maravilhoso para o Brasil se ver como ele é!
[...]

COELHO, Marco Antônio; FALCÃO, Aluísio. Antonio Nóbrega: um artista multidisciplinar. *Estudos Avançados*, São Paulo, v. 9, n. 23, p. 65, 1995.

- Depois de ler e desenvolver atividades práticas sobre o tema "tradição e transformação", que significados você atribui à ideia da cultura popular como um espelho para o Brasil se ver como é?

OBSERVE AS IMAGENS.

Que tipo de dança é essa? Identifique, nas imagens, elementos de danças que você conhece.

Cenas do espetáculo de dança *Naturalmente*. Direção e concepção de Antonio Nóbrega. Brincante Produções, São Paulo (SP), 2009.

As fotos e a frase vistas anteriormente são do artista pernambucano Antonio Nóbrega (1952). Ele toca, dança, canta e atua. Começou a estudar arte ainda criança, tocando violino. Aos 18 anos, passou a pesquisar sobre a cultura popular brasileira. Com essa idade, foi convidado pelo dramaturgo paraibano Ariano Suassuna (1927-2014) a participar do Movimento Armorial, que pretendia criar uma arte genuinamente brasileira por meio da junção entre as chamadas cultura popular e erudita. Desde então, Antonio Nóbrega vem pesquisando artisticamente modos de fazer essas relações sem que haja sobreposição de uma forma de arte sobre a outra.

Em 2009, ele criou a obra *Naturalmente*, uma aula-espetáculo na qual compartilha com o público reflexões acerca dos seus quarenta anos exercendo, pesquisando e refletindo sobre modos artísticos para criar o que ele chama de uma dança brasileira contemporânea. Nessa aula-espetáculo, o artista expõe a ideia de um alfabeto de movimentos das danças populares, as quais, relacionadas e misturadas entre si, sofrem transformações e abrem espaço para uma dança contemporânea conectada com as tradições brasileiras.

No espetáculo, há um telão no qual são projetados os passos dessas danças quando realizados em seu contexto original por brincantes em festas e folguedos tradicionais. Em seguida, Nóbrega mostra esses mesmos movimentos em relação a passos de outras danças, com outros tipos de música e outros ritmos.

CÁPSULAS

O brincante é um artista popular que participa de festas e brincadeiras populares. A função muitas vezes é passada de geração a geração. Originalmente, esses artistas são integrantes das comunidades, para as quais as festas populares são parte essencial de suas tradições. Trata-se de uma função em que muitas vezes o artista canta, dança, toca instrumentos e interpreta, realizando as atividades de modo lúdico.

FOCO NA PRÁTICA

Você e os colegas criarão uma pequena coreografia relacionando movimentos de danças que conheçam ou pratiquem. O objetivo desta prática é experimentar as mudanças que acontecem em um movimento quando associado a outros, de diferentes manifestações e estilos. Vocês podem escolher danças de manifestações da tradição, populares, contemporâneas, clássicas ou de rua. Pesquisem os mais diversos estilos e tradições, escolhendo aquelas que mais lhes chamar a atenção. No dia combinado com o professor, venham para a escola com dois movimentos de dança aprendidos. Eles poderão ser de um estilo que vocês já conhecem ou praticaram ou que tenham vontade de conhecer. Caso não conheçam movimentos de dança, vocês podem pesquisar. Se tiverem acesso à internet, poderão conhecê-los por meio de vídeos de espetáculos ou tutoriais. Ao término da prática, conversem com os colegas e o professor sobre como a junção desses estilos influenciou na criação da coreografia.

Ao retirar essas danças de seu meio, colocá-las no palco e experimentá-las em outras relações, Antonio Nóbrega cria sua dança contemporânea brasileira. Durante o espetáculo, são apresentadas reflexões sobre a dança. A transposição da dança como manifestação cultural para a dança cênica presente no trabalho do artista transforma suas características originais, ao mesmo tempo em que preserva a ideia de uma cultura brasileira vista como algo que está sempre presente e em transformação.

Em 1982, Antonio Nóbrega fundou em São Paulo o Instituto Brincante, um espaço voltado para a pesquisa, o ensino e a difusão da diversidade das manifestações artísticas brasileiras.

> **FOCO NA PRÁTICA**
>
> No espetáculo *Naturalmente*, Antonio Nóbrega demonstra como procura criar uma nova manifestação com base em uma longa pesquisa e no registro de danças tradicionais brasileiras, mostradas em seu contexto original em um telão. Agora, você realizará, com os colegas, um processo parecido. Partindo de uma manifestação tradicional, vão gerar novas, que expressem os interesses de vocês, individualmente ou em grupo. Para isso, considerem todas as experiências que já realizaram até aqui com as diferentes linguagens (artes visuais, dança, música, teatro, expressões híbridas), pensando em suas escolhas, nas possíveis relações entre elas e em suas formas pessoais de expressão. Sigam as etapas:
>
> 1. Comecem revendo o que descobriram e conheceram sobre manifestações culturais. A partir delas, vocês criarão as suas. Vocês podem se basear nas diferentes manifestações pesquisadas, não apenas nas do seu grupo.
>
> 2. Desta vez, não haverá uma única prática a ser realizada por todos. A proposta é que cada um escolha como deseja se expressar a respeito da manifestação escolhida, individualmente ou em grupo. Por exemplo: um estudante, individualmente, pode preferir realizar um trabalho visual inspirado em uma das manifestações que conheceu; ou um grupo de estudantes pode decidir realizar uma coreografia inspirada em movimentos ou em outros aspectos de uma dança pesquisada, ou mesmo de uma manifestação de outra linguagem. Organizem-se entre si caso queiram realizar práticas em grupo.
>
> 3. Definam como e quando apresentarão os resultados para a turma. Considerem também mostrar para toda a comunidade escolar.
>
> Ao final, conversem sobre as experiências e os resultados apresentados. Como os elementos originais das manifestações aparecem naquilo que fizeram? Como foram transformados? Houve elementos de uma linguagem artística apropriados por outra?

CULTURA: RECEPÇÃO E INTERAÇÃO

O desenvolvimento tecnológico dos meios de reprodução e comunicação altera constantemente a produção artística e cultural e seu acesso pelas pessoas. Além disso, também possibilita o surgimento de outras expressões estéticas, que, por sua vez, influenciam novas manifestações.

Cultura *pop*

> **OBSERVE A IMAGEM.**
>
> 1. Essa é uma cena do videoclipe da música "Thriller", do cantor estadunidense Michael Jackson (1958-2009). O que a imagem mostra? Você já conhecia esse cantor? Conhece suas músicas ou já assistiu a algum de seus videoclipes?
>
> 2. Você costuma assistir a videoclipes? Em que mídias? Como são? Quais são suas características principais? Você percebe algo em comum entre os videoclipes atuais e a imagem anterior do videoclipe de "Thriller"?

Michael Jackson em cena do videoclipe da música "Thriller" (1983), do álbum de mesmo nome.

O videoclipe da música "Thriller", de 1983, do artista estadunidense Michael Jackson, é um dos mais famosos e influentes do século XX, praticamente um curta-metragem de quase catorze minutos de duração. Em toda sua carreira, o cantor investiu na produção de videoclipes, combinando inovações tecnológicas e estéticas com a participação de muitos profissionais.

O **videoclipe** é uma expressão **audiovisual** que surgiu diretamente vinculado à indústria cultural.

- Você conhece a expressão "indústria cultural"? O que ela significa? Você percebe a ação dessa indústria nas produções de que gosta?

Com as tecnologias de comunicação e reprodução, como o rádio e a televisão, produções culturais muito diferentes e distantes da realidade das pessoas passaram, aos poucos, a serem conhecidas por elas e a influenciar seus gostos, interesses e hábitos. Trata-se de uma produção cultural amplamente acessível e internacionalizada, vinculada ao modo de vida capitalista. Suas formas de produção vão além do trabalho dos artistas, envolvendo grandes empresas que controlam a tecnologia, a produção e a distribuição. Ainda na década de 1940, antes da popularização da televisão, os filósofos alemães Theodor Adorno (1903-1969) e Max Horkheimer (1895-1973) usaram a expressão "indústria cultural" para fazer uma crítica a essa produção cultural fortemente atrelada aos interesses do mercado. A manifestação cultural, nesse contexto, é vista como produto de consumo, e seu sucesso, medido pela capacidade de gerar lucro.

A essa nova forma de cultura vinculada à indústria cultural foram dados muitos nomes: **cultura de massas**, **cultura de entretenimento** e **cultura *pop*** são alguns deles. "Cultura de massas", por ser realizada para atingir muitas pessoas e tornar-se massificada; "cultura de entretenimento", por entreter, pois sua principal função é divertir; e "cultura *pop*", por ser popular, não no sentido de criada pelo povo, mas conhecida e consumida por muitas pessoas.

OBSERVE AS IMAGENS.

Você conhece a cantora que aparece na segunda imagem? Quais são as relações entre seu figurino e o de Michael Jackson, na primeira imagem? Em sua opinião, essa semelhança foi proposital?

Na primeira imagem, Michael Jackson em *show* durante o Super Bowl, em 1993, um dos eventos de maior teleaudiência dos Estados Unidos. Na segunda imagem, Beyoncé no mesmo evento, em 2016.

CAPÍTULO 6 • Arte, tecnologia e transformação

CÁPSULAS

Uma das características da cultura *pop* é fazer constantemente referência aos seus ícones e fórmulas de sucesso. Um ídolo como Michael Jackson, por exemplo, que ficou conhecido como "Rei do Pop", mesmo após sua morte ainda tem elementos de suas produções copiados, repetidos ou transformados. Ele foi responsável por criar muitas das fórmulas, ações e atitudes que caracterizam a cultura *pop*, como a mistura de várias linguagens, gêneros e mídias diferentes, coreografias inovadoras, *shows* espetaculares e figurinos extravagantes. Na imagem, a cantora estadunidense Beyoncé, uma das mais conhecidas cantoras do *pop* atual, é mostrada em um evento de futebol americano conhecido como Super Bowl, com massiva audiência de TV. Todos os anos, alguns músicos são convidados a fazer um *show* no intervalo do evento. Em 2016, ela decidiu fazer uma homenagem a Michael Jackson ao vestir-se com elementos do figurino que o cantor usou no mesmo evento em 1993.

Como produto da indústria cultural, o videoclipe tornou-se uma expressão importante do processo de divulgação ou promoção de uma música ou álbum. Experiências que combinavam música e vídeo foram feitas desde o início do cinema falado, geralmente como parte de filmes. Foi na década de 1960, porém, que essa prática se tornou um produto à parte, com a criação de vídeos curtos para serem exibidos na televisão. Os videoclipes popularizaram-se principalmente a partir dos anos 1980, período em que começam a surgir os primeiros programas e canais de televisão voltados exclusivamente para a música.

Os videoclipes costumam ter uma montagem acelerada, com cenas fragmentadas, várias vezes incluindo narrativas entremeadas por coreografias. A fragmentação das cenas nos videoclipes ocorre com o uso de muitos cortes na edição. Chama-se **corte** o ato de separar do material bruto (a sequência de imagens capturadas na filmagem) os pedaços de vídeo que se escolheu utilizar, juntando a outros para dar forma ao filme. **Edição** é o nome dado a esse processo como um todo, de cortar e recolocar em ordem as imagens gravadas na sequência final em que serão apresentadas.

TANTAS HISTÓRIAS

Hoje, todo o processo de edição de um vídeo ou filme é informatizado, ou seja, feito em programas de computador, mas, em sua origem, o filme era de fato cortado na edição. O negativo de cinema, bastante parecido com os rolos antigos de negativos de fotografia, era literalmente cortado e colado em outra ordem. A esse trabalho dava-se o nome de **montagem**, uma vez que o trabalho atribuído a essa função era remontar os pedaços cortados do filme.

Montagem tradicional de um filme. Antigamente, o filme era de fato cortado na edição.

Edição contemporânea de um filme, feita em programas de computador.

Com a linguagem cinematográfica, criaram-se várias técnicas de montagem. A princípio, todas elas estavam submetidas à história do filme, de modo que a escolha de como unir os pedaços deveria garantir que o espectador entendesse a história e que essa junção não pudesse ser vista, de tão bem-feita, criando a ilusão de que aquilo que estava sendo contado era real, e os cortes, naturais. No entanto, ao longo do desenvolvimento do cinema, alguns cineastas romperam com a ideia de que o corte e sua nova junção precisavam ser invisíveis e começaram a ousar em suas experimentações. Um desses artistas foi Jean-Luc Godard (1930), um cineasta francês. Seus filmes eram repletos do que se conhece no Brasil por falsos *raccords*. A palavra francesa *raccord* significa "junção", de modo que um falso *raccord* significa a junção de duas partes que não se comunicam diretamente entre si. A ideia de Godard ao utilizar os falsos *raccords* era deixar claro para o espectador, ao longo do filme, que o que ele via não era uma história real, mas cinema, ou seja, arte. Esses atos de desbravar novos modos de montagem geraram possibilidades como as que vemos nos videoclipes de hoje.

A edição dos videoclipes, em sua maioria, não é pensada para contar uma história que faça sentido lógico, mas para criar sensações no espectador, considerando a reação que se espera do público. Assim, nessa expressão audiovisual, os cortes costumam ser bastante perceptíveis. Isso se dá pela falta de relação imediata entre uma imagem e outra e pela enorme quantidade de cortes. Realizados dessa maneira, os cortes passam a sensação de ritmo, criando relações com a música. Eles podem acompanhar esse ritmo, contrapor-se a ele, reiterar alguns instrumentos, e assim por diante. Apesar de seu caráter principalmente comercial, os videoclipes se tornaram um meio para experimentações estéticas e acabam, muitas vezes, influenciando outras produções, como o cinema e a publicidade.

CONEXÃO

Observe a imagem a seguir.

Cena do videoclipe da música "Somebody That I Used to Know" (2011), de Gotye. Direção de Natasha Pincus.

Essa é uma cena do videoclipe, lançado em 2011, da música "Somebody That I Used to Know", do músico Gotye (1980), nascido na Bélgica e criado na Austrália. Ele gravou a música em parceria com a cantora neozelandesa Kimbra (1990). Ambos aparecem no videoclipe, que é um exemplo de experimentação com essa expressão audiovisual, combinando elementos de diferentes manifestações artísticas. Nele, Gotye tem, aos poucos, o corpo pintado, acompanhando a pintura de padrão geométrico e abstrato do fundo, com o qual parece se fundir. Kimbra aparece depois, ao seu lado, já com seu corpo pintado da mesma forma. Ao final, o corpo dela, de costas, vai aos poucos deixando de ter pintura. O processo da pintura é todo mostrado com a técnica de animação em *stop motion*, já abordada no Capítulo 1, na página 27. A parte final, em que a tinta "sai" do corpo de Kimbra, é resultado da edição, que ordenou as imagens do processo de pintura de trás para a frente. A pintura realizada no videoclipe é baseada em um trabalho do pai de Gotye, Frank de Backer, feito na década de 1980.

É muito comum, na cultura *pop*, a apropriação de manifestações de outros gêneros artísticos e de elementos de outras culturas. Nessa música de Gotye há um elemento explícito, que é um *sample* da canção "Seville", de 1967. É uma música do compositor e violonista brasileiro Luiz Bonfá (1922-2001). Ela faz parte da base instrumental nas estrofes da música de Gotye, que declarou em entrevistas que "Seville" serviu de inspiração para a primeira frase da canção.

FOCO NA PRÁTICA

Nesta prática, você e os colegas pesquisarão videoclipes que conhecem, procurando analisar suas características. Sigam as etapas:

1. Formem grupos de quatro estudantes.

2. Pesquisem videoclipes de artistas e grupos que vocês conheçam. Escolham um para analisar os elementos audiovisuais explorados.

3. Assistam a eles algumas vezes e analisem juntos o videoclipe escolhido, conforme o roteiro a seguir:

   - Há uma história no videoclipe?
   - Ele é feito exclusivamente com imagens dos artistas?
   - Apresenta coreografias?
   - Possui efeitos especiais?
   - Como é o resultado da edição? Vocês consideram que há poucos ou muitos cortes?
   - Que sensações os cortes despertam em vocês?
   - Como as características da edição se relacionam com a música? Há percepção de sincronia entre imagens e música?
   - Há elementos que remetem à produção musical ou audiovisual de outros artistas?

   Registrem a análise no caderno. Vocês também podem acrescentar outras percepções que possam surgir da observação e da conversa entre o grupo.

4. Feita a análise, vocês apresentarão o videoclipe para a turma, comentando suas observações. Mostrem o videoclipe inteiro uma vez e, depois, comentem o que registraram. Neste momento, vocês podem mostrar novamente trechos do videoclipe.

   Depois de todas as apresentações, analisem as semelhanças e as diferenças entre os videoclipes apresentados, observando os seguintes aspectos:

   - As músicas são parecidas? Houve repetição de gêneros musicais ou de um mesmo videoclipe?
   - Os resultados estéticos dos videoclipes são similares?
   - Quais se destacaram por serem diferentes?
   - E as atitudes dos artistas, como podem ser interpretadas?
   - Por fim, estabeleçam relações entre os videoclipes e as características da cultura *pop*.

CAIXA DE FERRAMENTAS

Nesta seção, você viu que a popularização da televisão foi um fator importante para a propagação de diversas manifestações culturais, entre elas o videoclipe, difundindo em grande escala o trabalho de músicos e intérpretes e tornando-os famosos. Isso também acontece com atores e atrizes nas telenovelas. Por meio da televisão, muitos artistas brasileiros se tornaram conhecidos dentro e fora do país, já que a telenovela brasileira é hoje transmitida em nível mundial.

- Cite um ator que você conheça. Você o conhece da televisão, do teatro ou do cinema? Sabe em quais dessas áreas ele atua? Sabe dizer se há diferença entre o ofício do ator na televisão, no teatro e no cinema? Qual? Se não, o que imagina? Sabe como um ator se prepara para trabalhar em cada um desses veículos? Você acha que há diferença na trajetória de formação profissional para cada um desses tipos de trabalho?

Na entrevista a seguir, a atriz Camila Morgado, que já atuou nos três veículos – televisão, teatro e cinema –, e o diretor de cinema Aluizio Abranches falam sobre a construção de personagem no teatro, na televisão e no cinema.

A entrevista abriu o Fórum de Cinema da 17ª edição do Festival Internacional de Cinema e Vídeo Ambiental (Fica) em 2015, Goiás (GO). Leia o trecho a seguir com os colegas e o professor.

Entrevista

Atriz Camila Morgado: "O ator tem que ser vertical, tem que se aprofundar nas questões do indivíduo"

Atriz abriu o Fórum de Cinema do Fica 2015 com um bate-papo sobre a construção da personagem

[...]

Quais as diferenças de atuação e interpretação no teatro, televisão e cinema?

Camila – É uma pergunta muito frequente. Na área de atuação e interpretação não tem cartilha, pois nós falamos do indivíduo e o indivíduo não tem cartilha. Existe diferença, sim, entre teatro, televisão e cinema, porque são linguagens diferentes. Comecei pelo teatro e ele é muito do ator; é a linguagem que mais é do ator, pois, quando acaba a direção, acaba cenário, figurino, tudo, só fica o ator. É um trabalho muito artesanal. E como existe uma diferença de perspectiva – você está no palco, diante o público e é muito o agora – o ator tem que ser muito expressivo para o público enxergar e compreender o que ele está dizendo. No cinema não; o olho humano é da câmera. O cinema é do diretor. Mas isso não é regra. Às vezes, o cinema pode ser grande e o teatro pequeno. A televisão é um folhetim, você conta uma história que vai todo o dia para a casa das pessoas. É uma história mais simples. As pessoas vão para casa e estão fazendo as coisas, parando vez ou outra para ver. Então, é uma linguagem mais simples. Você não pode dificultar muito, senão a linguagem não se aproxima do público. Ainda assim, "qual a diferença?", eu não sei se tem, mas essas coisas que citei influenciam.

Abranches – [...] O cinema é um processo muito longo, demora um ano para você terminar um filme.

O cinema é mais trabalhado e ele fica, perdura. Nós podemos assistir a um filme de cinquenta, oitenta anos. Por isso, é mais trabalhoso e bem produzido. A televisão e as séries também, ainda que mais breves. E, quanto ao ator, vai muito da dedicação que ele tem. A Camila, por exemplo, se dedica às três formas de atuação. No teatro, tevê e cinema. No teatro, é onde mais se ensaia. No cinema, eu ensaio; mas muitos diretores não ensaiam e improvisam. Na televisão, o ensaio é pouco, pois é quase um filme por dia.

Camila, seu começo foi no teatro e você trabalhou com Gerald Thomas e com Antunes Filho. Qual a diferença entre os dois diretores?

[...] No CPT [Centro de Pesquisa Teatral], com o Antunes, foi como se um mundo novo tivesse se aberto. [...] A primeira coisa que eu entendi é que o ator precisa de técnica. Pois, muitas vezes, achamos que o trabalho do ator é muito intuitivo. Não é só uma energia, uma intuição. Você trabalha o corpo, a voz, a alma. Você tem que entender do indivíduo. Ele também falava que não existe cartilha. Existe um trabalho diário. [...] O ator tem que ser vertical, se aprofundar nas questões. Quando você está com uma personagem, você tem que se aprofundar nela. [...] O aprofundar é vertical, é a matéria, é do que é feita a personagem. Já o horizontal são os detalhes que você coloca, encaixa. Há uma pesquisa constante. [...]

Eu voltei a trabalhar com o Gerald Thomas e ele é outra pessoa muito importante na minha vida, pois ele trabalha com arte. É difícil definir o que é arte, não sabemos. Mas arte te faz refletir, te faz questionar. Ambos trabalham com isso. Fiquei ali, com o Gerald, na Cia. dele, por quatro anos e eu aprendi na prática. Diferentemente do Antunes, pois com ele, eu aprendia na teoria, na pesquisa. Com o Gerald, enquanto eu estava no palco, ele falava alguma coisa no ouvido e eu ia mudando; no dia seguinte, ele já mudou o texto. Portanto, é um trabalho em processo. Isso me deu muita prática. [...]

Como foi a preparação para "Casa das Sete Mulheres" [série feita para televisão]?

Camila – Minha primeira aproximação é pelo texto. O processo de pesquisa, que é muito delicado, é o que eu mais gosto; mais do que decorar texto, que é um porre. Quando você testa tudo o que quer, é quando a criatividade está borbulhando e sua cabeça não para. Você começa a observar e trazer imagens para o que leu. É um mundo que se abre. Você conversa com o diretor, faz suas anotações e é tudo muito pessoal. Por isso, os personagens ficam diferentes se eu ou outro ator o faz; afinal, colocamos a maneira como enxergamos a vida no que fazemos. Não tem outro jeito, a matéria-prima do ator é ele mesmo. [...]

Como foi sua experiência com o filme "Olga"? Qual foi sua maior dificuldade e o que você levou do filme?

Esse filme é muito específico, pois eu trabalhei cinco meses. Foram dois meses e meio me preparando e dois meses e meio gravando. [...]. Comecei a estudar. Tinha que entender da época, pois era uma época que eu não vivi. Tive que estudar história. Eu até fui a Cuba, pois precisava ver algo de perto, entender que aquilo existiu, que era de verdade. Foi a melhor coisa que eu fiz. Depois, me preparei fisicamente. Fiz aula de defesa pessoal, aula de tiro, alemão e russo; eu ficava o dia todo estudando. Uma aula atrás da outra. Foi muito desgastante e, para piorar, a história da Olga é muito intensa. [...]

Uma produtora de filmes e seriados via *streaming* anunciou, recentemente, uma série totalmente brasileira. Camila, como você vê isso?

Hoje, os dispositivos têm mudado. O mercado é muito melhor, mais competitivo. A abertura é muito legal, você trabalha com outros lugares, outras pessoas, tem infinitas possibilidades. Você percebe que elas existem. Assim, teremos que ficar melhores. Mudou muito, nós somos internet e qualquer pessoa pode fazer; se você tem uma ideia, você pode fazer e aprender com ela. Você cria uma cena autoral, se desenvolve. A internet possibilita isso. Você se desenvolve, é muito melhor. [...]

A atriz Camila Morgado em cena do filme *Olga*. Direção de Jayme Monjardim, 2004.

ALVIM, Yago Rodrigues. Entrevista. Atriz Camila Morgado: "O ator tem que ser vertical, tem que se aprofundar nas questões do indivíduo". *Jornal Opção*, Goiás, ed. 2 093. Disponível em: <www.jornalopcao.com.br/opcao-cultural/atriz-camila-morgado-o-ator-tem-que-ser-vertical-tem-que-se-aprofundar-nas-questoes-do-individuo-42771/>. Acesso em: 25 abr. 2016.

PARA AMPLIAR

A entrevista anterior mostrou um pouco da trajetória e da carreira de uma atriz que transita entre o teatro, o cinema e a televisão. Tratou do trabalho do ator, de sua bagagem de formação e das pesquisas que envolvem a construção de personagens.

Nesta atividade, você realizará uma pesquisa sobre um ator ou atriz de sua escolha. Pode ser de teatro, cinema, televisão, internet ou que transite por vários veículos. Pode ser um ator jovem, idoso, já falecido, nacional, estrangeiro, quem você preferir.

Investigue a trajetória de formação desse ator. O que ele fez antes de trabalhar com a linguagem pela qual você o conhece? Qual é sua formação profissional? Fez cursos? Trabalhou ou trabalha em algum outro veículo? Algum fator de sua vida pessoal influenciou na sua carreira?

> Você pode agregar à sua pesquisa imagens, áudios ou outros recursos que considerar interessantes.
>
> Depois, cada um de vocês apresentará o resultado aos colegas.
>
> Após a atividade, conversem sobre todas as pesquisas. Em que veículos trabalham os atores que vocês pesquisaram? Quais diferenças encontraram sobre suas trajetórias profissionais? E semelhanças? Acreditam que essas diferenças influenciaram no tipo de veículo em que se estabeleceram? Que curiosidades encontraram? Conheciam todos os trabalhos dessa pessoa? O que descobriram de novo? Considerando sua trajetória, você acha que algum desses atores pesquisados poderia ser considerado como parte da "indústria cultural"? Por quê?

Cultura independente

Como você viu ao longo do capítulo, as inovações tecnológicas, como a imprensa, o rádio e a televisão, modificaram intensamente a relação das pessoas com a arte, a informação e a cultura. A partir da década de 1990, a internet não só ampliou esse acesso para a esfera global como passou a modificar a própria relação das pessoas com as tecnologias. Essa relação passou a ser mais interativa do que receptiva. O desenvolvimento de tecnologias digitais (em especial o computador pessoal e os programas de manipulação de imagens e sons) começou a oferecer às pessoas ferramentas de criação individual que antes eram limitadas às grandes empresas de produção cultural, o que favorece o trabalho de artistas independentes.

Observe as imagens a seguir.

Cenas do videoclipe da música "Oração" (2011), do grupo A Banda Mais Bonita da Cidade.

A Banda Mais Bonita da Cidade é um grupo musical de Curitiba (PR) formado em 2009. As imagens anteriores são do videoclipe da música "Oração", que o grupo produziu e lançou na internet em 2011. Rapidamente, o vídeo foi visto por milhões de pessoas, tornando a banda conhecida e gerando reconhecimento para seu trabalho.

O trabalho da banda é um exemplo de produção independente, sem a intervenção de gravadoras ou distribuidoras. O primeiro disco do grupo também foi criado com a interação direta do público e por meio de financiamento coletivo, que é uma forma de os artistas coletarem doações pela internet, para financiar seus trabalhos. A própria estética do videoclipe de "Oração" é diferente. Todo o vídeo foi feito em **plano-sequência**, não havendo cortes na filmagem e todas as imagens captadas são realizadas de uma única vez. O vídeo foi realizado no dia do aniversário da vocalista, em uma casa no sítio da avó de uma amiga da banda, no interior do Paraná. A câmera começa seguindo um dos músicos pelos cômodos da casa enquanto encontra, pelo caminho, os outros membros do grupo e amigos da banda que se reuniram no local, cantando e tocando vários instrumentos.

Cena do videoclipe da música "Oração" (2011), do grupo A Banda Mais Bonita da Cidade.

A música apresenta um formato simples, com duas estrofes que se repetem onze vezes. Leia, a seguir, o trecho inicial da letra:

Oração

Meu amor,
Essa é a última oração,
Pra salvar seu coração,
Coração não é tão simples quanto pensa,
Nele cabe o que não cabe na despensa,
Cabe o...

Meu amor,
Cabem três vidas inteiras,
Cabe uma penteadeira,
Cabe nós dois,
Cabe até o...

(repete desde o início)

FRESSATO, Leo (compositor). Intérprete: A Banda Mais Bonita da Cidade. Oração, 2011. Produção independente. Disponível em: <www.vagalume.com.br/a-banda-mais-bonita-da-cidade/oracao.html>. Acesso em: 28 abr. 2016.

A música possui um formato similar ao de muitas canções populares, como as cantigas de roda, cuja memorização é rápida e fácil. O arranjo está ligado à filmagem do videoclipe, em que cada ciclo de repetição leva a alguma mudança nos cômodos da casa, com novos instrumentos e diferentes pessoas cantando. Aos três minutos, a música chega a um momento de ápice, quando todos os integrantes estão tocando, cantando e dançando. A canção continua, mas começa a diminuir de intensidade e finaliza com o grupo todo cantando à capela, com uma pequena modificação na letra da frase final: "cabe essa oração". Vários instrumentos podem ser reconhecidos, como ukulele, violão, guitarras e baixo elétrico, teclado, bateria modificada com uma alfaia como bumbo, djembé e outros instrumentos de percussão, flauta, clarineta, saxofone, guitarra portuguesa e até um piano de brinquedo, entre outros.

O videoclipe pode ser visto na internet, no endereço <http://abandamaisbonitadacidade.art.br/video/oracao/>. Acesso em: 28 abr. 2016.

FOCO NA PRÁTICA

Um dos princípios da captação de imagens, seja fotografia, cinema ou vídeo, é o **enquadramento**, isto é, um recorte do que se está vendo, bem como a escolha do que entrará e do que ficará de fora na imagem. Agora, você fará um exercício de observar seu entorno com base em diferentes enquadramentos, movimentando-se como se estivesse filmando um plano-sequência. Você precisará de:

- 3 folhas de papel avulsa (pode ser papel-cartão);
- tesoura;
- régua;
- lápis.

Sigam as etapas:

1. Desenhe, exatamente no centro da folha, um quadrado de 2 cm × 2 cm.
2. Em outra folha, desenhe um retângulo de 5 cm × 10 cm.
3. Por último, na terceira, desenhe um retângulo maior, de 10 cm × 20 cm.
4. Recorte as formas desenhadas no centro de cada folha, criando uma moldura.
5. Você e os colegas devem sair da sala de aula. Leve as molduras que criou. A moldura servirá para você enquadrar o que vê. Faça um percurso pelo espaço durante 1 minuto, observando pelo quadrado de 2 cm × 2 cm, como se estivesse fazendo um plano-sequência. Movimente-se em diferentes direções, para cima, para baixo, procure diferentes ângulos, aproxime ou distancie o visor do seu olho, sempre olhando por ele.
6. Agora, pegue a moldura com o retângulo de 5 cm × 10 cm em seu centro, mantendo o formato de moldura. Faça um novo percurso pelo espaço. Note que agora "entram" mais coisas no seu enquadramento.
7. Pegue a moldura com o retângulo, de 10 cm × 20 cm e faça mais um percurso.

Ao final, reúna-se com os colegas e o professor e compartilhem suas impressões sobre a experiência. Ao realizar os percursos olhando pela moldura, você prestou mais atenção ao seu entorno do que faz normalmente? O que mais lhe chamou a atenção? Os "recortes" de dimensões diferentes alteraram o que você viu? Que tipo de sensação os recortes menores lhe causaram? E os maiores? Elas são diferentes entre si? Como? Imagine que você tivesse feito um filme daquilo que observou. Que tipo de música você acha que combinaria com sua filmagem? Por quê?

CONEXÃO

A imagem da página seguinte mostra uma festa de aparelhagem em Belém (PA). Nelas, apresentam-se bandas de tecnobrega, as quais se originaram da chamada música brega, um desdobramento das canções da Jovem Guarda dos anos 1960.

Esse estilo musical foi popularizado principalmente nos estados de Goiás e Pernambuco na voz de cantores como Amado Batista (1951), Reginaldo Rossi (1944-2013) e Odair José (1948).

Chegando ao Pará, o brega se estabeleceu e se modificou gerando o "tecnobrega", uma música com batida mais rápida e sons eletrônicos.

O tecnobrega surgiu por volta de 2002 e, desde então, passou a fazer parte das festas populares paraenses. As bandas de tecnobrega geralmente não trabalham por intermédio de gravadoras, mas produzem seus CDs de forma independente, utilizando programas de manipulação de som. Os CDs são considerados pelos autores apenas meios de divulgação dos trabalhos, e não produtos em si, sendo que esses trabalhos estão disponíveis em larga escala e gratuitamente na internet. O principal meio de divulgação e circulação das músicas de tecnobrega são as festas de aparelhagem. Nelas, o grande acontecimento é a apresentação das aparelhagens, que são gigantescos equipamentos, compostos por caixas de som, amplificadores e computadores de última geração. As aparelhagens surgem de forma apoteótica, em meio a um grande *show* de luzes e som. O que vale nessas festas é a inovação. Quanto mais modernos, tecnológicos e potentes forem os equipamentos, maior o interesse do público. Leia, a seguir, um trecho de um texto do antropólogo Hermano Vianna (1960) a respeito:

LAÍS MAGNO

É ali, e não nas rádios, e não nas listas de discos mais vendidos, que os sucessos são definidos, no contato direto de dançarinos com o público. As rádios tocam o que as aparelhagens tocam, e não o contrário. E as bandas têm certeza do sucesso quando são contratadas pelas principais festas para apresentações ao vivo. [...] A visão é impressionante: quando as novidades são apresentadas, os fã-clubes das aparelhagens [...] vão ao delírio, com braços para cima, como se estivessem saudando a aparição de uma divindade, o totem da tribo eletrônica da periferia de Belém do Pará.

VIANNA, Hermano. Paradas do sucesso periférico. Revista *Sexta-feira*, São Paulo, n. 8, 2006.

Festa de aparelhagem Superpop. Belém (PA), 2010.

- Qual é a importância do público nessa forma de produção e divulgação cultural? Quais são as diferenças em relação à produção tradicional da indústria cultural? Que outras manifestações você diria que ocorrem de forma semelhante ao tecnobrega? Há alguma que seja própria da região em que você vive?

PRÁTICA FINAL

Agora, você e os colegas criarão um trabalho em linguagem audiovisual: um videoclipe. Para isso, usarão uma das paródias que fizeram anteriormente. Lembrem-se de que um videoclipe une características das várias linguagens. Além da música, vocês podem trabalhar os elementos cênicos de interpretação ao criar narrativas, e da dança, ao criar coreografias, junto aos elementos visuais dos figurinos, cenários, iluminação, enquadramento da câmera etc. Se quiserem, podem inserir elementos das outras atividades feitas no capítulo. Procurem pensar em como os elementos da música podem ser transportados para as linguagens visual e cênica.

A maioria dos videoclipes é feita com música pronta, isto é, com a gravação finalizada. Mas isso não impede a captação de sons durante as filmagens.

Vocês podem fazer o videoclipe com somente uma câmera, que pode ser a de um telefone celular. No entanto, o uso de outras tecnologias oferece mais possibilidades de experimentação artística. Caso não possuam esses recursos, planejem a execução do videoclipe como um "plano-sequência", sem cortes de cenas, e façam a captação da música com a filmagem.

Uma produção audiovisual envolve o trabalho de pessoas de todas as áreas artísticas, normalmente reunidas em diferentes equipes. De maneira resumida, para esse trabalho podem ser criadas as seguintes equipes:

- **Direção e ação:** diretores, assistentes, roteiristas, músicos, atores e dançarinos.
- **Som:** responsáveis pela gravação do som direto (em cena) e pelos efeitos sonoros (na edição).
- **Arte:** figurinistas, cenógrafos e maquiadores.
- **Edição:** equipe técnica encarregada de editar o material depois da filmagem.
- **Produção:** encarregados de organizar o trabalho de todos, com cronogramas, calendários etc.

As mesmas pessoas podem ter várias funções, tudo depende de cada projeto. Em relação à edição, a internet oferece vários programas gratuitos para editar vídeos e áudio. Muitos deles funcionam *on-line*, ou seja, não é preciso instalar programas no computador.

Organizem a turma em dois grupos. Cada grupo realizará um videoclipe.

Sigam as etapas:

1. Escolha da paródia

Em grupo, apresentem as opções entre as paródias feitas anteriormente pelos componentes da equipe. Discutam qual delas oferece mais possibilidades para um videoclipe. Caso não exista consenso, conversem para entender os diferentes pontos de vista. Escolham uma e gravem com os meios disponíveis, procurando um espaço silencioso para diminuir os ruídos e os sons estranhos à música. Utilizem os instrumentos que construíram, se considerarem pertinente. Se possível e necessário, editem a gravação fazendo uso de programas de edição de áudio para melhorar a qualidade por meio de filtros, controle de volume e reverberação. O videoclipe será realizado com base no áudio dessa gravação.

2. Troca de ideias entre o grupo

Primeiro, conversem sobre quais são os recursos disponíveis. Vocês possuem câmeras, microfones, computadores, acesso à internet ou outros meios? Uma vez estabelecido isso, discutam as ideias de todos os integrantes do grupo, considerando as possibilidades tecnológicas para a realização do videoclipe. Anotem todas as ideias e verifiquem se há relações entre elas. Diferentes ideias podem ser combinadas no trabalho. Videoclipes não têm uma maneira certa de serem feitos; aproveitem, então, a liberdade que isso oferece.

3. Formação das equipes

Após discutirem sobre a música e as ideias para o videoclipe, dividam as equipes considerando os interesses de cada um. Como dito, uma mesma pessoa pode fazer parte de mais de uma equipe, por exemplo: um estudante pode atuar e, também, editar.

4. Criação do roteiro

Os roteiristas, com a colaboração da equipe de direção e ação, devem realizar um roteiro básico do videoclipe baseado nas ideias discutidas e aprovadas por todos na segunda etapa.

5. Planejamento

A equipe de arte deverá discutir e resolver onde serão feitas as filmagens e como será o figurino, o cenário e a maquiagem. Depois, providenciem os materiais necessários.

A equipe de produção deverá organizar o cronograma com base no roteiro e nas indicações das equipes de direção e de arte. A produção precisa saber quanto tempo é necessário para cada parte do processo. Por exemplo, se os atores usarão camisetas pretas, verifiquem quem já tem e quem pode emprestar as que faltam.

6. Criação e ensaio de cenas e coreografias

Ensaiem as cenas e coreografias com base no roteiro elaborado. O diretor (ou diretores) é o responsável por acompanhar e orientar o grupo com um olhar externo. Dessa forma, é possível apontar modificações para aprimorar o trabalho.

7. Filmagens

Organizem os espaços e a preparação dos intérpretes: cenografia, iluminação, figurino, maquiagem, adereços etc. É preciso ter sempre a gravação da música para realizar dublagem e coreografias. Organizem cada tomada, como são chamados os trechos de filmagem ininterrupta, identificando-as com números. "Luz, câmera, ação" é uma expressão do cinema, utilizada pelo diretor antes de começar a filmar cada tomada.

A ideia é que todos prestem atenção, por isso, façam silêncio e concentrem-se. Ao fim de cada tomada, o diretor deve dar uma indicação e dizer "corta", por exemplo.

8. Edição

Com roteiro e filmagens em mãos, a equipe de edição deve organizar as tomadas na sequência certa e sincronizá-las com a música. Durante a edição, também podem ser inseridos imagens e textos. A equipe de som, em conjunto com a equipe de edição, nessa etapa, pode acrescentar outros sons, além da música. Após a edição inicial, ainda podem ser aplicados efeitos visuais, caso os programas utilizados permitam.

9. Pré-exibição

Preparem uma sessão com todo o grupo para a aprovação final. Anotem detalhes que possam ser resolvidos com edição simples, como pequenos cortes, aplicação de filtros ou efeitos visuais, correção de sincronia e inserção de sons.

10. Exibição

Preparem agora uma sessão para toda a turma. Ao final, conversem sobre a percepção geral do videoclipe, as dificuldades técnicas, o processo e o resultado. As equipes podem apresentar suas impressões sobre o trabalho e conversar sobre os momentos mais interessantes, difíceis ou divertidos.

IDEIAS EM FLUXO

Esta é a última atividade do ciclo do Ensino Médio. Durante esse percurso, você conheceu e refletiu sobre o trabalho de vários artistas e movimentos, experimentou técnicas e materiais e expressou-se em diversas linguagens artísticas. Você também viu que as concepções sobre arte mudam conforme a época e a cultura.

Agora, observe a imagem a seguir.

Paulo Bruscky. Registro de ação pública, 1978.

A imagem mostra o artista multimídia e poeta pernambucano Paulo Bruscky (1949) durante a *performance* em que saiu pelas ruas de Recife, em 1978, carregando um cartaz com a pergunta "O que é a arte? Para que serve?".

Pense nas questões propostas por Paulo Bruscky e, considerando tudo o que aprendeu, responda às perguntas que ele propôs. Assim como Paulo Bruscky usou um simples cartaz retangular, você utilizará uma folha de papel para expressar suas respostas realizando exercício artístico. Você pode usar a folha de vários jeitos: para desenhar, escrever, dobrar, recortar, fazer sons, gestos e movimentos, por exemplo. Como uma simples folha pode contribuir para que você expresse os sentidos e as ideias que atribui à arte?

Depois, mostre para os colegas e o professor o que criou. Em roda, promovam uma discussão a respeito, procurando apontar nas manifestações uns dos outros o que lhes interessou, o que consideraram significativo e as diferenças estéticas expressas por cada um. Abordem também as relações entre o que percebem nas suas manifestações com o que aprenderam em seus estudos de arte. Há conexões com artistas, movimentos, linguagens e técnicas que conheceram?

Faixas do CD

1 Apresentação do livro

Capítulo 1
2 Exemplo: Réplica de flauta de osso – p. 19
3 Trecho: Música eletrônica (*Dance*) – p. 37
4 Trecho: Sertanejo universitário – p. 37
5 Trecho: Canto gutural difônico – p. 37
6 Trecho: Samba de roda – p. 37
7 Trecho: Música experimental – p. 37 e 38
8 Trecho: Batida de *funk* carioca – p. 37
9 Trecho: *Rock* – p. 37
10 Trecho: Música vocal polifônica – p. 37 e 114
11 Trecho: Música indígena – Guarani ("Xondaro'i" – Nãnde Reko Arandú) – p. 37
12 Exemplo: Intensidade – p. 41
13 Exercício: Intensidade – p. 41
14 Exemplo: Duração – p. 42
15 Exercício: Duração – p. 42
16 Exemplo: Altura – p. 42
17 Exercício: Altura – p. 42
18 Exemplo: Piano ("O velho castelo, quadros de uma exposição" – Modest Mussorgsky) – p. 43
19 Exemplo: Timbre – p. 43
20 Exercício: Timbre – p. 43
21 Exemplo: Piano preparado – p. 60
22 Metrônomo – 75 bpm – p. 99 e 188

Capítulo 2
23 "Marinheiro só" (Domínio público) – p. 96
24 Exemplo: Palmas de acompanhamento – p. 96
25 Trecho: Música indígena – Guarani ("Xondaro'i" – Nãnde Reko Arandú) – p. 98 e 99
26 Trecho: Música afro-brasileira (Maracatu) – p. 98 e 99
27 Trecho: Música eletrônica (*Dance*) – p. 98 e 99
28 Onomatopeias: Tum, tum, pá – p. 99
29 Exemplo de contagem: Música indígena – p. 99
30 Exemplo de contagem: Música afro-brasileira – p. 99 e 268
31 Exemplo de contagem: Música eletrônica – p. 99
32 Exemplo: Frase rítmica com onomatopeias – p. 99
33 Trecho: "Prelúdio da Suíte para violoncelo nº 1 em sol maior" – J. S. Bach – p. 101
34 Trecho: "Tocata e Fuga em ré menor" – J. S. Bach – p. 101
35 Trecho: "Cânone em ré maior" – Johann Pachelbel – p. 101
36 Trecho: 1º movimento, "Primavera", "As quatro estações" – Antonio Vivaldi – p. 101
37 Trecho: Orquestra ("Sinfonia nº 9" – L. V. Beethoven) – p. 111
38 Excerto: Naipe das cordas ("Sinfonia nº 9" – L. V. Beethoven) – p. 111
39 Excerto: Naipe das madeiras ("Sinfonia nº 9" – L. V. Beethoven) – p. 111
40 Excerto: Naipe dos metais ("Sinfonia nº 9" – L. V. Beethoven) – p. 111
41 Excerto: Naipe da percussão ("Sinfonia nº 9" – L. V. Beethoven) – p. 111
42 Exemplo: Escala de dó maior – p. 112
43 Exemplo: Escala de dó maior – 3 oitavas – p. 112
44 Melodia – "Ode à alegria" – L. V. Beethoven – p. 113 e 185
45 Melodia – "Asa Branca" – Luiz Gonzaga – p. 113 e 185
46 Exercício: Exemplo das duas melodias simultâneas – p. 114
47 Harmonia: Sequências harmônicas – p. 114 e 115
48 Harmonia: Cadências harmônicas – p. 115
49 Trecho: "Prelúdio à tarde de um fauno" – Claude Debussy – p. 126
50 Exemplo: Trecho de Gamelão – p. 127
51 Trecho: "O velho castelo, quadros de uma exposição" – Modest Mussorgsky – p. 128
52 Exemplo de base rítmica para **Prática final** – p. 133

Capítulo 3
53 "Homem com H" – Ney Matogrosso – p. 143
54 Exemplo: Canto a 4 vozes (Coral de J. S. Bach) – p. 182, 183 e 184
55 Excerto: Canto – Soprano (Coral de J. S. Bach) – p. 183
56 Excerto: Canto – Contralto (Coral de J. S. Bach) – p. 183
57 Excerto: Canto – Tenor (Coral de J. S. Bach) – p. 183
58 Excerto: Canto – Baixo (Coral de J. S. Bach) – p. 183
59 Trecho: "Andando pela África" – Barbatuques – p. 187
60 Exemplo: Toques de música corporal – p. 187
61 Exemplo: *Beatbox* – p. 187
62 Foco na prática: Grupo 1 – p. 188
63 Foco na prática: Grupo 2 – p. 188
64 Foco na prática: Grupo 3 – p. 188
65 Foco na prática: Grupo 4 – p. 188
66 Foco na prática: Sequência – p. 188

Capítulo 4
67 Trecho: 2º movimento, "O lago dos cisnes" – P. I. Tchaikovsky – p. 207 e 208
68 Trecho: "Abertura 1812" – P. I. Tchaikovsky – p. 208
69 Trecho: "Pequena Serenata Noturna" – W. A. Mozart – p. 207, 208 e 210
70 Trecho: 1º movimento, "Sinfonia nº 5" – L. V. Beethoven – p. 210
71 "Baião de quatro toques" – Luiz Tatit & José Miguel Wisnik – p. 210
72 "Ego sum ressurrectio" – Padre José Maurício Nunes Garcia – p. 212
73 Trecho: Abertura, "O Guarani" – Carlos Gomes – p. 212
74 "Latinoamérica" – Calle 13 – p. 246

Capítulo 5
75 Exemplo: Ondas e sonorizações – p. 272
76 "Geleia geral" – Gilberto Gil – p. 304
77 Exemplo: Bossa Nova – p. 308

Capítulo 6

78 "Maria da Vila Matilde (Porque se a da Penha é brava, imagine a da Vila Matilde)" – Elza Soares – p. 325

79 Trecho: "Pelo telefone" – Donga & Mauro de Almeida – p. 331

80 Exemplo: Música concreta ("Surpresa" – J. P. Nascimento) – p. 334

81 Exemplo: Música eletrônica ("Ah, Querida" – J. P. Nascimento) – p. 334

Alguns museus e instituições culturais pelo país

Região Norte

Museu da Imagem e do Som. Rua Rio Branco, 2130 – Centro. Cacoal (RO).

Museu de Arte de Belém. Praça Dom Pedro II, s/n, Palácio Antônio Lemos – Cidade Velha. Belém (PA).

Museu de Arte e Ciência. Avenida Beira-Rio, quadra 15, lote 05 – Centro. Aparecida do Rio Negro (TO).

Museu do Palácio Rio Branco. Av. Getúlio Vargas, s/n. Praça Eurico Dutra – Centro. Rio Branco (AC).

Museu Fortaleza de São José de Macapá. Rua Candido Mendes, s/n – Centro. Macapá (AP).

Museu Integrado de Roraima. Avenida Brigadeiro Eduardo Gomes, 2968 – Parque Anauá. Boa Vista (RR).

Museu Paraense Emílio Goeldi. Avenida Governador Magalhães Barata, 376 – São Brás. Belém (PA).

Museu Teatro Amazonas. Largo de São Sebastião, s/n – Centro. Manaus (AM).

Região Centro-Oeste

Museu de Arte Contemporânea/Agepel. Rodovia GO 020, km 0, saída para Bela Vista de Goiás. (Centro Cultural Oscar Niemeyer). Goiânia (GO).

Museu de Arte Contemporânea de Mato Grosso do Sul. Rua Antônio Maria Coelho, 6000 – Parque das Nações Indígenas. Campo Grande (MS).

Museu de Arte e de Cultura Popular. Rua Alziro Zarur, s/n. Cidade Universitária – Boa Esperança. Cuiabá (MT).

Museu Vivo da Memória Candanga. Via Epia Sul, lote D/ Conjunto HJKO – Setor de Postos e Motéis Sul. Brasília (DF).

Região Nordeste

Casa de Cultura João Ribeiro. Rua João Ribeiro, s/n – Centro. Laranjeiras (SE).

Museu Afro-Brasileiro. Praça XV de Novembro, s/n – Faculdade de Medicina – Terreiro de Jesus – Centro Histórico. Salvador (BA).

Museu Câmara Cascudo. Avenida Hermes da Fonseca, 1398 – Tirol. Natal (RN).

Museu de Cultura Popular Djalma Maranhão. Praça Augusto Severo, s/n – Ribeira. Natal (RN).

Museu da Imagem e do Som de Alagoas. Rua Sá e Albuquerque, 275 – Jaraguá. Maceió (AL).

Museu de Arte Assis Chateaubriand. Avenida Floriano Peixoto, 718 – Centro. Campina Grande (PB).

Museu de Arte da Universidade Federal do Ceará. Avenida da Universidade, 2854 – Benfica. Fortaleza (CE).

Museu de Arte Moderna Aloísio Magalhães. Rua da Aurora, 265 – Boa Vista. Recife (PE).

Museu de Arte Moderna da Bahia – MAM/BA. Solar do Unhão, Avenida Contorno, s/n – Contorno. Salvador (BA).

Museu do Homem Americano (Fumdham). Centro Cultural Sérgio Motta, s/n – Campestre. São Raimundo Nonato (PI).

Museu Histórico e Artístico do Maranhão. Rua do Sol, 302 – Centro. São Luís (MA).

Região Sudeste

Instituto Inhotim. Rua B, 20 – Inhotim. Brumadinho (MG).

Museu de Arte Contemporânea – MAC/SP. Av. Pedro Álvares Cabral, 1301. São Paulo (SP).

Museu de Arte de São Paulo – Masp. Av. Paulista, 1578 – Bela Vista. São Paulo (SP).

Museu de Artes e Ofícios. Praça Rui Barbosa, s/n (conhecida como Praça da Estação) – Centro. Belo Horizonte (MG).

Museu de Arte Moderna Murilo Mendes. Rua Benjamin Constant, 790 – Centro. Juiz de Fora (MG).

Museu de Arte Moderna – MAM/RJ. Av. Infante Dom Henrique, 85 – Parque do Flamengo. Rio de Janeiro (RJ).

Museu de Arte da Pampulha. Av. Dr. Otacílio Negrão de Lima, 16585 – Santa Amélia. Belo Horizonte (MG).

Museu de Arte do Rio de Janeiro – MAR. Praça Mauá, 5 – Centro. Rio de Janeiro (RJ).

Museu Casa do Pontal. Estrada do Pontal, 3295 – Recreio dos Bandeirantes. Rio de Janeiro (RJ).

Museu do Índio. Rua Vitalino Rezende do Carmo, 116 – Santa Maria. Uberlândia (MG).

Museu Nacional de Belas-Artes. Av. Rio Branco, 199 – Centro. Rio de Janeiro (RJ).

Museu Vale. Pátio da Antiga Estação Pedro Nolasco, s/n. – Argolas. Vila Velha (ES).

Pinacoteca de São Paulo. Praça da Luz, 2 – Luz. São Paulo (SP).

Região Sul

Museu Alfredo Andersen. Rua Mateus Leme, 336 – Centro. Curitiba (PR).

Museu da Gravura Cidade de Curitiba. Rua Presidente Carlos Cavalcanti, 533 – Centro. Curitiba (PR).

Museu das Missões. Sítio Arqueológico de São Miguel Arcanjo – Centro. São Miguel das Missões (RS).

Museu de Arte do Rio Grande do Sul Ado Malagoli. Praça da Alfândega, s/n – Centro. Porto Alegre (RS).

Museu Oscar Niemeyer. Rua Marechal Hermes, 999 – Centro Cívico. Curitiba (PR).

Museu Victor Meirelles. Rua Victor Meirelles, 59 – Centro. Florianópolis (SC).

Fonte: www.museus.gov.br/guia-dosmuseus-brasileiros/

Sugestões complementares

Capítulo 1

Livro
Lendas africanas dos orixás, de Pierre Fatumbi Verger. Salvador: Corrupio, 1997.

Vídeos
Ariane Mnouchkine e o Teatro de Soleil. Disponível em: <https://www.youtube.com/watch?v=vLmRJH3wiDg>. Acesso em: 15 jun. 2016.

Movimento Expressivo – Klauss Vianna. Direção: Inês Bogéa e Sérgio Roizenblit. Produção: Miração Filmes e Sala Crisantempo, 2005. Disponível em: <https://vimeo.com/49398032>. Acesso em: 15 jun. 2016.

Capítulo 2

Vídeos
Feiticeiros da Palavra – O Jongo do Tamandaré. Direção: Rubens Xavier. Argumento: Paulo Dias. Produção: TV Cultura e Rede Sesc/Senac de TV, 2005. Disponível em: <http://www.cachuera.org.br/cachuerav02/index.php?option=com_content&view=article&id=226&Itemid=113>. Acesso em: 15 jun. 2016.

Morte e vida severina. Disponível em: <http://especial.g1.globo.com/globo-news/morte-e-vida-severina/>. Acesso em: 15 jun. 2016.

Capítulo 3

Sites
Barbatuques. Disponível em: <http://barbatuques.com.br/>.
Barracão Teatro. Disponível em: <http://www.barracaoteatro.com.br>.
Grupo Teatral Moitará. Disponível em: <http://www.grupomoitara.com.br/>.
Musée d'Orsay. Disponível em: <http://www.musee-orsay.fr/>.
(Acessos em: jun. 2016).

Vídeo
Site-Specific Dance – Connecticut College. Disponível em: <https://www.youtube.com/watch?v=NDrpFwSK5KY>. Acesso em: 15 jun. 2016.

Capítulo 4

Livro
O rinoceronte, de Eugène Ionesco. Trad. Luís de Lima. São Paulo: Saraiva, 2012.

Sites
Musica Brasilis. Disponível em: <http://musicabrasilis.org.br>.
Orquestra Sinfônica Brasileira. Disponível em: <http://www.osb.com.br>.
Orquestra Sinfônica do Estado de São Paulo. Disponível em: <http://www.osesp.art.br>.
(Acessos em: jun. 2016).

Filmes
Machuca. Direção: Andrés Wood. Chile, 2004. 121 min.
Marighella. Direção: Isa Grinspum Ferraz. Brasil, 2012. 110 min.
O ano em que meus pais saíram de férias. Direção: Cao Hamburguer. Brasil, 2006. 110 min.
Ópera do malandro. Direção: Ruy Guerra. Brasil, 1986. 100 min.

Capítulo 5

Livro
Macunaíma, de Mário de Andrade. São Paulo: Saraiva, 2012.

Sites
Caetano Veloso – oficial. Disponível em: <http://caetanoveloso.com.br/>.
Gilberto Gil – oficial. Disponível em: <http://www.gilbertogil.com.br/>.
Tom Zé – oficial. Disponível em:<http://www.tomze.com.br/>.
(Acessos em: jun. 2016).

Filmes
Deus e o diabo na Terra do Sol. Direção: Glauber Rocha. Brasil, 1964. 125 min.
O rei da vela. Direção: José Celso Martinez Corrêa e Noilton Nunes. Brasil, 1983. 166 min.
Tropicália. Direção: Marcelo Machado. Brasil, 2012. 82 min.

Vídeo
Helena Katz – Corpo moderno – Ocupação Ballet Stagium (2011). Disponível em: <https://www.youtube.com/watch?v=DeL3CbRFGLQ>. Acesso em: 15 jun. 2016.

Capítulo 6

Livro
A invenção de Hugo Cabret, de Brian Selznick. São Paulo: SM Editora, 2007.

Sites
Centro Nacional de Folclore e Cultura Popular. Disponível em: <http://www.cnfcp.gov.br/>.
Festival do Minuto. Disponível em: <http://www.festivaldominuto.com.br/>.
(Acessos em: jun. 2016).

Filme
O artista. Direção: Michel Hazanavicius. França, 2011. 100 min.

Vídeo
Uma dança brasileira – Aula-espetáculo com Antonio Nóbrega. Disponível em: <https://www.youtube.com/watch?v=lYgwAH4cuaE>. Acesso em: 15 jun. 2016.

Referências bibliográficas

Livros

AMARAL, Ana Maria. *Teatro de formas animadas*: máscaras, bonecos, objetos. 3. ed. São Paulo: Edusp, 1991. (Col. Texto e Arte).

AMARAL, Aracy. *Artes plásticas na Semana de 22*. 5. ed. São Paulo: Editora 34, 1998.

ANDRADE, Carlos Drummond de. Atriz. In: VARGAS, Maria Thereza; FERNANDES, Nanci (Org.). *Uma atriz:* Cacilda Becker. São Paulo: Perspectiva, 1984.

ANDRADE, Mário de. *Ensaio sobre a música brasileira*. São Paulo: Itatiaia, 2006.

ANDRADE, Oswald de. *A utopia antropofágica*. São Paulo: Globo, 2011.

_____. *O rei da vela*. 2. ed. São Paulo: Globo, 2003.

ANDRADE, Rita. *Odissi*: dança clássica indiana. São Paulo: Scortecci, 2009.

ARCHER, Michael. *Arte contemporânea*: uma história concisa. 2. ed. São Paulo: Martins Fontes, 2012.

ARGAN, G. C. *Arte moderna*. São Paulo: Companhia das Letras, 1992.

ARNHEIN, R. *Arte e percepção visual*: uma psicologia da visão criadora. São Paulo: Thomson Pioneira, 1998.

ARTAUD, Antonin. *O teatro e seu duplo*. Trad. Teixeira Coelho. São Paulo: Martins Fontes, 1999.

ARISTÓFANES. *Lisístrata*. Trad. Antônio Medina Rodrigues. São Paulo: Editora 34, 2002.

BASUALDO, Carlos (Org.). *Tropicália:* uma revolução na cultura brasileira. São Paulo: Cosac Naify, 2007.

BECKETT, Samuel. *Esperando Godot*. Trad. Fábio de Souza Andrade. 2. ed. São Paulo: Cosac Naify, 2010.

_____. *Fim de partida*. Trad. Fábio de Souza Andrade. 2. ed. São Paulo: Cosac Naify, 2010.

BEHR, S. *Expressionismo*. São Paulo: Cosac Naify, 2001.

BERIO, Luciano; DALMONT, Rossana. *Entrevista sobre a música contemporânea*. Trad. Álvaro Lorencini e Letizia Zini Nunes. São Paulo: Civilização Brasileira, 1981.

BERTAZZO, Ivaldo. *Espaço e corpo*: guia de reeducação do movimento. Org. Inês Bogéa. São Paulo: SESC, 2004.

BOAL, Augusto. *Jogos para atores e não atores*. Rio de Janeiro: Civilização Brasileira, 2007.

BOGÉA, Inês. *Contos do balé*. São Paulo: Cosac Naify, 2007.

_____. *Teatro do Oprimido e outras poéticas políticas*. Rio de Janeiro: Civilização Brasileira, 2012.

BRECHT, Bertolt. *A Santa Joana dos Matadouros*. Trad. e apres. Roberto Schwarz. São Paulo: Cosac Naify, 2001.

_____. Aquele que diz sim e Aquele que diz não. In: *Teatro completo*. São Paulo: Paz e Terra, 2004.

_____. *Poemas 1913-1956*. São Paulo: Editora 34, 2000.

BRITO, Teca A. *Hans-Joachim Koellreutter, ideias de mundo, de música, de educação*. São Paulo: Peirópolis; Edusp, 2015.

CABANNE, Pierre. *Marcel Duchamp:* engenheiro do tempo perdido. São Paulo: Perspectiva, 2002.

CAFEZEIRO, Edwaldo; GADELHA, Carmem. *História do teatro brasileiro:* um percurso de Anchieta a Nelson Rodrigues. Rio de Janeiro: UFRJ; Eduerj; Funarte, 1996.

CAMPOS, Augusto de. *O balanço da bossa e outras bossas*. São Paulo: Perspectiva, 2005.

CASCUDO, Câmara. *História dos nossos gestos*. Rio de Janeiro: Global, 2003.

CHION, Michel. *A audiovisão, som e imagem no cinema*. Trad. Pedro Duarte. Lisboa: Edições Texto & Grafia, 2008.

COCCHIARALE, Fernando. *Quem tem medo de arte contemporânea?* Recife: Massagna, 2006.

COHEN, Renato. *Performance como linguagem*. São Paulo: Perspectiva, 1989.

DALGLISH, Lalada. *Noivas da Seca*: cerâmica popular do Vale do Jequitinhonha. São Paulo: Edunesp, 2008.

DEL BEN, Luciana; HENTSCHKE, Liane. *Ensino de música*: propostas para pensar e agir em sala de aula. São Paulo: Moderna, 2003.

DISERENS, Corinne; ROLNIK, S. *Lygia Clark*: da obra ao acontecimento [Catálogo da exposição]. São Paulo: Pinacoteca do Estado de São Paulo, 2006.

DUARTE, Paulo Sérgio. *Anos 60*: transformações da arte no Brasil. Rio de Janeiro: Campos Gerais, 1998.

FARO, Antonio José. *Pequena história da dança*. Rio de Janeiro: Zahar, 1986.

FAHLBUSCH, Hannelore. *Dança Moderna*: contemporânea. Rio de Janeiro: Sprint, 1990.

FAVARETO, Celso. *A invenção de Hélio Oiticica*. São Paulo: Edusp, 1992.

FO, Dario. *Manual mínimo do ator*. 5. ed. São Paulo: Senac, 2011.

GOES, Fred. *50 anos do Trio Elétrico*. Rio de Janeiro: Corrupio, 2000.

GOMBRICH, E. H. *A história da Arte*. 16. ed. Rio de Janeiro: LTC, 2000.

GOMES, Paulo Emílio S. *Cinema*: trajetória no subdesenvolvimento. 2. ed. São Paulo: Paz e Terra, 1996. Disponível em: <https://cineartesantoamaro.files.wordpress.com/2011/05/cinema-trajetoria-no-subdesenvolvimento-paulo-emilio-sales-gomes.pdf> Acesso em: 15 jun. 2016.

GRIFFITHS, Paul. *A música moderna*. Rio de Janeiro: Zahar, 1978.

_____. *A música moderna*: uma história concisa e ilustrada de Debussy a Boulez. Rio de Janeiro: Zahar, 2015.

GROUT, Donald; PALISCA, Claude. *História da música ocidental*. 5. ed. Lisboa: Graviva, 2011.

HASELBACH, Bárbara. *Dança, improvisação e movimento*. Rio de Janeiro: Ao Livro Técnico, 1988.

KATER, Carlos. *Música viva e H. J. Koellreutter*: movimentos em direção à modernidade. São Paulo: Através, 2001.

KOSSOVICH, Leon; LAUDANNA, Mayra; RESENDE, Ricardo. *Gravura*: arte brasileira do século XX. São Paulo: Itaú Cultural; Cosac Naify, 2000.

LABAN, Rudolf. *Domínio do movimento*. São Paulo: Summus, 1978.

LIMA, Dani. *Gesto*: práticas e discurso. Rio de Janeiro: Cobogó, 2013.

MANGUEL, A. *Lendo imagens*. São Paulo: Companhia das Letras, 2001.

MATE, Alexandre; LANGENDONCK, Rosana van. *Teatro e dança*: repertórios para a educação. São Paulo: FDE, 2010. v. 1.

MELO NETO, João Cabral de. *Morte e vida severina e outros poemas para vozes*. Rio de Janeiro: Nova Fronteira, 1994.

MONIZ, Edmundo (Sel. e trad.). *Antologia poética de Bertolt Brecht*. 2. ed. Rio de Janeiro: Elo, 1982.

NUNES, Benedito. *Oswald canibal*. São Paulo: Perspectiva, 1979.

OITICICA, Hélio. *Encontros*. Org. César Oiticica Filho e Ingrid Vieira. Rio de Janeiro: Beco do Azougue, 2009.

PAREYSON, Luigi. *Os problemas da estética*. São Paulo: Martins Fontes, 2001.

PEDROSA, Mario. *Mundo, homem, arte em crise*. 2. ed. São Paulo: Perspectiva, 2007.

PIRES, Beatriz Ferreira. *O corpo como suporte da arte*. São Paulo: Senac, 2005.

RIBEIRO, Almir. *Kathakali*: uma introdução ao teatro e ao sagrado da Índia. Rio de Janeiro: Editora do Autor, 1999.

ROSA, Sônia. *Jongo*. Rio de Janeiro: Pallas, 2013.

ROSENFELD, Anatol. *O teatro épico*. São Paulo: Perspectiva, 2011.

RUSH, Michael. *Nova mídias na Arte Contemporânea*. 2. ed. São Paulo: Martins Fontes, 2013.

SCHAFER, R. Murray. *A afinação do mundo*. Trad. Marisa Fonterrada. São Paulo: Editora Unesp, 2001.

_____. *Educação sonora*: 100 exercícios de escuta e criação de sons. Trad. Marisa Fonterrada. 2. ed. São Paulo: Melhoramentos, 2009.

SOARES, Mei Hua. A ordem do discurso teatral: desordenando, reordenando, reverberando. *Urdimento*, v. 1, n. 24, p. 134-146, jul. 2015.

SÓFOCLES. *Édipo rei*. Trad. Paulo Neves. Porto Alegre: L&PM, 2012.

SOUZA NETO, S. *Corpo para malhar ou para comunicar?* São Paulo: Cidade Nova, 1996.

SUASSUNA, Ariano. *Auto da Compadecida*. São Paulo: Saraiva, 2012.

SWANWICK, Keith. *Ensinando música musicalmente*. São Paulo: Moderna, 2003.

_____. *Música, mente e educação*. Belo Horizonte: Autêntica, 2014.

TATIT, Luiz. *O século da canção*. Cotia: Ateliê Editorial, 2004.

TIRAPELI, Percival. *Arte sacra colonial*: Barroco memória viva. São Paulo: Unesp, 2005.

VARGAS, Maria Thereza; FERNANDES, Nanci (Org.). *Uma atriz*: Cacilda Becker. São Paulo: Perspectiva, 1984.

VELOSO, Caetano. *Verdade tropical*. São Paulo: Companhia das Letras, 1997.

VIANNA, Hermano. Paradas do sucesso periférico. *Revista Sexta-Feira*, São Paulo: Editora 34, n. 8, 2006.

WISNIK, J. M. *O som e o sentido*: uma outra história das músicas. São Paulo: Companhia das Letras, 2014.

XAVIER, Jussara. *Grupo Cena 11*: dançar é conhecer. São Paulo: Annablume, 2015.

Artigos

ABREU, Luis A. Processo colaborativo: relato e reflexões sobre uma experiência de criação. *Cadernos da ELT*, n. 2, jun. 2004.

ANDRADE, Oswald de. Manifesto Antropófago. *Revista de Antropofagia*, São Paulo, ano 1, n. 1, maio 1928.

BENJAMIN, W. A obra de arte na era de sua reprodutibilidade técnica. In: _____. *Magia e técnica, arte e política*. São Paulo: Brasiliense, 1985.

CAVALCANTI, Maria Laura Viveiros C. O Boi-Bumbá de Parintins, Amazonas: breve história e etnografia da festa. *História, Ciências, Saúde Manguinhos*, v. 6 (suplemento), jan.-set. 2000. Disponível em: <http://www.scielo.br/scielo.php?script=sci_arttext&pid=S0104-59702000000500012>. Acesso em: 15 jun. 2016.

CIRILO, Felipe. Potencialidades do *site specific* em uma reflexão sobre a dança em paisagens urbanas. *ArteRevista*, n. 6, ago.-dez. 2015, p. 70-83. Disponível em: <http://fpa.art.br/fparevista/ojs/index.php/00001/article/view/61>. Acesso em: 15 jun. 2015.

COELHO, Luisa. Marta Soares ocupa a Casa Modernista com corpos performáticos. *Veja São Paulo*, 11 fev. 2014. Disponível em: <http://vejasp.abril.com.br/materia/marta-soares-ocupa-casa-modernista-com-corpos-performaticos>. Acesso em: 15 jun. 2015.

DIAS, Paula Carneiro. Experimentos sem nenhum caráter. In: *Anais do II Congresso Nacional de Pesquisadores em Dança – Anda/Comitê Dança e(m) Política*, jul. 2012. Disponível em: <http:/www.portalanda.org.br/anaisarquivos/2-2012-18.pdf>. Acesso em: 15 jun. 2015.

GALDINO, Christianne. dez anos de dança armorial. *Continente*, 30 nov. 2001. Disponível em: <http://www.revistacontinente.com.br/conteudo/1035-revista/cenicas/16822-Dez-anos-de-dan%C3%A7a-armorial.html>. Acesso em: 15 jun. 2015.

GREINER, Christine. As alianças entre dança e tecnologia. *Revista SescTV*, dez. 2007. Disponível em: <http://www.sesctv.org.br/revista.cfm?materia_id=11>. Acesso em: 15 jun. 2015.

LIVRE OPINIÃO. Cia. Sansacroma dança a loucura em "Sociedade dos Improdutivos". *Livre Opinião*, 28 out. 2015. Disponível em: <https://livreopiniao.com/2015/10/28/cia-sansacroma-danca-a-loucura-em-sociedade-dos-improdutivos>. Acesso em: 15 jun. 2015.

MARQUES, Isabel A. Dançando na escola. *Motriz*, v. 3, n. 1, jun. 1997. Disponível em: <http://www.esefap.edu.br/downloads/biblioteca/dancando-na-escola-1254151985.pdf>. Acesso em: 15 jun. 2015.

VIEIRA, Adriana. O método de cadeias musculares e articulares de GDS: uma abordagem somática. *Movimento*, ano IV, n. 8, 1998. Disponível em: <www.seer.ufrgs.br/Movimento/article/download/2376/1073>. Acesso em: 15 jun. 2015.

VOMERO, Maria Fernanda. Cia. Sansacroma e a dança da indignação. *Época*, 11 jul. 2013. Disponível em: <http://epoca.globo.com/regional/sp/cultura/noticia/2013/07/cia-sansacroma-e-bdanca-da-indignacaob.html>. Acesso em: 15 jun. 2015.

ZERO QUATRO, Fred. Caranguejos Com Cérebro: o primeiro manifesto do Mangue, na íntegra e em sua versão original de 1992. Disponível em: <www.recife.pe.gov.br/chicoscience/textos_manifesto1.html>. Acesso em: 15 jun. 2015.

Sites

A Antropofágica. Disponível em: <http://www.antropofagica.com>.
Antônio Nobrega. Disponível em: <http://antonionobrega.com.br>.
Associação Cultural Cachuera! Disponível em: <http://www.cachuera.org.br>.
Ballet Stagium. Disponível em: <http://www.stagium.com.br>.
Bienal. Disponível em: <http://www.bienal.org.br>.
Boa Companhia. Disponível em: <http://www.boacompanhia.art.br>.
Carlos Cruz-Diez. Disponível em: <http://www.cruz-diez.com/>.
Cena 11. Disponível em: <http://www.cena11.com.br>.
Centro Cultural Banco do Brasil. Artes Visuais. Comciência – Patricia Piccinini. Disponível em: <http://culturabancodobrasil.com.br/portal/comciencia-patricia-piccinini-2>.
Centro de Arte Suspensa Armatrux. Disponível em: <http://grupoarmatrux.blogspot.com.br>.
Clube da Sombra. Disponível em: <http://www.clubedasombra.com.br>.
Companhia Dani Lima. Disponível em: <http://www.ciadanilima.com.br>.
Companhia do Latão. Disponível em: <http://www.companhiadolatao.com.br>.
Desvendando o Teatro. Disponível em: <http://www.desvendandoteatro.com>.
FILE – Electronic Language International Festival. Disponível em: <http://file.org.br>.
Fluxus. Disponível em: <http://www.fluxus.org>.
Funarte. Memória das Artes. Disponível em: <http://www.funarte.gov.br/brasilmemoriadasartes>.
Fundação Joaquim Nabuco. Disponível em: <www.fundaj.gov.br>.
Geledés – Instituto da Mulher Negra. Disponível em: <http://www.geledes.org.br>.
Gira Dança. Disponível em: <http://www.giradanca.com>.
Grupo Galpão. Disponível em: <http://www.grupogalpao.com.br>.
Grupo Totem. Disponível em: <http://grupototemrecife.blogspot.com.br>.
Helena Katz. Disponível em: <http://www.helenakatz.pro.br/interna.php?id=9>.
IDança.Net. 'Deslocamentos' na ocupação Marta Soares, em São Paulo. Maio 2016. Disponível em: <http://idanca.net/deslocamentos-na-ocupacao-marta-soares-em-sao-paulo>.
Instituto Brincante. Disponível em: <http://www.institutobrincante.org.br>.
Instituto Moreira Salles. Fotografia. Disponível em: <http://www.ims.com.br/ims/explore/acervo/fotografia>.
Instituto PIPA. Disponível em: <http://www.premiopipa.com>.
Iphan. Disponível em: <http://portal.iphan.gov.br>.
Itaú Cultural. Enciclopédia. Disponível em: <http://enciclopedia.itaucultural.org.br>.
Jack Shainman Gallery. Disponível em: <http://www.jackshainman.com/artists/nick-cave>.
Jongo da Serrinha. Disponível em: <http://jongodaserrinha.org/>.
Lygia Pape. Disponível em: <http://www.lygiapape.org.br/>.
Marina Reis. Disponível em: <http://www.marinareis.com>.
Mendes Wood DM. Sonia Gomes. Disponível em: <http://www.mendeswooddm.com/pt/artists/sonia-gomes>.
Met Museum. Disponível em: <http://www.metmuseum.org>.
¡Mira! Artes Visuais Contemporâneas dos Povos Indígenas. Disponível em: <https://projetomira.wordpress.com>.
MoMA – Museum of Modern Art. Disponível em: <https://www.moma.org>.
Musée d'Orsay. Disponível em: <http://www.musee-orsay.fr>.
Musée du Louvre. Disponível em: <http://www.louvre.fr>.
Museu do Índio – Funai. Disponível em: <http://www.museudoindio.gov.br>.
Museu Giramundo. Disponível em: <http://www.giramundo.org>.
Museu Nacional de Belas Artes. Disponível em: <http://mnba.gov.br>.
Ney Matogrosso. Disponível em: <http://www2.uol.com.br/neymatogrosso>.
October Gallery. Disponível em: <http://www.octobergallery.co.uk/artists/hazoume>.
Òrun Àiyé: a Criação do Mundo. Disponível em: <http://www.orunfilme.com.br>.
Parque Nacional Serra da Capivara. Disponível em: <http://www.fumdham.org.br>.
Piccolo Teatro di Milano. Disponível em: <http://www.piccoloteatro.org>.
Pinacoteca do Estado de São Paulo. Disponível em: <http://www.pinacoteca.org.br>.
Povos Indígenas do Brasil. Disponível em: <https://pib.socioambiental.org/pt>.
Instituto de Artes da Unesp Paulo Castagna. Programas de Rádio. Disponível em: <https://paulocastagna.com/programas-de-radio>.
Projeto Ecopoética. Disponível em: <http://projetoecopoetica.com>.
Projeto Hélio Oiticica. Disponível em: <http://www.heliooiticica.org.br>.
Regina Silvera. Disponível em: <http://reginasilveira.com/>.
Scratxe Underground Brasil. Disponível em: <http://fsubrasil.blogspot.com.br/p/fluido-sobre-tv.html>.
Sítio do Valdeck de Garanhuns. Disponível em: <http://www.valdeckdegaranhuns.art.br>.
Spencer Tunick. Disponível em: <http://www.spencertunick.com>.
Sphere. Dança Indiana. Disponível em: <http://obviousmag.org/sphere/2014/01/danca-indiana.html>.
Teatro da Vertigem. Disponível em: <http://www.teatrodavertigem.com.br>.
Teatro Oficina. Disponível em: <http://www.teatroficina.com.br>.
Território Estável. Disponível em: <http://territorioestavel.blogspot.com.br>.
Tom Zé Oficial. Disponível em: <http://www.tomze.com.br>.
TV Escola. Disponível em: <http://tvescola.mec.gov.br>.
(Acessos em: jun. 2016).